India in the World Economy
From Antiquity to the Present

古代から現代まで

ティルタンカル・ロイ 著　水島 司 訳

名古屋大学出版会

ムリンモイー・ロイへ

INDIA IN THE WORLD ECONOMY

by Tirthankar Roy

Copyright © 2012 by Tirthankar Roy
Japanese translation published by
arrangement with Cambridge University Press
through The English Agency (Japan) Ltd.

はしがき

　本書は，南アジアと他の世界との，長期の相互のやりとりについての書である。南アジアからの遠距離にわたる異文化間経済交易の古さを示す一方で，新たな技術や新たな共同関係などの外的な要素と地勢のような内的要因が，こうしたやりとりをいかに形作ってきたのかを示している。このことから，これらのやりとりの歴史の中で，特定の画期を導き出すことが可能になる。

　本書執筆のアイディアが生まれたのは，現在はすでに終了してしまっている，経済学者や歴史学者の国際的な集まりであったグローバル経済史ネットワークの活動に私が参加していた数年前のことであった。そこでの活動で展開された議論によって，他地域，とりわけアジアの諸地域で現在なされている興味深い研究にふれることとなった。この経験は確かに有益であった。しかし，本書は，インド内部の素材を用いて，そのネットワークの知的な計画を実行しようとするものではない。本書のアイディアの一部は，このネットワークのアジェンダにある重要項目，すなわち，現代世界における国際的な経済格差の要因は何かを探るというテーマへの反応として生み出されたものではある。しかし，私には，中心に格差という問題を置くことは，インドのグローバリゼーションの歴史を，あまりにもヨーロッパによるグローバリゼーションの歴史に依存したものとしてしまう危険をともなうように思われた。地域は，その地域の政治的あるいは地理的な要素に依存しながら，一定の自律性と独自のやり方によって，他の諸地域との関係を作り上げてきたのであるから，そうしたやり方はしてはならないはずである。実際，これらの地域的な要素のいくつかは，異例の長さで持続するものであるから，インドに焦点を合わせたやりとりの長期の物語が可能となる。私は，アジアとヨーロッパのどちらの地域が 17 世紀に世界の中心であったかというような不毛な議論に入り込みたくはなかった。むしろ，私が言おうとしたのは，インドの独特の性格を十分に理解したやりとりの歴史を

書くことができるはずだということであった。本書は，このような考えを実現したものである。

　上述の研究ネットワークが始動して以降，私のグローバル・ヒストリーへの関心について議論し，あるいは，本書での企ての実現に間接的に貢献してくれた研究者は，あまりにも数が多いため，逐一名前をあげることはできない。しかし，特に感謝したいのは，ロンドン経済政治学院の経済史学部における，現在および過去のグローバル・ヒストリーの研究者たちである。また，初期の草稿や出版申請を見て，構成や表現，議論，引用などについて多くの有益な助言を与えてくれた D. ハインズ，G. リエッロ，ケンブリッジ大学出版局の読み手たちにも感謝したい。短い時間であったにもかかわらず，地図を描いてくれた M. モシュケリにも感謝する。D. ダスグプタからは，図版の入手に役立つ助言を受けることができ，また西ベンガルの歴史的遺跡の写真家である R. ダッタは，その印象深いコレクションの中から，ベンガルでのヨーロッパ貿易を映す貴重な写真を親切にも提供してくれた。

目　次

　はしがき　i

第1章　序論：インドとグローバル・ヒストリー……………1

　接触の描写　3 ／ 初期の交易　8 ／ インド・ヨーロッパ貿易　15 ／ 帝国を超えて　18 ／ 議論と仮説　20 ／ 各章の概要　21

第2章　1200年までの港と後背地………………………23

　ルートと港の形成　24 ／ インド・ローマ交易　33 ／ 古代後期のインド洋西部　39 ／ コロマンデル，もしくは二つのデルタ地域　44 ／ ベンガル　47 ／ むすび　50

第3章　後退する陸のフロンティア　1200〜1700年…………53

　視点　54 ／ デリー・スルタン朝　56 ／ 1500年までのデカンとベンガルのフロンティア　58 ／ ヴィジャヤナガル　60 ／ ヴィジャヤナガルの南　62 ／ ムガル支配下の北インド　63 ／ ベンガル開放　68 ／ グジャラートとコンカンの変容　72 ／ 知識の交流　75 ／ むすび　77

第4章　インド洋貿易　1500〜1800年………………………81

　1500年時点でのインド洋世界　81 ／ ポルトガルの活動　84 ／ 東インド会社——起源　91 ／ 会社形式とその問題

96 ／ 1600〜1800 年の貿易規模 98 ／ パートナー，社員，仲介人 102 ／ 商人から領主へ——港市 108 ／ 国家の形成 1707〜65 年 112 ／ 知識の交流 116 ／ 私貿易と新たな企業活動 1765〜1800 年 119 ／ ヨーロッパでの戦争と会社の終焉 122 ／ インドとヨーロッパの貿易の意味 123 ／ むすび 127

第 5 章　貿易・移民・投資　1800〜50 年 ……………………… 129

アヘンと中国 131 ／ インディゴとベンガル 133 ／ 綿花と西インド 139 ／ グローバル商人 146 ／ 労働移動 150 ／ インドとヨーロッパの工業 154 ／ 陸上交易 164 ／ むすび 165

第 6 章　貿易・移民・投資　1850〜1920 年 ……………… 167

陸と海を架橋する 168 ／ アヘンから綿花へ 175 ／ 小麦 177 ／ 資本——グローバル企業 180 ／ グローバル銀行業 183 ／ 労働者 185 ／ むすび 191

第 7 章　植民地化と開発　1860〜1920 年 ……………… 193

帝国についての視点 193 ／ 帝国，市場，制度 197 ／ 農業——市場と機構 199 ／ 工場制工業化 202 ／ 職人の伝統の再創造 206 ／ 科学技術 210 ／ 帝国と法 217 ／ むすび 221

第 8 章　恐慌と脱植民地化　1920〜50 年 ……………… 223

戦後 223 ／ 恐慌の到来 226 ／ ねじれた政策対応 228 ／ 農民と物価 229 ／ 製造業 230 ／ 銀行の利得 231 ／ 労働者の一時的利得 233 ／ 脱植民地化 233 ／ むすび 237

第 9 章 貿易から援助へ　1950〜80 年 ……………………………… 239

　　　援助資金による工業化　240　／　ケイパビリティと知識　245
　　　／　経済自立政策と脱工業化　247　／　新たな結び付き　249
　　　／　移民とディアスポラ　251　／　むすび　253

第 10 章 市場への回帰　1980〜2010 年 …………………………… 255

　　　貿易への復帰　256　／　伝統的製造業の成長と衰退　259　／
　　　知識経済　263　／　むすび　266

第 11 章 結論：新しいインド？…………………………………… 269

　　　注　　　273
　　　参考文献　297
　　　訳者解説　317
　　　図表一覧　323
　　　索　引　325

第1章

序論：インドとグローバル・ヒストリー

　グローバル・ヒストリーを扱う歴史家たちは，交易や征服，移動，投資など
の形態による異文化間の商品・アイディアの交換が，人類史の重要な側面であ
ることを教えてくれる。物質生活を行う上での変化のあらゆる重要な事例には，
借りるという要素が含まれている。同様に，新たなやりとりの回路を，場合に
よっては力を使ってでも築き上げる試みの背後には，モノとサーヴィスへの欲
求が強い動機として働いている。

　インド亜大陸は，異文化間交換の交差の中で，長期にわたり中心的な位置を
占めてきた。数千マイルに及ぶ海岸線，西アジア，中央アジア，アフリカ，東
アジア，東南アジアからのアクセスの良さ，熟達した職人たちの存在，強固な
商取引の伝統，軍人や外国出身の貴族によって生み出された国家，そして商人
たちを援助し保護した王など，それらすべてが，インドの生活の中に世界経済
の，そして世界経済の中にインドの戦略的な位置を，それぞれ与えた。インド
の古典文学は，移動する商人の英雄的な試みの話で満ちている。国のまつりご
とについてのサンスクリットやペルシアの文献は，商人に対する王の義務を記
述している。中世の歌謡は，大きな危険を犯しつつもそうした危険を大胆にも
受け入れる者たちには大きな見返りを約束するビジネス環境の中で，富が作ら
れ，そして失われていく様子を歌っている。

　16世紀以来，ポルトガルの航海者たち，それに続いてイギリス，オランダ，
フランス，デンマーク，そしてアメリカの商人たちが，インドの商業世界に参
入した。彼らは最初は，アジアの香料と絹がもたらしたヨーロッパ市場での異
常な富に惹きつけられていたが，インドの綿布が，香料への支払い手段ともな

り，ヨーロッパでの利益も期待できる消費財であることに気づいていった。18世紀には，ヨーロッパの国々もインドの国々も，いずれも戦乱の最中にあったため，商取引での競争は，領土争いへと発展し，結局インドの大半の地域がイギリス東インド会社の植民地となった。直接的にせよ間接的にせよ，東インド会社の帝国は，取引の回路を大きく拡大させた。インド綿布への需要が失われた後でさえ，インドの労働者と市場が新たな商品を求めてイギリス資本・技術と遭遇したとき，新しい取引の径路が生まれた。インドは，異なる基盤のうえであったとしても，再びグローバルな勢力となったのである。

このような全体的な見通しが示唆するように，インドはさまざまな文化を越える多くの交流にとっての交差点であり，それゆえグローバル・ヒストリー研究者にとって役に立つ事例となる。そして，インド史を知る有用な方法は，世界との交流の中でこの地域を研究することである。実際，これ以外にインドの経済史を読み解く方法はありえない。本書は，このような両面的な関係を掘り起こすものである。多くの問題が浮かび上がるが，いずれもその広がりは実に大きい。インドとその外の世界との交流の歴史は，数千年に及ぶ。我々は，そのすべての年月を一つの叙述の中に入れ込むことができるのだろうか。そのような叙述を貫く共通の糸は何であるのか。インド独自の物語とする要素はあるのだろうか。その物語は，いつ大きな変異が起きたかを語るのだろうか。いかにして，前近代の交換のパターンから近代を区別しうるのだろうか。

これらは，一つのまとまりとして問題とされてきたことはいまだない。インド経済史についての大半の研究は，地域に縛られた研究の中から出てきており，土地支配や地税の問題に没頭している。しかしながら，このような知的伝統の中でも，長期の変動パターンを見極めようとする顕著な試みはあった。たとえば，W. モアランドや D. D. コーサンビーの先駆的な研究が想起される[1]。しかし，こうした試みも，土地と国家との間の関係に焦点をあてたものであり，外国貿易を，農業への課税に圧倒的に支配される財政システムの末端の位置に限定するものであった。都市社会を支える鋤の力がもととなり，国家や王朝，帝国，そして文明の興亡史をめぐるこうした観点が次々と生み出されてきた。上に挙げた2人のパイオニアや，長期の歴史を読むことで影響を受けた他の研究

者たちも，必ずしも交易を無視したわけではない。しかし，彼らは，ヨーロッパ勢力が入ってくる以前の長距離交易に関し，確固とした見通しを示したわけでもなかった。このような見落としは，インド中世の経済史を扱ったアリーガル学派の歴史学にまで継続した。したがって，経済史の焦点を土地から交易に移すことによって，長期の経済的変化の叙述の中で無視されがちであった，きわめて重要でダイナミックなバランスの回復，すなわち陸と海，社会の中の定住的要素と移動的要素の間の議論のバランスの回復をもたらしうるといえよう。そうすれば，我々は，沿岸交易の世界が，いかにして古代，中世，そして近代インドの国家形成に反応し，かつ寄与し，最終的に海洋商人たちが陸上国家を支配しえたかを知ることができよう。

　もしこのような状況がインド経済史の現況であるとしたならば，インド亜大陸が自分たちの学問分野にとって興味深い教材となるという提案に異議を唱えるグローバル・ヒストリーの歴史家はほぼ皆無であろう。しかし，過去200〜300年という時期以前から教材を引き出そうとあえて試みるグローバル・ヒストリーの歴史家はほとんどいない。インドの専門家が抱えてきた長期にわたる問題を問うた者もほとんどいない。大半のグローバル・ヒストリーの歴史家が用いている相互関係の枠組みは，「近代なるもの」に関する問題に集中しており，あたかもただ一つの画期的な変化がインド史研究において真に重要であるかのように，近代の観念をインド洋でのヨーロッパ勢力の台頭と結び付けるものである。別の言い方をするならば，これらの歴史家は，地域的な視野からグローバリゼーションの物語を綴る試みをまだ行っていないということである[2]。なぜ地域的な視野が重要であるかを見るために，現在のさまざまな枠組みについて，より十分な議論を行うことが必要である。

接触の描写

　境界を越える経済交流への真剣な関心は，19世紀の古典派経済学者にまで遡る。アダム・スミスの『諸国民の富』は，イギリス東インド会社や18世紀

4

のヨーロッパ・ベンガル間貿易についてしばしば言及している。このような興味は，独占や規制によって妨げられない市場統合が，近代の経済成長のためだけではなく，成長の推進力を世界中に及ぼす上で，その土台にもなるという信念から生じてきたものである[3]。この理論は，国々の平均生活レヴェルが，国々の相互交易が進めば進むほど均一化するということを予言していた。しかし，この考えは，国際的に見れば通用する局面があったものの，貿易の増加によって世界がより平等になるということはなかったという問題に遭遇した。多くの自由主義批評は，この例外を説明するために，市場統合の物語の中に政治的要素を挿入した。この政治的要素は，通常，ヨーロッパの国家システムと政治の概念から出てきたものであった。

　より広く保持されている概念の一つによれば，近代初期のヨーロッパで始まり，ヨーロッパの諸帝国で全盛となった政治経済発展のプロセスの中に，世界の他の部分は「包摂」された[4]。近世帝国の中で，支配中枢と植民地化された辺境との間での経済関係は，しばしば財政的および軍事的な絆に基礎を置いていたが，近代のヨーロッパ諸帝国では，その関係は資本主義的な，つまり商品貿易や資本輸出，労働移動に基礎を置いたものであった。境界を越えた経済取引は，これら諸帝国の明確な目的であり，そのことは，資本主義的市場統合を進めるために存在した，ある種のタイプの国家の表現として見ることができる。

　19世紀の帝国を経済史のツールとして使うことは，帝国そのものがきちんと説明されないままになっている，あるいは，他の時代における交易や帝国の問題との接続が必ずしもなされていない，という理由で，疑問に付すことができる。1970年代に導入された「世界システム」という概念は，近代の国際的な経済関係の起源を，1500年代に離陸したヨーロッパの商業的拡張に求めることによって，この難問を迂回した。ヨーロッパ勢力によって支配され，ヨーロッパの諸国家によって支持された世界的な交換パターンの台頭が，近代の資本主義的世界経済を規定したというのである[5]。これは，長期的なグローバリゼーションについての，今日のほぼ「支配的言説」と言える。

　これらの定式から得られるのは，国家が市場統合に対して決定的な違いを生み出すという視点であるが，この点以外については，帝国と世界システムにつ

いての考え方は，本書の目的にはそぐわない。第一に，グローバルな経済史における支配的言説が追究するのは，多かれ少なかれ，世界経済の不平等の生成を説明する必要に駆り立てられたものだからである。本書は，世界の不平等についてのものではない。我々の主たる関心が不平等ではないとすれば，帝国や世界システムの経済史理論が行いがちなように，地域間にある階層的な諸条件のプリズムを通じて世界を見ようとすることは，あまり有効ではないことになる。ヨーロッパを中枢としインドを辺境とするモデルよりは，あらゆる時代における経済的台頭をもたらす，より融通性のある概念の方が，本書の目論見にいっそうふさわしい。

　また，帝国と世界資本主義の歴史叙述は，ある地域がヨーロッパを中心とした世界経済へ「包摂」されるという概念を用いて不平等を説明しがちである。このアプローチは，単一の巨大な画期的変化を植民地関係の歴史の中心に置くものであるが，共感する批判者からも疑問視されてきた[6]。インドのように2000年にわたって他の世界と取引を行ってきたような地域では，他の世界との相互関係の歴史が，唯一の転換点となると仮定することはできない。そのような考えは，あらゆる「前近代」を単一の特徴のない時期として片づけてしまう結果をもたらすし，同時に「近代」がインド史にもった意味を誤読することにもなるであろう。

　このような「帝国」とか「世界システム」のような概念を介した場合，世界はインド史の中に，歴史的かつ地理的に特徴のあるインド特有の概念を通じてではなく，むしろ様式化された「ヨーロッパ中心的」な世界の概念を通じて入り込んでしまう。グローバル・ヒストリーの目的は，いかに世界経済が構成されてきたのか，そしていかにしてそれが変化したのかを示すことにある。我々は，インドを構成する多くの多様な単位を，ヨーロッパとインドの間のより大きな交換の図式の中に適合させようとするときに，地域特有の感覚を失ってしまう危険を冒すことになる。このことは，もし地域というものが，実際にインドのように巨大で不均一なものであれば，深刻な問題となる。我々は，それに代わって，地域の歴史とグローバル・ヒストリーとの間にある懸隔を生み出さずに済むような植民地関係の記述を必要としている[7]。

明らかにしておかなければならないのは，本書は，何らかの異なるグローバリゼーションの長期の物語を提供したいと望んでいることである。これは，世界についての一つの概念の中にではなく，一つの地域に軸をおくグローバル・ヒストリーである。その到達すべき目標は，何らかの文化的実践や制度的伝統，そして資源のあり方，および政治的遺産を共有しようとする人々が，いかにして異なった背景を有する人々との取引に関わったのかを示すことである。それは，ある「定住した」人々が消費し，あるいは生産に用いたものの大半が，より「移動的」で「外的」な要素と接触したことから生じたという，グローバル・ヒストリーと同じ前提を有している。そしてなおかつ，それらの要素から借用したものが何であったのか，そしてそれがどのような影響を与えたのかは，空間に深く根差した制度や地理，文化，そして伝統に依存する。私は，これらのすべての地域的特色がここで十分に議論されるとは主張できない。しかし，それらは，ここでの叙述において，交換関係そのものよりも，かなり大きな役割を果たす。パトリック・オブライエンによるグローバル・ヒストリーの分析的叙述の区分を用いるとすれば，私は本書を，「比較」よりも「接触」の歴史の近くに置くであろう[8]。しかしながら，それは，本書が強調する多数の地域的制約によって媒介された接触の物語となる。

　意図としては，この企ては，大きな地域の内的な構造とダイナミクスにもっぱら専念するインド洋についての学問研究に近い[9]。しかし，これは海洋史ではない。本書は海と同様に陸にも関心を払っているし，さらには陸と海の間の関係についても同様である。また，これは貿易史でもない。その関心は，貿易を含む，グローバリゼーションのあらゆる軸を包含するものである。その方向性において，本書は，近世およびポストコロニアルへの関心についても，インド洋研究と一線を画すものであり，インド専門家の海洋史が，インド洋のヨーロッパ時代にとどまっているのとは異なる。

　本書の視野は，東南アジアについてのアンソニー・リード，アフリカについてのジョセフ・イニコリによって提示されたグローバリゼーションの地域中心的な研究に比しうる[10]。私は彼らのように，世界が一つの大きな地域の経済的変容における主要な構成要素の一つとなっているような「長期波動」の叙述を

図 1-1　地域区分

行うことを目的としている。私は，イニコリが交易システムと一つの経済システムの間を区分し，一方が他方の変化を必ずしも引き起こすわけではないと示唆していることは有益であると考えている。陸と海洋の間の差異は，しばしば本書で用いられる議論を系統化するための概念であるが，私も，その二つの世界が，時には独立した，そして時には分離した回路を通ったということを同様に示すつもりである。とはいえ，本書はヨーロッパの進出によって規定された近代の時期に対するイニコリの際立った関心や，リードの「交易の時代」への

8

関心を共有するわけではない。

このような企てに取りかかる最も簡単な方法は，まず地理から始めることであろう。

初期の交易

インド亜大陸が一つの均質な地域ではないというのは，常套句であるが，繰り返されるべき句でもある。地理的に多様であり，この地理的多様性のゆえもあって，文化的にも多様である。この複雑な全体のあらゆる部分は，他の世界と同じ程度に，あるいは同じようなやり方で関係を結んだわけではない。1700年の時点においてさえ，海外交易に関わっていたのは主に沿岸地域であった。ガンジス平原は沿岸諸地域と交易し，中央インドおよび南インドの高原地域は，多少はあったとしても，ほとんど外部と取引することはなかった。商人たちの性格とその関心は，彼らが海洋交易に従事する沿岸諸地域と，国の財政や穀物交易に従事する主要な都市の間で分岐していた。

インド亜大陸において，外部とやりとりをする地域としない地域との間の関係は，つねに変化した。1800年以前には，そのやりとりの歴史は，主に交易の歴史であった。他方，1800年を過ぎると，移動する労働力と資本の歴史ともなった。1600年以前には，海洋交易の歴史は，アラビア海とベンガル湾の歴史であった。1600年以降には，それは大西洋，インド洋，そしてより小さい規模ではあるが太平洋との間との，増大する相互関係の歴史となった。1950年以前には，取引の歴史は，主に私的な企業の歴史であったが，その後の30年は，最も重要な形の国際的な経済関係は，この地域にとって新しい概念となる国家の保護の下で生じた。

利用可能な歴史史料の質に鑑みて，長い時代にわたる叙述は，おそらく西暦初め頃の商品交易から始めるべきであろう。南アジアの大陸の地図を一瞥すれば，長距離交易に関する最も明らかな地理的資産は，インド洋におけるこの地域の戦略的な位置と，東アジアと西アジアへのアクセスの良さであることがわ

かるであろう。多くの理由から，陸上輸送は比較的マイナーなものでしかなく，19世紀に鉄道が敷かれるまでは，地域のほとんどどこにおいても弱い統合力しかなかった。この時期の陸上輸送は，荷車，各種の動物に荷を背負わせたキャラヴァン，河川を航行する船の3種に分類できる。荷車は中央インドや南インドの高原ではほとんど使われず，デルタ地域も，多数の河川が道路交通を不適なものとした。荷牛やラクダのキャラヴァンは東西，南北の道を横切って進んだが，最高の状態の時でも，陸が生み出したもののごくわずかしか運びえなかった（第6章参照）。仮にずっと後の時代の情報から示唆を得るとすれば，一トンの品物を一マイル運ぶコストは，荷車に比べてキャラヴァンは数倍であったし，荷車のコストは船のコストの数倍であった。鉄鉱石などの工業原料や，穀物などの主な農業生産物は，ごく限られた規模でしか空間を移動しなかった。

　西暦の初めより早くはないかもしれないが，ヒマラヤを越えてのキャラヴァンは，馬や絹などの貴重な品物を，インドの平原と，チベット，中国，中央アジアを結ぶ六つの主要な交易ルートを通じて運んだ。しかし，最も条件の良いときでも，境界を越えるキャラヴァン輸送の荷の量は極端に制限されていた。普通であれば，馬やラクダは100キログラムの品を運ぶことができたが，ヒマラヤの行程では，はるかに量は少なかった。この仮定の下で言うならば，初期の海洋に出て行く船の平均のサイズは，数千頭の動物が運ぶ荷の量と同等であったであろう。ずっと最近になっても，ヒマラヤのキャラヴァンによる最大の規模は，10万頭を超えはしなかった。であれば，量において，ヒマラヤを越えた交易は，海洋交易と比べて小さかったことになる。しかしながら，このような比較は，その交易が重要でなかったということを意味するわけではない。陸上交易は，山岳の諸社会の消費と生活にとって欠くべからざるものである。それによって，塩や羊毛などそれらの社会にとって基本的な必需品が運ばれた。平地に住む人々にとっては，その交易は，戦馬のような貴重で切望される商品を運ぶものであった。

　亜大陸内部であれ海外交易であれ，陸上交易がさほど重要ではないということから得られる結論は，水上交通が，相対的に言って，嵩のある輸送の効率的

でより汎用性のある方法であったということである。インドの古代の交易ゾーンは，二つの重要なリソースに関わりながら形成されてきた。一つは航行可能な河川であり，もう一つは河川の河口もしくはその近くに位置する港である。沿岸交易やキャラヴァン交易，港と港のあいだを環状に結ぶ交易（ルーピング）は，荷物の運搬における選択肢を増やしたが，しかし主には，それらの港は，内陸からの食糧供給や商品交易のために利用されたのである。海と陸との実体的なつながりは，道路よりも河川を用いて実現された。マヒ河沿いのキャンベイ（カムバット），タピ河のスーラト，ナルマダ河のブローチ（バルーチ，バルカッチャ，バリガザ），ポンナイヤル河のアリカメードゥ，ルプナラヤン河のタムラリプティ（タムルク），サラスワティ河のサプタグラム，クリシュナ・デルタのマスリパトナム，バギラティ河のフーグリ，ブディバラングやスバルナレカに近いバラソール（バレシュワル），シタラキヤ河のソナルガオン，マンドヴィ河の旧ゴア，ムジリス（実際の場所は特定されていない）にあるマラバル諸港，内陸水路にあるコッラム（クイロン）などは，すべて海から近い距離にあると同時に，それらが位置している河川によって内陸からも近い。

　内陸の水路に面した港の立地は，内陸への河川によるアクセスの良さ以外にも利点をともなった。デルタの土壌は，通常，より内陸にある土壌よりも耕作に適しており，多くの食糧やある種の原料でさえも，その地で育てることができた。少し内陸の位置であれば，海に面しているよりもずっと，嵐や海賊の攻撃への防御がしやすかった。ガンジス平原やインダス平原では，海洋交易は，平原に深く浸透した河川交易とよりよく結び付いていたが，それは，これらの河川が数百マイルにわたってボートによって航行可能であったからである。河川が数マイルにわたって航行できない場合でも，河川の渓谷が，陸路での内陸への容易なアクセスを可能にしていた。多くのキャラヴァンの道が，河川沿いを通っていた。しかしながら，このような交易上のハブの地理的位置のパターンは，リスクも負っていた。港が衰退する一つの共通の理由は，河川の沈泥であり，このことはガンジスのデルタでしばしば生じた。河川の航行可能性の変化は，必ずしも海外交易との接触を停止させたわけではなかったが，地域と海洋交易のネットワーク統合に影響を与えた。

第1章 序論：インドとグローバル・ヒストリー **11**

　このような陸と海の統合パターンは，交易に季節的なリズムをもたらした。河川交易は季節的であったが，海港での交易も同様であった。交易史に携わる歴史家が，航海におけるモンスーンの意義について記してきたが，それは17世紀のインドへのヨーロッパ人訪問者が身につけておくべき知識分野の一つであった。それらのヨーロッパ人が知る必要がなく，現代の歴史家も見過ごしてきた季節性のもう一つの源は，内陸での航行が，降雨に依存していたということである。夏季は大半の河川が干上がったことから，内陸から多くの貴重な品物をもたらすことはなかった。はっきりとした季節性のゆえに，大規模で恒久的な都市は，最も規模の大きい港においてさえも，必ずしも形成されなかった。多くの港は，季節的な催事場のような性格をもっていた。さらに，インドの半島部では，河川で到達しうる地理的な距離も限られていた。最大の河川であっても，100マイル余りを超えると航行可能ではなくなり，より小さな河川の場合は，数マイルで終わってしまうのである。

　港と後背地の関係は大きな価値の交易を可能にし，量に対して価値の比率が高い商品が選ばれた。スパイス，絹，真珠，ダイヤモンド，磁器，金などは容易に交易に入り込むことができ，綿花が栽培されている地では綿布も好まれた。しかし，穀物に関しては，港市にいる船乗りや商人の需要に応じるものを除けば，実際には交易から欠落していた。交易はほとんど専門化されないままであったが，それは多くの商品の間でリスクを分散する必要があったからである。きわめて多くの種類の商品が個々に，あるいは少量ずつ季節市場で販売され，船によって海洋交易へと運ばれた。交易の機会主義的な性格は，商業関係を不確実で永続性のない種類のものとした。催事場的な交易では，長期にわたる大量の契約よりも，一時的でその場限りの取引がはるかに一般的であった。

　河川への依存がもたらす量的制約は，単純な船舶と原初的な港の設備のみが必要であることを意味していた。インドの沿岸を航行する船のデザインと大きさを見ると，造船は，海流よりもモンスーンに依存する船舶に集中していたことが示唆される。地域のこのような地理的条件にもっぱら適応しようとしたことは，インドの造船に，長距離の航海や，そのような航海がもたらす問題に挑戦しようとする関心を小さなものとした。インドの交易システムは，それを通

じて多くの価値を生み出したとしても，インド洋を越えての，あるいは数週間ではなく数ヶ月かかるような航海に乗り出すことについては，技術的にはできなかったのである。

インドで建造された船は，いくつかの例外を除いて，西暦1400年以降にヨーロッパで建造されたものと比べて，はるかに小さかった。インドの船舶デザインはきわめて多様であり，17世紀まで変化に抗っていた。沿岸部のさまざまな海洋コミュニティの間に一般的に見られるいくつかのデザインのヴァリエーションは，たとえば潮の高さやモンスーンの勢力のような各土地の地理的状況によって説明しうる。加えて，造船に携わる職人コミュニティの間における，知識交換に対する制度的障害も存在した。職人ギルドがカーストやコミュニティと合体し，同じ，あるいは関連した仕事に携わるコミュニティ間の徒弟交換を制限していた場合，その障壁は，社会的交わりの制約という形式をとった[11]。船着き場の技術水準もまた，原初的なものであった。インドの古代の港の多くでは，船着き場は嵐で壊されてもすぐに再建できるようなその場凌ぎのものであった。天候がもたらす破壊の可能性や船の小さなサイズ，船着き場の当座凌ぎの性格は，それぞれ互いの特徴を強めるものであった。

同様な多様さは，内陸の航行も性格付けていた。この分野でも，造船の伝統はばらばらなままであった。建造の平均規模は小さく，多くの地方的な技術が，互いに知識を借り合わぬまま併存していたように見える。ここでもまた，モデルの多様さは，少なくとも部分的には，極端に変化のある地域的条件に合わせようとしてきたことの結果であった。ベンガルのように比較的小さな地域の内部でも，ガンジス河を航行した大規模な船は，チョトナグプールの諸河川のような浅く激しい流れには不向きであり，小さく，平底の，外側が鎧張りの船の方が適していた。そして，ガンジス河やダモダル河では使い物になった船も，スンダルバンの狭い浦のような場所では使うことができず，低くて底の深い船がうまく動いた。さらに，いずれのタイプの船も，東ベンガルのデルタの諸河川での予測できないような流れには不向きであった。

このように，船舶と港湾の技術が，各地の必要に適合するべく縛られていたことから，インド人の海洋交易への直接の参加は，インド洋に限定された。し

かし，アジアに制限されなければならないということは，決して悪いことでは
なかった。アジア間交易は，西アジア，南アジア，東アジアの間を動くきわめ
て広汎な種類の貴重な荷の存在からすれば，十分に利益の上がるものであった。
西アジアの裕福な中枢都市は，インド西海岸を拠点に活動している商人に魅力
的な市場を提供したし，文明的な近接性のある東南アジアは，南コロマンデル
を拠点に活動した商人にとって，同様に魅力的な目的地であった。

　沿岸部が商業活動の中心であったのに対し，国家，特により大きな国家は，
せいぜいデルタ地域に存在を示すばかりで，ほとんどの場合，内陸に形成され
た。この結び付きの欠落のゆえに，インドの商業地は特有の性格をもつことに
なった。港市はまた，政治的な中心となることはほとんどなかった。地税が資
本を内陸部に引き込んだのに対し，商業は交易の中枢を沿岸部や河口部に引き
つけた。両者の間の政治的統合は限られており，この距離が，商人たちに，よ
り大きな裁量の余地を与えた。実際，商人たちは，しばしば複数の拠点を維持
していた。広範囲の商人ネットワークは，強い行動規範に支えられて，この地
域で長い間続いていた。これらの規範は，きわめて強力なものであった可能性
が高く，コミュニティの長老たちが，違反者を死に処したことさえ知られてい
る。商人と支配者の共生的な関係を示す史料や，長距離交易で機能していたギ
ルドの史料の多くは，中世南インドから出てきている。

　しかし，国家は，より大きくなって沿岸部を包摂し，あるいは沿岸部の交易
世界とのより確実な接触を打ち立てようとしがちであった。こうして，政治は，
地理的な制約を，ある場合は緩め，ある場合は強める。主に地税に依存する国
家は，道路建設や，河川沿いや陸上に軍事供給ルートを開くことに，関心をも
つ。したがって，国家の形成と解体は，内陸と港湾との間の交通を強化したり
弱めたりした。ときおり，いくつかの帝国が，自身を海へと接続する，かなり
大きな陸上ルートを確保することがあった。西暦以前には，サータヴァーハナ
帝国がこのような統合を成し遂げ，インドとローマの間の交易に貢献した。西
暦前後には，クシャーナがインダス平原北部と中央アジアとの陸上交通を確保
した。西・中央インドのグプタ帝国は，政治的中心とグジャラート沿岸部との
間の交通を支配した。そして 12 世紀には，チョーラが，例外的に広大な領域

統合を達成した。

　帝国による長距離に及ぶ接触の直接の影響は，その道路に見ることができる。次章の図 2-2 の地図に示す道路は，主要な帝国のシンボルとなるものであり，兵や巡礼者，僧，商人たちを運んだ。西暦の初めには，インドの二つの主要な道路が出来上がった。一つは東のマウリヤの首都パータリプトラから，商業兼巡礼の街であったタキシーラが位置した北のパンジャーブ平原までの道であり，他の一つは，グプタの首都であるマルワのウッジャインから，北に遡り，パンジャーブに至る道である。それらの道はマトゥーラで出会っていた。これらの二つの道，というより道路システムは，確かに多くの支線もつながっており，河川渓谷に沿った自然の通路も利用し，それゆえ，その後数世紀にわたって，交易と征服を導く道として役立った。19 世紀にカルカッタとペシャワール，およびデリーとボンベイを結んだ鉄道路線は，多かれ少なかれこの 2000 年前に出来上がった道を辿った。もちろん，すべての道が帝国によって建設され守られたわけではない。やはり地理的に決定された道，とりわけ山岳地域のいくつかの道は，地方の国家によって，理論上は財政的な後援を受けたのであるが，しかし，兵よりもキャラヴァンを多く運ぶものであった。そのような幹線は，ヒマラヤのあらゆる箇所に見出すことができた。

　インドの道路と海を，より広汎な基盤をもつ恒久的な統合にしようとする動きは，トルコ・アフガン帝国が北インドで地歩を固めた 13 世紀以降に形をとり始めた。それに続く 400 年間にわたって，デリーとその家臣たちが有する権力は，東西，南北，そしてヒマラヤを越える交易兼軍事ルートを開拓するに十分なほど増大した。そうして，グローバリゼーションの最初の画期となる変化が始まった。現代の基準からすれば，それは疑いなく鈍重な歩みであり，その潜在的可能性が現れるには数世紀かかった。にもかかわらず，デリーの臣下たちによるマルワやデカン，グジャラート，ベンガルの征服は，道路や内陸水路，海とのより根を張った統合が 17 世紀のムガル帝国期に進むための基礎となった。

　これらの発展は，造船技術にはほとんど影響を及ぼさなかった。また，河川による内陸へのアクセスに対する基本的な依存にも，変化を与えなかった。インド洋での交易は，地理と地域の伝統によって形作られ続けたのである。ムガ

ル帝国は，海外交易に関心はもってはいたが，陸上交易のコントロールと改善の方に，はるかに大きな関心をもっていた。デリー・スルタン朝やムガル帝国の農業への関心は，イスラムが国家の宗教として機能したことによって促された。南インド中世についての歴史家たちは，ヒンドゥーの巡回商人たちが，国家や仲間の商人たちへの象徴的な行為として，寺院にしばしば寄進をしたことを観察している。他方，北インドのイスラムの場合，宗教的なスポンサーシップの経済的意味は，少し違った種類のものであった。イスラムは，辺境の荒野を開拓し，森林を切り拓き，時には国家に兵を差し出すコミュニティ間に協同の原理を顕著に与えるものであった。北インドでは，それは陸の宗教であって，交通路の宗教ではなかった。

　しかしそれでも，意図的にせよそうでないにせよ，インドのイスラム帝国は，北インドと南インドとの間の交易による接触を強化し，東デカンを西デカンと結び付け，ガンジス平原全体の経済生活を統合し，ベンガルとガンジスのデルタと帝国の中心との関係をより緊密なものにし，ガンジス河沿いの交易を活性化した。国家は，その政治的権力を，今では地方行政の中心となったいくつかの港に広げた。それは，国家と市場との，以前よりも緊密な統合を反映したものである。しかし，港の大多数は，北の帝国の外部のままであった。そうではあったが，ヨーロッパ勢力が活動していた港のいくつかは，彼らがインドの港に倉庫を設け始める少し前に，強力な国家の支配下に入っていた。

インド・ヨーロッパ貿易

　『リオリエント』の中でA. G. フランクは，3箇所にもわたって，ヨーロッパ人が，アメリカ銀への幸運な接近のゆえに，すでに繁栄していたアジア交易の中に入る「切符を買った」と述べている[12]。銀は確かに役立った。しかし，インド洋での支配的な位置にヨーロッパ人商人たちが台頭するという事態は，フランクの言い回しが提示するごとく，幸運と呼べるようなものではなかった。

　アジア交易がアジアの内部に留まっていたのに対し，ヨーロッパ人は，大西

洋で獲得した航行経験を携えてアジアに到着した。彼らはアジア商品市場への
よりグローバルな理解を，アジア人自身以上に有していた。1600年には，
ヨーロッパ人はインドの船舶よりも平均して大きな船舶を建造し，より大きな
船荷能力を有していた。船舶は，多数の大砲を載せなければならないというこ
ともあって，インドの船舶とは異なる形で建造されていたし，気候や大洋の諸
条件の変化に影響を受けにくかった。インド人が大きな船舶をいかに建造する
かを知らなかったわけではない。しかし，そのような建造は，インド洋を越え
て足を延ばすようなことが滅多にないような環境下では，例外に留まっていた。
それとは対照的に，ヨーロッパ人は船舶建造の知識を，きわめて遠距離の海洋
航海ができるような頑丈な船を建造するために使った。その結果が，南アジア
の人々が経験したことのないような，大洋間規模での市場統合であった。

　西ヨーロッパ勢力がインド洋に続々と参入していったことは，さまざまな面
で革命的であった。ヨーロッパの参入の直接の表現は，むき出しの暴力の行使，
特にポルトガルによるそれであり，彼らは香料貿易の独占を懸命に目指してい
た。しかし，ポルトガルの戦略は，交易の物理的・空間的な構造に対して大幅
な変化はもたらさなかった。そして，ポルトガルの戦略が開始されて10年，
同国が東アジアにその関心を移した頃には，彼らの戦略は維持しえなくなった。
ヨーロッパの戦艦は，長期の政治的・経済的目的にはほとんど役立たなかった
のである。

　より決定的なのは，ヨーロッパ勢力の到着による技術的・制度的影響であっ
た。17世紀以降，インドの造船の知識は，ヨーロッパ勢力の造船所で働くイ
ンド人職人を通じて変化し始めており，地域内の船のデザインも一つにまとま
り始めていた。インドの造船はこれにより幾分か衰退したかもしれないが，同
時にそれはかなりの学習をもたらした。19世紀になると，インドの造船工は
ボンベイやカルカッタ，スーラトなどの地でこの産業を圧倒的に支えるように
なる。ヨーロッパの造船の比較優位の源泉の一つは，大きな溶鉱炉でいかに
して鋳鉄するかについての知識であった。国家も，熟練した砲術師や銃撃手を求
めていたため，ヨーロッパ人傭兵はインドの宮廷の中で需要があった。

　インドとヨーロッパの貿易は，アジアの交易世界に新たな制度を持ち込んだ。

イギリスやオランダの東インド会社は，インドには元来存在しなかった貿易の
方式を示した。これらの株式組織は，インドのビジネス世界を支配していたよ
うな家族企業よりも，はるかに規模が大きく，より上手くリスクに対処するこ
とができた。彼らは，特定の商品により特化し，また特化するために，長期の
契約取引を利用する必要があった。それゆえ，インド沿岸地域での催事場的な
交易は，大洋を越えたビジネスを行うヨーロッパ的なやり方にはそぐわなかっ
た。他方，契約的な取引は，それ自身問題を抱えていた。インドとヨーロッパ
の交易では，取引関係者は，いずれも国家の法で守られていたわけでもなけれ
ば，共通の慣習法を有していたわけでもなかった。それゆえ，契約条件や契約
の履行に関する紛争は，日常茶飯事であった。さらに，ヨーロッパ勢力は，し
ばしば互いに争いもし，領域にある諸国家とも争った。これらの紛争は，イン
ドとヨーロッパの交易に不穏な空気をもたらした。イギリス東インド会社は，
こうした不安定さに対して，主権が外国人にあるとする港を設けることによっ
て対応した。

　イギリス東インド会社が設けたインドを支配した三つの港市は，新しい中枢
都市以上のものであった。それらは，ムガルの都市や内陸の商業拠点とは，質
的に異なっていた。ボンベイ，マドラス，カルカッタは，他のインドの港がま
だそうであったような，催事場とか中央市場の類とは異なった。そうではなく，
綿布生産を委託することに圧倒的な関心をもつ，職種的にも特殊専門化された
場所であり，19世紀の都市化モデルの先駆的なものであった。ボンベイとマド
ラスは，ムガル帝国の領域外に設けられた。そして，帝国が18世紀に没落
し始めるにつれ，これらのよく防備された東インド会社の町は，インド人商人
や職人にとっての安全な避難所となっていった。

　さらに，これらの三つの港は，地理と商業の間の関係を再定義した。カル
カッタと，またおそらくはポルトガル領のゴアを除いて，どの港も内部へのア
クセスを河川交通に頼らない場所に位置していた。それらは，重要な河川沿い
にさえ位置していなかった。カルカッタでさえ，河川沿いに位置はしていたが，
主要な取引を行う上で河川にそれほど頼ってはいなかった。代わりに，これら
の港は海を見渡していた。そして，商人や職人を移動させ，呼び寄せた。熟練

した労働者や資本を，商品とともに内陸から引き寄せた。インド史で初めて，港は後背地に依存せず，後背地の方が港にやってきたのである。インドでの取引で得られた富は，その地域の国家の富としばしば結び付けられていた。このような要素は，港市でも変化しなかった。しかし，これらの都市では国家が商人のもとに属したのであった。

　私は近世の画期的変化を，四つの特徴から定義したい。それら四つとは，以前のようには気候や地形にそれほど依存しない新たな商業的地理，移動的な資本と熟達した技術者たちを引き寄せる新たな都市化の形式，長期的契約にいっそう依存する新たな制度的体制，そして，軍人ではなく商人が築く新たな種類の帝国である。それでもなお，重要な部分において，この新たな統合の体制は過去からの継続性を保持していた。陸上の取引技術はほとんど変わらなかったし，地理は，道路運輸を促進し，あるいは阻害する主要な要因であり続けた。

帝国を超えて

　インドにおけるイギリスの植民地帝国の勃興は，交易のコストにはほとんど違いを生まなかった。意味があったのは，それが可能とした技術的・制度的変化であった。鉄道と蒸気船は，陸と海の統合に，かつてないほどの影響を与えた。インドの鉄道と海外貿易は，ロンドンからの資本を引き寄せ，新たな貨幣制度は海外投資のリスクを減らした。奴隷の廃止は，熱帯や新世界のプランテーションへのアジア系労働者の導入を促した。その帝国は，かつてのどの体制よりも，商業，財政，労働の取引を包含する法を積極的に施行した。イギリス帝国はまた，世界のさまざまな地域を，共有された言語と法により糾合したものでもあった。帝国の傘は，帝国内の地域間での交換における取引コストを引き下げた。

　植民地都市で成熟してきたインド人の企業家精神は，内陸の者たちと比べて，よりコスモポリタンな文化を共有しており，あまりオーソドックスではない協業を行ったり，普通は見られないような取り組みを積極的に行った。彼らに

とって，帝国は，イギリスからもたらされる機械や熟練労働者の利用を含むさまざまな貿易コストを下げるものであった。ボンベイ，カルカッタ，マドラスで広がっていた工場や銀行，保険会社，商社，船会社，学校，大学，慈善団体，協会などはすべて，輸入された知識やサーヴィスに依存するものであり，多くの意味で，インドの伝統とは一線を画すものであった。このいずれも，インド人商人が帝国のネットワークを利用しようとする積極性を考えなければ，理解しえないであろう。

遅くとも戦間期（1920〜39年）までには，このようなダイナミズムの大半は失われていた。戦間期後期の困難なグローバル経済の状況では，イギリス帝国の関心とインドのビジネスの関心は，それまでとは異なって，うまく連携しなかった。帝国の傘は綻んでいた。インドが帝国の中に留まることが，英国の利害に反すると考えていたイギリスの一部の政治家たちでさえも，インドの残留をかつてないほど望んでいた。インドの経済ナショナリズムは，この利害関係の決裂が生み出した，いっそうとげとげしくなっていく反感に支配された。インドのビジネスにとって，植民地的なつながりの魅力が減退したことは，より帝国志向の薄い貿易体制に対するインドの要求を加熱させることになった。それゆえ，グローバリゼーションのダイナミクスは，脱植民地化の過程で崩壊し，脱植民地化自体も，一面にはこの崩壊によってもたらされたのである。

20世紀半ばの混乱が収まったときに，外国支配の灰燼の中から，新たな国家と民族主義の精神が湧き上がった。インド国家を発展させる熱心な試みが始まり，インドと世界経済の関わりにおいて，市場の役割を縮小させるという選択が，きわめて早い段階でなされた。外国援助は，国内投資への融資のための〔原資となる〕商品輸出に代わる役割を果たし，それはいまや国家によって経営された。市場から国家によるものへと，国際的なコンタクトの仕方を移行させるという決定は，国家を工業化の主要な原動力とするという決定と符合するものであった。国内のビジネスはこのような体制を歓迎し，取引における外国との競争からの保護を得た。

歴史家の視点からすれば，国家独占体制は，インドの数千年にわたる世界経済との関わりの歴史の中では，実際には一つの実験，一つの逸脱でしかない。

しかし，なぜ，いったいいつ，インドが〔その体制を維持することから〕撤退したのかは謎のままである。独裁的政策を撤回する背後で，経済政策の内発的な再考が役割を果たしたということからすれば，その再考は，政策体制が生み出した矛盾の結果であったろう。国家主導の開発は，財政および収支バランスの問題という形で，抱え続けていられない負担を背負わせた。このような短期的な危機とは別に，単純に言って，独裁はインドの歴史にそぐわない。あまりにも多くの政治的影響力のある商業関係者が，世界経済での取引から消え去ってしまった利益に気がついていた。その基礎にある理由は何であれ，インドの世界市場への復帰は，それが確固とした事実になる前に，小さくひっそりと1980年代に始まった。それ以降のインドと世界経済の関係は，19世紀にあった市場統合を思い起こさせるような形で，貿易，投資，送金などを再び含むものとなった。そして，このグローバルな接触は，インドの人々が世界の市場に対して通用する商品とサーヴィスを提供する能力に，革命的な影響を生み出し始めた。この能力をドラマティックに示したのが，インドの知識経済の成長であった。

議論と仮説

インドの貿易，移民，投資に関するこのような長期の叙述においては，地域とグローバルという二つの要素がある。地域的な要素として明確なものは，地理的な可能性と制約，および，アダム・スミスから引用するとすれば，インド人の抑えがたい「取引し，交換し，交易する性向」である。この気質は，文化的なものと見てはならない。むしろそれは，地理的な位置によって特定のコミュニティや地域にもたらされた，低い取引コストを反映したものである。地理の制約的影響は，今日では，過去数世紀の状況と比べて低下したが，消え去ったわけではない。沿岸部から遠い最も厳しい環境にある地域は，今日においても，インドを変容させている巨大な変化から，ほとんど影響を受けないままである。

長期にわたり縛りを課してきたこれらの内的制約のその上に，外的な環境も
また，〔インドと世界経済の〕相互関係のパターンを形作っている。国家は，空
間的・市場的統合のプロセスに深く影響を与えた。運輸と通信技術の改良は，
地理的制約を緩和した。このような外的環境のそれぞれに，インドの商人や労
働者，専門家，職人たちは巧みに対応してきた。18世紀，彼らの対応は上質
の布によってなされ，それが19世紀には年季労働者へ，20世紀後期には知識
商品へととってかわった。彼らは，貿易のコストや，世界がどのような商品と
サーヴィスをインド人から買い求めたかについての，外部からもたらされた変
化に対応したのである。

　もし我々がインドの市場統合について，近世的形態から現代の形態を区別し
なければならないとすれば，近代という概念の中に，三つの19世紀的概念を
含めなければならない。その三つとは，鉄道，言語と法という帝国の傘，制度
的変化である。鉄道は，地理が陸と海の交易のコストを禁止的なまでに高めた
というまさしくその理由ゆえに，交易コストに影響を与えた。帝国の傘は，相
互取引の軸が，単なる商品から，資本，労働，技術のすべてを包含するものへ
と拡大する際に，決定的な重要性をもった。最後に，経済法，とりわけ商業取
引の分野に関する法は，非個人的な契約の領域を広げた。

各章の概要

　この序章に続いて，九つの叙述的な章がある。それらは，時代順に並んでお
り，第2章のイスラム帝国以前の商業に始まり，第3章では1200年から1700
年の国家形成へと進む。第4章はインドとヨーロッパの貿易，第5章・第6章
は19世紀の商品と要素市場，第7章は植民地化と開発の関係，第8章は脱植
民地化，第9章は国家主義的実験を扱い，第10章で世界市場に戻る。そして
本書最後の第11章では，この2000年にわたる記述を，五つの命題に要約する。
　本書の旅は，まず，地理的条件が交易に対して特に制約的であった時代から
始めよう。

第 2 章

1200 年までの港と後背地

　紀元前のインドの長距離取引について我々が知っていることだけでは，おそらく，交易や商人について体系的な結論を述べるには十分ではない。しかし，いくつかの地域的な商業上の結び目が生まれ，これらの結び目が出現した場所が，特徴的かつ共通の地理的性格を有していたことはわかっている。取引地帯は，広大な沿岸線に沿って不規則に現れたわけではなく，内陸の町や村へのアクセスのよい主要な河川のデルタで形成された。ギルドの存在以外には，商業組織についてはほとんど言えることがないが，これらの複数の地帯をまたにかけた商人たちが，宗教施設の主要な寄進者であったということはわかっている。実際，宗教こそが，この時代の持続的な文化的輸出品の一つであったのだ。

　主要な国家の首都は，内陸に位置していた。国家の支柱は，陸にあって，交易にはなかった。正式には，国家の成り立ちにおいて，王の義務は商人を保護することであると認識されていたが，しかし，この原則がどのように実際に行われたかについては，あまり知られていない。商業法は，国家と宗教の両方との結び付きによって，正統性を認められていた。亜大陸での商取引活動における政治的，空間的，文化的な痕跡は，それが驚くほど長く続いたことを証明している。

　本章では，西暦 1000 年までの，長距離経済取引の幅広い諸パターンに関して，合理的に証明できることについて考察する。

ルートと港の形成

　南アジアの亜大陸における長距離交易の証拠は，インダス文明にまで遡る。この時代というのは，初期シュメールの時代とほぼ重なる。インダス渓谷での居住は，農業コミュニティとして，パンジャーブの河川流域で，ほぼ紀元前3000年頃に始まった。それらは，後にインダス河流域の広い地理的領域をカヴァーし，大小の町や村として現れた。そこでの多数の町の分布——そのいくつかは海にかなり近い——は，システマティックな都市－農村の接触と海洋交易の存在を意味している。儀礼的・政治的な構造物の不在もまた，強力な商業活動と矛盾のない，共同的な，あるいはエリート的な支配様式を示唆する[1]。

　これらの示唆以外には，直接的な商業活動の様子についてはほとんど知られていない。現在までに見つかった2，3の遺物に基づくと，「メソポタミアとインダス渓谷との間の強固な文化的，および商業的な提携という考え方には，抗いがたく惹きつけられる」[2]。しかしその接触がどれほどシステマティックであり，どれほど広がっていたかについては，検討の余地がある。ロータル遺跡は，商業的な接触を議論する場合にしばしば登場する遺跡の一つであるが，大きな交易を行うには小さすぎる。とはいえ，西アジアとグジャラート，より正確にはカンバート湾（キャンベイ湾）との交易の古さは十分に表現している。取引地点についてのシュメールの史料が，南アジアについて言及しているかどうかについては，議論が継続中であり，インダス文明における地域内交易と長距離交易の間の統合のされ方については，はっきりとしていない[3]。インダス渓谷がその時代を終えるころ，中央アジアから移動遊牧民が，ガンジス平原へと移動した。インダス地域の衰退が，この侵入によるものかインダス河の洪水によるものであるかは別として，この二つのグループは，相異なる生活様式をもっていた。

　紀元前千年紀の後半には，インダス地域での大きな集落のいくつかと規模の匹敵するような町が，ガンジス平原中流域に出現し始めた。森林が開発され，王国や都市国家が生まれた。それらのうち，16の場所は，まとめてマハジャ

図 2-1　ロータル。インダス文明の港町であり，インドのグジャラートに位置する。紀元前二千年期には，ロータルは河川を通じて海と容易に行き来可能であった。

出所）Dinodia.

ナパダ，つまり大きな集落として知られている（表 2-1）。それらの国家は，土地と家畜の支配を求めて激しく競い合い，そうした政治的・経済的問題にある程度誘発されて，ブラフマニズムの独壇場となった。『マハーバーラタ』の物語は，これらの生々しい戦いや，政治と宗教の混在を特に見事に描いている。他方，ヒンドゥーイズムの攻撃的な側面は，仏教とジャイナ教という二つの平和的な宗教という形で，反応を生んだ。両宗教の人気は，裕福な都市商人の援助に依存していたが，その平和のメッセージは，ブラフマニズムの隠れた暴力性よりも強く人心に訴えたのである。ブラフマニズムが領主，農民，遊牧民とつながりを維持する一方で，初期の仏教徒の寓話は，仏教の商人との結び付きを示唆するものであった。

　初期の王国は，しばしば互いに戦っていたが，河川と道路を通じた交通は，これらの領域をますます接触させた。マウリヤ帝国の時代（紀元前 320～紀元前 185 年），主要な国家は，征服され，あるいは協力することで，帝国に加わった。マウリヤ帝国は，ガンジスに面したパータリプトラ，すなわち現在のパトナに中心をおいていたが，そこに最も近い二つの海洋交易地帯へとアクセスする

表 2-1　王朝と国家（紀元前 500 年頃～紀元 1200 年）

	北部と中央	南部	東部	西部
紀元前 500～紀元前 1 年	紀元前 300 年まで：マハージャナパダすなわち居住地群。 紀元前 320～紀元前 185 年：マウリヤ朝。 紀元前 200 年～紀元初期：インダス上流域と東アフガニスタンにおけるインド＝ギリシア勢力、すなわちバクトリア勢力の支配。	紀元前 230 年まで：マウリヤ朝。 紀元前 230 年～紀元 2 世紀：マウリヤ朝の臣下であったサータヴァーハナもしくはサトカルニ朝が、デカン北部に帝国を築く。中心拠点は、クリシュナ渓谷のアマラーヴァティとプラティスタン（パイタン）。	紀元前 320 年～紀元前 185 年：マウリヤ朝、首都はパータリプトラ（現在のパトナ）。 紀元前 185 年～紀元前 73 年：シュンガ朝。	紀元前 320 年～紀元前 185 年：マウリヤ朝。 紀元前 185 年以降：サータヴァーハナ朝が現在のマハーラーシュトラを支配。
紀元 1～500 年	50 年頃～400 年：ペルシア北西部の部族であるクシャーナがバクトリアに国家を建設。北インドの西部を支配する帝国に継承される。 250 年頃～550 年：中央インドのウッジャインに拠点を置くグプタ朝が、ガンジス平原を支配。	北部デカンおよび中央インドでのヴァーカータカ支配（グジャラタ石窟の形成）、ラッパルおよび現在の南部インドの南部タミル・ナードゥでは、チェーラ・ナードゥではミール王国、北部タミル・ナードゥではパッラヴァ朝。	カラーベラが沿岸交易を含めてオリッサ沿岸地域を支配し、東および中央インドの一部に国家を築く。その後、グプタ朝の征服を受ける。	西部沿岸地域を、カダンバその他の地方の王たちが支配。
500～1200 年	606～647 年：ハルシャ・ヴァルダナ朝、ガンジス平原中央部のカニアウブジャ（カナウジ）に拠点。 650～1200 年：中央アジアから侵略あり、政治的に分裂。有力部族として、グルジャラ・プラティーハーラ、ラージプートなど。 660 年～740 年：カリフ軍とラージプートとの戦闘が続く。 1000 年頃～1187 年：現在のサガスタン北部でガズニ朝が支配。 1187～1200 年：ムハンマド・ゴールがガズニを捕らえ、北部ラージプートを破り、デリーに国家を建設。1206 年に、マムルークの将軍が継承。	850 年まで：後期パッラヴァ朝、初期パーンディヤ朝、チョーラ朝が割り込み、覇権を競う。 850～1280 年：カーヴェリ河デルタに基盤を置くチョーラ帝国。 11～12 世紀：パッラヴァ朝復興、マラバルおよびその隣接地域で、後期チョーラ朝が支配。デカン高原の南部に、カーカティヤ朝とホイサラ朝。	550～750 年：バンガ、サマタ、ハリクラ、ポンドラたちの領域が分裂。 750～1100 年頃：パーラ朝、セーナ朝が、11～12 世紀にオリッサ沿岸の東ガンジス地方を支配。 1200 年頃：ゴール朝の兵がセーナ朝の首都を略奪。	デカン高原の西側と西インドの一部をチャールキヤ朝とラーシュトラクータ朝が支配。

ルートを拓くことに成功した。南西部では，強力な属国であるアヴァンティが，バルカッチャ（ブローチ）に到達する道路交通を可能にした。サータヴァーハナの領域を横切って，この道路は，南のコンカン地方，東のクリシュナ渓谷ともつながった。東では，ベンガルの半独立国のタムラリプティが，ベンガル湾への出入口となった。

これらの道路や港は，あまり海外交易には用いられなかったかもしれない。海外の商人や大洋に向かう商人に関する言及は，初期の仏教文献には稀である。しかしながら，仏教僧やその主たるスポンサーであった商人が，これらの道を通過していたことを我々は知っている。仏教のジャータカ物語で下ビルマのことを指すスバルナブーミは，商人と僧をベンガルとビハールに送っており，これはブッダがまだ生きていた時期に生じた最も初期の使節である。都市化は，ガンジス河，ジャムナ河，ナルマダ河，ゴーダーヴァリ河，そしてクリシュナ河に沿ってペースを速めた。これらの河沿いの道路，ある書き手によれば「回廊」と呼ばれる道路に沿って，陸と海，デカン高原とガンジス平原を統合する最初の識別可能な試みが形をとり始めていた[4]。もし商業が統合的な力として役割を果たしたとするならば，それは仏教とジャイナ教の果たした役割と不可分であった。

西暦の初めに，商品と人の長距離の動きは，主に六つの地域システムの中で生じた。これらのシステムはすべて，少なくとも三つの地域的な地理的条件のうちの二つを備えていたという点で，交易の遂行に特別に有利であった。その三つとは，航行可能な河川に近い立地，河口部もしくは河川と大洋の間の移行地帯に安全な港を有すること，および，山間部へ通じる道路である。比較的小さな船のサイズは，河川を使って商品と人を内陸へと運ぶことを可能にした。加えて，河口部の立地，ときには内陸の河川港であることが，モンスーンの暴風や高潮，海賊などの脅威から船を守った。

六つの地域システムのうちの三つは，インド洋へのアクセスを有していた。これらの三つとは，マラバル海岸からの西アジアと地中海との交易，コロマンデルからのスリランカとカンボジアとの交易，ベンガルからのビルマとタイとの交易である。第四と第五のシステムは，インダス河とガンジス河沿いに形成

図 2-2 紀元後初期の交易ルート

されたが，それらでは，南アジアの二つの肥沃な平原に沿って，長距離にわたり品物を運ぶことが可能であった。いずれの河も，第六番目の地域システム，すなわちインダス平原上部から中央アジア，中国，そして東ヨーロッパとの陸路による交易を行う地域にも，注ぎ込んでいた。

　南アジアは，ヒマラヤとその支脈によって，ほとんど完全に囲まれている。山を越えずに，あるいは適当な通過点を見つけ出さずにこの地域を抜け出る道路は，ほとんど存在しなかった。知られている唯一の山越えのないルートは，

代わりに西インドの砂漠を越え，グジャラートとシンドのマクラン沿岸とを結ぶものである。ペルシアとアフガニスタンによる侵略も，この道からであったが，とはいえ，商品運搬の通路としては，その重要性はおそらくあまり大きくはなかった。

それと比較すると，ヒマラヤを越えるルートは，商業的にも政治的にもきわめて重要であった。ヒマラヤ越えの交易は，交差するルートの複雑な組み合わせであった。19世紀の初期には，英領インドの役人や国境の関税吏，ヨーロッパ人旅行者などが，ヒマラヤの商業世界についての初期の体系的な知識を生み出したが，彼らは，インダス河とガンジス河が，ペル

図2-3 ボラン峠（1842年頃）。インダス平原とアフガニスタン，ペルシアの間の回廊であり，何世紀にもわたって，商人や軍隊に利用された。このスケッチは，1842年に描かれた。

出所）著者蔵。

シア，中央アジア，チベット，中国と，一連の山岳通路を通じてつながっていることを見出していた。おそらく，六つの最も重要な山岳通路としては，(1)西のインダス河沿岸部（デラ・ガジ・カーン）から始まり，ケッタ，さらにボラン峠を経てカンダハル，ペルシアへと至る道，(2)北の，カイバル峠を経てアフガニスタンに入り，北東に折れてギルギットを経由して中央アジアへと続く道，(3)パンジャーブ平原を経て，ラダク経由でカラコルム峠を通って中央アジアへと進む道，(4)クマオン・ガルワル地域で，現在のインドとネパールの国境をなすカーリー河の渓谷沿いの平原から，チベット，マンサロヴァル，リプ・レク峠を経由してサトレジ渓谷へと至る道，(5)ヒマラヤ東部で，シッキムのナトゥ・ラを経由してチベットとインドを結ぶ道，(6)北東アッサムの，

ブラフマプトラ河沿いにザユール渓谷に至り，そこで北のチベット，東の中国，南のビルマへと分岐する道があった。

　これらの道，とりわけ西ヒマラヤの道は，数世紀にわたって征服や通商に用いられ，亜大陸の北西部に，北インドの水辺部を支配した大帝国からの自律を可能にした。インダス文明は，海だけではなく，ボラン峠を通じて地中海とつながっていたであろう。カラコルム峠とカイバル峠のルートは，中国からの商人や巡礼によって用いられ，いずれも絹の道に至り，コタンへとつながった。カイバル峠のルートの一部を除き，これらの道は，いずれも荷車の輸送には向いていなかったので，荷は羊やポニー，ラクダなどで運ばれた。山の峠のいくつかは，あまりにも標高が高いので，動物たちに深刻な負担を与えた。通常，動物を何度も交替させる必要があり，そのため，土地の人々がその通商の一部を担う必要があった。地域的要素の強固な存在と，山岳通商の厳しい地理は，この地を平原部の交易から遠ざけたのであった。

　それでもなお，キャラヴァン交易と海の交易は，いくつかの地点で互いに交わった。現在のパンジャーブ地域や，ガンジス河沿いの町，インダスやガンジスのデルタの港，グジャラート沿岸部の港などは，陸と川のいずれからも商品を受け取ったかもしれない。沿岸交易——それは考古学者によって「ルーピング」，つまり港と港をつなぐ交易と呼ばれている——は，海洋交易と陸上のキャラヴァン交易を結ぶ，もう一つの可能な方法であった。たとえば，中国からインドへの陸上ルートの一つは，雲南から始まり，イラワディ河に至り，そこから河沿いにペグーへと続いたが，そこはベンガルが古代に海洋でのつながりをもっていた場所であった。このような可能性はあったが，ヒマラヤを越える通商が，平原の商業世界と体系的に結ばれていたという証拠はほとんどない。大半の海港は，別個に機能していた。つまり，それぞれが，相異なる河川システムによって，特定の「後背地」とつながっていた。主な交易グループと交易の基盤は，各システムの間で大きく異なっていた。たとえば，馬や羊の半遊牧飼育者たちは，ヒマラヤを越える交易を支配し，家畜の飼育者たちは，デカンの通路を占め，船を操る者やその利用者たちは，平原部の河川運輸をコントロールしていたのである。

第2章　1200年までの港と後背地　　31

　この交易パターンが長期的にきわめて安定していたことは，容易に証明でき
る。海岸部の主要な考古遺跡は，河川の河口部に位置している。そのことは，
海と内陸に船によって同時にアクセスできたことを示唆している。ガンジス平
原，インダス平原を見てみると，先史時代の交易が河川に依存していたことも
示されている。別の言い方をするならば，外部的にも内部的にも，交易の大動
脈は，河川沿いや河川が大洋と出会う場所で発達したということである。しか
し，例外もあり，たとえばデカン高原に価値の高い鉱床があったことによって，
他の交易を継続するにはあまりにも時間とお金がかかりすぎるような通商路が
維持された。しかし，こうした例外は，原則を証明するものである。加えて，
これらのシステムのすべては，現在に至るまで存続してきた。17世紀の末，
ボンベイとマドラスでイギリス東インド会社が交易拠点を築くに至って，この
パターンはようやく変化し始めた。これらすべての古い交易システムは，イン
ドとヨーロッパの貿易が始まってからは，重要ではなくなった。18世紀，古
い地理的な位置とは合致しないような交易地が有利になっていったとき，千年
紀にわたる交易パターンは，自らの姿を変え始めたのである。

　地域的なパターンだけではなく，交易の内容にも持続性があった。2000年
間を通して，船が金や馬をインドに運び込み，布や香料を運び出した。輸入品
や輸出品として姿を現すその他の商品は，それと比べると，より短い距離の，
より変動性の高いものであった。運ばれる量や目的地，利用者や消費のパター
ンについても，大きな変動があった。造船，交易，そしておそらく交易に出資
する参加者，コミュニケーションも変化した。国家形成，特に帝国形成と交易
による富との間には，ある程度の強い相関関係があったように思われる。〔し
かし〕マウリヤ，グプタ，クシャーナ，ハルシャのような，一時は安定し，強
力であった帝国が衰退した長い期間に，長距離交易が繁栄したことを示す材料
はほとんどない。それらすべてを通して，交易の主要通路，中心的な商品，そ
して船舶の基本構造さえも，ヨーロッパ時代を迎えるまで，相対的にはほとん
ど変化しなかった。

　紀元前500年頃に，最初期の目に見える交易の興隆が，少しずつではあるが
生じたようである。この時期には，三つの重要な変化がある。最初の変化は，

非暴力を唱道する宗教の勃興であり，犠牲や金のかかる儀礼を減少させた。倹約的な生活スタイルや平和な近隣関係の強調は，商人の気性に合った。驚くまでもなく，商人はこれらの宗教の主たる援助者であった。ガンジス平原中流域に，長距離交易の存在を示唆する最初期の交易時代の集落跡が見つかっている。第二の変化は，紀元前6世紀における貨幣の導入であり，このことは地域の貨幣の統合を促した。第三の変化は，ますます記録を残すようになったことであり，このことはおそらくは間接的に，長距離の複雑な経済的取引を助けたであろう[5]。この変化のプロセスは，ガンジス平原の東側に中心があった。そこでは定住農業が有力な土地集団を生み出した。また，海と河川による交易へのアクセスが，貴金属や消費物資を入手する主要な手段であり続けた。それゆえ，国家は，商人と商人の宗教である仏教を援助することを選択した。

　マウリヤ帝国は，これらすべての要素，つまり商業，宗教，農業，貨幣を結び合わせた。宗教と交易の結合は，デカン高原の北部でより明確に見られた。そこでは，多くの岩を穿ってつくられた仏教拠点が，王だけではなく，カーストや商人ギルド，個々の家族などからの支援を受けていた[6]。巡礼者やキャラヴァン，兵たちは皆，高原の同じ道を通った。これらの道沿い，もしくはその近くには，5世紀にシヴァ派のヴァカタカ王が創始したと思われるアジャンタの石窟壁画のような素晴らしい仏教芸術のいくつかがある。

　これらの道は，確かに海にも通じていたが，首都が内陸深くに位置している陸に基盤をおいた大帝国についての一般的な史料には，海上交易に関しての詳細な記述がない。内陸と沿岸部との結び付きはあったが，その結び付きは限定的で断続的なものであった。海洋交易の発展に関する最も重要なエピソードは，陸に基盤をおいた国家とはそれほど統合されていなかった沿岸部のいくつかの場所で生じている。それは，紀元1世紀から発展するローマ世界との交易である。ローマ交易は，河川，港，沿岸部を通じてアクセス可能な後背地との，限定的な統合をなしとげた。それゆえ，インドとローマの交易の影響は，半島部の一部に限定された。

インド・ローマ交易

18〜19世紀に，ヨーロッパのオリエンタリストが初期インド史の研究を始めたとき，彼らの関心は，言語と文化にあった。経済史は20世紀に始まったが，ジェームズ・ミルのような帝国主義的歴史家たちによって〔かつて〕進められた大きな一般化に影響され続けてきた。その解釈では，インド史は経済的停滞，隔離性，階層性の表現であり，それが最も政治的に可視化された形態は，専制主義であった。20世紀初期になると，H. G. ローリンソンが貨幣史料を用い，また E. H. ウォーミントンがギリシア語とラテン語の史料に依拠して，そのような描写を大きく修正し，西暦初めの時代のインドとヨーロッパの本格的な交易の存在を示した[7]。20世紀半ばには，南インドの考古学的発掘が，インドとローマの交易の物語を肉付けした。

このような物語の多くの側面は，しかしまだ十分には知られていないままである。基本的な関心の一つは，商人がどのような者たちであったかということである。彼らは主として西アジアの者だったのか，ヨーロッパ人であったのか，それともインド人であったのか。インドとローマの交易にインド人が関わったという言及はほとんどない。しかし，この交易がよそ者によってなされたという初期の言説は，必ずしも最終的に葬られたわけではないものの，商人を扱っているインドの史料を用いた研究からは挑戦を受けている。インドとローマの交易は，かつては「ローマ人」商人によって担われていたと考えられていた。このローマ人というカテゴリーは，おそらく，アラブ人やペルシア人のコミュニティを含んでいると思われる。しかし，エジプト沿岸で見つかった陶器にあるタミル＝ブラフミー文字の発見は，同時代のアラビア海における南インド商人の存在を示唆している[8]。

より最近の研究は，インドとローマの交易を，ヨーロッパ古代の物語ではなく，インドの経済変化の物語とアラビア海での航海の伝統の中の一章とするのに，大きな貢献をしてきた。R. チャンパカラクシュミーは，初期の時代（紀元前300〜紀元300年）において，南インドの都市は通常港市であり，インドと

ローマの交易に緊密な関わりを有していたと主張する[9]。インド洋沿岸の交易の文脈におけるローマ交易の重要性は，しかしながら，まだ議論の余地のある問題である。インドとローマの交易については，それがその一部分であった当時の世界に比べ，多少文献がある。南インド，西インドの沿岸部を支配していた国家は，外洋交易により入ってきた商品と，そこから上がる関税に明らかに関心をもっていた。それでもなお，これらの国家は主に陸からの税に依存しており，その中枢部は，デカン高原の内部に位置していた。その結果，内陸部と沿岸部との間には，政治的・経済的懸隔が存在し続けた。

　考古学的資料は，紅海を経由してローマ帝国とインド，東アフリカ，イラン，スリランカを結ぶインド洋交易ネットワークの継続とダイナミズムを示している。文献的史料としては，インドのプラーナやギリシア・ローマのさまざまな史料があるが，しかし，それらの中で圧倒的な位置を占めているのは，『エリュトラー海航海記』（以後，『航海記』）である。この史料によれば，アラビア海を横切るローマ，アラブ，ペルシアの船は，インドの三つの目的地に到着した。グジャラート海岸にあるブローチ（ペリプラスのバリガザ），マラバル沿岸のムジリス（パッタナム）とネルクンダ，およびいくつもの港があるコロマンデル海岸がそうであり，その中心的な土地がアリカメードゥであった。『航海記』といった歴史史料に一致するパッタナムのような場所での考古学的発見は，西アジア・地中海商人とインド人商人・職人との間に，かなりの規模の定期的な交易があったことを示唆している。

　これらのルートに沿って，ローマの硬貨やアンフォラ（両取手つきの壺），陶器，特に赤色陶器，青銅製品，およびインドの綿布など，1〜4世紀の間の時代のものが発見されている。これら商品の市場である地中海市場は，特定のスタイル，タイプの生産に影響を与えた。ローマの技術によって特に影響を受けたことが知られている地方産業の一つは，ガラスのビーズの製造である[10]。金以外では，アンフォラが主要な輸入品であった。おおいに興味が惹かれるのは，アンフォラが，インドでどのような意味をもったのかという問題である。日用品だったのだろうか。それとも中間品，つまり魚の加工やアルコールの蒸留，あるいは搾油などの製造業に用いられたものだったのだろうか。富の象徴の品

図 2-4 アリカメードゥ。この遺跡には，写真に示される 18 世紀のフランス式建築物がある。当時のフランス人旅行者たちは，この場所の重要性を記述している。

出所）Arul Jegadeesh.

であり，主に宮廷で使われたのだろうか。たとえばワインのような奢侈品の容器として需要があったのだろうか，それとも，自分たちで運んできたその他の液体のための容器だったのだろうか。沿岸部に住んでいたローマ人居住者が主に使うために輸入されたという解釈も可能である。これまでのところ，アンフォラの用途や利用者を示唆するような資料があまりに断片的であるため，問題の解決にはいたっていない。

「回転紋型陶器」や「赤褐色彩文陶器」の分布パターンは，コロマンデル海岸に位置する港が交易によって互いに，あるいはスリランカと結び付いていたことを示唆している。しかし，ローマ人商人によって組織されていたとかつて考えられていたような，東海岸と西海岸の間の海や陸による直接のつながりを示す証拠は，ほとんどない。海港の中では，東海岸のアリカメードゥが最も研究されてきている。この地は，交易センターとして，紀元前 3 世紀から紀元後 1～2 世紀まで機能した。この長い時期を通じて，その地の一部は洪水で失われていったのかもしれない。実際，港として機能しなくなってからもそれが起きており，コロマンデルとマラバル海岸との間のつながりを示す証拠を破壊し

36

た。二つの海岸部の間に、定期的なつながりがないということは、『航海記』が西海岸の港だけに言及しているという事実からも推定できる。推定されるアリカメードゥからの輸出品は、ビーズ、貴石、貝殻の腕輪、象牙製品、布、スパイス、香料、革製品などである。これらの商品のいくつかについては、存在が証明できず、推定がなされるのみである。

アリカメードゥの最初の発掘において出土した回転紋型陶器は、ローマ製だとされてきた。この論点は、現在は疑問視されているが、おそらく捨て去られてはいない。より最近の陶器型式の分析と編年は、ローマのデザインの影響は受けているが、陶器は現地の生産であり、アジアの陶器生産と陶器装飾の伝統の中で発展したものであるとするヴィマラ・ベグリーの仮説を立証している[11]。特にこのことは、ベンガルとタミル・ナードの間の、かなりの商業的かつ技術的な交換の存在を示している。加えて、ローマに由来する材料が、他の東部の港のいくつかからも出てきている。

ローマ人商人が、アラビア海を越えていく上で特別の優位性をもっていたことは、示唆されてきた。というのも、航行にはモンスーンの風が利用されたけれども、その危険性ゆえに、ローマで建造されたより大きくて頑丈な船が必要とされたからである。ゲラ人、カラケーネ人、パルミラ人など、アラブ゠ペルシア湾に位置する集団は、インドと地中海を結ぶ仲介者としての役割を果たした[12]。インド、ペルシア、アラビアの航海者たちによって用いられた船は、ローマ人が用いた船とは異なる構造を有していた。『航海記』は、これらを「湾の周りの海岸近辺を航行する小さな船」と呼んでいる[13]。ローマ人の居留地は、西アジアやインド西岸のいくつかの地に位置していたが、仏教遺跡や僧院へのギリシア・ローマ人の寄進は、インド人や商業的先駆者たちが行った援助のパターンを示している。インド人の王族たちは、ローマ人の船大工やギリシア・ローマ人の兵を雇っており、贈り物はヨーロッパ人奴隷からなっていた。『航海記』には、「歌を歌う男子やハーレム用の美しい女性たち」という記述が見られる[14]。

ローマの船が西インドを年に一度訪れたのに対して、彼らが促進し、参加した交易は、一年を通じて継続していた。西インドの主要な港であるソポラ（ム

ンバイの北郊）と南グジャラート海岸のブローチ（バリガザ）は，峠を介して，サータヴァーハナ支配地の内部やその臣下が支配する土地の都市と結ばれていた。ベンガル産のモスリンは，これらの土地に陸路で運ばれ，輸出された。『航海記』は，「この地［バリガザ］の内陸の東には，オゼン［ウッジャイン］と呼ばれる町があり，以前は王宮のある首都であった。この土地からは，バリガザ辺りの生活に必要なすべてのものや，瑪瑙をはじめ，紅玉髄，インドモスリン，アオイその他多くの布など，我々の交易のための多くの品物が持ち込まれる」と記している[15]。同様な記述は，北部コンカン地方のパイタン，タガラ（もしくはテル）についても見られる。

　地域的に統合されたインドの交易システムが存在したとするのは，『航海記』にあるこれらの記述を深読みしすぎることになろう。南デカンや北西インドについての同じ史料における記述は，一般的なものであって，限定的な接触，もしくは自然や政治的な障害を示唆している。バクトリアは，グジャラートの諸港で取引される絹の生産地であると言及されているが，その交易量は限定的であると記されている。ムジリスのマラバルの港は，胡椒と真珠の主要な生産地であったが，それらの品は港近辺に位置する小さな地域の産物であった。概して，『航海記』にある，後背地との結び付きについての記述は，簡略なものでしかない。プトレマイオスによるインドの記述は，クシャーナ支配の下にあったバクトリアについて，デカンの港市についてよりもずっと詳細に記しているものであるが，それに基づく近年の研究が示しているのは，1～2世紀のタキシーラとウッジャインの間の交易ルートはかなり明確に再現することが可能であり，さらには，そのルートが17世紀までほとんど不変であったとさえ言えることである。はっきりしているのは，クシャーナの支配者たちが，このルートの交易に課税していたということである。しかし，北部の帝国と，沿岸・海洋交易とのつながりについては，曖昧なままである[16]。

　インドとローマとの交易の規模の確定については，もちろん，ローマ側からのアプローチが可能である。ローマの史料には，インドの商品に関する言及がどれほどあり，どれほど重要だったのか。確かに，ローマの史料には，インドの香料や上質な布についての，より包括的に言うならばインドの富についての

言及がある。しかし，地中海では，インド交易と関係すると思われる事物は，ほとんど見つかっていない。このことは驚くべきことではない。というのは，香料や布は，長い時間を経ると消えてしまうからだ。しかし，それでも，南アジア地域の冶金術の古さにもかかわらず，布以外の手工芸品や製品が，ほとんどインドから地中海に向かわなかったらしいことは驚くべきである[17]。

　『航海記』は，交易の制度や手続きについては，ほとんど沈黙している。この問題についてのいくつかの示唆は，紀元初期と年代が推定されているジャータカ物語や『アルタシャーストラ』の一部，および，5世紀であろうとされているサンスクリットの文法家パーニニの記録に見られる。これらの史料の大半は，ガンジス平原中流域に関係するものである。それらにおいて，商人，金融業者，キャラヴァン業者に言及する三つのはっきりした用語が広く使われているという事実は，長距離交易が，それに関わった資本家たち，特に，より定住的で政治的なつながりがあった裕福な金融業者と，より移動的でより貧しい代理人との間に，分業をもたらしていた点を明確に示している。史料は，職人が自分の商品を最終消費者に売ること——このことは，高度な技術で生産された手工芸品の場合に，より一般的であった——を含む，多様な販売方法が併存したことを示唆している。商人たちの間でいくらか専門分化が存在したのは，職人が商売に転じたことによるのかもしれない。専門的商人と並んで，船の混載品に対して株を購入する者たちもいた[18]。大半の船の荷が，きわめて多様な品々からなっていたことは，こうした商人たちが多様な顧客を有していたということを示す。これらの記述において明らかに稀であるのは，長距離かつ長期間におよぶ商業契約についての言及である。ムジリスのパピルスに記されたある史料には，おそらくローマで結ばれインドで執行されるローン契約が記されている。しかし，その契約関係者の詳細は不明である[19]。対照的に，インドの文献や刻文を用いた研究では，ギルドや協同団体が広く存在したことが示されている。ヒンドゥー教の規則でもまた，協同団体への言及が目立っているが，それらは，カーストの原則，つまり族内婚で維持される純粋さの観念や，国家から裕福な専門内婚集団に対して与えられた司法上の自治に基盤を置くことが多かった[20]。

比較的都市的な性格を有した仏教の組織化は，いずれも間接的にではあるが，食べ物や婚姻についての規制や，ヒンドゥー教徒が取引をする場合に顔を合わせる社会的に平等でない相手との間のパートナー関係に起因する障害を弱め，直接的には僧院を移動商人の安息所とすることによって，古典期の商業を盛んにし，商人の移動を促したと信じられている。〔地域的に〕長距離をまたぐ改宗は，移動商人が利用したり生み出したりした広範な接触を，必然的に生じさせた[21]。

紀元後のほぼ3世紀の間，インドとローマの交易が西海岸で盛んであったときに，陸上交易は，インドと中央アジア，中国の間で，商人も仏教徒の巡礼者も運んだルートに沿って展開した。マウリヤ朝の時代からチーナーンシュカとして知られてきた絹の布は，約2000年にわたってインド・中国貿易の商品となってきた。この布の年代決定や起源については，まだ検証の余地がある。示唆されているのは，この布について言及する文献の記述は，後代の挿入だということであり，布は，中国からではなく，中央アジアからの移民によってインドに入ってきたのかもしれない[22]。中国からインドへの輸入が主として絹から構成されていたのに対し，インドからの輸出品は，珊瑚，真珠，ガラスの容器やビーズ，貴石，ラピスラズリ，香料，香水，マー（没薬）などであった。明らかに，これらの品の市場は，都市の裕福な消費者，おそらく宮廷であったろう。それゆえ，王室の後援（この場合はクシャーナ宮廷の後援），僧院，交易の間のつながりが，インドの北の境界で発展していたと言えるだろう[23]。近年の研究は，おそらくはベンガルから中国に向けて海路で運ばれたであろう，綿布と馬という二つの商品の存在も示唆している[24]。

古代後期のインド洋西部

4世紀以降，インドでローマの硬貨や商品はほとんどなくなる。ある南インドの歴史家が呼ぶところの「初期のインドの都市化」への勢いは弱まったのである[25]。他の研究者たちは，グプタ朝以降の政治的分裂と北インドの不穏な状

況の併存を，ヘゲモニー的な帝国が存在しないという理由で，「初期中世」と性格付けている。こうした性格付けは，帝国的な諸国家と比較して，内陸と港との統合が弱まったことを示唆している。と同時に，交易自体は，ほとんど停止することはなかった。おそらく，沿岸諸地域では，以前ほど活発ではないにせよ，新たな参加者やより多くの移動商人とともに，港をより特定の生産地と結び付けながら，交易が続いていたであろう。

　西アジアでの混乱を生き抜き，「はっきりとした需要増」を経験したかもしれない商品の一つは馬であった。R. チャクラヴァルティのインド亜大陸における馬取引に関する研究は，この取引の古さと安定性を示している[26]。帝国の興亡は，それにともなう馬への需要に影響した。馬は，ペルシアからアラビア海を経て，そして中央アジアから西ヒマラヤの峠を越えて，あるいはまた，おそらくは雲南から東ヒマラヤを経て，インド亜大陸に到着した。北の陸上ルートは，西暦の初め，クシャーナ朝の保護を受けており，チャクラヴァルティは，このルートで入った馬の一部は，海路でベンガルからコロマンデルの諸港に輸出されたかもしれないとしている。馬取引に関する記録で明らかに稀であるのは，南北であれ東西であれ，デカン高原を越えた馬の定期的な輸送である。このことはしかし，高原のあちこちでの牧草地や水の不足からすれば，驚くことではない。同じ理由で，馬取引は海港を刺激し，コンカン沿岸地域での新しい港の発展を導いた。9 世紀から 12 世紀の間，ペルシア湾，アデンと，西インドとのあいだの馬取引のかなりの増加が目撃されている。反対に，馬は戦争の道具であったので，各地の国家は，つねにその取引をコントロールして牽制しようとし，この商売を以前よりも危険なものにしようとした。

　古代後期に交易の全般的な後退があり，とりわけインドと地中海の交易が衰退した，とするかつての見解に対して，近年の西アジアに関する研究は，インド洋の西部において交易が二分されたと見ている。インドと西アジアとのつながりでは，多数の新たな商人コミュニティ，主にはササーン人やエチオピア人が，優位を占めるようになった。ササーン人によるイエメンの征服は，この再編に貢献し，紅海でのビザンチンの航海は衰退した。新たな交易拠点が，西アジアの政治支配のパターンに対応して登場した[27]。アラブとペルシアのグルー

プは，インド人や東アフリカ人と協調して，アラビア海交易をコントロールし始め，その後長く続くパターンを築いた。アラビア半島沿いのインド洋の都市は，ヨーロッパ勢力のインド洋への進出まで，仲介者的な機能を果たしていた。半島の仲介者的役割は，赤色陶器が沿岸部に存在するという例が示すように，インドとアフリカの間の再輸出交易を盛んにした。沿岸交易は繁栄し，南アジアでは，シンドのダイブルの港が示唆するように，マラバルやコロマンデルから離れ，北に移った。

　5世紀から10世紀までのインドと地中海との間の交易量の増減について推測することは，不可能である。インドの歴史文献を見てみると，5世紀のグプタ朝の終焉と，その後のインドの深まる政治的亀裂は，交易の崩壊を導き，それはまた，陸と海との交易の結び付きの弱体化を導いた。インドでの外国貨幣の出現の減少は，同様な傾向を示している。一方で，インド交易は，西アジア，北アフリカ，および地中海にとって，重要であり続けた。北アフリカと西アジアでインド交易を取り扱う有力な商人ディアスポラの存在は，ゲニザ文書から出てくる大量の史料によって再確認されている[28]。

　フスタートのゲニザから集められた文書についての研究は，最大さかのぼって20世紀初期には始まったが，それらの研究は，地域交易の歴史ではなく，マグレブのユダヤ人コミュニティの歴史についてのものであった[29]。S. D. ゴイテインの20世紀後半の研究は，このような傾向を変えた[30]。ゴイテインは，ゲニザ史料の中の商取引に関する部分に〔研究を〕集中し，この史料，ないしはそのかなりの部分を，11世紀後期以降の国家形成とアラビア海交易の〔歴史的〕文脈の中に位置づけることに貢献した。彼の研究は，すでに地中海交易の一部を担い，製造工場も所有していたマグレブ・コミュニティの著名なメンバーが，その関心を，エジプト・アッバース朝のカリフの衰退とファーティマ朝の勃興とともに東方へ移し，その結果，アデンが主要な交易拠点として台頭していく経緯の理解を確実なものとした[31]。

　ゴイテインによれば，「11世紀の最末期に，圧倒的な力をもつキリスト教の地中海国家がムスリムとユダヤ人の航行を減退させたとき，企業家精神をもつ者への別の場所が見出されなければならなかった」[32]。これらの「企業家精神を

もつ者」の一部が，イエメンを超えて海岸へと向かい，最終的にはインドへと至る「道を探り当てた」のである。インドと地中海の布交易を始めた先駆者の一人は，チュニジアの紫色布の作り手であり，商人でもあったアルスの息子ジョセフ・アルアルジャワニ・アルマフダウィであった。彼の甥で義理の息子であるアランの息子ハシンについては，より多くの情報がある。彼は早くに叔父の見習いとなって，義理の父がそうであったように，しばしば航海に出た。アランの書簡は，いかにインドの布交易が展開したかについての重要な史料であり，ゴイテインによって，交易を再構成する際に，しばしば用いられている。アランは，義理の父からイエメンでの販売用に与えられた布を運んだように思われる。裕福な商人が，このように航海に融資するのは，普通のことであったのだろう。アランのような人物が，すでにインドからの商人によってよく知られていたルートに沿ってアデンを離れてマラバルへ向かったとき，この交易の次の段階が訪れたに違いない。最良の条件の下では，航海は2〜3週間であった。

　アランがインドから送った手紙には，モンスーンの風による危険や，こちらはもう少し曖昧な言葉によってだが，クイロンの港市の役人が及ぼすそれを彼がいかに勇敢に切り抜けたかが，しばしば記されている。航海の危険には，暴動や流血の事態にまで至った，アデンでの治安の一時的崩壊も含まれている。商人は，彼らが乗った船の所有者ではなかった。船は船乗りによって所有されており，他の地からの多くの乗客を運んでいた。アランの書簡は，船の船長たちが，しばしば商品〔売買〕の周旋を行う者としても振る舞ったことを示しているが，しかし，年季の入った商人たちは，このようなやり方については，貧弱な質のものを買うリスクがあるため，いい顔をしなかった。アランは，老年になったときに手紙を書いているが，そこには人生の大半を故郷から離れて生きてきたことへの後悔が表現されており，遠方の港に常駐の駐在員を配置することによって，同じような仕事のやり方はおそらく避けられるであろうと彼の息子たちに強く説いている。

　ゲニザ文書は，亜大陸からの輸入品の中での，布や染料の重要性を示している。11世紀，イブン・アウカルの商家は「サンダニ」（サンジャンか）インディゴとラック〔ラックカイガラムシが分泌する樹脂〕を購入したが，それらは

青と赤の染料の主原料であった。この商家はまた，マラバルから胡椒も得ていた。これらの品物は，ヨーロッパ市場向けであった。他のときおり買い付けられる産物としては，白檀やアロエ，薬用となる果実や野菜，特に，ミロバラン（学名 Terminalia chebula 布の染料の混合物）が含まれていた[33]。少なくとも一つの文書には，かなりの量の鉄の記述もある。逆に，インドへの地中海の産物としてはビーズや珊瑚があり，それらは，マット（絨毯か）とともに，各地にプレゼントとして送られた[34]。

　ゲニザ文書は貴重ではあるが，紅海地域のコミュニティや商業・政治組織についてと比べると，インド人の交易世界についてはほとんど光を当てていない。外国の商人とインド人の代理人との協力関係についての興味深い言及はあるが，それらはせいぜい一瞥程度のものでしかない。

　インド人について，より多くの情報を拾い出そうとして，土地文書と関連させてゴイテインの仕事を再読しようとした最近の試みは，限定的な成功しか収めていない。チャクラヴァルティによるこの仕事は，個別には小規模で，おそらくあまり財政的にも強力でないものの，まさにそれゆえにこそ海洋交易に関心をもつ沿岸部の諸国家によって，港にある建物が積極的に購入されたことを示している。実際，これらの国家のいくつか，あるいはそれらの在地の権力は，船の所有者によって築かれたのかもしれなかった。しかし，仮にこれらの支配者が船舶は所有していなくても，船舶所有者や商人と良好な関係を維持していた。船舶所有者の大半は，西アジアのムスリムであったが，その中には少数のインド人やコンカン出身者も含まれていた。より議論となるのは，その文書の中に，グジャラート沿岸のヒンドゥーとムスリムの海洋商人の間での友好的協調の手がかりが見出せるという点である。しかしながら，アラビア海の政治経済を注意深く再読すると，実際には，これら二つの商人グループの間で，時には暴力へと至るきわめて高度な競争関係があったことが示唆される[35]。

　次項で見るように，インドの西岸が地中海とのつながりを再建したのに対して，東では，新たな重要な結び付きが生まれつつあった。

コロマンデル，もしくは二つのデルタ地域

　タミル・ナード州のタンジャーヴール，ティルチラパッリ，プドゥコッタイに広がり，カーヴェリ河デルタで発展しておよそ850〜1280年の間存在したチョーラ朝が，4〜7世紀の間に関係が弱まっていた，港と後背地との再統合を達成したという強い示唆が，歴史研究で提示されている。国家の権力は，国家および家臣による儀礼的供物や寺院援助などの活動で統合され，より広汎な地域に広がっていた。こうして，中世と帝国時代（600〜1300年）に，寺院は南インドの都市に，制度的基盤を提供した[36]。

　国家の財政システムや統合的な政策は，町の交易拠点としての性格を強化した。穀物や香料，布の取引は，定期的かつ大規模であった。それほど定期的ではないが，象や馬，貴石の交易もあった。バートン・シュタインは，このような帝国権力の強化が，「ナード地域がより分離し，自足的な形で存在していた初期のチョーラ時代にはるかに目立っていた移動商人グループの確固たる地位を衰退させるのに与った」と示唆している[37]。ケネス・ホールは，地域的なネットワークの衰退を背景に，統制された市場の出現を示すことで，同様な点を指摘している[38]。これらのセンターにおける商人ギルドの権威は確立しており，寺院への商人による寄進によって確固としたものとなっていた。都市化と交易の定着は，王権のシンボルとして取引から得られる奢侈品を用いることを可能にし，あるいは〔その機会を〕増加させ，もう一方では，交易への課税を以前よりもやりやすくしたと，研究者たちは想定している。こうして，交易と統合的な国家政策，商人ギルド，財政的権威は，相互に強化された。ただし，このような図式が全体として納得しうるものに見えたとしても，中世南インドの歴史家たちが，細部を埋めるのに，かなり自由に類推を用いているということは認識すべきである。たとえば，チョーラ朝の収入にとって，海外交易がどれほど重要であるかを示す証拠さえも，まだほとんどない。証拠はないが，交易がまだ重要ではなかったという印象も捨てがたい。

　いずれにしても，チョーラ朝の勃興は，海外交易の方向を東に向けさせ，か

つ，コロマンデル一帯を，地域交易システムとして復活させた。考古学的証拠
や刻文史料は，東南アジアとインドとの間の海上交易の古さを示している。実
際，近年の研究は，「4世紀以降，亜大陸での多数の政治的・文化的変化に対
応して……，東南アジアの成長する政体は，インドのモデルに由来する共通の
文字，図像，一連の政治用語を広汎に採用している」と示唆している[39]。問題
とされている「政治的・文化的変化」とは，グプタ帝国がその頂点に達したこ
とと，その結果として，ヴェーダ文化が多くの南インドの政体から援助を得た
ことを指している。商人と宗教的活動家は，それらの知識を，今度は東南アジ
アに運んだのである。

　10世紀以降，接触は体系的になり，かつ規模もより大きくなったと考えら
れている。中国（宋），カンボジア（クメール），ビルマ，エジプト（ファーティ
マ），北ヴェトナム（レ）で同時に帝国国家が台頭したことは，この時期のア
ジア間交易を緊密にした[40]。10世紀からの「アジアの交易ブーム」を説明す
る他の二つの要因は，布への需要であり，また布の製造地と輸出先であった
チョーラとクメールという二つの強力な帝国の存在であった。これらの要因は，
互いを強め合うものであった。というのは，南インドから船で送られた布の一
部は，エリート層の消費向けであったからだ。おそらく，クメールの地方行政
が布交易を監視するようになったのは，財政的な動機よりも，消費のためで
あった。加えて，この市場は安定し，利益があり，またインドはきわめて遠く
にあったので，この交易は輸入代替化を主にカンボジアとジャワで進めた[41]。

　チョーラの政治的・経済的拡張がピークを迎えた時期に東南アジアに輸出
されたのは，布生産についての知識だけではなかった。胡椒のような香辛料や，
紅花やインディゴのような重要な染料は，南インドから海を越えて移動した。
それは，綿花が1000年以上も前に移動して，ジャワに根付いたのと同様な事
態である[42]。陶器の様式も，旅をした。金属の鋳造や宝石の様式も，ジャワの
手工芸に包摂された。布で生じたのと同様に，ジャワでの生産は，12世紀を
過ぎると，南インドからの胡椒や染料についても輸入を代替した。

　これらの取引を担ったのは，いったい誰であったのだろうか。東南アジアで
その存在が知られている商人の中にタミル商人がいたことを証拠づける刻文は

ない。最もはっきりしているグループは，北部デカンのテルグ語を話す地域からの者か，もしくはコンカンからの者たちであった。その中の指導的なグループは，アッヤヴォレとして知られる商人ギルドによって代表されている。商人たちが，ジャワの諸港で，単に弱い制度的なアイデンティティしか保持していなかったと考えるのは奇妙である。ギルドの痕跡やギルドのような存在の形跡は，東南アジアではほとんど見ることができない。8世紀から，移動商人の協同組織，その中でも最も重要なグループはアッヤヴォレであるが，それについての記述が，アーンドラやタミル地域で出現し始めている。それらは，通常，地域や村，もしくは町とのつながり，および，時には主要な扱い品目との関連で確認される。これらのグループの構成は，大変多様である。その構成や決まりは曖昧なままであり，それらが提供したサーヴィスの範囲も，完全には確認できない。チョーラが台頭してから，これらの集まりは順次都市化していき，かつてほどは移動性がなくなり，最終的には，別個の種類のグループとなっていった（第3章参照）。

　クリシュナ河の肥沃なデルタは，ベンガル湾へのアクセスも良く，5〜7世紀には，支配を目指す競争の場となった。最終的にアーンドラ海岸部の一部を支配したチャールキヤ朝は（620年頃），デルタの職人やテリキ（油料種子から油を搾り取る職人）の商人の支持を得た。このことは，少なくともこれらのよく統合された商人組織が，チャールキヤ朝に兵を供給することもできたということもあって，政治的な安定化にとって不可欠であった[43]。さらにデルタ北部のオリッサとアーンドラ・プラデーシュの境界では，西暦1000年頃から一連の海岸交易の中心地が刻文に現れ始めており，ベンガル湾商人の存在を示唆している。その地域での最も重要な市場はおそらくボガプラであろうが，その地域の交易については，宮廷の支援があったことや商人が寺院を援助していたことから推測できるものごと以外には，ほとんど何もわかっていない[44]。比較的より多くがわかっているのは，ベンガルのデルタ地域についてである。

ベンガル

　ベンガルの一部をなすガンジス河デルタは，亜大陸の交易に，次の四つの形で寄与してきた。第一に，北からの輸入品（馬など）をベンガル湾を経由して再輸出する地点として，第二に，西部および北部インドに輸出される高級綿布の産地として，第三に，東ヒマラヤを越える交易の接触点として，そして，第四に，南アジアと東アジアの間の海を通じた結節点としてである。これらのルートすべての古さを示すことは可能であるが，そこでの交易量や変化を跡づけるのは不可能である。

　紀元初期から，下ベンガルは，金銀と引き換えにビルマに布を売ってきた。チッタゴンの近くで発見された小さな金貨の退蔵は，その金属が地域の貨幣に転換されたことを示唆している。しかしながら，貨幣関係の史料はあまりにも少なく，詳しい歴史を構成することはできない。ベンガルでの傑出した交易地点は，タムラリプティであった。ある記録によれば，この地は，西暦初めにガンジス河の支流に位置していた。その港は，一方ではヴァラーナシーやパータリプトラという主要な内陸の河川港と，他方では東南アジアやスリランカとの接触を有していた。H. G. ローリンソンは，「その輸出品は，さまざまな種類の鳥や動物であり……，貴重なシンドの馬，象牙，綿製品，宝石，金や銀を含んでいた」と書いている[45]。仏教がインドからスリランカへ伝えられたのは，このガンジス－ベンガル回廊を通じてであった。タムラリプティが紀元千年紀後半の初期に衰退した理由は，不明のままである。河川の移動は，一つのありうる理由である。しかし，陸に基盤を置く強力な諸国家が侵入したこともまた，下ベンガルで都市や商業の衰退をある程度もたらしたのかもしれない。

　圧倒的な範囲の証拠を整理して，V. K. タクールは，「ベンガルの海外交易は7世紀初めまで繁栄していたが，同世紀の中頃にはかなり縮小し始めていた。そして，その世紀の終わりにかけて，あらゆる商業活動は衰退した」と結論づけている[46]。この考え方では，交易からの撤退は，ベンガルでイスラム諸国家が始まる頃，つまり13世紀まで続いたことになる。しかしながら，このよう

な説明は，きちんと中身を見る必要がある。タクールが認識している例外は，バギラティ河沿岸の都市化である。寺院建設でわかるように，河沿いという新たな町の位置は，おそらく確実に，交易に有利であるという地理的位置によって利益を受けるものであった。この10世紀以降の都市の繁栄こそが，後の世紀の海上交易の復活とその成長の基礎となった。この地理的移動の可能性は，タムラリプティが一般的な商業の衰退によってではなく，何らかの特定の地理的要因によって凋落したという推論を強く支持するものである。第二の可能な要因は，馬交易が継続したという点である。

　北インドでのグプタ帝国の衰退を受けて，ベンガルは三つの強力な国家，つまり，シャシャンカ，パーラ，セーナの諸王朝の支配を，弱小の王や無政府状態の時期を挟みながら経験した。支配の強さは，通例通り，征服の記録から測ることができる。それにより，軍事力増強の異常な能力の高さが示唆されている。しかしながら，このような増強については，論理的な問題がある。軍の主力である騎兵は，馬の確実な供給を必要としていた。パーラ朝の刻文は，長期にわたって馬の購入が可能であった現在のハリアナの地において，祭りや市場に宮廷の代理人が組織的に参加していたことを示している。かつまた，北部の属国の王たちが，馬を贈り物として差し出しているという記述もある。しかしながら，馬がどこから来たかははっきりしていない。10世紀以降，セーナ朝が侵入してから，馬交易と馬の行商人がベンガルに移動してきたようである。この推論は，ムハンマド・バクティヤル・キルジーの少数の騎兵団が，セーナ朝の本拠地であるナディアを1205年頃に蹂躙した際に，トルコもしくはアラブの馬の商人と間違えられたという事実から得られる。侵入の唯一の記録（インド・ペルシア系の判事であり歴史家であったミンハジ・シラージによる『タバカティ・ナシリ』）もまた，馬が東ヒマラヤを越えて売却されに来た市場（場所は特定できない）について言及している。

　ペルシアの馬輸出を通じての，および，宗教使節の行き来を通じてのベンガルと中国との限定的な接触は，千年紀を通じて継続した。そこでは，かなり古い二つの陸上ルートが確認されている。そのうちの一つは，雲南からスタートし，西のアッサムとマニプールへ向かい，最後はベンガル湾のチッタゴンかア

第 2 章　1200 年までの港と後背地　49

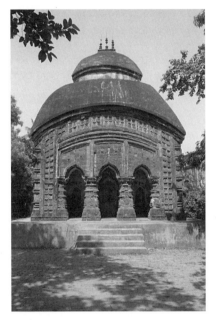

図 2-5　インドで建造されたと思われる船舶をかたどった，ベンガルの寺院（ダルハトワ）にあるテラコッタ像

出所）Rangan Datta.

ラカン海岸で終わる。これらの海岸地域は，ベンガルと海上でのつながりを有していた。もう一つは，雲南から始まり，南を長く迂回して中世ビルマのパガン帝国を通り，最後にベンガル湾の諸港につながった。いずれのルートも，険

しく場所によっては通過が不可能な地形を避けて，サルウィーン河とイラワディ河という主要河川の渓谷を利用していた。中国がインドとこのようなルートを通じて交易し，仏教の僧たちをインドの宮廷に送っていたことは知られている。しかしながら，この時期の終わりにかけて，インドとビルマのつながりは，インドと中国のつながりよりも，よりはっきりしたものとなった。下ビルマの9世紀におけるピューの都市国家は，インドとビルマの関係を強化した。ナンチャオの征服によって妨害されたものの，このつながりは，イラワディ・デルタでのアノータヤー・ミンソー（1014～77年）の支配期に，再確立された[47]。

　鄭和の艦隊が14世紀にベンガルを訪れたことは，ベンガルへの中国側の関心が続いていたことを確認させるかに見える。しかし，これらのやりとりの経済的重要性は，関心の継続を裏付ける主要な考古学的，貨幣学的，および歴史資料が欠落していると表明する歴史家たちの疑義に鑑み，その中身を検証しなければならない。今のところ，ヨーロッパ勢力がベンガル湾に入ってくる前に，ベンガルと中国との間の交易が，断続的で周辺的以上のものであったことを示すものはない。

む　す　び

　インドからの長距離の海上交易について現在我々が有しているこのような断片的な知識では，南アジアと西アジア，もしくは東アジアとの間の海上交易の規模について，長期的な変化のパターンを構成することはきわめて困難である。その危険はあまりにも大きく，この問題に関する議論は，単に静態的であったとか，もしくはこの時期の終わりにかけて長距離交易の量は低下し始めたという見解に間違って同意してしまうというような形で終わらざるをえないだろう。

　にもかかわらず，長期的なパターンについての一つの興味深い手がかりは，船舶技術によって示唆される。アラビア海で実際に使われ，インドもしくは西アジアで建造された船の残骸は，残念ながらほとんど出てこない。木材の破片の分析は，紅海の諸港とインドの西岸のあいだを運航した船が，主にインドで

建造されたことを争う余地もなく示している。現在までに発見されている限定的な材料は，大きさもデザイン（四角の帆）も，材料（チーク）も，そして技術（縫合構造）も，歴史の初期から 17 世紀に至るまで，ほとんど変化しなかったことを示している[48]。経済史にとって受容可能な史料の読みとしては，船舶技術は，気候と地域資源に厳しく制約されるということである。交易の規模は，かなり増加したかもしれないが，とはいえ，大きな船やより危険度の高い航海に出資することを商人に促すような規模には達していなかったであろう。

　1970 年代に主としてなされた古代経済史での大きな論争は，交易の問題を素通りし，そのかわりに，土地の支配と土地所有権の階層性の起源に関する問題に注目した。そうしたなかで，マルクス主義の歴史家である D. D. コーサンビーは，最初の主要理論を提供したが，それは，彼に続く他の歴史家たちから反論された。コーサンビーの理論は，土地権力の固定化，すなわち「封建制」は，商業化を犠牲にして生じたのだという示唆を含んでいた。この彼の理論は，そこに文化的な要素が付随していたがゆえに，魅力的であった。仏教，そしてより限定的な程度でジャイナ教は，移動商人たちによって援助を受けていた。他方，修道院は交易に課税する国家を助けたかもしれない。しかし，修道院的秩序は，階層性を侵すものであり，それは，土地から金を徴収することを欲し，そして従順で搾取される農民たちを必要とした帝国を「役立たず」とするものでもあった。他方，バラモンは，「新たな国家のメカニズムへの貴重な援助者であった」。彼らは，王権を儀礼的に権威付け，階級とカーストとを儀礼的に溶かし込み，新しい「自足的な」農業集落が出現することを可能にした。ヒンドゥー教は，グプタの王たちの宗教であり，新しい多くの村は，バラモンへの土地賜与を通じて生まれた[49]。

　インド的停滞という，カール・マルクスのアジア的生産様式概念に受け継がれた 19 世紀の仮定に刺激されたことから，その後の解釈は，多くの封建的権力がグプタ朝の征服の結果帝国内に生まれ，最終的には「自足的な地域経済の出現，貨幣の空白，交易の後退，地税をバラモン，そして後には官僚たちに授与したことによる行政の分権化」を導いたという理解に同意してきた[50]。実際に交易が衰退したかどうかは別として，海上交易は，地域国家の形成とはとき

おりだけつながる形で，継続性も深さもなく，特定の活動分野として続いた。
しかしながら，インド・イスラム帝国が北インドにその権威を固めたとき，こ
の二つの領域，すなわち内陸国家と沿岸部からの長距離交易の自律性は，弱ま
り始めたのである。

第3章

後退する陸のフロンティア 1200～1700年

　北インドと南インドの帝国が強固なものになると，デカンとベンガルの諸港を，陸を基盤にした帝国と統合する真剣な試みが生じるとともに，中央アジアとの情報の流れが再生され，それに沿って，以前よりもさらに自由に商品や技術が動いた。長距離にわたる軍の移動は，商品輸送の主要な幹線を確固としたものとし，さらにはいくつかの新たなルートを生み出しさえした。ムガル帝国は，これらの統合的な動きを，新たな水準に引き上げていった。帝国が強固なものになると，二つの河川沿いの大平原における都市化が進んでいった。ガンジスとインダスの両河川に沿った都市は，軍や宮廷関係者，商人，職人，知識人，芸術家が住む場所であり，また，西アジアや中央アジアの都市との商業的つながりを維持した。商業と国家との関係は，関税から上がる収入というよりは，エリートによる交易商品の消費によって媒介されていた。国家の主な収入は，以前と同様に地税であった。都市化と消費の増加は，耕作の拡大を必要とさせた。コーサンビーの言葉では，「キャラヴァン商人の取引相手は必然的に，土地から力ずくで，より大きな剰余を搾り取る，新たな武装した封建領主であった」[1]。政治および農業のフロンティアの拡大の影響は，ベンガル，デカン，グジャラートではさらに深いものとなった。

　これらの港と内陸の都市を統合しようとする試みは，沿岸部には限られた影響しかもたらさなかった。帝国は，しっかり立案された海洋政策をもっておらず，港の征服は通常，商業的な関心ではなく，軍事的，政治的な関心によるものであった。たとえばベンガルでは，イスラムと新たな国家の結合による拡大は，農業集落に集中した。沿岸部と港は，比較的自律した性格を保持し続け，

54

移動する商人の居住地として，地域国家によってゆるやかに統治されていただけであった。中枢都市としては，内陸の主要な都市と比べると，小さなものであった。

国家形成の基盤については，この章で扱う500年間で大きな変化はなかった。変化がなかった最も重要な要因は，商業ハブの位置が地理的に決定づけられていたことである。デルタや河口地域は，陸と海の統合のパターンに，大きな影響をもち続けた。商品構成は，かさばらない高価な商品が支配的であり続けた。穀物は，取引可能な商品リストではまれにしか言及されていない。これらすべては，陸を基盤とした生産活動と海洋交易の統合が限定的であった状況を示す痕跡である。取引商品のリストは多様であり，そのことは，商人たちの特定の生産物への特化が滅多に起こらなかったことを示唆している。海洋商人たちはインド洋の海域内部で活動し，それを超える冒険は未知の領域にあった。他の土地との意義ある経済上の交流は，商品取引に限定され，ムガル・インドの場合には技術交換に広げられたが，労働や資本にまでは広がらなかった。

にもかかわらず，変化は起きていた。この時期の経済的交換の性格についての一般的な解釈は主として，より大きな経済の中での，交易の役割の変化についてのものである。このテーマについて，私は別の視点から始めることにする。

視　　点

古代後期から13世紀のデリーにおけるマムルーク朝の開始までの間の長い空白期間は，インドの歴史家がかつて封建制と呼んだ時代範疇に分類され，それは長距離交易が退行したという意味合いを含んでいる（第2章参照）。ウッタル・プラデーシュの西側の大半とハリアナにおいて，ラージプート族が農業資源を中心にして王朝支配を確立したが，交易は，おそらく，それらのいかなる統治においても，主柱ではなかったといいうる。しかし，商業と農業の間のバランスの決定的な変化を，亜大陸全体で見極めるのは容易ではない。

いわゆる長距離交易の退行の始まりは，歴史におけるもう一つの大きな転換

第 3 章　後退する陸のフロンティア　1200〜1700 年　　55

点であり，幾分同様な抑揚をもつ，地中海における 7 世紀のアラブのカリフ支
配の拡大と軌を一にしていた。ベルギーの歴史家であるアンリ・ピレンヌは，
この地域の軍事バランスの変化が，海外交易からのヨーロッパの撤退を引き起
こし，かつて栄えたローマ帝国諸都市の衰退後のヨーロッパを，田舎の僻地へ
と変え，封建制度の基礎となる自足的な農業経済構造の勃興をもたらしたとす
る。ピレンヌの議論は，決着のつかないテーマとなってきた。イスラムは，
ヨーロッパの停滞の原因であったのか。逆に，物質的により進んだアラブ世界
が，大陸の東側の別の交易世界と交易ルートを刺激し，間接的に，ヨーロッパ
を，製造品と交換に，穀物や奴隷を含む資源を基盤とした商品の供給拡大のた
めのインセンティヴをもつ辺境の生産地へと変えてしまった，とも議論されて
きた。このイスラムの復興は，しかしながら，モンゴルの侵入と高い統治コス
トがかかる軍事構造への依存によって弱められた。世界が二つに分割された結
果の一つが，ヴェネチアが両方の世界の仲介人の地位に昇ったことであり，実
際，ヴェネチアはヨーロッパとイスラム世界，そして遠く中国との接触地点と
なった[2]。

　イスラムの復興は，どのように南アジアに影響を与えたのか。成長はあった
のか。ネットワークの統合は，より進んだのか。アンドレ・ウィンクは，これ
らの最後の二つの問いに肯定的に答えており，紀元二千年紀の初めからアジア
の相異なる交易世界の間に，次第に緊密となった提携があったことを示唆して
いる。彼の記述によれば，経済的統合は，イスラムの政治的・文化的な力の拡
大によって成し遂げられた[3]。統合のイスラム的な内容や，生成した統合形態
の全体的性格については，批判もある[4]。しかし，別個のネットワークが，紀
元二千年紀の初期に接触を深めていったという可能性は無視できない。14 世
紀以降，インド洋の東と西の交易が，中央アジアとインドとの陸上交易がそう
であったのと同様に，以前よりもさらに緊密につながり，人の移動やディアス
ポラの定住地がより増えていったということについては，ほとんど異論がない。
イブン・バットゥータのアジアの南での商業取引と，150 年後のドゥアルテ・
バルボサの記録を比較して読むと，同様な結論が示唆される[5]。

　交易の衰退についてのもう一つの批判は，北インドの経済状況自体に着目す

る。北インドの経済史についての，ジョン・デイルが提示する考古学的および貨幣学的なデータに基づいた注意深い再構築は，農業化の進展とはまったく異なる像を描いている[6]。デイルは，中世初期に貨幣が質を落とし，古典期の貨幣のより粗悪なコピーとなっていったことを示し，間接的に国家がより弱体化，貧困化していったこと，同じく，貴金属の確保が，よりコストがかかるようになったことを示唆している。貨幣鋳造は，トルコ系の支配者が，モンゴルに敗れた中央アジアや西アジアの政治中枢の手先ではなく，むしろ自分たちを独立した国家とみなしたことから，13世紀から漸進的に集権化されていった。

　これらの修正主義的な見解は，封建制を主張する学派からの再批判による挑戦を受けてきている[7]。しかし，残る議論のポイントは，それが事実かどうかではなく，新たな統合的傾向の時期とその促進要因に関わるものである。大半の歴史家は，ヨーロッパ進出以前の経済的統合のパターンの存在を受け入れている。それは，以下のような要因によって力を得た。すなわち，一部は西インド洋の既存の交易ネットワークを背景に，一部はインダス河とガンジス河の交易や，トランスオクサニアおよびホラサンをヒンドゥスタンと結んだ国家形成によって，そして一部は，デリー・スルタン朝のデカンやベンガルへの広がりによって，である。初期のスルタン朝の能力の限界を前提とすれば，徐々にしか進まなかったとはいえ，この移行とともに，それまで半島の沿岸地域にあった商業取引の軸が，少し北に動いたとも考えられる。北からの引力に対抗したデカンでの国家形成は，海上ルートで運ばれてきた馬への需要を増大させることによって，海洋へのつながりを刺激した。とはいえ，14世紀の初めに，北の陸上および河川交易も，古代後期に失った重要性を回復したと述べておくのが公平であろう。

デリー・スルタン朝

　ヒマラヤを越える結び付きは，インド・イスラム諸国家よりも何世紀も以前にさかのぼるものであった。中央アジアとパンジャーブとの間の古典期におけ

る文化的・経済的な結び付きの古さと強さは，両者をまたにかけて，この広大な貧しい農業地域の財政を，交易への課税によって支えていたクシャーナ朝に帰すことができる。12世紀以降，新たな帝国が，境界を越える交易を復活する一方で，どの古代の国家よりもはるかに大きな規模で，インダス河・ガンジス河のドアーブ地方の農業利潤を利用した。

　スルタン朝（表3-1）の主要な都市は，大半が森林で耕作に向かない土地と，北部の肥沃な河岸平原であったヴィンディヤ丘陵が出会う地点に位置していた。デリーは，ほぼ丘陵部から見える位置にあった。遊牧とキャラヴァン交易，馬とラクダ，そして兵から成る乾燥地域と，税で成り立つ農業地域との両方の強さを結び付けた「流動する辺境」のイメージは，最初に首都となったときにデリーの性格を決定付けた[8]。スルタン朝が開始された後にデリーの近くで発達した定期市や市場に，中央アジアの商人は馬を持ち込んだ。続く数世紀，スルタン朝の財政的な力は，以下の理由によって強化された。すなわち，インダス河・ガンジス河のドアーブ地方での多数の行政・軍事・市場町の成立によって，および，フィーローズシャー・トゥグルクの統治期に生じた大土地施与により世襲的性格が強まった結果，それらの町の一部が半自治的な政体に変容することによって，である。地域権力の強化は，在地の土地の被施与者に対し，自分たちの収入源の多様化により多くの関心を向けさせ，自分たちの町を商業的中心として台頭させることを志向させた。北部の帝国の財政基盤の強化はまた，次に見るように，馬交易の性格も変えた可能性がある。

　14世紀にデリーからグジャラート，デカンに向けて旅したムスリム貴族の旅行記は，交易ルートが，インド中央の地方部から段階的に発展したことを示している。イスラムの国家権力の南北への広がりは，これらの交易ルートを確実にし，一方ではまた，インダス渓谷とガンジス平原との間の，ラジャスタンのナガウルや中央インドのバヤナを経由する交易を再生させた。道路ネットワークの強化は，単に商業権益を守る以上に，帝国の「地方化」の展開の結果でもあり，森林の漸進的な開墾，農業集落の設置，旧街道に沿っての宗教寺院の建立などがみられた。

　おそらく，この過程の経済史的な観点からの最も重要な実例は，イスラムの

東および南への広がりであった。東への広がりは，ガンジス河デルタを北インドとより密接に接触させた。

1500年までのデカンとベンガルのフロンティア

デカン高原の西南は，マハラーシュトラ南部の高原や，アーンドラ・プラデーシュとカルナータカにまたがるラヤラシーマの一部からなる広大な地域であるが，12世紀以降，国家形成の場として浮上した。ほとんどが乾燥し，生存ぎりぎりの農業が可能なだけであったが，この地域は豊かな河川渓谷，城塞化された軍事集落，貴重な鉱物を含んでいた。乾燥した地域は，さらに西部の海岸部と灌漑された河川渓谷の間の戦略的な前線地域を構成した。軍馬とラクダの輸入，および牛や馬の河川沿いの平原における繁殖は，遊牧民，移動商人，兵たちの定住地を生み出した。地域の農業資源は限られていたので，諸国家の成功にとって肝要であったのは，海岸部との交易と，家畜の繁殖者であり羊飼いでもあった移動商人の活動であった。

バートン・シュタインによれば，紀元二千年紀の初期から，南インドは，農業の拡大と森林や草地の農場への転換を，同時に森林に依存する遊牧民たちの定住的な鋤を使う耕作民への転換をともないながら経験した[9]。寺院は，新たな経済的単位である農耕村落の文化的凝集性を高めた。12世紀以降，国家形成の過程が，一部はムスリム勢力の南への拡張の結果として，一部は交易と沿岸部のデルタに位置する政治的中心の北方への拡張の結果として活発化した。地域の部族民は，兵に加わり，あるいは寺院や宗教施設の周囲に発展した小さな耕作コミュニティの中に定住し，あるいはその両方を行った。スルタン朝の宮廷に直接雇用され，14世紀から首都で独自のコミュニティを構成したアビシニア人奴隷の重要な交易が，デカンへの人口移動に加わった。ある史料は，国家形成が，辺境地域を成り立たせた生活様式の拡大を促進し，それが「息をのむような」広がりをもつデカンの変化の過程であったと主張している[10]。

このような，12世紀からムガルの征服にいたるデカン辺境の記述は，経済

的なダイナミズムの構図としては読み違いともなりうる。しかしながら，もし，この時期のデカンの国家形成史が何かを示すものであるとしたならば，それは，この地域が，戦乱・暴力のサイクルや集権化の試みと，そうした試みの失敗の繰り返しによって彩られた競合的な政治状況に陥っていたことを示している。そのような混乱は，一部の役務を提供する階層や兵負の労働市場には，有利であったかもしれない。しかしそれは，長距離交易にとっては好ましいはずはなく，どちらかというと，交易の南北回廊の発展にとって苦しい状況を示すものなのである。

　こうした不安定な政治が，商業や交易ルートにいかなる意味をもったかは，ほぼ同時代の地域史資料であるフェリシュタの書に十分に叙述されている。多くの主要交易ルートは，この資料では大変危険だと描かれている。「ダウラタバードの盗賊たちは，その大胆な盗みで古くから知られている」とそれは記録している。イブラヒム・クトゥブ・シャー以前の時期には，「テレンガナ地方は，強盗や盗賊の数〔の多さ〕で有名である」[11]。フェリシュタの書が，クトゥブ・シャーの統治によって平和が回復したという物語として書かれたことからすると，おそらくこれには誇張があるだろう。しかし，この描写は，貧しい土地からの収入で生きてきた弱小国家の記述であるということからすれば，真実味がある。街道での安全の欠如はまた，アッヤヴォレのような商人組織が，軍事労働市場に参加するような現象を説明するのに役立つ。これらの団体がその構成員に提供した主要なサーヴィスの一つは，傭兵を共同で雇ったことであった。

　同様な〔商業への〕限定的な関わりと不安定な国家形成の物語は，もう一つのフロンティア地域であるベンガルでも現れていた。トルコ・アフガン軍が14世紀にベンガルを征服したとき，商業と工業の中心はデルタの西側にあり，そこを通ってガンジスの主流が当時流れていた。支配階層は，ベンガル中央のいくつかの主要な町に定住し，そのうちの一つであるサプタグラムすなわちサートガオンは，海洋交易の中心であった。国家形成は，このように，河川の商業交通と海洋交易とのより緊密な結合を促進したと推測してよいだろう。そしてその二つがサプタグラムで交わっていたのである。しかし，これでは，サプタグラムの歴史にあまりにも多くのことを読み込みすぎることになろう。国

家の主な収入は，まだ商業よりも土地から上がっていた。農民や地主は主にヒンドゥーであり，農業の商業化は 16 世紀まで貧弱であった。国家はただ，基本的に非イスラムで農業的な，そして生存ぎりぎりの基盤の上に立つ軍事的な社会構造として成り立っているだけであった。

　しかしそれでも，1300 年から 1500 年の間，傾向としては，国家権力の強化と，陸と海との間のつながりを生み出す試みという二つの方向へと疑いなく向かっていた。デカン高原では，こうした傾向は，ヴィジャヤナガル帝国の出現によって成熟した。

ヴィジャヤナガル

　14 世紀から 16 世紀初めの間，混乱の中から出現した重要な国家は，ヴィジャヤナガル帝国であり，その首都は，トゥンガバドラー河の渓谷に位置していた。この帝国の経済史はほとんど知られていない。しかしながら，それが長距離交易を支援し，かつそれに依存していたことは，よく知られている。西ガーツ山脈を越えての強力で豊かな帝国の存在は，コンカンの海に向かって，政治的に保護された新たな出口を生み出した。

　ヴィジャヤナガル帝国は，深く交易に依存していたが，海岸へは不安定なアクセスしか有していなかった。陸に縛りつけられた性格のために，ヴィジャヤナガル帝国は，それが存在していた期間を通じて，コンカンの港町へのアクセスを保持しようと努めた。税収への意図は別として，ヴィジャヤナガルによる海岸地域の統制政策は，ペルシアからの馬輸入を誰が支配していたかという点と大きな関係があった。その支配の最後の 50 年間，ヴィジャヤナガルは，新たに形成された近くのポルトガル人居留地と協力関係を保つのに成功し，そうして海岸へのアクセスも維持した。

　刻文や文献資料は，この時期の長距離交易で最も重要な二つの商品である布と馬を，疑いなく扱っていた，ヴィジャヤナガル帝国と関係を有する商人の存在を示している。ダイヤモンドの交易もまた，裕福な人々の集団が扱った。史

第3章　後退する陸のフロンティア 1200〜1700 年　　61

料の性格を一部反映したものではあるが，我々が彼らについて知っているわず
かな事実は，どれも一貫して，国家とビジネスとのつながりを暗示している。
たとえば，テルグーの詩人であるシュリナータによる『ハラヴィラサム』は，
アヴァチ・ティッパヤ・セッティという，ホルムズからの馬という戦略的に貴
重な積荷を含む商品を独占的に宮廷のために輸入していた，ネッロールの港の
裕福な商人について描いている。興味深いのは，セッティが，帝国がほとんど
支配をしていない地域に基盤をおいて，オリッサのガジャパティ，バフマニー
のスルタンであるフィーローズ・シャー，ヴィジャヤナガルのハリハララーヤ
の宮廷等々，ヴィジャヤナガルの敵も味方も含む多くの宮廷に，アクセスして
いたことである。

　ヴィジャヤナガルの大半の同時代の記述は，帝国の領域における非農業生産
の繁栄を示唆している。しかし，これらの記述は，かなり注意して読まなけれ
ばならない。それらのほとんどすべては，首都の状況に集中し，王宮の壮麗さ
と豪華さとして取り上げられているものなので，交易の度合いの信頼できる評
価は，きちんと行うのが困難なままである。イタリア人の旅行者であるルド
ヴィコ・ディ・ヴァルテマのヴィジャヤナガルの首都（ヴィジャヤナガル）に
ついての記述（1504 年）は，町が周囲 7 マイル，つまり 3 平方マイルであった
と述べている。もし，一平方マイル当たりの人口密度が 1 万人であったとする
と，町は人口規模においてはまだ小さく，圧倒的に軍事の町であったに違いな
い。というのは，そこに住む騎兵は，2 万人（ドゥアルテ・バルボサ）から 4 万
人（ヴァルテマ）であったからである[12]。1514 年，ドゥアルテ・バルボサは，
帝国がすでにデカンにあるスルタン朝によってかなりの土地を失い，自身の多
くの家臣たちとの消耗戦に従事していたときにこの町に到着し，町が「無限の
交易」をしていたと記している。このあまり親切でない言い回しは，宝石や馬
に捧げられた輸出入品目の叙述に続いてのものである[13]。この記述はまた，宮
廷が支配する交易のあり方を示唆している。この国がどのような交易の統合を
成し遂げていたとしても，それは最良の時であっても貧弱なものであり，16
世紀までには衰退していたと結論するのが無難であろう。

　16 世紀後期，ゴールコンダのクトゥブ・シャーヒーの統治は，デカンとマ

スリパトナムとして知られている海岸部を結ぶ東側の回廊を開放した。この港市は，以前は布の小さな生産地として知られていたが，いまやスマトラ，アラカン，ペグー，ベンガルとの主要な結節点となっていた[14]。ビジャプールやゴールコンダ地域に住むように招かれた多くのペルシア人は，商人であった。それに対して，マスリパトナムからスーラトやキャンベイに商人たちが陸路で旅をし，西アジアとの交易を東アジアや東南アジアの交易に加えた。そうしたつながりはあったものの，二つの交易の複合体は，概して結び付かないままであった。実際，西ヨーロッパの貿易会社がベンガル湾に入ってくるまで，東の沿岸交易は西の沿岸交易よりも規模の点で明らかに小さかった。

　解体しつつある帝国についての経済史の描写は，ヴィジャヤナガルの首都の外で，城塞化された土地に住み，土地からの収入で生きた家臣たちが権勢を増していくという図を描いている。このような権力の分権化は，市場統合にとってよいはずはなく，いくつもの理由の中でも，道路通行の安全を損ねるということがある。そして，アッヤヴォレ・ギルドの後期の歴史が示しているように，商人に実際に損失を与えるものであった。

ヴィジャヤナガルの南

　アッヤヴォレとは誰であったのか。紀元二千年紀初期の南インドの商人ギルドについては，かなりの研究がある。1050 年からの刻文史料は，アッヤヴォレが，商業的・家族的ネットワークを多くの国や地域に拡張している「移動する商人」であると描写している。彼らは，キャラヴァンを所有していた。その商品はかなり多様であり，穀物や象を含んでいたが，彼らが扱う長い商品リストは，主に宝石類から成っていた。これらのグループの内部組織については，あまり知られていないが，人と職の法の複合としての「ダルマ」にしばしば言及していることは，彼らの商法への感覚が十分に発達したものであり，しばしば宮廷の裁可を得ていたことを示している。このような法に重点をおいた活動は，強力でおそらくよく整備された内部の階層性によって支えられていた。

アッヤヴォレによって，領主や軍人の支援が行われたことも，いくつかの刻文により明らかである[15]。

　おそらく，最も包括的である南インドのギルド研究は，アッヤヴォレによる寺院への後援を扱っている。商人たちは〔単に〕寺院の後援者であっただけではなく，より特定の対象の支援者でもあった。彼らは，有力な巡礼地を後援したが，ある歴史家は，それが交易ネットワークが交差する地域における，移動商人たちの存在の証拠であると議論している[16]。我々が知っている移動商人たちのグループは，海洋の交易ネットワークにも存在していたが，ここでの彼らの主要な活動領域は，陸上，地域間，そして都市間の取引であった。

　中世南インドのギルドのその後の発展は，幾分曖昧である。ある歴史家は，「13世紀と16世紀のある時期に，中世の商人集団とギルドについての言及は消え，16世紀には，現在我々が知っているのと同様な商業カーストについての言及がとって代わった」と書いている[17]。その変化は，政治的負荷の増大と地方商人の問題への介入が，コスモポリタン的で地域横断的な集団を衰退させ，より狭量でおそらくはカーストを基盤にしたネットワークのあり方を強化したことによる。16世紀，ヴィジャヤナガルと連携した領主たちは，「〔自分たちが〕有している領域を，孤立した自足的な経済単位へと転換しようと試み……，この傾向は，さまざまな結果をもたらしたが，その中でも最も直接的であったのは，地方の商人グループの地位の上昇と領域的な商人グループの衰退の進捗であった」[18]。興味深いのは，地域間交易からの撤退が，それによって引き起こされたわけではないとしても，それがコロマンデルへのヨーロッパ人商人の登場と時を同じくしたことである。

ムガル支配下の北インド

　ムガルの征服は，すでに300年間にわたって形をとり始めていた空間統合のパターンの混乱を告げたわけではない。しかし，北部での新たな国家の形成は，北インドの河川沿いでの都市化および都市間接触を強化した。

ムガル帝国の核となる経済地域は，インダス河上流とガンジス平原西部がぶ
つかる場所に位置し，そこでは，豊かな土地，大きな河川，そして特に中央ア
ジア，ペルシア，カーブルへの街道に近いことが，急速な町の成長を導いた。
デリー，ヒサール，ラホール，フィロザバードは，平原部の東と南に広がる，
バヤナ，バダウン，サンバル，カルピ，マトゥーラ，カナウジ，エタワ，バラ
イチ，ラクナウを含む古い一団の交易都市に加わった[19]。さらに東では，ガン
ジスの東平原はあまり都市化されないままの状態が続き，ベナレスやパトナと
いう主要な中心は，西の同様な都市とははるかに離れて位置していた。しかし
ながら，このような状況は 17 世紀に変化し，特にムガルによるベンガルの征
服以降そうであった。

スルタン朝時代後期にできてきた都市の一つが，アグラであった。この町の
劇的な成長は，それが首都として選ばれる以前からの，ジャムナ河に面する好
適な位置条件，そして商業交易の交換地点および市場としての急速な台頭によ
るものであった。活発な道路建設にもかかわらず，河川は商業取引の主要な手
段のままであった。17 世紀に，河川はヒンドゥスタンとベナレス，ビハール，
ベンガルとを結んだ。河川は，ベンガルとビハールからは穀物，絹，綿花を，
アワドからはインディゴと砂糖を，パンジャーブからは綿花を運び込んだ。ア
グラはまた，銀行，金融のセンターとなり，手形の割引や発行を行う企業が立
地した[20]。

北インドの内部では，資本と企業の移動性が高まっていった。巨大な規模の
財政取引と，それにともなう穀物取引は，商人や銀行家，両替商，ブローカー
の本拠となった市場町を叢生させた。税を帝国通貨で受け取ろうとする行政の
志向は，ムガル以前はばらばらであった地域貨幣の統合を間接的に促した。ほ
とんど例外なく，最大となって最も成功した企業は，多数の町で営業する支店
ネットワークを有していた。企業の空間的な拡大は，商品や金の移動に必要で
あり，それは多数の都市における比較的安全な通行や居住しやすさによって後
押しされた。この資本の輸送でさえも，主要なビジネスの拠点や輸送港が位置
している主要河川沿いに主に広がっていたことは興味深い。

ムガルによる商業空間の統合の影響についての一つのよい例は，ベンガルの

第3章　後退する陸のフロンティア 1200〜1700年　65

ジャガートセーツ家である。企業の設立者であるイラナンド・サーフーは，東西交易の動脈に位置するナガウル出身であり，1652年にパトナに移住したが，パトナもまた，その商業的重要性を，帝国の東方への拡大に負った都市であった。彼の息子たちは，家族の銀行業の北インド支店を担当し続け，長男のマニク・チャンドは，ベンガル支店を担当していた。18世紀初期に，ジャガートセーツが国の銀行家として浮上したときに，マニク・チャンドは，ムガルの征服によって重要性をもつことになった首都のダッカから，地方知事のムルシド・クリ・カーンの新たにできた居住地である首都〔ムルシダバード〕へと移動した[21]。

　同様に，帝国はまた，長く存在してきた二つの外部ルートである，ペルシアとインドの海洋交易，およびインドとトランスオクサニアの陸上交易に沿った交易も促した。船はグジャラートとゴアからペルシアに海路で向かい，ホラサンを越えて陸路でやってくるキャラヴァン交易と接合した。インドとイランが，二つの友好的で強力な帝国として同時に存在したことは，両者を文化的にも政治的にも行政官や芸術家，職人の交換を通じて統合しただけではなく，交易への共通の関心を生み出した。ムガルがコントロールするグジャラートの港であるキャンベイとスーラトは，この共通の関心ゆえに，大きな拡大を経験した。それらと，ペルシアの港であるホルムズの間で，ペルシアとインドの大きなキャラヴァンが維持された。ゴアからのポルトガル人商人は，海の交易に加わり，ムガルによるデカン征服に先立って，輸出用ダイヤモンドを産出したデカンのスルタン朝地域と沿岸交易とを架橋する役割を果たした[22]。

　インドと中央アジアとの間での商品運輸と商人移動の増大は，時代の移行の影響の一つである[23]。すでに見たように，カラコルム峠，カイバル峠，リプレクを用いるヒマラヤ越えの通商ルートは，中央アジアの町で結合する（第2章参照）。インダス河とガンジス河は，これらのネットワークに，グジャラートとベンガルからの商品を供する。陸上交易は，都市の市場や平原の定期市に役立っただけではなく，高地に暮らす人々の消費物資の需要にも対応した。生活し，生存し，取引をすることは高地では互いに不可分に絡み合っていた。サマルカンドは，ウズベクのムスリム王国の領域に属し，トルコの諸領域とインド

の交易とが出会う場所であった。これらのルートを 14〜15 世紀の商人が横断したことは，中央アジアのアラブ人やヨーロッパ人旅行者によって記録されている[24]。これらの記録の一つが述べているように，商人たちは，グジャラートを含むあちこちの場所に倉庫を維持していた。旅の頻度とビジネスの規模は，17 世紀に増大した。中央アジアに居住したインド人は，時には商人として，時には銀行家として描かれており，ほとんどすべてが，インド，主にムルタンに基盤を置く家族企業の代理人であった。

　インドからの主要な商品は，布であり，それらは，さまざまな種類があって，インド各地から来ていた。ヒンドゥーの商人や銀行家のコミュニティは，市場町に住み，商品の動きを管理していた。彼らの一部は，インド様式の布の現地での生産を監督し，現地の手織工を訓練するために，熟練した職人を連れてきていた。職人たちは，交易の際の再輸出品の一部である奴隷の中で，目立つ存在であった。インドへの主な輸入品は馬であり，多数の奢侈品に準ずるような商品とともに持ち込まれた。これらの交易ルートを分けて支配していた国家は，これらのルートの経済的価値を理解していたが，その利益を分かちあうために協力することは滅多になかった。陸上ルートは危険なままであったが，それは，一部は国家が支援する略奪のせいであり，そのことは，海上ルートでの海賊と同様であった。それゆえ，商業活動は，たとえば大規模なキャラヴァンの結成とか，金融の信用関係がスムーズに機能するために必要な相互信頼の確保などといった，コミュニティの協力に深く依存した。陸上ルートに加えて，ムガルの支配はペルシアへの海上ルートでの交易を促進した。そして同様な効果は，商人の移動性の高まりや，ルートに沿った港市での製造業の成長という形でも見られた。たとえば，シンドの沿岸地方の重要性は，17 世紀に大きく高まった。

　歴史家は，商業がこの時期に帝国の宮廷の活動と一部重なりあっていく様子を記している。商家のいくつかは，宮廷に関係が近く，その一方で，廷臣たちは海上交易に参加し，その利益に与った。この重なりのより広汎な重要性は，今後検討すべきものである。こうした活動を性格付ける用語としての「ポートフォリオ資本家〔さまざまな分野を手がける資本家〕」は，企業家的な活動が盛

んであったことを示唆している[25]。今日であれば，国家の部局を掌握する強力な政治家が私的なビジネスに参加するのは，汚職と呼ばれるであろう。そうではあるかもしれないが，政治的な力と商業的力の近接性は，それらの間の明確な線引きを行うのが困難であることを示している。それらの結び付きはまた，主要交易品目でも明らかである。

　中央アジアからインドへの主要輸入品である馬は，国家形成と関係を有していた[26]。馬は，中央アジアから陸上ルートを通ってインドに入ってきた。かつてインドでは，馬は，主要な定期市で売られていた。馬は，特殊な荷であった。値が高く，運ぶ必要がなく，山の峠を歩いて越えることができ，概して高い標高にも耐えることができた。馬は，このように，最も条件のよい時であっても輸送コストのかかる陸上交易では，特に便利な商品であった。馬はまた，西アジアから海を渡ってインドの港市にやってきた。ジョス・ゴンマンは，輸入量が全体のストック（18世紀初期で60万と考える）のおよそ10％と仮定して，馬の輸入額は約2000万ルピーであり，それはベンガルからの全ヨーロッパ東インド会社を合わせた輸出額を超えるとしている。しかしながら，この比較は多少誤解を招く。というのは，馬と綿布は，それぞれ別の種類の需要に応じるものだからである。つまり，馬は戦争のための高価な道具であり，納税者の金で支払われるが，布は大衆消費品として登場している商品である。したがって，より大規模な馬交易は，より大きな消費者の厚生を意味せず，おそらく逆であった。とはいえ，馬交易がそのピーク時にいかに大きな規模であったかは，印象的である。

　地域国家，特にベンガルの支配者になってからの東インド会社は，供給を確保するために，馬を飼育し，馬の交易をコントロールしようと努めた。しかし，いずれもとてもうまくいったというわけではなかった。外国の馬商人たちは，うまくコントロールするには狡猾すぎる人々であったし，ビハールのような地域では，飼育に適当な環境条件もなかった。ピーク時には，馬交易は国や商人コミュニティをインドとアフガンの境界に沿って釘づけにした。ゴンマンは，彼の馬の研究に続けて，国境における国家形成についての議論に向かった[27]。ムガル帝国は，一方では定住農民が住む肥沃な氾濫原に，他方ではステップを

境界とする地理的領域に，戦略的に位置していた。ステップは，軍に騎兵を供給し，生活も軍事行動も依存するところの馬やその他の家畜への飼料を与えた。後の時代，イギリス東インド会社は，騎兵ではなく，歩兵と砲兵に依存したことから，西部のステップは会社の政治的・軍事的な目的にとって重要性が薄らぎ，これらの乾燥した地域とムガル帝国の間の関係を変えた。

ベンガル開放

　1550年頃から，ガンジス・デルタの主な水の流れが東側に移ったことから，東側のデルタの広汎な開発と定住が可能になった。米作が増加し，移動商人によって仏教が広がったのと同じように，ガンジス・デルタでは，移動した農民のアイデンティティをイスラムが決定づけた。リチャード・イートンが示したように，農業フロンティアの西から東への拡大は，新たな農業コミュニティを結合させる力を必要としたが，政治的フロンティアの拡大，そしてイスラムの伝播によってそれは補強された[28]。イスラムは，いかにして，「拡大する農民社会の環境的・政治的なフロンティアにいる文字使用以前の人々が，その社会の宗教的イデオロギーに吸収されていくか」を象徴したものであった[29]。この拡張の意義は，輸出の推進にあった。東の海岸地帯は，以前に較べ相対的により重要となった。チッタゴン（チャッタグラム，もしくはムガル・イスラマバード）は，特に港として拡大した。より小さい，内陸にある河川港であるバクラや，スリプール，ソナルガオンも参加する，ゆるく組織された海洋交易は，東南アジアの商業的開花によって利益を得た。ビルマ，アラカン，およびベンガルは，以前よりも交易を増加させ，ムガルが支配下に置こうと試みたけれどもあまり成功しなかった東ベンガルでのネットワークを強固なものとした。

　1590年代のムガルによるベンガルの征服は，ベンガルの経済価値の高まりが引き金となったものである。他方，その征服は，すでに存在していた北との経済統合の傾向を確実なものとした。しかし，ムガルの行政的もしくは軍事的な存在感は，主な航行可能な河川から数マイル以上には広がらなかった。

第 3 章　後退する陸のフロンティア 1200〜1700 年　　69

　イスラム，居住地，農業，そして国家権力の東への伸張は，しかしながら，長距離交易の軸を完全には東に移さなかった。ベンガルの米は，今では沿岸交易の目立つ産物であったが，東海岸部は，大きな港を発展させるには，水面の広がりがあてにならない不安定なものであった。海岸部のメガナでの毎日の潮汐は，船を破壊しかねないほどのものであった。毎日，引き潮の間，川は途中で砂地を曝け出し，それらの砂地は場所を変えた。慣れた船乗りでさえも，必ずしもこの迷路を通るルートを知っているわけではなかった。スンダルバンの河川は，蛇が徘徊する人が近寄らない土地に広がっていた。デルタの中央部の主要河川であるブラフマプトラ河は，水流の渦巻きで悪名高かった。19 世紀においてさえも，内陸の町と主要河川港との間の運輸は，きわめて困難で時間がかかり，金がかかるものであったので，意味のある市場統合はできなかった。この地形の中で，ムガルの主要都市ダッカは，製造業と商業の主要な中心として台頭した。しかし，都市的・商業的で知的な活動の真のセンターは，バギラティと呼ばれるいまやかなり干上がってしまった水路沿いの西側に残ったままであった。

　16 世紀は，この西の地域で，16 世紀初めのヴィシュヌ派の運動に導かれて，文化的な開花が見られた[30]。サプタグラムは，運動の一つの小さな中心であった。もしイスラムが東方への陸のフロンティアの拡大を確固としたものにしたとするならば，部分的にはイスラムへの反応として生じた信仰運動は，西部デルタでのヒンドゥー商人のアイデンティティを再生させ，ベンガルの主要な商業センターとしてのサプタグラムの地位を強化した。

　サプタグラムは，13 世紀初めから 16 世紀半ばまで，おそらく 300 年以上にわたって，ベンガルの最も重要な港であった[31]。バギラティの水路に面した港は，水路が干上がった 16 世紀には利用することができなくなった。バギラティがこの時期にガンジス河の主要部を南へと移動させたという推論があるが，河川の歴史の正確な時期は確定できない。西のデルタは仏教の中心で，そのことは商人の支援を示唆するものであるが，その海外交易との関わりは，サプタグラムの勃興以前には限定的であった。その興隆は，ベンガルでの国家の統合の結果であった。

中枢都市として，サプタグラムは，1500 年頃に全盛期を迎えた。中世のベンガル語の文献では，海洋商人の代表として圧倒的に多く出てくるのは，マナサマンガルのチャンド・サダガルという人物である。多数の韻文が，多かれ少なかれ，チャンドがサプタグラムへの出張旅行に出かけたことをある程度詳しく描いている。1497 年頃に作られた最も有名な韻文では，チャンドは，バギラティの河岸の寺を訪れている。彼はまた，町を見に行き，家々の豊かさと豪華さ，バラモンの学識と輝き，サプタグラムのムスリム支配者や将軍たちの力などに，しかるべく印象づけられている。町が頂点にあったとき，三日月型の河岸は，マラヤ，中国，ジャワ，セイロン，モルディヴ，ペルシア，チョーラ地域，およびエジプトからの船を受け入れていた。14 世紀初期に，この港町には王の貨幣鋳造所があった。サプタグラムでの鋳造が確認できる貨幣は，ほぼ 1320 年から 1540 年の年代であり，ベンガルのスルタンの名前を有している。町が豊かな宮廷のエリートたちの居所であったことは，モスクや大規模な建物の跡によって明らかである。ベンガルの布を東南アジアや中国に輸出する以外にも，港は，ビルマからやってくる金の供給源として，地域経済，いや北インド全体の経済にとって決定的な存在であった[32]。

　同様なベンガル語の一連の歌謡や詩的な物語が，チッタゴンが主要な海港であった東部の海岸部近くの詩人たちによって，1495 年から 1595 年の間に生み出されていた[33]。これらの作品は，アラカン，アンダマン諸島，スリランカ，そしておそらくはインド西海岸に同定できる都市や海岸についての記述とともに，航海の記録を含んでいる。それらにはまた，船員の間の階級や，取引される商品，海外の港で商人たちの船が受ける扱いの不確実さ，航海につねにつきまとう恐れや危険についての描写もある。これらの航海の多くは，時には未知の危険に遭遇したに違いないが，しかしこれらの描写に満ち満ちている心配事を過剰に取り上げるべきではない。恐れというのは，結局は，神の名において書かれる作品での文学的な一つの方法であり，常套手段でもあるからだ。しかしながら，神は，異常な危険のゆえにこそ必要であると論じることもできよう。ともあれ，その航海の地理と歴史を確定することに多くの困難はあるものの，海洋を航海する商人たちが，主に農村の農民知識層を代表するこれらの詩人に

対して，広い支援と保護を与えたことは間違いない。

　後（16世紀半ば）の文献のいくつかは，歴史的に特定できる危険な存在，つまり，東海岸部の島々に住んでいたポルトガル人海賊について，多くの言及を残している。1530年頃，ポルトガルの商人は初めてサプタグラムを訪れ，そこで交易を開始した。10年余り過ぎた頃，ポルトガル人は，その大きな船を港に入れることが困難となった。そのため，ベトールというバギラティの西岸にあるさらに南に位置する場所に居住地を構え，より小さなボートをサプタグラムに持ち込んだ。ベトールは，単に季節的な市場ではあったものの，最終的にはより古い港での海外交易のかなりの部分を奪った。ある記録では，ポルトガルは力ずくで競争相手を潰したが，そのことは，サプタグラムの交易の助けにはならなかった[34]。実際，サプタグラムの終わりは，多数の裕福なヒンドゥーの布商人が，バギラティの東岸，つまりベトールの対岸に再定住した時に始まった。これらの商人は，1690年にカルカッタとなる地の最初の裕福なインド人住民であった。この移動は，正確に時期を示すことはできないが，おそらく1600年以前には生じなかったであろう。ベトールは，途中経過的な拠点であった。ポルトガル人のサプタグラムからの移動は，ムガル帝国が彼らにフーグリに港を造ってよいとの許可を与えた時（1579年）に，完全なものとなった。

　ある文献によれば，河川の移動は，1570年までは問題とはならなかった。というのは，ヴェネチア商人のチェーザレ・フェデリーチが1567年に証言しているように，サプタグラムは，大型船が港を訪れなくなってからもしばらくの間はかなりの交易の中心であり，裕福な商人の根拠地であったからだ[35]。この町の魅力は，ヴィシュヌ派の拠点として，かなりの，しかし短命の重要性にあった。1520年と1540年の間に，偉大なヴィシュヌ派の聖人であり，チャイタニヤの筆頭弟子であるニディアナンダが，サプタグラムに住んでいた。彼と彼の側近たちは，町のヒンドゥー商人の客であり，それによって，町とその裕福なスバルナバニク商人たちについて，チャイタニヤの韻文の自伝の中に，多くの言及がなされることになった。ほとんど確実に，これらのいくつかの作品の作者たちも，商人たちによって支援を受けていたであろう。これらの一つで

ある『チャイタニヤバガヴァット』によれば，ニティアナンダは，トリベニという サプタグラム近くに位置するすでに主要な巡礼の町となっていた地に，サプタグラムの商人を祝福するためにやって来たのだ。

　後に見るように，バギラティを基盤にした商業化の意義は，ヨーロッパ人商人がこの河岸に沿って交易拠点を作る1世紀後に明らかになる。その動きは，商業のバランスを，ほぼ完全に，ベンガル湾の東から西へと傾けさせた。

グジャラートとコンカンの変容

　インド洋の西側では，13世紀に，近世「世界システム」が浮上し始める[36]。エジプトのマムルーク朝のスルタンは，14世紀から15世紀にアジアとヨーロッパの間の交易を仲介する役割を成功裏に果たした。その結果，紅海での貿易量は，他のルートを犠牲にしたかもしれないが，かなり大きく伸びた[37]。ヴェネチアとジェノヴァの商人たちは，黒海と陸上を通じて，ペルシアを越えていくより小さな代替的な橋を架けた。コンカンとマラバルの港，特にキャンベイは，西側の紅海を，他の地域的商業ネットワークである東アフリカ，南アラビア，ペルシア湾，そして最も重要な東南アジアと結び付けた[38]。きわめて多様な商品が取引されたが，単一の最も重要な商品グループは，おそらく香料であった。鉱物や少数の農産物も後に加えられたが，しかし，それらは定期的な交易品目でも大規模な品目でもなかった。

　紅海の交易は，インドから，300〜400トンの船舶で行われたが，それらの船は，ベンガル湾やインド洋の東側での標準よりも大きな船であった。マラバルの豊富なチーク材は，造船業にとってかなり有利なものであった。しかしながら，亜大陸の海岸線のより広い文脈の中では，〔この〕より大きなサイズは，普通ではなく例外的であった。通常のインドで造られ動いている船は，もっとサイズが小さく，互いにほとんど〔造船技術の〕やりとりのない海洋伝統の産物であったようだ。考古学的および歴史学的な証拠から言うことができるのは，船のサイズや建造の仕方は，最初の千年紀には相対的にほとんど変化しなかっ

第3章　後退する陸のフロンティア 1200～1700 年　73

図 3-1　キャンベイ湾の交易。ブーシコー・マスター（1390～1430 年）の描いた絵であり，1410～12 年頃の作の『驚異の世界の本（Livre des Merveilles du Monde）』所収。リエージュのジョン・マンデヴィルによる『驚異の世界の本』は，聖なる土地インドやその他の世界への旅行の記録である。インドの情景は，おそらく 14 世紀の旅行家，特にフランシスコ会の修道士であるオドリックによる叙述を引用したものである。パリのブーシコー・マスターは，彼が生きた時代の最も有名な細密画の描き手であった。

出所）The Bridgeman Art Library.

たということであるが，この点については，まだ議論がある[39]。同様なシナリオは，紀元二千年紀の前半からも出てくるようだ。

　部分的にはポルトガルの史料に，また部分的には地域に点在するモスクに関する刻文を根拠とすると，キャンベイがピークとなった時期は，14 世紀から 16 世紀半ばとすることができる。この時期に，キャンベイは，後にスーラトが果たし，以前にはブローチが果たしたのと同様な機能を果たした。それは，北からの陸上ルートの終点であり，キャラヴァンが船と出会う交易地点であった[40]。キャンベイの多くの商人たちには，モスクが証明するように，政治的な卓越と社会的な指導性を期待することができた。政治的後援のよい例は，イランの馬と宝石の商人で，皇帝シャー・ジャハーンから港の行政官としての地位をキャンベイとスーラトの両方について受けた，アリ・アクバルであり，彼については，17 世紀半ばの史料群が一定の光を当てている。地位の授与は，互

図 3-2　交易ルート（1650 年頃）

いにとって利益のあるものであった。シャー・ジャハーンは，バスラの馬市場へのアクセスを得，アリ・アクバルは，彼の私的な商売のいくつかに対して政治的な支援を得たからである[41]。〔キャンベイ・スーラトから〕ごく近い位置の港であるディウでは，海洋商人たちは，グジャラートの地域政治と緊密な関係を同様に築いた。個々人が交易と行政の間を行き来したのであるが，この相互依存に財政的な基盤があったのかどうかははっきりしない。

このような相互依存は，ディウでは 16 世紀初めに弱まったが，それはポル

トガル人が水域の支配を求めたことの結果である。ポルトガルのこの水域への進出は，1500年代の初めであり，特に，商人の航海への課税の試みが地域の政治的な敵対関係を複雑にした。結局，キャンベイは衰退し，ディウがポルトガルの港になったが（1535年），グジャラートのスルタンは，その損失を，スーラトの南の港を要塞化することによって埋め合わせた[42]。1570年に，ムガル帝国がグジャラートを征服したときに，スーラトは，帝国の西海岸地域への主要なアクセスの場としての役割を果たし始めた。征服の意義は，すぐに明らかになった。16世紀の後半に，紅海と東南アジアの商業ネットワークを結び，コンカンの港を集中して使用したインドの船は，スーラトを利用することにより，ポルトガルを素通りした[43]。17世紀初めまでには，スーラトはまた，確実な陸上との結び付きで，帝国の中心部とつながった。こうして，スーラトは，ムガルの北インドの内陸経済としっかりと統合された[44]。

知識の交流

　まだ労働と資本の「市場」は存在しなかったが，イスラム・アジアを横断しての諸帝国の安定化は，多くの才能ある者たちが最も豊かな都市の間を往来する幹線を創り出した。これらの移動は，その性格上，後援を受けやすく，ほとんどつねに，一般的な技量ではなく特殊な技量をもつ人々を巻き込んだ。宮廷は，自身の象徴的な権威を，贈り物の交換や，見せびらかしの消費，寺院やモスクへの後援によって正統化しようとした。彼らは，それゆえ，さまざまな実践的な分野での専門家を，高い栄誉とともに抱えていた。イラン，ツーラン（中央アジア），ヒンドゥスタンから成る「三つのムスリム・アジア」は，共通のエリート文化によって結び付けられていた[45]。これらの動きの背後にあった非軍事的な動機は，法制度を施行するための法部門の学者の必要性であった。インドのスルタン朝とムガル宮廷は，ペルシア，エジプト，中央アジア，そして，稀ではあるがマグリブから学者を受け入れていた。この動線に沿って，大量の科学的・技術的知識が流れた。

こうして，1200年頃のゴールの征服は，ペルシア井戸や，紡糸車，製紙，養蚕の導入と関係し，他方，大砲や銃の使用は，15世紀の一連の交換や実験を通じて確立していった[46]。年金や贈り物を通じて，ムガル・インドの貴族は，会計士，「学者，詩人，神学者，医者，画家，音楽家，そして踊り子」を後援した[47]。ムガル帝国を興した最初の大ムガルであるバーブルは，文化を越えた交流に興味をもち，自ら相異なる文化を跨ぎ，また孫のアクバルは，実践的な芸術の後援者であった。アクバルの宮廷は，多くの学者を呼び集めた。宮廷の学者の圧倒的に多いグループは，「魂の師」，つまり神学者たちであった[48]。ある場合には，三種類の専門的知識——神学，医学，発明——が，ペルシア人の学者ファトゥッラー・シーラーズィーのような一人の人物に結び付いた。

これらの異文化交流の背後にあったもう一つの動機は，都市の消費者に物資を供給したり，建設事業で働いたりする熟練職人の必要性であった。大きな余剰と繁栄する街々は，広汎な商品生産を導いた。消費と権力の結合が，町の経済を持続させた。ムガルの宮廷と貴族たちは，大量の手工芸品を消費した。権力は，気前よさと見せびらかしによって支持された。皇族や貴族の邸宅は，帝国の宮殿・城塞に倣って造られ，ムガル・インドの都市で「社会的，経済的，そして政治的活動の大部分を占めた」[49]。消費は，権勢を表現した。貴族層は，消費物資と軍事用品の両方を生産した製造所である「カールハーナ」を維持した。

移民となった専門家や職人の親方たちは，飢饉や交易，軍事行動，防御された都市居住地の魅力，そして宗教の伝播など，さまざまな理由で引き寄せられた。しかし，より長期に移民に影響を与えたのは，熟練した職人たちの都市定住を導こうとする直接・間接の後援であった。ムガル・インドの都市において，技術の階梯で頂点にあった親方職人は，政治的エリートによって雇用されるか，もしくは，支配者から特別の権益を与えられていた。同じく，南インドでも，職人のもう一つの後援者は大寺院であった——寺院権力と国家権力は，通常区別できないものではあったが——。高い技術をもったグループはほとんどすべて，首都となる町に居住した外部からの者であった。南インドのグループは，デカンの東部と南部の間を移動し，他方，北インドのグループの多くは，カシ

ミールや中央アジアからやってきた。

　ムガル帝国の知識交換の通路は，インド洋交易の成長と，宮廷にイエズス会の使節が入ったことで，1600年から1650年の間に新たな意味をもつことになった。これらの新たな通路は，インドに地図作成と航海術を持ち込んだ[50]。ヨーロッパ人によって再び，二つの新しい世界の作物であるタバコとモロコシが南北アメリカから導入され，養蚕がベンガルで広がった。地図作成も，在来のやり方と西洋のやり方の接触を起点に技術的変化が進んだもう一つの領域であった。17世紀に，距離の測定は，軍の行進距離を測る必要と関連していた。三角測量は発達したシステムであり，所有権を確立するのに用いられた。インドでは，1700年から，これらのやり方が，空間を表現する西洋の知識技術から借用された。意義深いのは，イエズス会士の訪問者が，地球儀が特に成功したムガル宮廷への贈り物となったのを発見したことである。こうした品物としては，望遠鏡やめがねなどのガラス製品，機械時計，刀剣があった。西洋の大砲や船舶の操縦術，海での戦闘技術は特に称賛を呼んだ。西洋の品々は，スーラトのような港市の官吏や知事たちによって購入され，アグラやラホールに送られ，場合によっては，それらの現地での製造も支援を受けた[51]。

　この時期の技術的なやりとりは，すべて宮廷を通じて起きたわけではない。重要な交換形態は，海洋商人の活動を通じて沿岸諸地域で始まっており，それについては次章で見る。

む　す　び

　本章で議論した500年の間，政治統合が，北と東，北と南，南の高地と沿岸地域の間の市場統合を助けた。しかしながら，その影響は，革命的ではなかった。

　交易の構成はあまり変化しなかった。要素市場は，ほとんど統合されなかった。この時期の終わりにおいて，市場統合の量的測定が唯一可能なのは，事業資金融資の平均利率である。17世紀初めには，平均利率は，ムガル帝国の心

表 3-1 王朝と国家（1200～1765 年）

	北部と中央	南部	東部	西部
1200～1525 年	1206～1526 年：デリー・スルタン朝（デリーに根拠を置き、西ガンジス平原を支配） 奴隷王朝（1206～90 年） ハルジー朝（1290～1320 年） トゥグルク朝（1320～1413 年） サイイド朝（1414～51 年） ロディー朝（1451～1526 年）	デカン高原の北半分は、1294, 1307, 1338 の各年に北からの軍の侵入を受ける。カーカティヤスはトゥグルク軍に 1323 年に敗北。 1347～1550 年：バフマニー朝はグルバルガに根拠を置き、デカン高原の北部を支配し、ヴィジャヤナガル国は、ハンピに根拠を置き（1336～1565 年）、南部を支配する。 1490 年頃～1520 年：バフマニー朝はビジャプール、ゴールコンダ、アフマドナガル、ビダール、ベラールに分裂。	1342 年までデリーの下でゆるやかな支配を受ける。その後、シャムシュッディン・イリヤス・シャー（1342～58 年）と、弱小のスルタンたち、およびアラウッディン・フサイン・シャー（1494～1519 年）による独立した支配。アッサムは、アホム（ビルマのシャン族の一つ）、コーチ、スティヤの統治者たちの自律的な支配。オリッサは、東ガンガ朝の支配下に。	グジャラートは、1300 年頃にデリー・スルタン朝に併合される。1400 年以降は独立したスルタンが支配。 デカンのスルタン支配がマハーラーシュトラに及ぶ。 1510～1539 年：ポルトガルはビジャプールのスルタンを破り、ゴアで拠点を確立（1510 年）、グジャラートのスルタン朝から、ダマンとディウを奪う（1535～39 年）。
1526～1680 年	ムガルによるデリー（1526 年）とアグラ（1562 年）の征服。アフガーニスタンからインドを含むティムール諸国が恭順を誓う。	五つのスルタン朝が、17 世紀にムガルによって順次征服される。アフマドナガル、ヴィジャヤナガルの家臣のつまりナーヤカ（マイソール、マドゥライ、ジンジー、タンジョールその他）が独立した支配権を確立するが、ときにデカンのスルタン朝によって挑戦を受ける。	ムガルがベンガルとオリッサを征服（1575 頃～85 年）。アッサムへの軍事行動は失敗。	ムガルがグジャラートを征服（1572 年）。現在のマハーラーシュトラにあたるデカンのスルタン朝もムガルの領地に。
1681～1765 年	マラーターが、ブンデルカンドを征服（1700～1705 年頃）。西インドの独立した王国が続く。ムガルの領域では、独立したガンジス平原中部を、アワド、ロヒルカンド、バンジャーブ、ベナレスその他に分割する。ガンジス河西部の支配をめぐる争いが、アフガンとマラーターの間に起こり（1750～61 年頃）、マラーターの敗北に終わる。	タンジョールでマラーター王朝（1675 年頃）。ニザーム・ウルムルクがハイデラバード（ゴールコンダ）に 1724 年に独立国家樹立。1765 年に東インド会社にアーンドラ沿岸地域を譲渡。マイソールとケララ（トラヴァンコール）で独立国家が継続。	ムガルのベンガル、ビハール、オリッサの重臣であるムシード・クリー・カーンが独立した支配（1717 年頃）。オリッサの一部 1751 年にマラーターの手に。1765 年に、東インド会社はベンガル、ビハール、オリッサの税収の管理権を獲得。	マラーター軍（以前ビジャプールのスルタンの下で丘陵を管轄していた兵たち）が、西マハーラーシュトラに国家を建設（1680 年頃）。マラーターがグジャラートを征服（1700～1705 年頃）。

臓部であり内部交易の主導的中心であったアグラで，非常に低かった。また，デカンのどの地域よりもグジャラート沿岸の海洋交易のハブに近いアーメダバードも，利率は相対的に低かった[52]。デカンの利率は，北インドよりも2倍かそれ以上であった。その差は，我々が測定できる範囲では，開いたままであった。

　概して統合的傾向を有していた新たな国家は，農業と農民を優先的に扱い，外国交易を多かれ少なかれ放置していた。インド西岸のムガルの港としてスーラトが台頭したことに示されるこの政策の有力な例外は，政策的な利害ではなく，防衛的な利害によって動機付けられていた。国家形成，ヨーロッパ人の増加，職人や商人の移動や再定住は，間接的に，革新性の普及に貢献した。しかし，商業組織においては，ほとんど変化は見られなかった。

　間接的な形ではあるが，仮に流動的な状況もシステムと呼ぶことができるとしたならば，海岸地域に対する政治的な権威の限界は，初期のヨーロッパ人によるこのシステムへの侵入のパターンの中にも，明らかに見られる。ポルトガル人，イギリス人，オランダ人の侵入は，ほとんど変化を起こさなかった。唯一の目に見える違いは，政治的なものであり，それは，16世紀に，アラビア海の沿岸地域の中心的な港を砲撃することによって，ポルトガルが独占を強制しようとした試みから出てきたものである。これらの動きは，根本的には交易に影響を与えなかったが，財と生命を守るコストを上昇させた。しかしながら，17世紀半ばまでには，ヨーロッパ的要因が，長距離交易の制度的基盤を変化させ始めていた。第4章では，この変容を扱う。

第4章

インド洋貿易　1500〜1800年

　インド・ヨーロッパ間貿易は，アジアとヨーロッパの新たな経済秩序の基礎を築いた。アジアの産品は，ヨーロッパに新たな消費市場を生み出した。アジア貿易は，世界の貨幣市場を形成する効果をもたらした。18世紀には，アジア商品の供給を維持したいというヨーロッパの欲望が，植民地化の動機を生み出す一助となった。また，インド・ヨーロッパ間貿易は，双方向に新技術の知識を伝える媒体となった。双方向の取引は非常に多く，インドにヨーロッパが影響を与えたという図式や，ヨーロッパ経済にインドが「組み込まれた」という図式では，この双方向の貿易の影響を特徴づけることはできない。いずれにせよ，この貿易によって，両者が混じり合う，技術的，制度的，政治的体制が，インドに決定的な影響を及ぼしたのである。本章では，インド・ヨーロッパ間貿易の発展を検証する。本章の議論は，インド史にとって貿易がいかなる意味を有するのかという，より大きな問いかけにつながるものである。

1500年時点でのインド洋世界

　インドは，アジア貿易の「大きな弧」の真ん中という，インド洋の両岸と貿易を行うのに，地理的に非常によい場所に位置する[1]。弧の両端を，一つの商人集団が結び付けるということは，通常はなかった。西アジアと中国の直接貿易は知られていなかったわけではないが，つねに稀であり，1400年以降，この貿易は衰退した。この貿易の衰退の一つの結果として，積荷を船から船へ移

せる地点，そして食糧と水を補給できる拠点として，インドの港が相対的に発展した。この発展は，インド洋内での結び付きを強化し，アデン，ホルムズそしてキルワといった西アジアとアフリカの港を，東南アジアのマラッカとより緊密に接触させることとなった。それと同時に，インドの仲介的立場も成長していった。しかし，インドの港は，乗換地点以上の意味があった。港は，それ自体が市場であった。インドの土地の広さと資源の多様さは，港を，絹や綿モスリンを含むさまざまな織物，および米，砂糖，油，綿やインディゴなどといったさまざまな原産物の出荷地とした。インドは，自ら消費するために，金，銀，特殊な消費財，馬を輸入し，再輸出のために，種々の香辛料を輸入した。香辛料は，インドネシア諸島からキャンベイに着き，西アジアをめざし，その後，ヨーロッパへ向かった。

　ヨーロッパ向けの商品は，（キャンベイまたはカリカットなどの）インドの海岸を出発し，紅海の入口のアデンや，ペルシア湾の入口のホルムズ島に着いた。それらの商品は，アラブ商人が紅海の北口のスエズまたはトゥールへ運んだか，または，ペルシア商人が，ペルシア湾北西端のバスラへ，それらを運んで行ったと思われる。スエズからは，隊商が商品を陸へ引き揚げ，カイロまたはアレクサンドリアへ運んで行った。同様に，バスラからは，隊商が商品をアレッポまたは（レバノンの）トリポリへ運んだ。これらの地中海の港では，ヨーロッパ大陸からの商人が，商品を管理した。ヴェネチア商人は，取引のこの部分において支配的であったが，彼ら以外にも，オスマン帝国やエジプトの支配者と別個に結んだ協定の下で，この貿易に従事する多くの他の商人がいた。トルコ人，ムスリム，ドゥブロヴニクのラグーサ人，アルメニア人，ギリシア人が，それぞれこの取引で利益を得ていた。南ヨーロッパ人は海運を支配し，マムルーク朝軍の傭兵として働いていた。南ヨーロッパとこれらの大国との関係は，ヨーロッパ人に 1500 年頃にスエズ運河掘削の共同プロジェクトを考えさせるほど，十分に確固としたものであった[2]。もしも彼らのこの試みが仮に成功していたとしたら，世界の歴史は違ったものになっていただろう。

　水夫兼商人の特定のコミュニティが，船を操作し，インドの港市の主要な構成要素となっていた。たとえば，キャンベイではグジャラートのムスリム，マ

ラバルではマッピラ・ムスリム，コロマンデルではチューリア（ムスリム）商人，バリジャおよびコマティ・コミュニティのテルグ・チェッティ，そして，東インドではオリヤとベンガル商人である。これらのコミュニティには，主に商業を営んでいる者もいれば，船主であるが，副業として商業を営んでいる者もいた。いずれの場合にも，商業活動は，現地の造船業とも結び付いていた。これらのグループの中で，グジャラート商人は，アラブと中国の直接貿易が休止したために，15世紀に商業規模において大きな発展を遂げた可能性がある。彼らはこの機会を利用するに足るほど，十分な移動性をもち，自らマラッカやアデンに定住し，そして西アジアとキャンベイのきずなをより密接なものにした。コロマンデルとベンガルの貿易は，規模において，グジャラートに比較して小さく，〔アラブ・中国間の直接貿易が休止した〕影響も少なかった。コロマンデルの主要港はプリカットで，ヴィジャヤナガル帝国とインド洋東海域の主な結節点の一つであった。ベンガルでは，サプタグラムとチッタゴンが，ビルマ，インドネシア，そして中国との貿易を行っていた。さらに，これらすべての港が，港と港の間の沿岸交易に積極的に参加していた。ベンガルから紅海へ向かう船は，コンカンやキャンベイ，またはモルディヴに，日常的に停泊した。

　しかし，これらの港はどれ一つとして，内陸の帝国としっかりとは結び付いていなかった。これらの港から歳入を得た国家は，比較的小規模で，一定の地域にのみ影響力をもっていた。サムドゥリの王はカリカットの小国を支配し，キャンベイは自国の王をもち，コンカン沿岸の多くの小さな港は，首長たちによって支配されていた。東では，ゴウドのスルタンのチッタゴン港への権威が非常に強かったが，西方でムガルやアフガンが拡大して以降，1530年代には彼の宮廷における影響力は揺らいだ。この変化の一つの結果として，ポルトガルとアラカン族，後にはムガルの間で，チッタゴンをめぐる抗争が起こった。それゆえ，これらの港で商業に従事する者は，自らの軍事力を統制し，それを組織化しようとするよりは，地域全体の政治経済の動向に順応していく必要があった。

　均衡は，二つの港の成長と共に揺らいだ。その一つであるマスリパトナムは，コロマンデルにあり，その興隆はゴールコンダのクトゥブ・シャーヒー朝の力

と関係していた。この港は，便利な場所に位置しており，東南アジア，ベンガル，そしてペルシア湾貿易に役立ち，すぐさまペルシア商人の拠点となっていった。肥沃な耕作地の平原を流れるクリシュナ河の河口に位置するので，この港は，食糧を供給する停泊地にもなりえた。熟練工による製造業のみでなく，造船業と修理業も，この地方に引き寄せられた。17世紀初期に2番目に重要であった港は，グジャラートのスーラトであった。スーラトは，15世紀に伸長したグジャラートの貿易業の恩恵を受けていたが，キャンベイには見劣りしたままであった。競合的なハブとしてのスーラトの地位は，西インド貿易を支配しようと目論むポルトガルの脅威となった。それゆえ，ポルトガルは，1530年にスーラト港市を略奪した。ゆっくりとした貿易統合は，16世紀後半に再び始まった。しかし1576年のムガル帝国によるグジャラート併合によって，初めてスーラトは，決定的な財産として扱われるようになった。この港の商業政策と税制を管理するために，強力な半独立の行政単位が設けられた。

　16世紀に，ポルトガルの活動は，ゴア，キャンベイ，コーチン，そしてベンガルから展開した。それから1世紀後，オランダとイギリスは，ポルトガルとの直接対決が生じる可能性が高まった場所を避けた。初めは，オランダとイギリスは，スーラトとマスリパトナムから活動を展開した。港の場所をより安全かつ安定した港町に移すというこれらの国々の行動パターンが，17世紀後半には新たな傾向となった。この時代に，イギリスは本拠地をボンベイ，マドラス，そしてカルカッタへと移した。

ポルトガルの活動

　1415年8月14日に，アフリカ大陸の北西端に位置する港市セウタが，4万5000からなるポルトガル海軍の手に落ちた。ポルトガルの遠征の意図は，経済的なものというより宗教的なものであった。とはいうものの，「地中海の鍵」であると同時に西アフリカ海岸への鍵であるセウタは，商業的に非常に重要な財産であった。セウタの獲得は，ポルトガルが，伝説上のキリスト教の地，そ

して金，銀，香辛料を求めて大西洋を下る，いっそう野心的な遠征に出発することを可能にした。

ポルトガルの立場は，見通しの定かではない長距離航海を始める意志と能力を，非常に興味深い方法で創り出した。このような遠征に導いた出来事，条件，事業を準備するものの正確な組み合わせが何であったかというのは，終わりのない議論のテーマとなっている。そしてまた，いったいいつこの航海が始まったのかという問いも，議論の決着をみることがない。ポルトガルは，ヨーロッパの最貧国の一つであった。しかしながら，その国民は優れた航海術をもっていた。初期の武装船団の一部は，海岸を離れて進めるだけの装備をすでにもっていた。王国の後援もまた，この船団の能力を高めた。さらに貴族層の貧困と高い死亡率は，海上遠征を，生計を立てる手段として実行しても損はないものとした。安定した生計手段を見つけようというこの動きが，なぜ 15 世紀前半の遠征が短距離であったのかを部分的に説明している。入植農民，漁師，商人，奴隷商人は，次の移動が起こるまで，それぞれの新たな地に定住した。どの場合でも，海への派遣団の責任者と，これまでに知られた海の範囲を超え，危険を冒して進んでいった船員とが行う定期的な情報交換は，次の探検をさらに先に進めようという結論を生じさせた。船のサイズの小ささ——ヴァスコ・ダ・ガマのインド航海にさえ，わずか 200〜250 トンの船が加わっていたのだが——は，それゆえに，頻繁に寄港する必要が生じて，探検はより長引くこととなった。この方法で，ポルトガルは，1415 年から 1480 年の間に，その影響力をセウタからタンジール，マデイラ，ヴェルデ岬，ギニア，セネガル，そしてガーナにまで拡大した。

1480 年代には，モザンビーク海岸の港町であるソファラまでの，陸路での王国の力によらない危険な旅や，バルトロメウ・ディアスが喜望峰を少し超えてアフリカを周航した遠征が，インドへの旅行を有望な，そして達成可能なものであると思わせるに十分な，インド洋西海域にまつわる知識をもたらした。当時のインドへの商業的権益は，ほぼヴェネチア商人だけに独占されていた。インド産品の主な流通経路は，比較的短距離の移動でアラビア海を横切ってペルシア湾に至り，そこで隊商が地中海の港へ貨物を運び，さらにヨーロッパへ

行くというものであった。ポルトガル宮廷は，もしアジアへの海上ルートを見つけた場合に，ヴェネチア商人に取って代わっていくという考えに完全に同意していたわけではなかったが，ディアスの航海によって，ポルトガルに与えられた利点をうまく利用したいと考える集団が支配的となった。貴族のヴァスコ・ダ・ガマは，インドへの派遣団のリーダーに任命された。ガマは，戦闘と航海術に関する経験をもっていたが，おそらく，その経験というより，彼の政治的手腕のために選ばれたのであろう。派遣団は，布教というよりむしろ，外交的性格を部分的にもっていた。何度も停泊しながら，3ヶ月以上航海し，船団はアフリカ東海岸にたどり着いた。東海岸では，インドとの貿易が確立していた。東海岸の港を船団が探査した7ヶ月の間に，多くの現地の王との友好的な関係が築き上げられていった。しかし，宗教的な敵対の兆候も起きていた。そして，モンバサで雇い入れた水先案内人が，1498年5月に船団をカリカットに導いた。

　マラバル海岸での船団の経験には，さまざまな要素が入り混じっていた。船団の貿易の試みは，あまり成功しなかった。ガマは，これをムスリム商人の抵抗によるものとしていた。多くの船員が航行中に死亡した航海の後に，彼はシナモン，クローヴ，胡椒，ナツメグ，貴石といった積荷を携えてポルトガルへ戻った。船荷よりも貴重であったのが，ガマが持ち帰ったアラビア海を航行する上での知識であった。この後のポルトガルの勢力拡大パターンを決めたのは，1502～03年のカリカットへのガマの2度目の航海であった。この航海の結果，ポルトガルに貿易許可を与える多くの条約が結ばれることとなったが，しかし同時に，この航海の途上，カリカットへの砲撃やメッカへ向かう船の乗客の虐殺など，恐ろしい行き過ぎた行為がなされたのであった。

　アフォンソ・デ・アルブケルケによる遠征が次の年に行われたとき，その目的は，外交的派遣というよりも，支配権と植民地を創り出すことであった。10年と少しで，セイロンとゴアに彼らの入植地が築かれた。コチンとカンナノールは友好国となり，マラッカとホルムズは制圧されて条約港となった。ビルマのマルタバンも門戸を開いた。そしてマムルーク朝に指揮された強力な同盟艦隊は，ディウにおいて完敗した。この最後のポルトガルへの挑戦は，喜望峰

ルートとの競争を危惧し，しばらく前から軍事的解決を目指していたヴェネチア商人によって，多かれ少なかれ工作されたものであった。アデンは，ポルトガルからの攻撃に耐えたが，それもほんの少しの間であった。アジアの香料貿易を地中海ルートから喜望峰ルートに変えるというポルトガルの長期の目的は，手の届くところにあった。

　16世紀前半，ポルトガルの海上貿易は，インド西海岸に集中していた。確かにマラッカ占領は商業活動の領域を広げ，とりわけポルトガルがインド洋の東側に活動を広げることを容易にしていたが，ベンガルとオリッサは，香料ルートほどは公的優先度の高いものではなかった。王室は貿易に大きな関心を寄せ，喜望峰ルートによる貿易を，国王の貿易会社であるインド庁の独占とした。ゴアを拠点とした「ポルトガル領インド」は，16世紀後半には，インドにおける国王の代理となっていた。インド庁の主な関心は，可能な限り多くのインドネシアの香辛料について，仲介なしで貿易を行うことであった。同時に「ポルトガル領インド」は，航行中のアラブ船を破壊したり，アラブの貿易関係者から保護金を取り立てることで，西アジア貿易を遮り，インドネシアの貿易を喜望峰ルートに変えようとした。この支配を機能させるために，ポルトガル領インドは，少額の手数料と引き換えに，インド洋を往来しようとするどの船にも，通行証を発行した。通行証保有者は，ポルトガル支配下の港で，関税を支払うことを強制された。ゴアの権威は，ポルトガル国王の所有する船の船長を通じて，海上で実現された。しかし，保護金を徴収する活動は，商船の船長や私商人によっても非公式に行われ，しかもそれは，西アジアのルートだけに限られなかった。

　なぜポルトガルの活動には，特に武力を用いる傾向があったのだろうか。ポルトガルは16世紀前半のかなり特殊な状況下において，マラバルとスマトラの香辛料貿易から，ムスリム商人を駆逐したかったのであり，暴力は必要な武器であった。聖戦という動機が，争いを悪化させたこともあるかもしれない。その時期が過ぎてしまうと，インド洋への道を火器で切り開く戦略はもはや必要でもなく，成功もしなかった。しかし，16世紀の後半では，暴力による試みはうまくいっていた。ポルトガル人の介入によって，ヨーロッパの胡椒の値

88

段は，1400 年代後期に下落した後に，安定した[3]。利潤は高い水準——おそらく数百％——で維持された。リスボンは，その名声を授かる用意はほとんどなかったのではあるが，ほぼ貨物集散地となりかけていた。リスボンの限界のために，多くの卸売貿易は，アントワープというフランドル地方の自由港へ移っていった。オランダは，ヨーロッパの香辛料貿易の中心に位置したが，ポルトガルへの依存は，スペインとポルトガルとの戦争状態にあったオランダ諸州にとって，愉快なものではなかった。この状況が，ついには，オランダ東インド会社が 1602 年に結成される動機の一つを与えた。

　1500 年代前半には，ペルシア湾でいくらかの混乱があった。ポルトガルは，湾岸ルートで支配的な立場を保ちながら，ホルムズを管轄下においた。一連の，外交的な性格と海軍力をともなった遠征はポルトガルに，マレーシア海岸のマラッカ，日本の長崎，中国のマカオ，コンカンのゴアとディヴ，マラバルのコチンなどにおける最強のプレーヤーとしての確固たる地位を与えた。これらの場所の要塞化された定住地のつながりと，マニラに駐在した彼らの同盟者であるスペインの存在をもって，イベリア半島諸国はインド洋の支配と統制のシステムを構想することができるようになった。短期間にこの影響を受けた集団が，西アジアの商人であった。長期では，この状況が，後にみるように，大西洋からインド洋に広がっていくヨーロッパの争いを引き起こした。トルコがマムルーク朝のスルタン領に侵攻し（1516〜17 年），1537〜40 年にヴェネチアがトルコと戦うにいたると，政治状況は暗澹としたものになった。しかし，概して，在地の当事者たちは，当該地域でのポルトガル勢力の権力と妥協したようであり，税金を払い，今まで通りに活動した。この世紀の後半には，メソポタミアを横切る特別に短い通行容易なルートであるレヴァノン・ルートが復活した。政治状況は別にして，陸上交通は，海上のそれよりも安全であった。独占を強化しようとするポルトガルの試みは，失敗に終わりつつあった。

　ポルトガル王権は，16 世期後半の初めに，海上での支配権を，私商人や船長に対して請負に出し始めた。この時期は，長距離海上ルートを支配しようとする試みを，これらのルートに沿ってライヴァルからの厳しい挑戦に直面したために諦めようとしている時期であった。東南アジア産の胡椒供給は，早くも

1560 年代にはポルトガルの支配をすり抜け，ヴェネチアの手中に入っていた。興味深いことに，喜望峰を経由する船の積載量は，この失敗をすぐさま反映したわけではなかった。データが示すところでは，リスボンとインド間を往復する船の数は，16 世紀に継続的に減少した。しかし一方で，積載トン数の平均は増加していたのである。結局，積載総量の平均は，1500〜1600 年には安定し（リスボン発で4,000〜5,000 トン），1600〜20 年にいくらか増加し（同 6,000〜7,000 トン），それから徐々に減少し始め，後になって急激に減少した[4]。1650年までには，リスボンを出発してアジアに向かう船の年間積載量は，2,000 トンにも満たなくなっていた。

　こうした紆余曲折の早い時期に，ポルトガル王権の貿易への関与は後退していった。しかし，ポルトガルの私貿易商は，ますますこの貿易に参入していった。ジェームズ・ボヤジャンの研究は，「アジアにおける，豊かで，洗練されたポルトガル私貿易の証拠」を与えてくれる[5]。長距離ルートで私的に貿易を行った人々の中には，いわゆる新キリスト教徒集団，すなわち，キリスト教に改宗したユダヤ教徒の集団が含まれていた。これらの人々と共に，カザードと呼ばれた定住者も，私的な沿岸交易に参加していた。ベンガルとゴアを拠点に，彼らは砂糖や米などの嵩が張る品々を運び，ベンガルと，寄港地としてピプリが台頭してきたオリッサ沿岸部とを結び付け，さらに，東インドを南インド，セイロン，ホルムズと結び付けた。

　1640 年以降は，より広汎に，勢力の減退がポルトガル商業に広がっていたようである。南アジアに領土を広げたポルトガル帝国は，最後には小さく，貧弱な，そして経済的にとるに足りない，ゴアを中心とした入植地となり，オランダおよびイギリス東インド会社に商業上最もよい部分を握られていた。歴史家は，ポルトガルの活動の失敗が経済的なものか政治的なものか議論してきた。一つには，失敗の根源は，活動がもつ「再分配的」で「前資本主義的」性格にあるとする見方がある。この活動は，自身の活動をより利益のあがるものにするというよりも，他人の利益にたよって生計を立てるものであった[6]。また，ポルトガル商業帝国は，自身の前近代的な姿勢によってではなく，ムガル，オスマン，日本，そしてペルシアなどの強力な領域国家の抵抗を含む外因によって終

焉したとする見方もある[7]。後にヨーロッパの勢力がインドの土地を植民地化する傾向を見せるようになるまでに，これらの領域国家の一部は弱体化していた。

　ベンガル沿岸部は，インドの西海岸とはかなり異なる条件をもつ。16世紀の中葉まで，かなりの数のポルトガル人が，私商人として，傭兵として，砲手として，そして船大工としてベンガルにいた[8]。1595年のムガル帝国の侵攻とアラカン勢力の野心の高まり以降ばらばらであった政治権力は，この地域にまったく新たな政治的展望を生み出した。ベンガルのこの話は，主に二つの都市，すなわちフーグリとサンドウィップを中心に展開した。両都市で，ムガル帝国の地方政府は，ポルトガル勢力の河川における海賊行為を疑っていた。長い間，ムガル帝国は，サンドウィップのポルトガル勢力を駆逐するだけの十分な力をもっていなかったが，フーグリでは駆逐することに成功した。

　セバスチャン・ゴンザレスは，ベンガルの沿岸に緩やかにつくられていった共同体の構成員が示した日和見主義と野心の最も知られた例であった。塩商人であったゴンザレスは1490年代に，自ら武装し沿岸国のバクラの王と友好関係にあったアラカンからの亡命小集団の中にいた。ゴンザレスは，彼らの指導者であった。バクラからの船と馬に支えられ，時機よくスペイン艦隊の助けと奸計をも得て，ゴンザレスは1607年にムガル帝国からサンドウィップを奪取した。その後すぐに，彼はサンドウィップからの収入を分けあうというバクラとの約束を破り，税関を設置し，ムガルの大守やその家臣の間にその名を轟かせた。2〜3年後に，ムガルの反撃の脅威が現実味を帯びたとき，ゴンザレスは，アラカン王との共同軍事行動を計画したが，彼は，アラカン海軍を総崩れにしたまま戦線から離脱した。アラカン勢力はゴンザレスに報復し，彼はゴアの総督に助けを求めた。総督は，信用できない盟友を助けるために，かたちだけの艦隊を送った。結局，ポルトガルは作戦をうまく展開できず，ゴア艦隊の司令官は死亡し，ポルトガル艦隊を，標的を撃つ練習に使おうとオランダ艦隊が突然に現れて，しかも大きな引き潮がポルトガル艦隊を真っ二つに割いてしまい，これらの要因が重なってポルトガルは敗退した。ゴア艦隊は，これ以上この問題に関わることを拒否し，1616年には，アラカンの王がサンドウィップを奪取した。そしてインド洋におけるポルトガルの商業上の存在感は，この

出来事の直後に急速に衰えた。この衰退は，大部分が，他の要因によって引き起こされたものの，ベンガル湾での不運な出来事が，この衰退に果たした役割は決して小さくはなかった。その合間に，イギリスとオランダの東インド会社が，インド洋西海域で勢力を固めていた。

東インド会社——起源

　1500年代末，さまざまな状況によって，ロンドンのシティの商人たちは，海外貿易会社の設立へと心を動かされていた。イングランドにおいては，16世紀という時代は，活気のない貿易と高まる野心という奇妙な組み合わせで終わった。ヨーロッパ貿易に従事するほとんどすべての船は，外国の所有であった。たとえば，株式会社として，レヴァント会社とヴェネチア会社が存在したが，しかしそのどちらも，それほど多くの仕事はしていなかった。概して，南ヨーロッパの商人がアジアに通じる陸路をめぐって維持していた制約を，株式会社は打破することができなかった。スペイン軍による1576年のアントワープの破壊は，貿易の方向を変えることにつながったが，ローレンス・ストーンによると，貿易量においては大きな変化はなかった[9]。にもかかわらず，この出来事の後に，イングランドの海運業は拡大と再編を経験し，エリザベス統治時代の後半には，いっそうの柔軟性を得た。海運業の再編に貢献した商業界のもう一つの出来事は，中央ヨーロッパで活動するイングランドの商人と，ロンドンで活動するハンザ同盟の商人の間の，長年つのった対立の終わりである。後者は，イングランドでの貿易特権を享受したが，ヨーロッパ内でイングランド人に対等の特権が広まることに抵抗していた。免税の一時停止または特権の撤廃（1578年）と，エリザベスによるハンザ同盟の最終的な排除（1597年）は，シティにおける会社の設立を促した。
　こうした対外的な出来事以上に，エリザベス時代のロンドンは，以前よりも海外への野心的な遠征を可能にするまとまった条件を育んでいた。マラバルとインドネシアからの香辛料は16世紀のヨーロッパで知られていたが，ポルト

図 4-1　初期のインド行きの商人を綿布に描いた壁掛け（16 世紀後期）

出所）The Bridgeman Art Library.

ガル人から，またはジェノヴァとヴェネチアの商人，およびオスマン帝国とペルシア帝国の彼らの同盟者などから，調達せざるを得なかった。イングランド人のラルフ・フィッチが行ったような初期の陸路での旅行〔の記録〕には，ヨーロッパがインドから買うことができた商品が記されていた。フランシス・ドレイクとトーマス・キャヴェンディッシュの略奪的遠征は，大西洋と太平洋におけるスペインとポルトガルの防御の脆弱さを露呈させた。ウォルター・ローリー，ハンフリー・ギルバート，ジョン・ホーキンス，そしてマーティン・フロビッシャーが，航海に関するイングランドの知識を増大させ，到達済みの地域の当時の地図をもたらし，商業目的での航海への大きな関心を生み出した。イギリス東インド会社の設立に結実する，ロンドンで催された創設者の間での会議（1599 年 9 月 22 日）に出席した船乗り，船長，そしてロンドンの冒険家の中には，大西洋遠征で名声を手にした人物や，大西洋，アフリカ，レヴァントにその権益を広げていた商人がいた。レヴァント会社の主要なメンバーは，レヴァント・ルートを迂回するために，喜望峰ルートを航行する海運

第 4 章　インド洋貿易 1500～1800 年　93

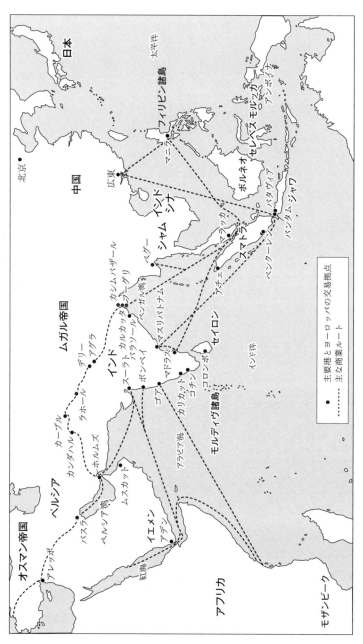

図 4-2　ヨーロッパ人の関わる航路と港（1650 年頃）

業に資金を投入することに乗り気であった。

　これらの展開は，1599〜1600年に実を結んだ。シティの商人，町の名士，ドレイクとフロビッシャーの艦隊のメンバーなどが一堂に会してロンドンに東インドとの貿易会社を設立し，喜望峰以東での貿易の独占権が付与される特許状を得た。独占の条項によって，会社は王に税金を支払うことになり，地金持ち出しは認められたもののその額は制限され，会社の主要な取引をなす商品について許可なく取引を行った場合には，法律によって罰せられることとなった。実際，会社は，商取引を実行する従業員を雇う一方で，自身の取引を，株主，または株主が契約した「商館員」に請負に出す権利を有していた。

　オランダ東インド会社は，2年後に，イギリス東インド会社に続いて成立した。アントワープの没落後，オランダ諸州では，王の権威が相対的に弱く，都市のギルドの権威が強かった。「逸脱した中世の遺物」は，相対的に弱い君主の権力，安定しかつ売却可能な私的土地財産，そして強力かつ団結した資本家集団を，アムステルダムが世界の金融の中心として台頭するずっと以前に生み出していた[10]。オランダの資本と組織の多くは海運業に向けられ，この分野は南ヨーロッパから交易品を得ることが困難であったからこそ拡大した。

　16世紀後半に，オランダ船は，大西洋への比較的短距離の商業遠征を行っていた。ある船団は，イベリア半島勢〔スペイン〕による封鎖のために入手が困難となっていた塩を獲得するため，カーボヴェルデ諸島を訪れた。またオランダ船とその船員は，ブラジル・ヨーロッパ間の運送をポルトガルに雇われて行っていた。その後10年で，オランダの海上の商業運航のパターンが確立され，船が定期的に西インド諸島や喜望峰へ向かい，多かれ少なかれ定まった商品群を扱うようになった。少なくとも一つの航路は，マゼラン海峡と太平洋東海域にまで到っていた。塩の運搬は重要な目的の一つであり続けたが，金，銀，胡椒，そしておそらく奴隷も積荷に加わっていた。

　多数の小規模の東インド会社を，資本を共同でプールして連合会社へと統合し，独占の特許状を与えるという1602年のオランダの決断は，一部はイギリス東インド会社結成への対応であり，また陸路で香辛料を確保するという問題への対応でもあった。オランダ東インド会社は，商人を代表する株式会社で

第4章　インド洋貿易 1500〜1800年　　95

あったが，イギリス東インド会社とは違う種類の企業であり，海運カルテルの
ような性格を有していた。ある見方によると，イギリス東インド会社よりも，
この企業連合の方が，王権の庇護に依存していなかった。しかし別の見方をす
る研究は，オランダのアジア海域における商業上の成功において決定的に重要
であったのは，ときおりなされた，国家の海軍力の介入だとしている[11]。

　会社の設立直後に，500〜1,000トン級の武装した大きな船からなるオランダ
の海運は，インド西海岸やインドネシア諸島の沖合の恐るべき勢力として，自
らの地位を確立した。1600年代前半に，大西洋とインドネシアでのオランダ
対スペインの貿易覇権争いは，外交努力による一時的な収まりをはさみつつも，
激化する一方であった。1630年までは，オランダの力こそが，インドとイン
ドネシアにおいて，ポルトガルの貿易に打撃を与え混乱を生み出した主要因で
あった。インドネシアにおけるオランダの勢力の強さは，イギリスをインドに
集中させ，イギリスをして貿易協定を結ぶためにムガル宮廷に外交使節団を送
らしめる要因になった。この取り組みに関しては，イギリスは他の西欧諸国に
先行することになった。

　西欧の主要な海洋国家の中で，フランスは，東インドへの競争に参入した最
後の国であった。1604年にこの目的のために設立されたフランスの初期の会
社は，王家の独占によって保護されたが，そのエネルギーを内部抗争に浪費し
た。当然の成行として，競争相手が宮廷への奉仕を申し出，1615年に新しい
会社が結成された。しかし，この会社のジャワへの最初の航海は，失敗に終
わった。マダガスカルに貿易拠点と入植地をつくろうとする試み以外には，そ
の後20年間に何も起こらなかった。インド会社が1642年に再建されたとき，
その最初の任務は，マダガスカルの探査であった。インドは，ずっと後になっ
てから重要になった。

　1661年，ジャン＝バティスト・コルベールが，フランス国庫の支配権を握った。
商家に出自をもち銀行家としての経験を有したコルベールは，すぐにフランス
海軍の拡大に着手し，港を獲得して整備した。コルベールは，自国の防衛の必
要を満たすとともに，海外への商業遠征を強化することを目指した。1664年
に，新しい会社が彼の主導の下で結成された。インド事業が再び組織されたと

き，フランスは，かなり効果的にマダガスカルの既存の拠点を使うことができた。しかしヨーロッパでの九年戦争〔大同盟戦争〕（1688〜97年）中のオランダとの抗争は，インド地域でのフランスの影響力を再び不安定にした。1700年になって初めて，フランスは，インドに安定した足場を確立した。そのあと，たとえフランスが財政危機に飲み込まれ，フランス東インド会社が本国で多くの変化を経験しようとも，インドでの事業は存続し，一貫して利益を出していた。

会社形式とその問題

　イギリスとオランダの海外貿易は，ポルトガルのような国家的事業とはかなり異なる形で組織された。両会社の株式の形態は，倒産の危険を低減させるものであった。イギリス東インド会社がもっていた独占特許状は，他のイギリス人との競争のリスクを減らすものであった。しかし，おそらく一つの会社が代表して貿易を行うことの最も重要な効果は，会社が，貿易の許可を求めてインドの宮廷へ信頼のおける外交使節団を送ることができたことである。確かに，1610年から1640年にポルトガルに対してコンカン沖でイギリスが得た一連の勝利なしでは，この平和的な使節団も交渉に成功しなかったかもしれない。それでも，ポルトガルとイギリスの両勢力がインドで貿易特権を得る方法では，外交という要素がイギリスのそれをポルトガルとは異なるものとしていた。にもかかわらず，この組織に関する新奇性，すなわち会社形態と外交使節の重なりは，どちらも，1600年の会社の始まりから1813年のインド貿易という事業の終わりまで，ほぼずっとイギリス東インド会社を苦しめていた三つの問題への効果的な解決法とはならなかった。

　第一の問題は，独占特許状は，会社が有する力で実現するには困難があったことである。この問題は，会社の成功を妬み，ライヴァル会社をつくろうとしたシティの商人からの競争に起因するものであった。株式という発想は，多くの投資家から私的な資金を引き出すことに成功したが，会社を左右できるのは，

大株主の少数の独占者に限られていた。不透明な経営と，18世紀にイデオロギー的なニュアンスをともないつつなされた独占への絶え間ない攻撃により，イギリス東インド会社の成功は賛否両論のあるものとなり，会社は汚職への数えきれない申し立ての中に埋もれた。会社に関わりのない人間は，会社の独占に終止符を打つべく，議会の中に会社に圧力をかけるロビーをつくろうと試みた。そして，会社と外部の人間の双方が，17世紀の中葉に，国王と議会の激しく荒れた関係を利用した。2度にわたり，国王は，結局は生き残らなかったとはいえ，ライヴァルとなる東インドの貿易会社に特許状を出している。会社の特許権が脅威に晒されていないときでさえ，商人のトーマス・ピットのような企業家は，会社に公然と挑戦し，インドに自身の貿易帝国をつくろうとした。遠く離れたインドでは，私貿易が会社と現地の王との諍いの元凶となっていた。私商人を捕らえ，取り調べるために，会社は現地の警察の助けが必要であった。しかし，現地の諸王は，自身の領域で，他のヨーロッパ商人よりも会社に味方しているとみられることは気が進まなかった。それゆえ，新参者との競争をあらかじめ排除するために，賄賂が気前よく支払われた。18世紀後半までには，ムガル帝国は多くの地方国家に分裂していたが，会社とムガル宮廷の取り決めらしきものは，まだ有効であった。

　第二の問題は，イギリス東インド会社がその組織内部からの侵犯の脅威に直面していたことであった。この脅威は，会社社員の私貿易に由来するものであった。海外の航海の全事業は，あちこちを移動する社員に私貿易を行ういくらかの自由を与えることによって成功していた。しかし彼らが限度を超え，雇用者の権益を侵害するのを制限することは不可能であった。会社の重役たちが移動しない商人であったのに対し，被雇用者の多くが水夫や兵士の出身であったという事実は，互いの疑念を顕在化しやすいものにした。私貿易は，東インド会社の海外拠点に多くの問題を生み出した。利害の対立は，あらゆる規制をはるかにこえて広まっていた。職員たちは互いにスパイ行為を行い，私的な権益のためにインド人の仲介人を雇い，自身の利益のために共有の資産を私的に利用していた。職員たちが強力にそして有能になればなるほど，利害の対立は大きくなっていった。その結果，ある職員が強力になり有能になればなるほど，

彼に対して懲戒がなされる可能性が大きくなった。

　第三の問題は，イギリス東インド会社がインドに送った外交使節が，必ずしも完全には効果がなかったという問題である。ムガル帝国からの触れ書きが南インドをカヴァーしておらず，しかもスーラトやフーグリの地方行政官に異議を申し立てられると，ムガル皇帝との合意は挑戦されないまでも邪魔はされえたので，外交使節の有効性は限定的であった。地方の王と会社社員の関係において生じがちであった以下の二つの問題もまた，非常に深刻であった。皇帝との合意は，貿易量に基づいた関税の支払いを規定していた。しかし本社は，社員に，税金を満額で支払うことを避けるために，帝国の役人に賄賂を支払うよう試みよと指示していた。しかし，賄賂は，帝国の行政官が変わるたびに新たな合意を結ばなければならないという長年続いた困難さを，さらに大きくした。税に加えて，争いの種となりえた分野は，領主権，具体的にはインドの地に造幣所をもつ権利であった。会社はインドの品物への支払いのために，金と銀を輸入したが，会社はこれらの貴金属を貨幣に変える権利をもっていなかった。貨幣の兌換は費用がかさみ，例外なくインドの銀行家に依存することとなった[12]。しかしこうした難しさにもかかわらず，貿易は莫大な利益をもたらし続け，その規模は，1600年代に比べて，1700年代により大きく拡大した。

1600～1800年の貿易規模

　輸入商品の主要な品目とその貿易量は，200年間にわたってずっと変化しなかったわけではない。この変化は，西ヨーロッパでの商品から商品へと移り変わる消費ブーム，海外拠点の優位性の変化，そしてヨーロッパ人による征服・アメリカの植民地化，アフリカの奴隷貿易，アジアの奢侈品などの間での高まる相互依存を反映していた。ヨーロッパのアジアからの輸入品は，17世紀前半は香辛料に独占されていた。次の100年では，インド産の綿織物，硝石，そして中国産の絹・磁器に，18世紀後半には中国茶に輸入が独占された。1700年頃のイギリス東インド会社の主な輸入品は，綿布であった。火薬の原料であ

第4章　インド洋貿易 1500〜1800年　99

る硝石もまた，戦争に悩まされたヨーロッパでは，大きな需要があった[13]。

　無地の綿布は，もともとはインド洋における支払いの手段であったが，インドからの色付き綿布は，ファッショナブルな衣類として求められ，アパレルのデザインの標準を定義し始めさえした[14]。中国茶は 17 世紀初頭にヨーロッパに紹介されていたが，まだ高価な品物であった。しかし，供給が安定した 18世紀に輸入は急増した。その時までに，茶は，ヨーロッパと北アメリカの市場で，アジアからの主要な消費用品目となっており，イギリス東インド会社の主な事業利益となっていた。しかし，この見取り図は，ヨーロッパ・アジア間の貿易を容易にしたインド洋域内での商品の流れを無視している。たとえば，17世紀のほんの少しの間，貿易のバランスを取るために，ペルシア産の馬がインドへ向かった。さらにオランダは，インドの綿布がインドネシアでの香辛料に対する支払いの手頃な手段であることに気がついていた。奴隷との交換でよく売れた品物も，やはりインドの綿布であった。

　他のインド産の貿易品目の中で，絹は 18 世紀半ばに，一定の重要性をもっていた。イギリスとオランダの東インド会社は，18 世紀には，他のすべてのインド植民地を犠牲にしながら，ベンガルで最も多くのビジネスを行っていた。ベンガルの魅力の一つは，綿布，アヘン，硝石，砂糖，絹などのさまざまな高価な輸出品が入手可能なことであった。ベンガルは，インドにおける生糸と絹製品の主要な生産地であった。この世紀の中葉に，絹は，イギリスの東インド会社の輸出の最重要な部分を占めていた[15]。オランダは，17 世紀に日本でベンガル産の絹を売っていた。そして，その市場が不安定になってきたため，彼らはヨーロッパの中に代替となる市場を見出した。しかし，新たな好機は，本国での保護貿易主義者の動きによって挫折させられた。そして，オランダ東インド会社は，日本で失った地盤を二度と回復することはなかった[16]。

　興味深いことに，ベンガル産の絹のヨーロッパにおける貿易量は，商品の全取引の中では比較的小さかった。イギリスとオランダによるベンガル産の絹の輸出は，1730 年代，年間 150 トンを超えなかった。これに比べて，1750 年代に，アジアの商人は，陸路で，ヨーロッパ商人が運んだ 5 倍もの量の絹を輸出していた[17]。実際に，北のインド商人の貿易支配は非常に強力で，ヨーロッパ

商人は，決してこの貿易で優位な立場に立つことができなかった。北インドの政治の不安定な状態と，蚕を襲った病気のために，17世紀後半には，貿易量は減少した。1820年までには，アジア産の絹のヨーロッパへの輸出量が，500トンを超え，ベンガルの市場占有率は取るに足らないものとなっていた。

新世界は，ヨーロッパの消費ブームを強めることによって，間接的にアジアの貿易に貢献した。17世紀中葉のヴァージニア産のタバコと18世紀のカリブ海産の砂糖は，消費需要を形成する最も重要なアメリカの商品であった。さらに，砂糖貿易から出た利益は，ロンドンの港，波止場の建造，銀行，保険制度の構築，そして西アフリカの奴隷貿易に再投資された。インド産の綿布は，アフリカでの奴隷の支払いに用いられ，同様にアメリカへの輸出生産にも流れ込んだ。しかし，他の何よりもアジア貿易の形成に貢献したのが，南北アメリカからの銀であった。スペインのアメリカ征服は，中国やインド以上に，ヨーロッパで，銀を徐々に安くしていった。インドにおける個人資産としての銀へのほぼ枯れることのない需要とともに，こうした状況は，18世紀半ばまでアジアの産品を買い続けることを可能にした[18]。

支払い手段としての銀の成功は，単に，この金属の融通性のある供給のおかげというだけではなかった。通貨は，ヨーロッパよりアジアでの方が高かった。その違いは，各々の金融システムの構造に由来していた。アジアの海岸に商人が着くと，すぐに借入資金よりも流動資本に持続的に依存したのは，アジアでの借入につきものの法外な実質金利に由来していた。18世紀後半になって初めて，イギリス産の鉄と大砲や銃などの鉄製品がインドでよく売れ始め，銀への依存はいくらか軽減されていった。さらに18世紀後半からは，インド産のアヘンが中国茶への支払いの有効な手段になることがわかり，一時的であったとしても，ヨーロッパ・インド貿易を銀の束縛から解き放った。

圧倒的な銀への依存を考えると，商取引高の概算は，銀とインドに輸入された商品との合計金額となろう。イギリス東インド会社の関連データが図4-3に示されている。綿布貿易の実質貿易量は，1700年から1800年の間に，実際にはあまり大きく変化していなかった。価格の緩慢な上昇は，図の対象時期の最初の60年間における綿布価格の上昇を大きく反映している。世紀の半ばに，

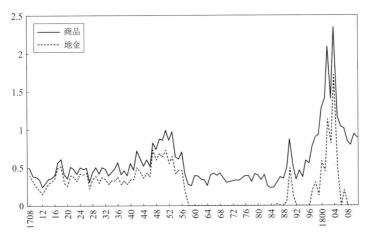

図 4-3 インドへのイギリス東インド会社による地金と商品の輸入（百万ポンド，1708〜1810 年）

出所）British Parliamentary Papers, 1812-13 (152), *An Account of Bullion and Merchandize*.

構造的な断絶点があった。貿易量は突然に低落し，銀の流入はほぼ完全に止まった。後で再び論ずるが，この断絶は，当該時期の政治の展開の結果であった。18 世紀半ば，イギリス東インド会社は，市場のリーダーであり，綿布で約 50 ％ の市場占有率をもち，フランスとオランダが残りを分けていた。しかし，イギリスは，ベンガルでは支配的なプレーヤーであったが，コロマンデルではより小さなプレーヤーであった。18 世紀における勢いの低下は，あらゆる勢力が経験したものであった。共通する一つの不都合な要因は，私商人の台頭とアメリカとの競争であった。しかし，インドにおける政治的かつ軍事的な対抗関係は，競合する勢力の財源を徐々に消耗させていった。フランスとオランダの東インド会社がその歴史を終える一方で，イギリス東インド会社は存続した。ただしそれは，植民地権力として自らを再創出することによってのみなされた存続であった。

パートナー，社員，仲介人

　ヨーロッパの貿易は，どれほどインドの制度や仲介人に依存していたのであ
ろうか。前近代貿易の基準からすれば，アジアの貿易組織は，効率的で，精力
的で，順応性があり，好機に対応できるものであった。貿易史家のオム・プラ
カーシュが指摘するように，初めのうちは，「ヨーロッパ人は，既存の組織構
造の中で活動せざるを得なかった[19]」。この「既存の組織構造」は，金融業者
と両替商による融資，現地の商人との提携，職人と船大工の雇用を含んでいた。
ヨーロッパの会社のインド人社員については，あまり解説するに値しない。と
いうのは，業務の主な部分は，手数料をとる商人の助けで行われていたからで
ある。それでも，18世紀には，給与で雇われた何人かは，会社のために，王
国の宮廷の情勢を探り，時には宮廷と交渉するなど，政治的に有用な仕事をし
た。また後にみるように，給与社員への依存は，契約を履行させるという長く
続いた問題もあって，18世紀後半に増す傾向にあった。
　インド・ヨーロッパ貿易が，アジア商人にどれほど依存していたかを想起し
ておくことは，有用なことである。アジア商人は，末端での販売と海運を除く，
インド・ヨーロッパ間の商取引のほぼすべての局面をコントロールしていた。
彼らは，インドにいるヨーロッパ人の仲介人としてだけでなく，陸上交易，イ
ンドの地域間の取引，インド洋地域間の取引で，主要なプレイヤーとしての役
割を果たしていた。隊商貿易と，隊商の商品が売られるあらゆる種類の市場が，
インド商人の優位のもとにあった。同様に，河川交易もインド人に管理されて
いた。ペドロ・マチャドは，近年，「インド洋での市場開拓における，現地商
人・現地資本の豊かさとダイナミズム」について指摘している。マチャドの研
究は，グジャラート商人が，グジャラートで製造された綿織物を18世紀の最
後の四半世紀に，ポルトガル領モザンビークにどのように供給し，その過程に
おいて，どのようにアフリカ産の象牙の輸入貿易を確立したかを明らかにして
いる[20]。このシナリオでは，貿易制度の支配をヨーロッパ人が達成したという
可能性はありえなかった。彼らの目的はむしろ，安定的で生産的な提携関係を

第4章　インド洋貿易 1500〜1800年　103

構築することであった。本項で示していくように，提携への道は容易なもので
はなかったのである。

　インドにおけるヨーロッパの会社に有意義な貢献をした者は，一度限りの取
引をした者と，多少とも永続的な契約を結んだ者に，大きく分けることができ
る。金融業者は前者のグループの主要なメンバーであった。信用のある顧客に
対してさえ，利子率は，ヨーロッパよりも高かった。貸付の期間は平均的に
ヨーロッパよりも短く，このことは，利子率について月ごとにつけられた多く
の記録から明らかである。資金需要の主な中身は，財政における地税の支払い
と収穫後の穀物取引であった。そのため，季節によって利子率は大きく変動し
た。それゆえ，製品の購入のための資金を調達する上で，会社は貸し主と借り
る時期を注意深く選ばなければならなかった。しかしそれでもなお金融業者に
依存した最大の理由は，銀塊を銀含有量の高い貨幣に変えるためであった。こ
のビジネスはよく儲かるものであったので，しばしば，現地の支配者や王族も
参加した。貨幣鋳造に関する法的な独占を利用して，彼らは貨幣を鋳造したり，
通貨を両替することによって利益を増やす試みを行った。

　18世紀にムガルの支配権が縮小していき，新たな勢力が台頭してくるにつ
れて，ある地域通貨を他の地域通貨に替える仕事の重要性は増していった。現
金の両替は，必然的にリスクをともなった。ほぼすべての通貨は金属であった
から，それらの間での交換率は，通貨の金属物の含有価値に関係していた。金
融業者は，その含有価値を確認し，正当な交換比率を決定した。貨幣の多様性
が大きくなればなるほど，交換の際により多くの情報と信用が必要となった。
しかし情報は必ずしも十分ではなく，信用は問題となることもありえた。その
結果，金融業者が，他の地方からの貨幣の受け入れを拒否したり，品質が悪く，
地域の市場が受け入れを拒否した現金を放出したりすることが時々あった。18
世紀にこの問題が深刻になったときに，東インド会社はそれを解決するために
動いた。支店の一つから別の支店への現金の支払いは，金融業者の支店から購
入した，別の支店または別の町で現金に交換できる約束手形によってなされた。
形式は変わっても，金融業者への依存は続いた。

　イギリス東インド会社がベンガルで権力を得た後は，北インドの大きな金融

業者は，それぞれ相異なる運命に翻弄された。金融業者の中には，ベンガルの
ジャガートセーツのように，主要な通貨機能を中央集権化させた新しい体制に
とってもはや必要ない者がいた。しかし一方で，送金業務についての東インド
会社のやり方が，ベナレスのゴーパルダス家やスーラトのアルジュンジー・ナ
タジーのような他の企業にとっては，繁栄の元となった。戦争に資金を融通す
るために，18 世紀後半に借入という手段がしばしば用いられたので，イギリ
ス東インド会社に与していた現地の金融業者は，体制の味方とみなされていた。
これらの商家は，北および西インドのほぼすべての商業上の主要な町に代理人
を置いていた。彼らは，政府とは比較にならない情報システムによって効率的
に結び付いていた。それゆえ金融業者は，しばしば軍事情報のために頼りにさ
れた。

　インド人の海上交易集団は，沿岸交易でその立場を確立していた。グジャ
ラート，マラバル，コロマンデルで，彼らは帆船を所有し，交易を行っていた。
自身で資本を有していたが，ときどき，沿岸の商人集団も，その業務のために
ボンベイの船主商人を雇い入れた。船主集団の主な業務の一つは，ボンベイか
らヨーロッパへ航行する船に貨物と食糧を積んで運ぶことであった。カリカッ
トでは，胡椒が共通の積荷であったほか，トリンコマリーの東インド会社の海
軍造船所に向かう船にはカナラからの材木が積まれた。ダウ船は，マストと三
角帆をもった 50〜250 トンの中規模の船で，マラバルからボンベイまでココ
ナッツとコプラを運んでいた。18 世紀後半またはその少し後から，ダウ船も，
ヨーロッパの製品をボンベイからアラビア海の南部の港に運ぶようになり，帰
路にはナツメヤシ，ワイン，馬を持ち帰った。コロマンデル海岸では，同様の
規模の船が，マドラスとセイロンの間のルートを往復していた。これらの船は，
ドニと呼ばれ，それより大きな船が航行できなかったポーク海峡の浅い海を航
行することができた。

　いくつかの沿岸の集団は，東インド会社にとっては役に立ったけれども，会
社とそれらの集団は不安定な関係にあった。沿岸から離れた島に拠点を置いた
主な集団は，しばしば海賊行為をはたらいた。マラバルの集団であったマーピ
ラは，1660 年代に，ジーン＝バティースト・タヴェルニエによって，冷酷な

第4章　インド洋貿易 1500～1800 年　105

海賊にしてキリスト教徒の敵であると描写された。マーピラがアラブの海岸に来たとき，コンカン海岸のダウ船のいくつかが，紅海で海賊行為をはたらくために雇われた。これらの船は，主として攻撃のためか，防御のためであるかは必ずしもはっきりしないが，通常，戦闘用に艤装されていた。コロマンデルでは，航海士は，略奪者を恐れる必要は少なかったものの，予測できないモンスーン後の気候と，ベンガル湾の海の潮流の突然の変化に対して，より小さく，船底の浅い船を造ることで対応しなければならなかった。このように，多くの沿岸交易は，現地の権益に沿ったものとなっていた[21]。

　商品の購入は，基本的には，インドの契約商人次第であった。彼らは，通常，前金を東インド会社から受け取った後に，布やその他の供給品を，生産者や市場から手に入れた。17 世紀後半の典型的なシステムは，商人が布の見本を商館へもってきて，注文を受け，前金を得るというものであった。18 世紀前半には，布の種類に関する知識は，見本を待つ商館にとって，十分に確固とした，かつ進んだものであった。その頃には，注文は，主な代理人やブローカーを通じてなされていた。

　1650 年から 1750 年の間に，インドの代理人とヨーロッパの商館員の商業上の関係は，変化を経験した。契約による購入規模を拡大させ，2～3 人を主要な契約者またはブローカーとして他の代理人の上位に置くような選択がなされる傾向があった。利用可能な伝記に拠ると，17 世紀は，主要なブローカーは，軍事および政治と関わりをもつ人間である傾向があったのに対し，18 世紀の主要なブローカーは現地の商人であることはよくあったようである。この変化は，港市で契約することに的をしぼることで契約を履行するために現地の武装した者たちに頼る必要を回避していった結果であった。また，この変化は，18 世紀にますます大きくなりつつあった商取引の規模を反映してもいた。商取引の規模の拡大は，単に軍事力や政治力をもっている者よりも，専門の商人の助けを必要としたからだ。

　イギリス，オランダ，フランスの会社の中心となるブローカーたちは，大勢の下位契約者への契約分配を管理していた。結果として，彼らは，市場で名声，信用を集め，権力を得た。これらのブローカーたちは，〔商品の〕供給源がど

こにあるかを知っている点で，彼らの主人よりも情報上の強みをもっていた。彼らは，現地の言葉を話すことができ，時には，商品の品質に関して会社をだますために，下位の契約者と共謀した。

1740年代のフランスのブローカーの長であった，アーナンダ・ランガ・ピッライは，ブローカーの仕事は容易ではなく，十分な利益を得ることさえなかったと説明している[22]。ブローカーは，自身の帝国のもとで下位の契約者を緊密に機能させるうえで，大きな困難に直面していた。各地の国家と商人の会社間で，関係が悪化するときはいつも，ブローカーが両者から非難される立場にあった。ヨーロッパの商館員は，下位の契約者と職人のことを知らず，彼らと関わりたくもなかったので，契約不履行に対するブローカーの言い訳は，決して立証しうるものではなく，それゆえに決して信じられることはなかった。このために，従属と不信の関係が，現地のブローカーとヨーロッパの商館員の間で育まれていった。この不安定な関係は，会社の商取引に内在する利益をめぐる争いからも起きていた。ブローカーは，会社と上級社員の私的取引の両方のために働くことになっていた。しかし会社役員の私的権益のために働くことは，ブローカーを，会社の取締役やライヴァルの役員からの不必要な注目にさらすこととなった。

ヨーロッパ人と，彼らに最も近いインド人のパートナーとの商取引の関係は，それゆえに矛盾に苦しめられていた。これらの矛盾は，詐欺行為をはたらいたか否かという疑惑にはじまり，抑圧，脅迫，投獄，あるいは非難などの形でインド人商人に向けられた。我々が知りうるほぼすべての主要なインド人ブローカーが，このために苦しんでいた。

17世紀後半の初頭には，コロマンデルにおけるイギリス東インド会社の主要なブローカーは，カーシー・ヴィーランナであった。会社にとって，彼の助けは，マドラスでの輸送，物資調達，徴税の問題において不可欠であった。しかし，ストレインシャム・マスターをコロマンデルの長に任ずるとした任命状には，はっきりとマスターに，「ヴェローナ」に排他的な契約権限が委ねられる状況を避けるように強く求めていた。「というのも，そこから多くの不都合なことが生じるかもしれないからである」[23]。同様に難しい関係は，バラソー

第4章　インド洋貿易 1500～1800 年　　**107**

ルの商館員と，1670 年のブローカー長であったケーム・チャンド・シャーの間にも存在した。シャーは，時には敵対するムガル総督と会社という二つの主人の間で板挟みとなっていることを自覚しており，その結果，彼の主人たちは，彼の忠誠を疑った。1678～79 年に，マスリパトナムのブローカーであったコラ・ヴェンカドリは，密かにゴールコンダの王と交渉を行っていた。このブローカーは，報復としてイギリスによって投獄された。1730 年代のスーラトの，主要なパールシー商人とヒンドゥー商人の間のブローカー業務をめぐる争いは，主人と代理人の関係を損なわせた。1756 年に，ベンガルでのイギリス東インド会社の主要なブローカーであったアミールチャンドは，当時，ベンガルを統治していた太守であるシラージ・ウッダーラを退位させようとたくらんだ。彼は，ロバート・クライヴに，イギリス東インド会社を裏切ったという嫌疑をかけられ，彼の努力は報いられるどころか，罰せられた。

　イギリス東インド会社の書簡では，インド人とヨーロッパ人の商取引関係は，「契約」または「協定」とよばれており，当事者間で起こる争いは，時には「契約違反」と呼ばれた。これらの用語は，商品売却の文脈では，インド側の文書にはみられない。ヒンドゥーの法典もイスラムの法典も，契約や合意を認知していなかった。というのは，これらの法典は，販売よりも債務を主に扱っていたからである。これらの法典は，あまりに強く宗教的アイデンティティに縛られていたため，在地の法としては機能しえなかった。実際に，宗教的な制限が，実際の法廷裁判の中で適用されたという歴史的証拠はない。我々が知る限り，「契約」という言葉は，ヨーロッパ人によって導入されたものである。というのも，事前の合意に基づく大規模な商品の購入は，東インド会社が来る前のインドでは知られていなかった交換形態であったからである。布の注文と受取のシステムが東インド会社によって確立されると，ボンベイ，マドラス，そしてカルカッタの商館長と，彼らと共働する商人や織工頭の間での入念な文書契約が必要となった。この契約は，量，価格，寸法，前金，そして賃金を明記していた。商品が商館に運ばれてきたときに，上級社員は荷を調べ，契約の条件が満たされているのを確認した。後になると，「契約」という言葉は，バンジャーラのキャラヴァンが会社の軍隊に穀物を供給する契約など，さまざま

な種類の交換に拡大して用いられた。

　文書契約にこだわることは，インドに契約違反を扱う法がなかったことを考えると，驚くべきことかもしれない。それならば，契約には一体どのような利点があったのだろうか。一つには，契約は簿記をより容易にした。しかも契約は，一種の道徳上の責務として機能した。販売契約を破ることは，有効なイスラム法の下では，厳密には処罰の対象とならないとしても，罪深いこととして非難された。

　しかし，領土を獲得するなかで，イギリス東インド会社は，異質な法を導入することで，取引に関わるこうしたコストを調整することができた。次項では，東インド会社がどのようにその領土を獲得したかを検証する。

商人から領主へ——港市

　ヨーロッパでの戦争がインド洋にも広がるにつれて，すべての商社は，要塞化した居留地を築こうとした。ポルトガルは，貿易と海軍活動を組み合わせた一連の要塞により，この方法を示した。17世紀には，ポルトガルが，ペルシア，セイロン，そしてベンガルの保有地を失った。今度は，イギリスが，オランダによってインドネシアの胡椒貿易から追いやられ，インドでの彼らの支配力を強化することに躍起になった。この混乱の一つの結果が，イギリス東インド会社が自らの安定的な領土であると理解していた小さな三領域，すなわちマドラス（1640年頃），ボンベイ（1660年頃），そしてカルカッタ（1690年頃）の台頭であった。

　これらの領土の購入は，現地の国々との暴力的衝突の潜在的な可能性を含むものであった。それぞれの領地は，戦争の脅威，または実際の戦争を通じて，個別にイギリスのものとなっていった。しかし，ひとたび脅威がおさまると，各領土は，単に自身の法と行政をもった会社の小さな植民地としてではなく，商業の中心地として，港として，そして移住するインドの手工業者と商人の最終目的地として台頭した。各々の土地は，わずかなヨーロッパ人と，農民，漁

第 4 章 インド洋貿易 1500〜1800 年   109

図 4-4 銃を抱えたヨーロッパ人一行をかたどった 18 世紀のベンガル寺院のテラコッタ像。このアートプルのラダ・ゴービンダ寺院は，カルカッタの北西 20 マイルに位置する。
出所）Rangan Datta.

師，職人が住む村がある海岸沿いの小地片とともに，小さな波止場のない港として始まった。いずれの場合にも，砦とその城壁が，商館とヨーロッパ人を囲った。周辺の村々は，物資や労働力を砦の町に供給する一種の郊外を形成した。これら二つの世界は，ある程度の距離をもちながら，商取引を 18 世紀ま

で行っていたが，18世紀になると，二つの世界の統合が生じてくる。貿易が集中していたスーラト，フーグリやマスリパトナムなどの港市では，イギリスは，生活する権利と貿易を行う権利を有したにすぎず，この権利を，他のヨーロッパの商社や私商人と分かち合わなければならなかった。しかしボンベイ，カルカッタ，マドラスでは，イギリス人は領主であった。この新たなアイデンティティは，インドにおける東インド会社の政策と，会社の興隆を警戒しつつ見つめていたインドの政治勢力の両方に，奇妙な形で作用した。

　新たな要塞都市は，シティの商人であるロンドンの取締役と，インドの諸拠点を切り盛りした商館員・船長・兵士の間の，東インド会社内に広がる分裂を体現していた。これまで見てきたように，東インド会社は，給与社員に，自身の私的な利益のために貿易を行うインセンティヴを与えることで，会社の貿易の経営を行ってきた。契約年限を終えた人物が，多くの船長が行っていたように，時に私貿易に参入することもあったであろう。しかし，社員のすべてを，会社の規則に従って行動させる効果的な方法はなかった。会社が，彼らに行使しえた唯一の力は，上級社員の人事のコントロール権だけであった。しかし，会社の資産がオランダに脅かされたときにその資産を守ったのが，貿易規則を破ったその同じ者たちだったので，ここでも，会社は，彼らへの厳しい罰と過剰なコントロールは避けなければならなかった。

　インドでの三拠点の形成は，この分裂を表面化させることになった。要塞と都市に資金を使うという決定は，取締役をいらだたせた。それゆえ，財政支出は，私貿易を非難されていた東インド会社の上級社員の個人資金から賄われることがしばしばあった。こうしたなかで，ボンベイの創成期を監督していたジョージ・オクセンデンとジェラルド・アンギエールは解雇された。マドラスを築き上げたフランシス・デイも，同様の運命をたどった。古くからのインド通であり，カルカッタの背後にいた主要人物であったジョブ・チャーノックは，取締役に非難され，そして称賛もされた。しかし，拠点へのさし迫った脅威を前にすると，反抗的であった現地の職員の方が，町の人々からすれば，ロンドンの取締役よりも状況が見えているように見えた。

　これらの拠点への脅威は，どこから来たのであろうか。マドラスでは，物語

第 4 章　インド洋貿易 1500〜1800 年　　**111**

はムガル帝国のデカン侵攻を背景として始まった。同様に，ボンベイは，マ
ラーターの軍事指導者シヴァージーの軍による町への威嚇攻撃の後，20 年を
経て台頭した。ベンガルのムガル地方軍は，1680 年代に，南ベンガルのイギ
リス勢力を攻撃した。しかし，ムガル皇帝アウラングゼーブは，イギリスは非
常に弱体であり，警戒さえしておけば十分だと考え，イギリス勢力を放ってお
いた。他方で，ムガルの脅威により，町のヨーロッパ人たちは，現地の行政に
保護を求めるようになった。イギリス政治の影，特に王権を支持する勢力（王
党派）と共和制を支持する勢力（急進派）の対立は，東インド会社の取締役に
とって，これらの町を行政管理するという職務をさらに複雑なものとした。イ
ギリス政治における王党派と急進派の争いによって，インドの現地勢力は自分
たちの主人に反抗する際に，イギリス国王のために行動しているのだと主張す
ることができた。1665 年に，現地の行政官であるエドワード・ウィンターが，
会社の代表として指名された人物に，マドラスを手渡すことを拒否したとき，
そして 1679 年に，船長のリチャード・ケイウィンがボンベイの権力を奪い
取ったとき，反逆者たちは，王党派であるという姿勢をとった。最終的に，会
社は，立法権も含めた幅広い権限を町の知事に与えることで，町の自治と折り
合いをつけねばならなかった。

　国王と東インド会社間の権力の分割は，つねに厄介な問題となったが，後か
ら見ると，帝国がまだ可能性の域を出なかった時よりも前から，イギリス東イ
ンド会社は，フランスやオランダの会社よりも効果的に領土支配の駆け引きを
行っていたように見える。しかしながら，イギリスの港市の目に見える成功が，
他の西欧勢力の植民地の経験を圧倒したために，他の勢力の植民地戦略に関す
る研究は少ししかなされてきていない。一つの例外であるオランダ領コチンの
研究は，18 世紀後半にコチンの主な商品である胡椒からの収入が不安定に
なったときに，オランダが，イギリスと同じように，現地税と地税を使って自
ら財政をまかなえる領土にコチンを変えようと努めたことを教えてくれる。そ
の結果，オランダ人定住者の小さなコミュニティは，現地の，人種が混交した
家族たちと新たな社会的結合を築いた[24]。しかしこうした動きは，オランダ東
インド会社の活動停止で，突然終わりを告げた。

時々の政治的な関与はあったが，1740年まで，ボンベイ，カルカッタ，そしてマドラスは，イギリス東インド会社が通常業務を行う貿易拠点にすぎなかった。これらの拠点は，海軍と人口の面では成長していたが，町の性格に関する構造的な変化は起こらなかった。明らかに，インド人と戦争をするような体制にはなっていなかった。しかし政治的状況は，二つの事態の進展，すなわちムガル帝国の崩壊と英仏抗争によって変化した。

国家の形成　1707〜65年

1707年に，最後のムガルの大皇帝といわれるアウラングゼーブが死去した。そのすぐ後に，180年間にわたって北インドを支配していた帝国は崩壊し始め，独立した国々に分裂していった。このようにして，アワド，ハイデラバード，そしてベンガルといったかつてのムガル帝国の地方州は，独立国となっていった。マラーター勢力は，中央インドのかつてムガルが領有していた地域に，支配権を樹立した。また，ラージプートや南インドのナーヤカなど，より土地に根付いた影響力をもつ軍事指導者は，その権威を確固たるものにした。

ボンベイ，マドラス，そしてカルカッタに駐在したヨーロッパ人は，この激変を注意深く見守っていた。ヨーロッパ人は，新たな王や軍事指導者と多くの交渉を行う必要はあったが，この激変が彼らの生存を脅かすようなことはなかった。ロンドンの取締役が死活的に重要とみなす交渉がもちあがる徴候もなかった。強いていえば，彼らは，会社がインドに所有していた領土が，会社の利益を枯渇させるかもしれないことを心配していた。会社の本社は，要塞化と港建設の経費負担に憤りつつも，防御力にすぐれた港市をもつことを肯定的に受け入れるようになった。

しかし，政治に関わろうとする性癖は，ある意味で，東インド会社の組織に内在したものであった。18世紀半ばには，現地の社員は，ますますインドの王国の廷臣や国王との友好関係を深め，私商人との提携を強めた。カルカッタ，マドラス，そしてボンベイからの地域的な財政収入は，そこに住むインド人商

第 4 章　インド洋貿易 1500～1800 年　　113

人の利益からきていた。インド人商人の側からすると，彼らの多くは滅びつつ
ある無政府状態の国からの難民であり，富裕な港や，富裕なビジネスパート
ナーという慣習に反して，税を喜んで支払った。商人が力をつけることと国家
が弱体化することという二つの線が，1740 年代に，ベンガルとカーナティッ
クで交わったのである。

　ベンガルでは，西部諸県でマラーターが繰り返した襲撃により，カルカッタ
がベンガル商人にとって安全な場所として浮上した。カルカッタが 1690 年に
建設されたときには，フーグリ川の西岸の方がより人口が多く，都市化も進ん
でいた。要塞を川の東岸に置くというイギリスの決断は，当時の考え方では常
識外れであった。おそらくこの決定は，すべて西岸にあったオランダ，フラン
ス，デンマーク，ポルトガルの拠点に対する防備を考慮したのみでなく，東方
向への船舶の通行がより行いやすかったことによっている。この時までに，と
りわけ古い河港であるサプタグラムが沈泥の堆積によって衰退して以降，ベン
ガルの布商人のカルカッタへの移住の小さな流れがすでに始まっていた。この
小さな流れは，いまや洪水と呼べるほどになっていた。1740 年代には，カル
カッタの人口は，10 万弱から 2 倍になった。カルカッタがマラーターの襲撃
によって利益を得た分だけ，地方政権は弱くなった。この襲撃に軍事的に対処
するのは不可能なので，支配者である太守は和平を結び，広大な領土をマラー
ターに割譲した。

　ベンガルがこの襲撃に直面する少し前に，南インドのカーナティックでは，
ある一国で継承をめぐる紛争が起こった。王位を争っているグループはそれぞ
れ力が弱く，個別にイギリス東インド会社，フランス東インド会社と同盟を結
んでいた。1740～60 年の間に，イギリスとフランスは，この地域で，新たな
継承紛争とヨーロッパの 2 つの戦争（1740～48 年のオーストリア継承戦争と
1756～63 年の七年戦争）を契機として，3 度の戦争を行った。1760 年にイギリ
ス東インド会社は勝利を収め，この，豊かで戦略的に重要な位置にある一方で，
軍事的に依存状態にあるインドの国家を圧倒して友好関係を確かなものにし，
デカンにおける敵対関係は事実上解消された。

　最終的な対決は，ベンガルですでに始まっていた。カルカッタと下ベンガル

は，ヨーロッパの私商人が商売をする主要な場として台頭しつつあった。これらの商人は，イギリス東インド会社の社員と友好関係にあった。ベンガルでの抗争は，ヨーロッパ人への課税をめぐる太守の統治権力と大いに関わっていた。再び，フランスとオランダがイギリスと衝突し，イギリスが1757～64年の重要な戦いを制した。これらの戦争の勝敗を決する際に，イギリス東インド会社が領土をもっていたことは非常に大きな利点となった。会社は，軍隊をマドラスとカルカッタの間で簡単に動かすことができた。加えて会社は，その保護下で暮らすインド人商人から支援を受けた。これらの商人の中には，東インド会社にとって重要な交渉人となっていった者もいる。

　1764年，イギリス東インド会社は，北インドの軍を破り，ベンガルの事実上の支配者として正式に認められるようになった。この征服の意義は，インド側の勢力に関係がないわけではなかった。インドの主たる軍事勢力であったマラーターは，中央および西部インドを根拠地としていた。その他のほぼすべてのインドの主要勢力は，マラーターの脅威に立ち向かうために，会社と同盟関係を結ぶことをいとわなかった。この同盟勢力のいくつかは，会社の保護国となり，さらに18世紀後半には，会社の領土獲得を導いた。マラーターは，19世紀初頭に征服され，1818年までには，インドにおける東インド会社の帝国は，その最終的な形態をとるにいたった[25]。

　イギリス東インド会社が1765年に権力を手にした直後は，国の歳入は布を購入するために使われた。資金を戦費にも回す必要が出たことから，農民に税をかけて職人に支払いを行うというこうした段階は，長くは続かなかった。それゆえ，領土の獲得は，貿易会社としての会社の将来にも影響を与えることになった。ベンガルとコロマンデルにおける国家権力の掌握は，東インド会社が，布の購入をより密にコントロールする方法を得たことを意味した。商人による仲介のシステムは廃止されなかったが，存続した仲介人は，国から給与を得る役人に従属した。これらの役人は，通常，織工の世界ではよそ者であり，自身の警察権を乱用しがちであった。それゆえ，このシステムは，多くの争いを生んだ[26]。

　地税徴収権獲得は，銀輸入への依存が終わるかもしれないという希望を高め

た。2〜3年後に，この希望は現実のものとなった。もっとも，歳入を他の使途へと振り向けたために，会社はときどき銀を輸入せざるを得なかった[27]。しかしそれでも，その政治力は，会社をインドの通貨市場において大いに信用のおける存在にした。また，金融業者との取引は，きちんとした基礎の上でなされた。戦争は予算を圧迫したが，他方で輸入鉄製品への需要を高め，会社の貿易収支をより良好にすることに貢献した。18世紀には，イギリスの企業や社会と交流していたインドの国王，たとえばカーナティックやアワドなどの太守は，ヨーロッパ製の組立式鉄製品を大量に購入した。時に，彼らは，これらの製品を現地で作らせた。ヨーロッパ人の援助を受けての大砲製造が，この時代の地方の国王の間で人気のある事業であった。

　政治権力の掌握は，貿易会社としての東インド会社の終焉の始まりであった。会社の財政は戦争により不安定なものとなり，1772年には，巨額の貸付を受けるための交渉を〔イギリス〕議会とせざるを得ない状況になった。議会は，インドの行政をより密に統制することを交換条件に，会社への貸付を承認した[28]。ナポレオン戦争（1799〜1815年）直前の数年間を除いて，貿易量は全般的に低下した。さらに，私商人は，会社の費用で自身の商業的資産を増強することをやめなかった。彼らは間接的には新たな帝国に助けられていたものの，やはり会社の独占特許状に怒りを覚えていた。この新たな反感こそが，東インド会社にインド貿易の独占を認めていた勅許を1813年に終わらせたのであった。

　国家権力としての会社は，私貿易の統制という，かつて太守の没落を導いた煩わしい問題に直面していた。ベンガルの司法に関する最初の議会調査は，1765年から間もなく，ヨーロッパ人たちは「管区の許可を取っているといないとにかかわらず，管区内に広く散らばり，内陸の交易に従事した。このことによって，私商人は，現地政府の司法と行政にしばしば干渉するようになった」と指摘していた。地元の法廷に附属する司法機関は，すでに崩壊しており，「イギリス人ジェントルマンのバニヤ〔商人〕たちは，居住地と無関係に司法権を掌握し，しばしば法廷に裁判官として参加さえした」[29]。このように分権化した司法権は，地方で起こった紛争を扱うことを正式に認められ，便利では

あったものの，さらなる争いを巻き起こすものであった。

1765 年まで，カルカッタでのイギリスの裁判は，原則的に，インド人の地主（ザミンダール）によって行われる裁判のようなものであった。会社は，結局のところ，ムガル帝国の一人のザミンダールにすぎなかった。当時，ザミンダールの権限は，「県の刑法，民法，宗教の司法管轄権」[30] を含んでいた。カルカッタに所在するイギリスのザミンダール裁判所が，他のすべてのザミンダール裁判所にとって代わり始めたのは，1771 年 4 月のことである。カルカッタのイギリス人地主と，ラージシャーヒーに逃げ込んで業務を履行していなかった代理人との訴訟で，カルカッタ裁判所の管轄権がベンガル全土に拡大されたのである[31]。この裁判所の管轄域は，まだ非常に限られており，商業上の問題のみを扱うことができた。第 7 章でみるように，裁判所の管轄範囲がより全般的なものになっていったのは，19 世紀を迎えてからである。

知識の交流

ムガル帝国の崩壊と，インドの海岸部での商業ビジネスの開花は，商業的に役に立つ工業技術の交流をもたらした。近年の研究は，技術交換が双方向でなされたことを強調している。たとえば，18 世紀のヨーロッパ人の綿布染付師は，インド産製品に示されている技術を再現しようとして能力を向上させていた[32]。同様の議論は，18 世紀イギリスの綿紡糸技術についてもなされてきた[33]。とはいえ，インド・ヨーロッパの貿易の中で，我々がよく知っているのはインドから出ていった技術よりも，インドに入ってきた技術についてである。

17 世紀を通じて，インドの航海術は，ヨーロッパよりも遅れていた。望遠鏡や羅針盤などの機器は，インドでは知られていなかった。インドで最重量級の船も，ほとんど鉄を使わずに造られており，長期の航海には不向きであった。ヨーロッパの海軍技術は，インドにおける受容，学習，改良にとってかなりの刺激となり，その一つの結果が，コロマンデルのナルサプール・ペタのような造船所であった[34]。

図 4-5　ベンガルにおけるムガルの領域とその町や商人の居留地（1650 年頃）

　航海用の器具にとって外部性としてはたらいた要因の一つが，冶金の変化である。18 世紀に西海岸で行われていたインドの造船について，「彼らの錨はほとんどがヨーロッパ製である。我々のものは，ずっと性能がよく，うまく作られている」[35] という記述がある。しかし，たとえ鉄の鋳造が土着の工業としてあまり発達していなかったとしても，土着の鉄と，ヨーロッパ人の指示の下で働く鉄鍛冶工を使い，現地の港で多くの船の錨が作られていたことを示すかなりの証拠がある。17 世紀に，オランダ東インド会社は，南西海岸のパラコール周辺に，製鉄所を設立した[36]。この製造所は，おそらくは鋳造所を有し，インド人の鍛冶工を雇うとともに，インドの船よりもずっと多くの鉄を用いる手

図 4-6 カルカッタのウィリアム砦（1750 年頃）。描き手不詳。古い砦は，イギリス東インド会社がカルカッタの町が後に生まれてくる村々への借地権を入手した 10 年ほど前の 1701～02 年に建設された。この砦は，会社をベンガルの支配者へと変貌させた主な出来事や戦闘の舞台となった。この絵が描かれる時点にはすでに，カルカッタはベンガルの最も重要な交易センターとなっていたが，それが政治的な変貌を遂げるには，まだ長い時の経過が必要であった。

出所) Mary Evans Picture Library.

法によって造船における技術的なパラダイムのあり方の違いを示していた。1670 年代にベンガルに居住していたイギリス人商人のトーマス・バウリーは，製鉄所が，「数名の鍛冶工を雇い，（船が必要とする）あらゆる種類の鉄製品を作り，それによって艦隊が必要とするほとんどの『必需品』を供給した」と記している。船の「必需品」には，大きな釘，ボルト，錨が含まれていた。鉄製品以外に，造船業者たちは，船の操帆のためのロープと麻ひもも製造した。そしてまた，この造船業者の一団は，造船の熟練工も雇っていた。これらの熟練工たちは，「イギリス人に多く依存し，この地でイギリス東インド会社とその代理人のために船やスループ型帆船を造っている一部のイギリス人の創意工夫を真面目に観察することで，技術や商取引を」学んだ[37]。バウリーは，イギリスから技術を学んでおきながらオランダのために仕事をしている職工の「不誠実さ」について，不平を述べている。より前向きな観点で読むならば，この記

述は,熟練工のための活発な労働市場が存在したことを示唆していることになる。なお,船の錨の鋳造に言及した少し後の時代の史料は,錨は「ヨーロッパで作られたものほどはよくなかった」と記している[38]。

ヨーロッパの会社に属したこれらの製鉄所は,イギリスとオランダが北に拠点を移す以前に交易拠点をもっていたバラソールの近くにあった。鉄に関する専門家の一人は,カーティアワードとマスリパトナム近郊に置かれた大規模な鉄の溶鉱炉もまた,造船と結び付いたヨーロッパの企業活動の遺産であろうと示唆している[39]。技術についての情報交換の場は,インド征服により可能となった,私的部門におけるインドとヨーロッパのパートナーシップの成長とともに,拡大していった。

図 4-7 フーグリ河河口にある 18 世紀の灯台の遺構

出所) Rangan Datta.

私貿易と新たな企業活動 1765〜1800 年

インドにおける交易での利益は,一般的に非常に高く,かつ株主仲間によってよく保護されていたので,十分な資力をもっているあらゆるロンドン商人は,インド行きの航海に出資する気をそそられた。そして,多くの商人がこの道を選んだ。彼らの全員が,正式には〔東インド会社の利権の〕侵害者であったわけではなかった。というのは,東インド会社がそれほど深い関心をもたない商品を取引することは,法にもふれるものではなかったからである。そうした多

くの商品は，インドの港と港の間を動いていた。港市向けの穀物と砂糖，造船に用いられる材木，そして西アジアからのナツメ，ワイン，馬は，インドで短距離の取引を行う私貿易商にとって，合法的なビジネスの場であった。

こうした分野の地域間交易に参加したヨーロッパ人は，時に海賊行為にも手を出した。しかしその中でもより野心的な者は，地域間交易の少額の利益や，海賊行為からのリスクの高い稼ぎには満足できなかった。東インド会社の社員は，ほぼつねに，私的な取引のパートナーとなる私商人を探し求めていた。東インド会社の独占権を侵そうとする衝動は，あまりに大きかったが，自身の目的のために，東インド会社の大規模なインフラ機構を利用しようとする衝動もまた大きいものであった。このような行為は，ロンドンと海外支店の間の長きにわたる争いの核であったが，ロンドンは，それをほとんど止めることができなかった。

イギリス東インド会社がベンガルの統治を始めたとき，私貿易商はそこで，会社の独占にあからさまに反抗して商業活動を行っていた。実際のところ，会社の海外拠点の社員は，しばしば多少なりとも私商人と同盟を結んでいた。政治的変化によって，私商人は，内陸でのみ見出しうる商品を探索する新たなチャンスを得ることとなった。ヨーロッパの商人や機会を窺う者たちは，高い利益があがる，これまで知られていなかったビジネスを探して，「内陸」に進出していった。その数はそれほど多くはなかったが，実にさまざまなビジネスが新たに始まり，また失敗に終わった。この時期に土台を確立した主なビジネスとしては，中国への綿花とアヘンの輸出，ビハールおよび下ベンガルのプランテーションでの輸出用のインディゴの製造，港から港への交易用穀物，砂糖，材木，その他の商品の供給があった。

私貿易商の主な強みは，インド人商人と提携関係を結ぶことができることであり，また，ボンベイ，カルカッタ，マドラスの商業インフラを利用できる点であった。1800年にはこれら三都市は，インドの海岸に位置する単なる港ではなかった。これらの都市は，より古くからあるインドの商業中心地とは異なる商業文化をもっていた。地税よりも，商業上の利益がこれらの都市を支えていた。商人の移住により，内陸よりもコスモポリタンな居留地が形成されてい

第4章　インド洋貿易 1500〜1800 年　**121**

た。商法に関する統一がなされていない内陸の都市とは異なり，東インド会社の都市では，インドに移住したイギリス人の権益を守るために，イギリスのコモン・ローが広く用いられていた。言い換えれば，これら3都市には，伝統的ではない企業活動が繁栄する環境が用意されていた。最大の受益者は，私商人であった。次章でみるように，インド・中国間の貿易は，すぐに私的投資の主な舞台となった。

　これらの新たな事業の一部分は，内陸交易と結び付いた手工業との関わりをもっていた。主な工業であったのは，造船業であった。1772 年に，カルカッタはベンガルの首都になり，インド最大のヨーロッパ人居住区として，ヨーロッパ人世帯に需要がある消費財を作る職人たちを必要とした。しかし，当時まだ市場は小さかった。当時の居住区にいたのは，わずか200〜300 世帯に過ぎず，彼らが必要とする品物の大部分は，いまだに輸入されていた。しかし，現地で作ることが理にかなった商品もいくつかあった。その主な例が船と鉄製品であった。

　1770 年には，アメリカ人商人の居留者たちが，自身の波止場をもち，フーグリ河の西岸に住んでいた。そこは，北インドへ行く道の始点ともなっていた。1780 年代には，外洋航行が可能な船を造る試みが，この場所で始まった（重要なことに，機械産業が発展したのは，さらに約1世紀後のことであった）。東インド会社付の技師であったヘンリー・ワトソン大佐は，1781 年に，カルカッタに造船所を建てる許可を求めた。ワトソンは，自身の巨額の資金から，そのすべてを使い果たすくらいの額を投じて事業を始め，それは存続していった。ワトソンはこの場所に風車の建設も行ったが，その風車小屋からインド人ジェントルマンの女性居住区が見渡せてしまったため，裁判所は風車小屋の閉鎖を命じた。18 世紀の最後の10 年に，ジェームズ・キッドのカルカッタの造船所は，小型の船やボートを建造していた。キッドは，ロバート・キッド（1746〜93 年）の非嫡出子であった。ロバート・キッドは，陸軍の技師で，カルカッタの植物園の創設者であった。ジェームズの名にちなんでつけられたキッデルプール地区は，旧造船所の建造物のいくつかを再利用して1795 年に建設され，政府所有のカルカッタの港に位置していた。1770 年代，フーグリ河のキッドの

造船所はボートを建造しており，19世紀初期の南東岸でその存在はよく知られるようになっていた。さらに南のグロセスター（その後グロスター）と呼ばれる停泊所は，後に綿工場と蒸留酒製造所に改築されていく造船所を有していた[40]。

この時代，大砲は，インドの輸入品であった。輸入代替の試みは，輸入業者自身によって支援された。キッドの造船所の向こう岸にある土製の砦に，18世紀後半までに大砲の鋳造所が出現した[41]。アワドの太守による大砲の製造事業の運営を受けてまもなく，1768年に東インド会社の役員は，大砲の鋳造所をウィリアム要塞の中に建設することを提案した。10年後に，ウィリアム要塞の鋳造所を完全な高炉〔の建設〕に用いるための契約が結ばれたが，その契約は履行されなかった[42]。

ヨーロッパでの戦争と会社の終焉

ナポレオン戦争は，西欧の商人会社の役割をほぼ終わらせた。フランスとオランダの東インド会社は活動を停止し，イギリス東インド会社は商社であることを止めた。19世紀に入って2〜3年のうちに，アジア商品をアメリカへと再輸出する貿易の規模は，全ヨーロッパの貿易規模統計に匹敵するほど大きくなっていた。それは，アメリカの海運業，造船業，商業金融の急速な進歩をともなっていた。

アメリカが貿易を求めてインドへ人を派遣する動きは，1780年代に，愛国主義の熱狂の中で本格的に始まった。ヨーロッパのような形態の特許をもつ法人を設立するという提案が出されたが，却下された。そして貿易は，私商人，主にフィラデルフィア商人の連合の手にとどまった。イデオロギー的な抵抗とは別に，沿岸地域では，いかなる取締法も頑強な抵抗を受けたであろう。しかしながら，貿易は規模が小さく，商人は，輸出用の商品を見つけることが困難であった。アジアにおける朝鮮人参と毛皮の需要がこの問題を和らげたが，しかし，銀へのアクセスは，いまだに必要であった。それゆえ，貿易関係者が事

業を遂行するには，喜望峰や南米の港などの集散地に寄って，これら商品の供給源との結び付きを維持する必要があった。太平洋と大西洋のアジアへの両ルートが使われたので，アメリカの海運は，かなりの柔軟性を有していた。

　1790年代，アメリカが世界の海で唯一自分たちだけが中立的な船団をもっていると自覚した時に，この発展パターンにおける決定的な分岐が訪れた。かつて何度もそうであったように，ヨーロッパでの戦争は植民地に広がっていった。しかし今回は，オランダは混乱に陥っていった。オランダ東インド会社は，オランダがバタヴィア共和国（1796～1806年に存在したフランス共和国の従属国）となっていた時期に，活動を停止した。イギリス東インド会社は，以前の自分の姿の影程度の存在となっており，フランス東インド会社は1793年に解散され，結局ヨーロッパの大半は，茶やコーヒー，砂糖，布などの消費産品の供給を，アメリカの海運に直接的もしくは間接的に依存することになった[43]。インド洋におけるそれらの動きは，アジア商品をアメリカ人によってアメリカの消費市場にももたらすことを可能にした。それはまた，商人たちに，コーヒーや砂糖のような，すでにアメリカの消費バスケットの一部となっているいくつかの商品について，アジアを供給源とすることを可能にした。その貿易は，ヨーロッパに「連絡をとりあうパートナーたち」のつながりを創り出し，彼らは売上を，商社がロンドンに有する銀行口座に預け入れていった。

　古いスタイルのインドとヨーロッパの交易の話は，この分野での多くの研究を生み出した二つの大きな問題を考えることで終わりにするのがよいであろう。その二つとは，なぜヨーロッパの航海者や商人は，1500年から徐々にアジアでの貿易において自身の地位を高めていくことに成功したのか，そして，いかにして，ヨーロッパ的要因がアジアの貿易の構造に影響を与え，形を作り替えたのか，という問題である。

インドとヨーロッパの貿易の意味

　一時は有名となった「ヨーロッパ世界経済」という語は，この第一の問題に

ついて，ヨーロッパ商人が有していた経済力と商業技術における優位，および彼らが享受した商業国家からの後援に言及することで答えていた[44]。しかしながら，この考えを 17 世紀のインドに当てはめるには，多くの問題がある。インド洋でのヨーロッパの覇権的支配という考え方は，アジアを支配した諸帝国の存在とはうまく相いれない。1500 年頃にヨーロッパが参加したアジアでの取引は，長期にわたって存在してきたものであり，十分に資本主義的な諸原則に則って組織されていた。ヨーロッパ人はそこに，商業的な強さではなく，むしろ弱さをもって参加した。ヨーロッパ人は，スペインの南北アメリカ征服後にグローバルな貨幣交換が台頭してきたことによって守られた地位のおかげで，成功を勝ち得た[45]。イギリスでの産業革命の開始まで，ヨーロッパ人は，ヨーロッパの製造業の製品をインドで売ることは困難だと考えていた。ヴァスコ・ダ・ガマによる 1498 年のカリカット王への贈り物は，宮廷の者たちから嘲笑的な批判を受けた。イギリス東インド会社も，イギリス商品によって貿易のバランスをとることに成功したわけではなかった。インド洋貿易は，アメリカ産の金銀の，ヨーロッパ金融市場およびそれを超えた海外商人への安定した流通によって可能となっていた。しかし，この理論は，なぜアジア人が先に，その優れた商業的・職人的な技術や販売に供しうる豊かな商品をもってヨーロッパの交易に入り込まなかったのかという疑問を誘うものである。

　それでは，我々はフレデリック・C. レーンにしたがって，他の地域でと同様にここでも，生の暴力を行使したことがヨーロッパの資本主義の際立った特徴であると考えるべきなのだろうか[46]。その場合，なぜ火薬の力が貿易事業にとって必要不可欠であるのかを説明しなければならないだろう。実際，アジアの海では，火薬の力は，さまざまな理由で必要とされた。ポルトガルは，アジア人を香料貿易から排除しようとした。オランダとイギリスは，互いに相手を阻止しようとした。しかし，そうした暴力は，ヨーロッパ人の集合的な力を弱めることはあっても，強めることはなかったであろう。実際，そのような諍いのせいで，地域の軍事状況は，陸を支配の基盤とした諸帝国によって，うまくコントロールされていた。力のバランスがようやく変化し始めたのは，18 世紀の，ムガル帝国の崩壊によってであった。ヨーロッパの暴力に着目する理論

は，時には，アジアの非暴力の議論か，もしくはヨーロッパの進出以前の時期にはアジアの海の商人グループは平和的に共存していたとする議論の内部に枠付けられる。ケネス・ホールは，「[1500 年以前の] インド洋ネットワークは，支配よりも経済的・文化的な対話に基づいていた」と記しているが，それは，ヨーロッパ人の進出が，寛容と互いの尊敬をベースにそれまで機能していた世界でのゲームのルールを変えたということを示唆している[47]。しかしながら，アジアの非暴力という理論は，古代後期のインド洋の西側に関する研究では疑問視されている。ヨーロッパ人は，インド洋に威嚇的な要素を導入したわけではない[48]。アジア人は，すでにそのような考え方には通じていたのである。

　仮に，商才，アメリカ銀，軍事主義による説明が拒否されたとしたならば，おそらく，知識と制度の中に，何か特徴のある要素が発見されるのではないか。ヨーロッパ人は，長距離航海についての優れた知識を体現した航海技術を，インドに持ち込んだ。ヨーロッパの知識の分野はきわめて多様であり，より多くの交易拠点や補給箇所についてはもちろん，海図，海流，道具，航路，より頑丈で大きな船の建造などの知識をも有していた。ある歴史家が示唆しているように，「インドの航海の伝統における保守的な性質」が，「航海にかかわる技術的変化を必須にしたであろう，海上戦という刺激を欠いていた」ことの結果か，それとも原因であるかどうかを確定することは容易ではない[49]。しかし，航海技術の知識における二つの分野が，両者が出会った際に不均等であったことは，否定しがたい。

　より重要なのは，ヨーロッパ企業の組織的性格である。ニールス・ステエンスガールドが指摘しているように，イギリスとオランダの海外貿易企業は，インドの企業だけではなく，ポルトガル王国の独占とも異なる構造をもっていた[50]。それらは，株式を基盤として機能しており，それにより巨額の資本を集め，リスクを分散し，砦や商館，波止場，船舶からなる入念なインフラを整備することができた。イギリス人が王室から得た特許状はまた，競争を減らし，より大きな規模の活動を可能にするとともに，軍事的能力と交易インフラにより多く投資することをも可能にした。アシン・ダスグプタはインド人商人企業について評価を行うなかで，インド人は対照的に，コミュニティや家族のイン

フォーマルな集まりを中心に組織されており，それゆえにリスクを嫌い，さらには分裂していったのだろうと示唆している[51]。

しかしながら，我々は相違を強調しすぎるべきではない。インフォーマルなコミュニティとフォーマルな会社とを単純に対照させることは，誤りを導きうる。そのことは，コミュニティの力（たとえば，紛争処理がより容易である）や会社という形態の弱さを見過ごさせてしまう。それはまた，イギリス東インド会社が，17〜18世紀のロンドンのシティにおいて，最強の法人体であっただけでなく，最も非難中傷を受けたものでもあったという事実を見落とさせもする。国王特許状は，自身の雇い人や代理人による絶えざる侵犯に直面しており，完全な権利からははるかに遠いものであった。会社は水漏れする船ではあったが，しかし，それでもなお，当時のインドのどの企業とも異なる種類の船であった。

インドでの商取引に対するインドとヨーロッパの貿易の影響を説明するには，さらに二つの相違を記しておかなければならない。イギリス東インド会社は，その主たる活動の性格において，高度に特殊化された企業であった。それは，わずかな種類の商品を大規模に購入して扱った。インドの商人よりも，ずっと専門化していた。専門化することによって，会社は，年ごとに特定の供給者の一団と契約を結び，彼らに一定の金額を前貸しとして支払った。これらの総額は，年間を通じて分配された。商品の契約販売は，それ以前にもインドで知られていなかったわけではない。しかし，単一の企業によるこのような規模での契約販売は，歴史的に前例がなかった。これらの要素は，インドとヨーロッパの貿易において，紛争発生の機会と紛争解決のコストを増やした。ヨーロッパとの貿易の制度的なインパクトは，その政治的な影響でさえも，このような契約遂行の問題を考えないことには理解できない。

ヨーロッパ人が大きな変化をもたらしたもう一つの分野である都市化もまた，接触が制度や知識面に及ぼした影響について我々に思いを馳せるものである。貿易史の研究者は，ボンベイやマドラス，カルカッタの出現と華々しい台頭が，スーラトやマスリパタナム，フーグリなどの既存の中心地から単に派生してきたものであると見る。実際には，これらの三つの都市は，インド沿岸部の相異

なる交易文化を代表したものである。一つには，マドラスとボンベイは，地理的な条件により港市が内陸航路やムガルの陸路に依存するという状況を打ち破った。これらの都市は，スーラトよりもさらに海洋に向けられた港であった。また一つには，スーラトとマスリパトナムは，商人に属した都市ではなかった。それらの都市では，商人は法を作らなかったが，ボンベイでは商人が法を作った。制度の面から言うならば，それらの三つの都市は，インドの沿岸の空間からは離れた世界であった。

　征服を実現する拠点としてそれらの都市を用いうるという見込みは，まさに，その自律した法的空間としての地位に埋め込まれていた。しかし，征服はまた，東インド会社の性格のゆえでもあった。建前上は株式会社であったが，会社は一元的な指示と管理の構造をもっていたわけではなかった。その海外貿易活動は，リスクを気にしない浮動的な船乗りや兵と，リスクを避けようとする定住的な町の商人との間で，近代の共同資本事業を前近代的パートナー関係に結び付けるという，独特な性格の主従関係のゆえに可能であった。これらの二つの階級の人々は，アジア貿易からの収益に共通の利害を有していたが，しかし，そうでなければ友人であったわけではない。パートナー関係における決定的なバランスの変化は，船乗り兼兵士が，政治的権力空間を確立しようとし，それによって自分たちの主人である資本家たちの意志に反抗したところに見てとれる。植民地化は，これらの事業の基礎を形成した不安定なパートナー関係の一つの結果であった。

む　す　び

　インド洋貿易が経てきたこの 300 年を見てみると，一つの結果が際立ってくる。新たな政治的・経済的力をともなう大きな変動により，沿岸部が台頭したことである。政治の軸は，海洋商人に移っていた。ボンベイ，カルカッタ，マドラスは，単なる植民地港ではなかった。それらは，内陸を支配した港であった。このような関係は，以前のインド史には存在しなかったものである。それ

らは，商人たちが自身の地位について地域の権力と交渉することなく活動できた都市であった。それらは，インドに法の支配を築いたわけではなかった。しかし，別の法の支配，すなわち，商業取引に関する法に深くコミットするということを意味していた。そのような社会のあり方は，インド史には前例がなかった。

　ボンベイ，カルカッタ，マドラスの驚異的な成長は，この魅力から生まれたものであり，こうした魅力が，インド人の資本をこれらの都市に引きつけた。企業の自由と国家からの自律性を見て，インド人であれヨーロッパ人であれ，東インド会社の一員であれ私的な活動者であれ，商人や企業家は，帝国への志向を明らかにした。帝国がインドの事業の中で貫いた絶対的な合理性の強い形態は，領土を有する軍事領主から受けていた弱い日和見的な支援とは対照的であった。その裂け目は，1857年のインド反乱の間に表面化した。その時，軍事領主や土地支配に基盤をもつ有力者たちは，会社への依存を振り払おうとしたが，港の商人や銀行家たちは，彼らを打ち破ろうとする会社の努力を，結束して支援した。

　イギリス帝国は，1800年までに，多くのドアを開け始めていた。これらのうちの三つは，特に重要であった。その三つとは，中国との貿易，農業生産物の輸出，そして，新たな職人企業である。これらの新たな道は，革新的な企業家精神を必要とし，と同時に多くの問題を表出させた。次章でこの点を見ていこう。

第5章

貿易・移民・投資 1800〜50年

　19世紀初頭，イギリス東インド会社は，インドの輸出における綿布の役割の低下を補うために，2〜3のビジネスを奨励しようとした。それらは，アヘン，インディゴ，綿花であった。アヘンは，会社の主要な輸入品である中国茶の支払いの手段として有益であった。インディゴと綿花は，イギリス自身の手によって拡大しつつある綿布工業の拡張に貢献した。これらのビジネスは，港市に集中し，会社によって始められたものだったがゆえに，かつてインドとヨーロッパの貿易が有していたいくつかの性格をとどめていた。しかし，それらはまた，いくつかの点で例外的でもあった。これら三つの商品は，私的部門の事業に対してより大きな展望をもたらし，職人よりもむしろ農民との取引を伴った。土地所有権は，いまや海外輸出ビジネスの経営にとって重要な問題となった。

　〔インドを〕訪れる船のトン数に基づく単純な貿易量の計算によれば（図5-1），インドへの，およびインドからの貿易は，1850年から急速に成長した。この爆発的な成長と比較して，19世紀前半の成長は，より緩慢なものであったが，加速は1850年以前から始まっていた。19世紀前半は，私が先に帝国の傘と呼んだ，市場統合への参加と単一の公用語を共有し，互換性のある法律を有する体制によって支配された緩やかな領域ネットワークが固まっていく時期であった。この傘は，イギリス自身の工業化とアジアの地域貿易からも刺激を得ながら，資本と労働がネットワークの内部で循環する契機を創り出した。最近の研究は，特許を有する会社と中国の国家がそれまで私貿易に対して課していた障壁が除かれたことが，いかにアジア間貿易の成長を助け，世紀後半のアジアの

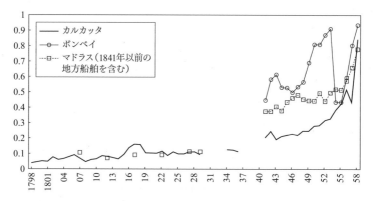

図5-1 インドの主な港湾への荷揚げ量（百万トン，1795～1858年）
出所）*Statistical Abstract relating to British India*（各年）.

ビジネス史に大きな役割を果たすことになる商業の新しい軸を生み出したかを示している[1]。この章は，この時期にこうした刺激の下で繰り広げられた，商品貿易，資本形成，労働移動の幅広いパターンを扱う。

　世紀前半はまた，より自由な貿易と並んで，東インド会社の帝国がインドで強化された時期であった。旧来のビジネス史は伝統的に，この帝国のインドの経営事業へのインパクトを，従属資本主義，あるいは買弁資本主義というモデルを通じて読み取ってきた。この見解への批判は，19世紀が実際に「ヨーロッパが圧倒する時代」であったということについては争ってはいないけれども，インド人が，その固有のビジネスの仕方を利用しながら新たな機会に適応していったことを示唆している[2]。これは正当な議論であり，また，アジアのアクターが，蓄積した知識や技術をインド洋貿易の次なる局面において用いたという付随的な指摘も同じく正当である。とはいえ，ビジネスの世界をアジアとヨーロッパの二つの部分に分けることは，アジアとヨーロッパの資本いずれの内部にもある差異を見過ごす危険性をともなう。そしてまた，アジアの経営活動における制度の「洗練性」を強調することは，アジア人とヨーロッパ人の間で協力関係を培うにあたってつねに存在する困難さを軽視する危険をともなう。

　おそらく，本章が扱う主題を成す時期を規定するよりよいやり方は，この時

期が実験的な時代であったと示唆することであろう。我々は，工業的な事業の性格の中に，インドと中国の間のつながりを打ち立てた私商人に，そして労働移動を確立するためにとられた方策の中に，革新性を見出す。貿易においては，農作物が大量に調達され始めたが，そのような貿易には，農民と商人，輸出企業，そして国家の間で安定した契約関係が生まれる必要があった。この必要性は，アヘン，インディゴ，綿花のそれぞれにおいて，かなり異なる形で処理された。まずアヘンでは，国家が一つの地域で生産と加工を独占して行うことによって，契約の問題を回避した。インディゴでは，ヨーロッパの資本家がプランテーションを設立したが，契約履行についてはあまり成功しなかった。綿花では，プランテーションが試みられたが，環境による制約のゆえに諦められ，地域取引ネットワークが顕著な仲介的役割を果たすシステムに道を譲った。

アヘンと中国

　1780 年から 1833 年の間，イギリス東インド会社と私商人たちは毎年，平均して 100 万ポンドを超える額を，広東での輸出用の茶の買い付けに投資した。ロンドンと広東の貿易は，会社に独占されていたが，しかし独占はますます守り抜くことが困難になっていた。広東とインドとの貿易は，最初から私的なものであり，「地方」商人によって行われていた。インドの中国からの輸入は，主として茶からなり，加えてかなりの量の絹布，陶磁器，南京木綿が占めていた[3]。イギリス東インド会社が中国への輸出を行うのは困難であった。主に送り出された商品は金属や毛織物だったが，毛織物は赤字で売られていたし，しばしば売れ残った。貿易の帳尻を合わせるために，会社は銀に，そしてますますインド製品に依存していった。

　19 世紀に入ると，西インド産の綿花とビハール産のアヘンが貿易の収支を合わせるために用いられた。会社はアヘンを自身の船舶で直接輸入しはしなかったが，地方商人がアヘンを持ち込んでロンドンで手形に交換することで得た銀に依存した。加えて，ベンガルではアヘンは政府から認可を得て栽培され

図 5-2　アヘン戦争期の，パトナから中国へと送られるアヘン（19世紀のインドの画家による）

出所）The Bridgeman Art Library.

たので，その地の会社政府は国内交易からも利益を得た。中央インドでは，対照的に，アヘンは藩王国の領域内で合法的に栽培され，会社政府はこの商品に通行税をかけた。

　広東での貿易システムは，インドのそれとは相当異なっており，かなり儲かったが，東インド会社の選択肢を多くの方法で制限していた。南シナ海では，会社はマカオのポルトガル人やあちこちに居る私商人によって包囲され，香港商人の仲介のもとでビジネスをすることが必要とされた。中国政府と宮廷の高官は，会社の貿易にはわずかな関心しか有していなかった。外交使節でさえも貿易に関する安定したルールを敷くことができなかった。こうした状況についてのある評価によれば，その無関心は故意の政策であった。なぜなら，香港のギルドを構成するエリートたちは，国家の代理人も兼ねていたからであった。しかし，この政策には負の側面もあった。というのも，ヨーロッパの特許会社が中国人と交渉を要求した際には，国家は海洋交易には干渉しないというように見せかけなければならなかったからである[4]。

ベンガルと中国の貿易を行った船は，主にカルカッタのイギリス商人と，ボンベイおよびカルカッタのパールシー〔拝火教徒〕によって所有されていた。マルワーリー商人は，マルワ産アヘンの内陸交易に参加していた。このように，ボンベイ，カルカッタ，広東，香港の商業権益は，相互に絡み合い，それぞれにアヘンに依存することで支えられていた[5]。アヘンからの収入はこの時期，インドの政府収入において，地税に次いで最も重要なものであり，国庫を経由してインドでの運河や鉄道の建設へと流れ戻った。加えて，1830年代のインドへの地金流入は，銀不足と南および西インドでの高額の税によって引き起こされた不況を収束させた[6]。

1772年から1786年の間，アヘン生産は，ビハールとベナレスにおいて政府の独占下に置かれた。免許を得た契約人が国家と農民との間で芥子を植える面積や納入すべきアヘンの価格・量についての合意をまとめた。強制栽培が標準的な姿というわけではなかったが，契約人が農民に対してインフォーマルながら強制的な力をある程度及ぼしうると理解されていた。それでも，農民はそうしたやり方に不満をもっており，さまざまな方法で買い手を騙そうと試みた。固定価格の提示は，農民を杜撰な耕作者にしてしまい，1790年代には，インセンティヴとなる要素を加えたり，中間介在者による搾取の機会を減らしたりすることによって契約を健全な基礎の上に据えようと，多くの行政的な試みがなされた。問題が完全に解決されたとは言えないが，しかし，政府は，過程全体への支配の力を増していった。1799年には，購入過程における契約人の役割を減らそうとする条例を定めるという決定的な措置がとられた[7]。

インディゴとベンガル

アヘンについての議論と同様の問題がインディゴについても生じたが，しかし〔インディゴの場合〕それらに関わっていたのは私的なプランターたちであった。インディゴは，イギリスでは布の染料として必要とされた。インドはインディゴの生産者であり使用者でもあったが，アメリカとカリブ地域での代

替品が，1800年までには，インドをより重要性の小さな供給者にしていた。加えて，市場で売られるインディゴをめぐる競争は，すでにかなり厳しいものとなっていた。17世紀の初期には，ポルトガル商人とオランダ東インド会社の間で，ヨーロッパ輸出用の北インドのインディゴ（Indigofera tinctoria）調達をめぐる競争が進んでいたとされる。しかしながら，この貿易は，マタイセイ（Isatis tinctoria）を扱う商人や製造業者からの圧力で施行されたインディゴ使用禁止条例によって，ほぼ息の根を止められていた。禁止がようやく1660年代に解かれた時に，イギリス東インド会社はこの取引に参入した。しかし，プランターたちのコーヒーや砂糖への関心がより強くなったためにアメリカからの染料供給が不安定になった18世紀の終わりまで，イギリス東インド会社が大規模にインドのインディゴを買い始めることはなかった。1790年代，イギリスによるインディゴの全輸入量は，1,000トンから2,000トンに増大し，ベンガルのシェアは，3分の1以下から4分の3に増えていた。この取引のピーク時（1820〜50年）の輸入量は，平均して5,000から6,000トンに達したが，それまでに，私商人が完全に，その取引において会社にとってかわっていた[8]。

　インディゴは北インドとベンガルから購入された。北インドでは，輸出企業の代理人は，農民や小売商からインディゴ原料を購入することを好んでいた。ベンガルでは，ヨーロッパ人プランターが，農地の近くに位置する工場でインディゴを生産していた。調達されたインディゴの多くや，またベンガルでの生産物はほとんどすべて，ヨーロッパ人資本家が所有もしくは借り入れた土地で生み出されていた。プランターとは呼ばれていたが，彼らは実際にはインディゴの葉を処理して染料を抽出する工場の所有者であった。

　ベンガルで最初のプランターは，1770年に工場を始めたフランス人集団であったと考えられている。イギリス東インド会社の重役たちは，その集団の経験を綿密に踏襲し，何人かの西インドのプランターたちを，ベンガルに来るよう説得した。1786年から1804年の間に，会社はこれらのプランターたちから100万ポンド近くの染料を購入した。この初期の，いくぶん手探りな時期において，プランターはしばしば破産した。しかし，このビジネスで財をなした企業家もいた。ベンガルの行政に関わったウィリアムという人物は，苦労して購

入した船にインディゴを積載してイギリスに送り，その投資から大きな利得を得た。19世紀インドの行政官にしてオリエンタリストである二人の人物の父であった，私商人のジョン・プリンセップは，その家産をインディゴで稼いだ。これらの人物の伝説は，会社による勧誘以上に，ベンガルからの輸出に対して効果をもった。1820年代までに，ベンガルのプランテーションは，外国資本のインドでの投資分野として最も重要なものとなった。

1829年に，指導的なインディゴの取引仲介業者によって政府に提出された陳情は，インディゴ関連の用地は120万から200万エーカーあり，その作物の粗生産額は250万から400万ポンドで，その約4分の1がイギリスに利潤として送られたと記している。耕作規模は，マイナーな商品作物としては大きなものであった。インディゴ生産が集中していた下ベンガルでの総耕作面積は，1000万エーカーを超えなかったはずである。であれば，インディゴは，純作付面積の10％から20％に向けられていたであろう。プランテーションの3分の1が2〜3の県（ジェッソール，パブナ，ラージシャーヒー）に見られたということからすれば，これらの県におけるこの作物の重要性は容易に想像がつく。プランターたちは，これらの県の農村部における有力者の中で最も主要な人物であり，地主たちと渋々ながら名誉を二分する人々であった。彼らは，広大な地所に住む田舎の大地主のように暮らし，「猟犬で狩りをし，競走馬を飼い，飲み騒ぎ，友人たちを王侯のようにもてなした」[9]。

ベンガルでのインディゴの台頭の背後にある重要な要素は，カルカッタが，財政的なハブ，港，情報交換の場，そして政治的中心地としての地位を確立したことである。1833年まで，私商人は東インド会社の社員とパートナー関係を築くことで，ある程度の政治・警察権力を地方で確保していた。東インド会社の社員は，その蓄えをこれらの会社に預けた。1833年以降，新たな商取引事業が開始されたが，それらは，しばしば政府とは関係のない個人によって行われた。1830年代以降，インディゴ事業に起因する政治的緊張が農村部で生じた。これらの緊張の原因を理解するためには，土地所有権について検討することが必要である。

1766年に，東インド会社は社員に対してインドで土地を所有することを禁

じた。この規則は，イギリス生まれの者すべてに自動的に適用された。しかしながら，実際には，代理人に所有させたりエージェントを通じて借りたりすることで，土地の所有は可能でもあった。インディゴ・プランターたちは，これらの規制に不平を言っていたが，土地法によって，その事業への参入をさまたげられることはなかった。19世紀前半には土地所有権は，所有権を確保した大地所のザミンダール，つまり地主に与えられていた。製造業者たちは，ザミンダールの地所を購入するか，ザミンダールやもしくは上級小作から土地を借り入れることができた。いずれの場合も，自らインディゴを栽培するか，農民と契約して小作権を与え，その土地で栽培を行わせるかを決めることができた。1829年以前は，プランターが保有する土地はほとんどすべて定期借地であったが，通常〔権利者〕は，プランターの名前にはなっていなかった。〔プランター名義による〕直接の定期借地権は，1829年の新法によって可能になったが，ヨーロッパ人による土地の所有や借地への制限は続いていた。1837年に王室臣民は，土地を獲得し，あるいは恒久的に保有する権利を同等に与えられた。その後，数人のプランターが地所を買ったが，インディゴにのみ関心をもつ普通のプランターは，進んで大規模に土地を所有しようとはしなかった。1860年時点では，プランター自身が保有し耕作を行う土地の割合はまだ小さく，地所の4分の1を超えなかった。

　農場をもつ者は，大量の賃金労働者を調達し，また季節的な労働力不足を埋めるために地元の金貸しから借金するという困難な課題に対処しなければならなかった。地所の購入は，下ベンガルの人口稠密な県では金がかかった。農場所有の可能性が開かれたことで，しばしばプランターに，インディゴを栽培するのに最適な，河川デルタの沖積土から形成された砂岩の土地を入手する機会がもたらされたものの，プランターたちは一人前の農業家になろうとはほとんど欲しなかった。他方，契約によって商品の契約価格は確立された慣習の範囲内にとどめることができたが，しっかり監視することが必要であった。境界紛争は借地人と貸出人の間に頻繁にみられた。競合的な米取引から上がる利益に与っていたザミンダールたちは，プランターの力を警戒し，農民の作物選択に対する影響力を陰に陽に行使した。

プランターたちは，契約を履行させるために二つの戦略をとっていた。一つは，前貸し金を支払って6ヶ月の契約を結ぶという古くからのやり方である。契約では，供出すべき作物の量は規定されず，それを栽培する土地面積や，支払う前貸し金の額が記された。1820年代，30年代，40年代に支配的であった価格によって一般的に前貸し金の額は設定され，農民たちはそうした契約を喜んで結んだ。契約書は法的な文書であるとされたが，それをカヴァーする契約法は実際にはなく，したがって書類は単なるジェスチャー以上のものではなかった。こうした契約の履行を強いるのは簡単ではなかった。農民が，合意したよりも小さな面積でしか播種しなかったケースや，生産量をごまかすケース，さらには，まさに播種すべき時期に逃げ去ってしまうようなケースさえあった。結局，遠隔地に身を置くプランターたちは，第二の方式を採用した。ラーティアール，すなわち文字通り棒をもつ「殴り屋」という軍を抱えて，土地を守り，農民に契約内容を全うさせるように仕向けたのである。彼らの常套手段は，インディゴの代わりに米を植えた契約農民の土地に行って，作物を焼き払うか，前貸し金が返済されるまで，あるいはインディゴを植えるという約束をするまで，農民を監禁することであった。

　したがって，インディゴ・ビジネスの内情は暴力であるという評判がたった。当時のベンガル語の新聞や文学作品は，歴史研究の多くと同様に，こうした暴力が，国家官僚とヨーロッパ人資本家との間の共謀によるものだと示唆している[10]。これは，おおげさである。大部分，暴力の要素は，プランターの権益を保護するための契約の弱さや，書類の曖昧な法的位置，プランターの間に広くもたれていた信念——すなわち，暴力の行使はザミンダールや裕福な債権者によって用いられてきた既存のインドの慣習を単に踏襲しただけである，という信念——などを反映したものであった。1829年のある報告は，「在地の商人たちは」日常的に「その債務者を不法に拘束している」としている[11]。1859年まで，実際の暴力のケースはほとんどなく，ごく少数の県に限定され，しばしば地主や上級小作に対して向けられたものであった。しかしながら，これらのケースは関心を呼び，その一部は司法裁判所に持ち込まれた。判事は，「インディゴのプランターやその部下を法の支配下におく」必要性は重視していな

かったが，プランターやその代理となる商会は，暴力は，「耕作とインディゴの供出に関するより効果的な契約の履行」がなされないことへの債権者の不満の反映であると反論した[12]。

深刻な法の破綻は，1859〜60年のインディゴのシーズンに具現化した。その少し前まで，米価が上がっており，契約農民たちは，前貸金を受け取った後に，インディゴを植えることについて心変わりを起こしてしまった。プランターたちは，裁判所や判事に，彼らが合意書と呼ぶ法的書類を示し解決を求めた。しかしながら，司法に携わる人々は通常，こうした書類を，契約を強制的に履行させるための根拠とすることを拒否していた。一部のプランターや彼に仕えるインド人の部下は，契約を暴力的手段に訴えて履行させようとし，それに農民たちは抵抗した。こうした騒動は，農民たちの境遇をとりあげていたキリスト教宣教師集団からの鋭い反発を引き起こした。

青い反乱として知られるようになったこの暴力の勃発は，長く無視されてきた法の問題への関心を引き起こした。特に関係者としてヨーロッパ人商人の企業とインド人農民，職人を巻き込んだ場合にそうであった。政治的なつながりと土着の慣習では，すでに法の欠如を補うことはできなかった。50年，もしくは30年前には，東インド会社の重役は，すでに長いこといかなる直接的意味でもビジネスパートナーではなかったにもかかわらず，プランターたちに対してはずっと柔軟な対応をしていた。1835年にはまだ，問題を抱えたプランターは，「しばしば繰り返してきた訴えにへりくだって耳を貸す，カルカッタの税務局の道理のわかったメンバー」を見つけることを期待できた[13]。しかし，1860年までには，専門職にある人々は，旧来のインド・ヨーロッパ的なビジネスのやり方から距離をおくことを望んだ。それゆえ，この問題について報告したインディゴ委員会も，契約に関する立法の道を拓いた[14]。

1860年までには，アドルフ・フォン・バイヤーが人工的なインディゴのテストに成功していた。インドの輸出は19世紀の最後まで減少し始めることはなかったが，それ以降のわずかな量の輸出（1900年で800〜900トン）は，ベンガルではなく，ビハールのプランター地主からのものであった。

綿花と西インド

　綿花はインド原産の作物であり，いくつかのまとまった地域で栽培されていたが，19世紀以前で最も重要であったのは，グジャラート沿岸部，東ベンガル，カンデーシュ，ナルマダ渓谷，マルワ，東ラジャスタン，ラヤラシーマ，コインバトール地域であった。これらの地域的まとまりの多くにおける綿花栽培の成長は，布への地域的需要の増大がもたらしたものである。たとえば，ベンガルの耕作は拡大したが，それは，ダッカのモスリン工業が長繊維品種を必要としたからであった。ナルマダ渓谷は，デカンの諸国家，特にバフマニーとヴィジャヤナガル王国の需要に応じていた。マルワ，ラジャスタン，ナルマダの綿花はまた，北インドでの綿糸染色の中心地であったシロンジにも向かった。北インドのインド・イスラム帝国の興隆は，知識の東西交流を促したが，その目に見える結果の一つが，綿花栽培の東ベンガルから東ラジャスタンへの伝播であった。

　ヨーロッパ人が入ってくる以前のアラビア海交易に関する文献には，インドの綿花交易についての記録がときおり残されている。しかし，その交易がどの程度の規模であり，どれほど体系的であったかについてはほとんど知られていない。綿花が，普通の商人によって運ばれたさまざまな商品の一部を成していただけで，専門的な交易システムをまだともなっていなかったと仮定してもよいであろう。この事情は，第一に，綿布のインド・ヨーロッパ間交易によって，第二に，綿花そのもののインド・ヨーロッパ間交易の刺激によって，近世の初めには変わっていくことになる。グジャラート，コロマンデル，ベンガルでの輸出向け綿布生産の拡大は，綿花生産および一部地域での販売を拡大する作用をもたらした[15]。18世紀のバンジャーラーによる荷牛キャラヴァンの記録は，綿花が，穀物や塩と並んで重要な輸送品の一つであると記している。キャラヴァンと船によって，ナルマダ渓谷は綿花をグジャラート沿岸地域へ，デカンはコロマンデルへと供給した。ベンガルは，グジャラートからは西から東への幹線沿いに，ベラールからはミルザプールの市場を通じて，綿花を引き寄せた。

1750年以前，ごくわずかな量の綿花がイギリスによって輸入されており，それらはろうそくの芯に使われた。18世紀に，綿花と麻を混ぜるのではなく，綿糸を用いた紡織工業が発展したが，それは主にインド綿糸の輸入への反応として起こった。いったん貿易が始まると，需要の成長は急であった。1697年に，イギリスへの綿花の年間輸入量は1,000トンに満たなかった。1775年に，その数値は3,600トンに，1800年には2万7000トンに，1840年には22万トンに，そして1860年には68万トンになった。初期の刺激は，ジェームズ・ハーグリーヴスがジェニー紡績機に対して得た特許（1770年）とリチャード・アークライトの〔水力〕紡績機による特許（1769年），および工場での蒸気エンジンの広汎な採用からもたらされた。それ以降，急速な紡績工場設立が続いた。加えて，サミュエル・クロンプトンのミュール紡績機（1779年）が，ベンガルのモスリンに使われているのと同様な高品質の綿糸を生産することを可能にした。

1790年代半ばまで，イギリスへの主な綿花供給地は，カリブ，南アメリカ，トルコであった。それ以降，主な供給元は，北アメリカに転換した。そこでは，イーライ・ホイットニーの綿繰り機（1793年）が，イギリスでの綿花需要の増大にアメリカ合衆国が応えることを可能にしていた。しかしなお，このようなレヴェルの需要の増大には，一つの供給地だけで対応することはできなかった。1780年代の初めには，少量のインド綿花が，フランドルやデンマークを経てイギリスに到着し，1788年には，イギリス東インド会社が250トンのインド綿花を注文した。この提案は，会社のインド各地の支店を混乱に陥れた。というのは，彼らは，どのようにしてその指示を実行に移すか知らなかったからである。いくらかの研究と多少の調達努力の後，ボンベイから数トンのグジャラート綿花が送られた。1800年には，量ははるかに大きくなったが，イギリスとアメリカの貿易の規模からすれば，まだ小さいものだった。調達促進の責任を負っていたボンベイ政府は，取引を会社の港に向けさせるのは難しいと見ていた。さらに，高い内陸交易のコストゆえに，インド綿花は高価であった。グジャラートの綿花の大半は，まだ陸路でベンガルに向かっており，提示された価格では，この流れを輸出貿易に向けさせることに成功しなかった。

第5章 貿易・移民・投資 1800〜50年 **141**

　東インド会社は，インドからより多くの綿花を得る努力を継続した。当時最も見込みのある政策と見られたのは，インディゴのプランテーションのような形式で，ヨーロッパ人やアメリカ人が所有する綿花農場を奨励することであった。アンダーソン博士と呼ばれる人物は，ブルボン（モーリシャス）綿花を輸入し広める役割を任され，ヒューという私商人は，それらの種を自身のティルネルヴェリの農場で用いた。「ヒューの綿花」と呼ばれる少量の綿花が，際立った品質をもち，リヴァプール市場でアメリカ綿よりも少し高い価格がついたことが確認されている。1797年には，M. ブラウンという人物が所有する，マラバル高原にある香料農場も，これらの種を試し，何とか綿花を売っている。1799年に，植物学者のウィリアム・ロクスバラ（第7章も参照）が，カルカッタで綿花栽培に成功したが，それがどれほど商業的に意味があったのかについてははっきりさせることはできない。

　ナポレオン戦争は，状況を変えた。アメリカ合衆国との貿易は不安定になり，同じ程度に，アジアを源とする貿易が，価格とは関係なく，以前よりもずっと魅力的となった。誰の目にも，政府が管轄する耕作計画が対応できるよりもはるかに速いスピードで需要が増大していることは明らかであった。それゆえ，インド国内の交易と生産についても問い合わせがなされ，フォーブスとブルース・ファーセットという二つのスコットランドの企業が，東インド会社に綿花を供出するために雇われた。1809年に，1万3000トン以上が輸出されたとき，ボンベイでの綿花価格はかつてないほど上がった。それまでに中国に数千トンのグジャラート綿花を売り始めていたボンベイの海運業者は，損失を被った。新たなシステムは，海外の貿易会社に有利にはたらいているように見え，貿易への政府の進出は，会社がインドの税収を用いて貿易を続けたぱっとしない日々の思い出を蘇らせた。しかしながら，こうした環境は，農民にとって，輸出市場を利益の上がるものとした。政府はすぐに直接貿易から身を引いたが，ヨーロッパへの輸出品目としてのインド綿花の可能性は十分に示された。

　この貿易の将来性を確保するために，二つの障害，つまり繰綿の品質と，土着の綿花品種の低い生産性への注意が必要となった。インドでは，綿繰りと綿花の精製については，いくつもの方法があった。19世紀半ばの記録には，マ

ラーター南部地域において高度に労働集約的な方法が普及していたことが記されている。それらの一つでは，労働者——通常農民の女性であった——が，種が繊維から分離されるまで鉄製のローラーを脚で踏んで綿花を回転させている。わずかではあるが労働集約性が低かったのは，木製のチャクラを使用するもので，これは二つのローラーをハンドルで回転させ，綿花をそのローラーの間に通すものである。これらの二つの方法によって種子は得られたが，しかし，精製はできなかった。誰かが手で取り出さない限り，ゴミや葉が繊維と混ざり続けた。家族で紡糸をする農家の女性は，綿花の種を取るとき，手でゴミも取った。しかしながら，輸出用綿花にこのような手間がかけられることはほとんどなかった。ホイットニーの綿繰り機は，綿花の種を取る連続回転刃と，それを精製するブラシによって囲まれたシリンダーの二重のメカニズムによって，これら二つの問題を一気に解決した。この綿繰り機は，チャクラがしなかったこともした。すなわち，綿の繊維が部屋中を舞うことなく，一つに固まった。この最初の綿繰り機は，1794 年にインドに到着したが，ヨーロッパ人の農場以外では採用されなかった。おそらく，それには多大なコストがかかったからであろう。もし，前もって収穫する者が繊維をほぐしていたならば，この綿繰り機はずっとうまく機能したはずである。

　綿花の取引量は，単一ローラー方式であれダブルローラー方式であれ，効率的に処理を行うにはあまりに多すぎた。また，農民が用いている普通の方法で綿花を精製するために労働者を雇うのは，金がかかりすぎた。1795 年の時点で，スーラトで手による専門的な精製をすると，綿花にかかるコストが 2 割増えた[16]。港に着く出荷用の綿花は，それゆえ，一般的に劣悪な質のものであった。

　しかし，質の問題には，精製コスト以上の問題があった。行政は，現地の商人による意図的な混ぜ物によっても品質の粗悪化が生じていると考えていた。ボンベイの綿花取り扱い会社は，下請の契約人に前貸し金を与え，その契約人は，今度は農民や現地の商人に前貸し金を支払ったり契約したりした。作物が持ち込まれたときに，現地のディーラーたちは「横柄な態度で買い手を扱い，それによって買い手は，悪い商品をディーラーたちの言い値で買うか，もしく

は自身が出していた前貸し金を失う危険を背負うかのジレンマに追い込まれた」[17]。このロジックにしたがえば、市場が芳しくないときに品質が向上し、市場が好調なときには品質が低下することになる。ディーラーは綿花を適正に精製するために費用をまったくかけず、また、異なる品種を混ぜたり、じめじめした倉庫に綿花を貯蔵したり、重量を稼ぐために湿気を加えたりした。輸出会社の代理人は、地元の商人と共謀して彼らから利益の割り前を受け取り、ボンベイに持って行く綿花の質については口を閉ざした。会社の代理人は、商人たちのある種の「不誠実さ」を、政府による綿花調達がもたらす歪みを相殺するものと抜け目なく考えていた[18]。

　インドの綿花についてのいっそうの難題は、生産性の低さの結果として、取引量が通常少なかったことである。1850 年頃、インドでは四つの主要な品種の綿花が栽培されていたが、うち三つは、インドが原産地ではなかった。そのうち、ブルボン種は 1790 年頃にモーリシャスからインドに持ち込まれ、ニュー・オルレアン種は、東インド会社がインドで広めようとした主要品種であり、エジプト種は、限定的にマドラスで採用されたものであった。第四の主要な品種はインド産のもので、アメリカの各種品種と比べて、平均で半分かそれ以下の量しか生産しない短棹種であった。

　供給の問題への解決策として政府が好んだのは、ヨーロッパ人のプランテーションを奨励して、アマチュアの植物学者の協力をとりつけることであった。そうした方法が、二つの問題、すなわちインド綿の低い収量とその加工における低品質を同時に解決するであろうと考えられていた。1788 年にはすでに、東インド会社は、ベンガルでダッカの綿花栽培を発展させるための実験を援助していたが、それは、有名なダッカ・モスリンの優良性は綿花の品質に起因しているという仮定に立ってのことであった。その実験は有益な結果を導かず、ロクスバラのような科学者は、モスリンの品質は綿花よりも紡糸と関係すると信じた[19]。1820 年代には、インド農業協会と呼ばれる組織が政府に対して、ベンガルでアメリカ綿の商業的栽培を試みる農場への財政援助を求めた。その事業は何度も足踏みさせられた後に、1830 年に正式許可を受けた。しかし、その計画は 1833 年には失敗を宣言され、終了してしまった。

1840年代初期，コインバトールにおいて，最も重要な政府の実験農場が，ロバート・ワイト（1796～1872年）の指導下において開設された。ワイトは，1819年に会社の従業員として加わったときには，外科医として訓練を受け雇用されていた[20]。マドラスに駐在して，彼は植物へとその関心を移し，イギリスに送った植物のコレクションによりアマチュア研究者としての可能性が認められた後の1826年には，博物学者として任じられた。1831～33年の休暇の間には，インドの花についての一連の記録を出版した。彼の計画の一部は未完に終わったが，1834年にはマドラスの農業・園芸協会の庭園の長としてインドに戻った。1841年には，アメリカ綿とのこぎり綿繰り機を広めるために設立されたコインバトールの農場を指導するように依頼された。この計画もまた最終的には失敗とされ，終了した。しかし，その終了までの12年間は機能し，おそらく，後に見るように一定の実演効果をもっていた。

政府のもう一方の政策は，私的なプランテーションを奨励することであった。1835年から1850年の間，インドの土地にアメリカ綿を導入するいくつかの試みが，会社の支援を得てなされた。10人余りの実務に携わる「アメリカの男たち」が，「インドの科学的素養のある人々と連絡しあう」ことが期待され，インド各地で綿花プランテーションを拓く可能性が探られた[21]。この計画の協力者としては他にも，ベンガルや北インドのインディゴ・プランターや，少数のザミンダール，インド綿花をイギリスに輸出していたいくつかの商人企業が含まれていた。これらの実験は，いくぶん非組織的な形でなされた。結局，商業組織の仕事に結び付くような，いかなる意味のある実験も「科学的な」成果もなかった。

これらの雑多なプランターの歴史は，今でははっきりしない。わかっているのは，カルカッタ近くに農場をもっていたハフナグルという名の人物や，最初にブンデルカンドで農場を始め，次にベンガルのラングプールへ移っていったテリーという人物，ブラウント，ベル，ダンカン，ヴィンセント，ジャクソン，プライス等々についてである。それらの試みのいずれも，せいぜい10年も続かなかった。彼らの多くが真似ようとしたモデルは，ベンガルのインディゴ・プランターであり，そこではプランターが土地への安定した権利をもつ農民と

契約し，農民たちにさまざまな種を用いることや生産方法を変えたりすること
を説いていた。綿花プランターたちも，インディゴ・プランターたちと同様な
種類の困難に直面していた。農民たちは前貸し金を受け取ってしまえば，それ
に続く指示には無関心であった。1859〜60年の「青い反乱」の後には，この
モデルは政治的な意味で時代遅れになった。

　しかし，契約の不備は，必ずしも，これらの実験が商業的に成功しなかった
唯一の理由ではなかった。主たる問題は，アメリカの種子が，インドの環境に，
インド原産の品種ほどうまく適応しなかったことにあった。大半の実験はベン
ガルをその地に選んだが，その理由は，行政やインディゴ取引の場にほど近
かったからであったろう。5月の作付は，成育前の作物がモンスーンの遅い到
来に影響を受けやすく，もしモンスーンがあまりに強く長かった場合には，多
すぎる湿気に影響を受けた。米が生産される土地は，しばしば綿花には適して
いなかった。加えて，河岸の砂の多い土壌は，作物にとって良いものの，洪水
に晒された。ベンガルでの実験がこのようなものであった一方，より乾燥した
条件でも，高いリスクがあった。原産の綿は丈が短く，滅多に2フィート以上
には成長しなかった。ニュー・オルレアン種はより丈が高かったが，その根は
深くまで達せず，したがって日照りの害に遭いやすかった。西ドアーブとブン
デルカンドでは，モンスーンに至る数ヶ月は，成育前の植物にとっては乾燥し
すぎていた。

　最大の問題は，害虫であった。ベンガルは，やはり間違った選択であったこ
とがわかった。ベンガルの植生と湿度は，害虫にとって天国であった。原生の
綿花は「固くてより毛深く」，虫の被害を受けにくかった。他方，「海の島」つ
まりブルボン原産の種は，実もさやも食べてしまう赤や緑，灰色の毛虫の群れ
にはなすすべがなかった。農民も，それらに対しては対抗策がなかった。唯一
の前進策は，科学者の仕事である「虫の自然史」を学ぶことであったが，それ
は連携の欠如のために，決して適切に追究されることはなかった[22]。

　しかしながら，我々はこれらの実験が結果を生まなかったとして性急に切っ
て捨てるべきではない。個々の企業は利益を生むことに失敗したが，種子につ
いての知識は農民たちの間に広がり，また，ニュー・オルレアン種については

まずまず成功した。また，そこにはスピルオーバーによる正の利益も相当あった。そのことは，綿花の平均収量が，1840 年代の底となる値から（一エーカー当たり 75 ポンド以下の精製綿），1920 年頃にはより評価できるレヴェル（100 ポンド以上）に這い上がったという事実に見ることができる。この時期の革新的な事業の失敗は，外国の資本家がインド農村で生きながらえる事業を打ち立てるために克服が必要な多くの障害を浮き彫りにしている。契約や輸送，コミュニケーションの問題から，多大な取引コストが発生していた。結局，綿花貿易は，より持続的な貿易モデル，つまり地元の商人への依存という形に落ち着いていった。それは，品質という点においては完全な解決ではなかったが，外国人商人と地元の商人のそれぞれの利点をよりうまく利用するものであった。加えて，このような選択は，外国およびグローバルな企業が，主に貿易に携わったままのかたちでいることを意味した。

グローバル商人

イギリスの資本家とイギリス帝国との関係を研究する歴史家は，金融上の関心から海外拡張を推進するシティの役割を強調する[23]。しかしながら，帝国に利害関係を有していたとおぼしき資本家たちが，実際には，とりわけ 1850 年以前には，かなり多様なグループを構成していたことを示唆する別の研究者たちもいる[24]。前者の見解を支持するものとして，1850 年以前，いくつかの企業がシティと関係を有していたという証拠がある。しかし，大まかに言って，インドに権益を有する企業は，あまりにも小さく，あまりにも多様であるので，安易に一つの階級として特徴づけることはできないし，政治的な影響力を行使することもできなかった。とはいえ，政治的に影響力のある者たちが，ときおりロンドンの金融世界から登場した。

現代の多国籍企業とは異なり，インドや中国を主な活動領域として定めていた外国企業が，それらの地域の外のどこかに本社や親会社を有するということはなかった。S. D. チャップマンによって「投資家グループ」として，あるい

はミラ・ウィルキンスによって「自在な立場をとる会社」と呼ばれるそれらの企業は、「中小規模のビジネス」から出発して、家族経営にとどまり、共同経営の私的な会社として登録していた[25]。

　代理商会のさまざまな出自や、シティとのゆるやかなつながり、および、産業革命をリードした地方的な製造業者との密なつながりは、第二の見解を支持しているように見える。それらは、イギリス東インド会社からライセンスを得て、もしくは代理商会として出発したが、より大きくなってくると、残存していた会社の特権に挑戦するようになり、その独占を終わらせる動きに成功した。後に見るように、これらの企業はまた、帝国を支えた。というのは、彼ら自身の存続は、香港、シンガポールをカルカッタ、ボンベイと結び付ける政治的な紐帯に依存していたからである。

　インドの企業が有力なものとして登場してくる時期は、東インド会社のインド独占が終了する1813年以降、早々に始まった。中国では、中国人とヨーロッパ人とのパートナー関係が、東インド会社の貿易独占が終了した1833年から盛んになった。1820年代のベンガルにおけるインディゴとアヘンの事業についての良好な見通しは、これらの企業への預金を引き寄せ、東インド会社とその負債から自由にし、企業が金融と保険事業を伸張・拡大することを可能にした。こうした事実が、それらの企業が東インド会社が放棄したビジネスを拾い上げることを主としていたことの示唆と見るのであれば、そうした印象は批判されている[26]。これらの企業を設立した者たちは、インドと中国の両方で、政治的なリスクをはじめ、しばしば大きなリスクを背負わなければならなかった。19世紀半ばの主な不景気を生き延びることができたのは、古い貿易を離れ、蒸気による海運や鉄道などの新たな領域へ参入したことによる。

　仲介ビジネスの代表的なものは、高い価格リスクに曝された。インディゴやアヘンの価格は不安定であった。これらの商品への投機は、容易に大金をつかませることもあれば、彼らを破滅させることもあった。大陸間に電信網が敷かれる以前、これらの企業は需要と供給についての情報を集める手段をほとんどもっていなかった。長期の高価格は、そうした情報についての注意を散漫にさせた。それゆえ、1830～33年にインディゴの価格が暴落したときや、1846年

に同様の事態が生じたとき，彼らは，不況は長く続くはずがないという期待のもとに，生産量を上げることによって低価格に対応した。その期待は，すぐに裏切られることになった。しかし，そのときには，すでに深手を負った企業がその戦略を軌道修正するには遅すぎた。これらの商人たちを支えてきた銀行や保険会社は，収益基盤に多様性を欠いており，顧客を破産させるしかなかった。しかしながら，もちろんこれが物語の終わりではない。というのは，多数の企業がこうした破滅を生き延びたうえ，開拓者たちが築いた基盤の上で，1840年代になると新たな企業が参入したからである。このことについては次章で見ていく。

　最も有名な開拓者の中で，パクストン，コッケレル，トレイルという後にパーマー・アンド・カンパニーと改名されるカルカッタの企業は，ベンガルに主要な権益を有しており，他のアジアの諸港にある企業に金を貸していた。パーマー・アンド・カンパニーは，1810年に，東インド会社の社員であり，最初の総督であるウォーレン・ヘースティングス（1732～1818年）の同時代人であるウィリアム・パーマー（1740～1816年）の息子によって創設された。パーマー・アンド・カンパニーは，ジョージ・パーマー（1772～1853年）とジョン・ホースレイ・パーマー（1767～1836年）兄弟のパートナー会社であった[27]。ジェームズ・フィンレイ（1727～90年）のスコットランドの会社は，スコットランドおよび大陸ヨーロッパで綿工場の所有者および布商人として1765年に始まった。ジェームズの息子のカークマン（1773～1842年）は，グラスゴーに本拠を置いたが，自身の商品の輸出を，アフリカ，ヨーロッパ，レヴァント，最後にはアメリカに至るまで拡大させた。その商業活動の地理的範囲が拡大するにしたがって，彼は，イギリス東インド会社の東インド貿易の独占を終わらせるための運動に向かっていった。東インド会社の特許が廃止されるや否や，カークマン・フィンレイは，ボンベイに自分の会社の支店を設けた。支店は，綿糸を売ることに特化していた。1830年代には，インドから綿花を購入し始めた。1870年代には，カルカッタにジュート工場を開き，次の10年には，インドの茶をヨーロッパに売り始めた。1900年までには，この会社はアナイマライとニルギリ山地の茶の産地のうち主要な部分を所有するにいたり，

それはその後，ロンドンで登録された四つの会社の下に統合整理された。他の事業としては，ボンベイの綿工場，ウッタル・プラデーシュの砂糖精製工場もあった。1830年代に会社の所有権は，以前のパートナーであるジョン・ミュアーの手に移り，1924年までの間，家族経営となっていた。そのころのビジネスの軸は，世界中への茶の販売であり，このビジネスでは，ロンドンの諸会社が重要な役割を果たしていた[28]。

　後の世代の人物としては，ジェームズ・マセソン（1796～1878年）が，1815年にカルカッタの商人企業で職を得て，困難なスタートの後に，広東・カルカッタ間の交易において地方商人としての地位を確立した。外科医から商人に転じたウィリアム・ジャーディン（1784～1843年）と彼とのパートナー関係は，のちにイギリスの開拓者的企業，ジャーディン・マセソンへと発展する活動を1832年にスタートさせた。彼らの地方での貿易に対する関心は継続し，茶と絹を求めてアヘンを販売するというのが，ジャーディンが中国にいる間の会社の主要事業であった。しかし，ジェームズ・マセソンの死後は，主要な活動場所は中国となった。その頃までには，会社は香港での地位を確立していた[29]。会社は，アヘンを嚆矢として，海運業，保険業，倉庫業，商業へときわめて順調に事業を多角化していったため，最近では，経営史研究者により，企業の高い適応を示す好例としてとりあげられている[30]。

　これらの企業はすべて，経営者の選任においては，個人的なつながりに頼っていた。商品や地域についての暗黙知〔公的な知識交換ではなく，日常の意識しない場や機会における会話や情報交換によって交換される知識を指す〕が，ビジネスの成功に重要な役割を果たしたために，このようなインフォーマルなつながりが発達する余地も残っていた。こうしたフレキシブルな性格ゆえに，彼らは関連する諸ビジネスの統合にも，企業家的にとりくんだ。フィンレイの事例における茶取引からプランテーションへの動きは，こうした統合一例である。こうした企業の歴史はまた，それらがロンドンやリヴァプール，マンチェスター，グラスゴー，ダンディー，およびさらに遠く離れて，アフリカや南アメリカ，東南アジアのスコットランド系企業との間で維持していた関係についても示している。これらのネットワークは，ビジネス相互の広がりを生み出し，暗黙知

の交換を促した。こうしたネットワークを通じて，ランカシャーからカルカッタやボンベイの工場へと熟練した工場長がやってきて職務を行った[31]。

　流動資本については，イギリス帝国は促進要因とはなったが，間接的にのみはたらいた。労働力の移動に対しては，帝国の力はより直接的にはたらき，それについては次項で見る。

労働移動

　インドの農業労働における極端な季節性は，生命と生活にリスクをもたらしたが，同じ条件は，非農業労働への豊富な労働供給を確保するものでもあった。平均して，農家の男性成員や農村の労働者家族は，一年の半分，フルタイムで働いた。農場労働の強度は，水田地帯において多少高く，デカン高原やラジャスタンではずっと低下した。大規模な農民家族は，必要な耕作の管理を，一人当たりさらに少ない日数で行うことができた。それゆえ，余剰労働力の調達の容易さの影響は，農業活動の編成にも深く浸透していた。村内には，非農業労働で稼ぎを得る道はほとんどなかった。一般的に，土地生産性が低ければ，村での工業やサーヴィスへの需要も低く抑えられた。しかし，都市の建設業や製造業，鉱業，プランテーションなどは話が別であり，当時の世界で最も低水準な賃金で，同じ労働源から労働を得ることができた。この市場は，1830 年代にはグローバルなものとなった。

　インドの水夫が，1800 年以前に東インド会社の船舶で働いていた可能性はあるが，それらがどのような人々で，最後にはどのようになり，彼らの労働条件がどのようであったかについて，我々はほとんど知らない。確かな記録がある最初期のインド人労働者の海外移民には，海峡植民地へのタミル人，およびテナッセリムへの東部インドからの雑多なグループが加わっている。いずれの地域も，1826 年頃にイギリスの管轄下に入ったが，移民自体はまだ基本的に国の管理の外にあったので，その数字についてはやはりはっきりとしない。インド人は，家内労働や農業労働を行い，あるいは水夫として働いた。モーリ

シャスやレユニオンへの労働移民についての不確かな記録では，それらの移動が1819年まで遡るとしているが，記録が残された最初の企ては1830年のものであり，これはフランス人商人のジョセフ・アルガンという人物が，カルカッタからモーリシャスへ130人の職人を送り出したものである。労働者たちは，5年間働き，それによって毎月の給料が8ルピー上乗せされるという年季契約にサインしていたようである。1832年に，アルガンのグループの二人のメンバーが，賃金が支払われていないという苦情をカルカッタの警察に申し出た。この苦情は却下されたが，このときイギリス政府は初めて労働契約の監督に関わったことになる。

　このような苦情の結果として，インド洋諸島への移民は，判事の面前で自由意思による移民を宣言することを要求されるようになった。1834年にイギリス帝国で奴隷制が公的に廃止されたときに，フランス人植民者の砂糖プランテーションが置かれていたイギリス植民地であったモーリシャスでは，年季契約移民の募集経路を，より積極的に見出す必要に迫られた。1834年から1837年の間，数千人のインド人がカルカッタの港を出発した。ほとんどすべての移民が，チョタナグプール高原に住んでいたオラオンやムンダの住民グループからなっているというかなり印象的な事実を，初めて諸報告は明らかにしている。それらのほとんどは，男性であった。

　1837年は，移民の流れを規制する立法に向けた動きが多数見られた最初の年であった。規制の問題はその時まで曖昧であった。イギリスがモーリシャスに対してとっていた黙約によって，この植民地の法は決して干渉を受けないということになっていた。しかし，モーリシャスの労働法令は，奴隷制の名残のゆえに，もしくは年季契約は十分に確実なものではないという懸念のゆえに，きわめて厳しいものであった。他方，年季契約はカルカッタやマドラスにも流入し，インドの法はその対応を迫られることになる。扱いにくい問題の一つは，イギリス植民地の外部に連れて行かれた労働者の問題であった。どの程度，イギリス政府は，彼らの福利と権益を守ることに深入りすべきなのか。1837年に，立法委員会はこれらの問題を，いかなる立法も強制できる性格のものではないとすることで解決しようと期待した。にもかかわらず，乗船港での警察と

判事のチェックを必要とさせる法律（第32条）が成立した。判事には，契約を調べ，契約者と対話することが求められた。警察は，労働者を運ぶ船に免許を発行し，船が適当な量の水と食糧を労働者のために積んでいるかどうかをチェックする責任を負った。水夫の契約については，こうした法令からは例外とされた。

　警察や判事がこうした役割を誠実に果たしたかどうかは別として，この時期以降，海外に出て行く移民の信頼できる数値を得ることができる。新たな法令の下でカルカッタを離れた7,000人前後からなる最初のグループも，チョタナグプールの出身者が大多数を占めていた。しかし，かなりの数が，ベンガル中部からも来ていた。少数であるが一定の数，バタヴィアに「彼らの技術を教えるために」送られる絹巻き職人のような職人たちが含まれていた[32]。おそらく10人のうち9人はモーリシャスに向かい，残りの1人は西インドに向かった。1838年には，最初で最後となるオーストラリアへの直接移民があった。

　これらの移民の送出は，ヘンリー・ブロウガム卿が率いるある反奴隷制団体の働きかけによる禁止にともなって停止された。カルカッタで作成された私的な報告は，〔移民の禁止措置がもたらした〕労働者たちが受けることになった虐待の詳細を描いている。一部の労働者たちは，騙されて契約にサインしていた。他の者は，6ヶ月分の賃金が貰えず，その分は，労働者徴募人と船長の間で分配された。一部の労働者は，移住先でのひどい処遇を訴えた。ブルボンでの状況は，あまり知られていないが，モーリシャスよりもずっとひどかったことは容易に想像できる。移民しようとする者は，カルカッタの商人の家で，船を待つ間とどめおかれた。これらの「たまり場」を訪れた者は，武装した北インドの兵士によって閉ざされた入口の中にいる，アヘンでマヒした状態の乱れた不潔な者たちの一群を目の当たりにして恐れおののいている。別言すれば，カルカッタの闇世界と粗暴なプランターが，労働者たちの福利を決定する上で法外なほど大きな役割を果たしていたかのように見える。この空白期間には，雇用システムや賃金，厚生などについての多くのデータが集められ，政府に対して〔移民への〕規制緩和を求める圧力が不断にかけられた。この空白期間，いくらかの労働者がセイロンから乗船したが，その数は少なかった。1842年まで

には，経済的な窮境に強く迫られて，移民は再び許可されることになった。新たな法律（1842年の第15条）により，この事業について報告を行う担当官が政府によって雇われた。多くのその他の条例や検査は，以前と同様に継続した。

労働需要の非現実的なほどの過少評価が，禁令を緩和する役割を果たしたのかもしれない。1842年には，プランターたちの需要に十分応じるのに必要なインド人労働者の数は，年間1,500人から2,000人の間だと考えられていた[33]。しかしながら，インド人労働者の供給自体が，プランターの耕作拡大を誘発し，新たな需要を生み出すということが，すぐに明らかになった。より多くの人手が必要となり，多くの労働者がモーリシャスに向かう船に乗った。プランターたち自身は，賃金が高すぎるとか，労働者が契約期間が終わる前に逃亡するといった不平をもっていた。帝国全土で必要なインド人労働者の数は，総計2万人であり，それは一人の徴募人でも十分に供給できる数であると推定されていた。しかし，1842年から1870年の間に海外の諸地域へと出かけたインド人の数は，50万人を少し超えるくらい，つまり年間2万人であった。この期間に海外に出て行った者のうちインドに戻った人数は，5人に1人もしくはそれ以下だった。ボンベイとマドラスは，この流れに1850年代に加わり，アフリカや大西洋の植民地への移民が始まった。

この年季契約労働者の雇用システム――もしこれがシステムと呼びうるものであったとしたならばであるが――は，次のようなものであった。主な乗船港には，免許をもった移民徴募人がいた。また，船を待つ労働者のための宿舎もあった。徴募人は，必要な薬や警察のチェックを監督し，船が，スペースや食糧などに関する規則を守っているかを確認する責任を負った。内陸のパトナやムザッファルプール，ゴラクプール，カーンプール，アラハーバードなどの町では，免許を受けた私的な徴募人が経営する宿舎があった。これらの徴募人は，自分たちの下に契約人を雇っており，この契約人は，より小さな市場町のバザールや，さらには内陸のチョタナグプールの定期市や週市などを渡り歩いた。これらの場所は，移民の見込みのある者とプロの徴募人との間の最初の接触地点であった。

移民の証言によれば，非常によくあることとして，町にあてもなく職を求め

にであったり，両親やコミュニティの年長者とけんかしたためであったり，あるいはまた家に十分に食糧がないからという単純な理由で，若い男たちはよく家出をしていた。村の定期市や市場でぶらぶらしているところで，男は契約人に出会うことになる。場合によっては，契約人の手先が最初に手を打った。若い男たちが何人か集まると，私的な宿舎に連れて行かれ，そこからカルカッタへと移動した。後に海外から手紙が届いてやっと，家族が移民という決断を知るのが普通であったということから明らかなとおり，労働者の移民が家族の決定によるものであるということはほぼなかった。

　このようなパターンが，何度も破られたことは疑いない。たとえば，飢饉の際には，家族全員が自分たちの家や村から出て，そこでしばしば徴募人に必ずしも偶然ではない形で出会った。もう一つの重要な例外は，移民の帰還者が村に戻り，新たな移民を探すことで生じた。時には，結婚相手の女性や子どもが男性についていくこともあった。しかし，標準的な場合，つまり，ふらふらしている人物が徴募人に見つけられるようなケースにおいて，そのこと自体が目立たせる理由となるのだが，女性は稀であった。我々の知る単身女性の移民の大半は，男女関係の破綻で家を離れたか，恋人とどこかに行っていた者である。もちろん，女性の単身移民は，大きな危険に直面した。移民を望んだ単身女性が，結局はカルカッタの売春宿に行き着いたというようなケースは，ほぼ確実に，我々が知っている以上に多かったであろう。

　19世紀半ばの標準的な契約期間は5年間であり，同じ雇用者もしくは別の雇用者と再び5年間の契約を結びなおすことが可能だった。そのような再雇用は，労働者に，長期にわたってほとんど同じ境遇をもたらした。19世紀の最後の四半世紀に，立法と労働市場の全般的な成熟によって，長期の年季契約は段階的に縮小していった。

インドとヨーロッパの工業

　東インド会社は，その活動を侵犯する者に対応する一つの方法として，イギ

第5章　貿易・移民・投資 1800〜50年　155

リス人がインドに正式に移民してくることを長い間妨害していた。同じ懸念の
ために，インドにいるイギリス臣民には土地所有に関するさまざまな制約が課
されていた（インディゴ貿易に関する先の議論参照）。会社が作成した 1813 年の
ある陳情書には，「インドのイギリス人住民たちは，彼らが法的かつ否定でき
ない権利と考えるところのものを強く主張する傾向をもち，互いに協力し合い，
政府の権威に対する用心を共有している」と記されている[34]。興味深いことに，
この陳情書は，私的商人たちがコミュニティを形成する傾向を特記している。
インディゴの取引では，会社自身の社員や私的な商人，そして現地の行政官た
ちの相互扶助的なクラブが，ときどき国家を当惑させた。これらの警戒に満ち
た議論は，1813 年に終わった。

　1814 年から 1831 年の間，毎年 50 人から 100 人のイギリス人市民が，イン
ドへ行く許可を得た[35]。単一のグループとして最大のものは，私的な商業会社
のパートナーとそのアシスタントから成っていたものと思われる。しかし，か
なりの数の職人，法律家，プランター，そしてもちろんキリスト教の宣教師も
いた。インディゴのプランターや代理商会の者たちの中には，一定数のフラン
ス人がいた。宣教師には，少数のドイツ人も含まれていた。こうした人々の数
は，いかなる基準においても大きくない。しかし，この移民の影響は，数字で
は測ることができない。というのは，これらの移民のほとんど全員が，資本か
特殊な技術をインドに持ち込んだからである。こうした移民社会の外部には，
もっと大きな数のヨーロッパ人兵士がすでに定着しており，1800 年には 10 万
人よりも多い人数がインドのヨーロッパ社会の一部を構成していた。

　この頃，熟練した職人の都市への移動が，革新的なビジネスの芽を育ててい
た。一つの例は，造船業である。ボンベイの造船業に関するある研究が示して
いるように，19 世紀の前半，インドの造船は，地方交易との密接な関係を維
持していた[36]。インドの船舶は，大西洋への航行用に造られることは滅多にな
かった。しかし，ナポレオン戦争は，この原則における唯一の例外を生み出し
た。専門化が，会社の政策によってなされたのか，地元の知識によるのか，そ
れとも地方交易に自ら従事する産業の支援者たちによってなされたのかはまだ
明らかではない。

蒸気船への移行は，造船に必要とされる工業技術を塗り変えた。インドの一定の数の造船工は，その移行を成功させた。最も重要な例は，ボンベイやイギリスにおいて機械の維持の技術を学んでいたパールシー〔拝火教徒〕の者たちの間から出てきていた。1838年に，スーラト有数の船大工であるノウロジー・ジャムセトジーは，彼の息子と甥をイギリスに送り，蒸気船の造り方を学ばせた。彼らの旅は，別の文脈でも銘記すべきである。いとこ同士である彼らは，当時のイギリス社会における女性教育とジェンダーの平等についての印象を記し，「教育が女性に多くの楽しみや娯楽をもたらす」との観点から，女性教育の計画を，自分たちのコミュニティで始めるよう要請した[37]。これらの記述は，パールシーの間で共感を得たに違いなく，1900年

図 5-3　1897 年に印刷されたパールシーの女子学生の絵はがき。ヨーロッパ人との緊密な事業関係は，ときどきインド人ビジネス・コミュニティの社会改良運動に貢献したが，その一つの領域は，少女教育のための共同行動であった。

出所）Images of Asia.

頃までには，パールシーの女性の識字率は，インドの平均をはるかに超えるにいたっていた。

1852 年にボンベイの造船所長であったアルダセール・クルセトジーについては，より多くのことが知られている。クルセトジーは，「技術長であり，機械の監督」であった。すなわち，彼は東インド会社の政府系海運用の船の修理と維持を監督していた[38]。彼は 1808 年頃に生まれ，14 歳の時にボンベイ造船所の職工長見習いとなった。彼が上級アシスタントとなる頃には，蒸気への転換が盛んに進められていた。職工長の推薦で，彼は蒸気エンジンの建造とメンテナンスについての訓練をイギリスで受けた。1848 年には，ボンベイ造船所

の所長に任命され，その後すぐに，その息子もイギリスに渡って，造船工として
の訓練を受けた。

クルセトジーが造船所を引き継いだとき，ボイラーの生産や，船舶用内燃機
関の原理に則った小さなエンジンの組み立てを行い，鉄の船を「切ったり長く
したりした」が，完全な鉄製の船の建造は行われていなかった。クルセトジー
は，港に停泊していた船のヨーロッパ人技術者を，造船所の他の部局の職工長
として雇った。労働力の中心となっていたのは，数百人のインド人労働者で
あった。クルセトジーのように，インド人の上級アシスタントは，ヨーロッパ
人並に熟練していたが，給与の差は大きかった。ヨーロッパ人のボイラー製造
工は，月に 200 ルピー以下では雇えなかったが，経験は少ないものの同様の技
術を有するインド人の場合には，16 ルピーであった。クルセトジーは，イン
ドのやり方とはまったく異なり，イギリスのやり方の要素に適応した徒弟制を
描いた。すなわち，雇い主は，仕事の経験に応じた賃金を提示し，労働者を三
つのクラスに分類するというものである。序列や賃金を決定するインド人の仲
介者を雇っていたかどうかについては記述がない。労働者はさまざまな出自で
あり，必ずしも何か特定のカーストやコミュニティの出身というわけではな
かった。ただし一定数の労働者は，「キリスト教徒の半カースト〔ヒンドゥー教
からキリスト教への改宗者〕」であったと考えられる。

この時期には，スーラトとコチンに造船所があり，帆船を建造していた。ボ
ンベイで使われた材木の多くは，マラバル産のチークであった。造船のための
チークを供給するビジネスは，マラバルの丘麓では古いものであり，需要が増
加したために単にボンベイへと供給先を変えただけであった。クルセトジーの
ような人物がボンベイで有した強みでイギリス人造船工がもちえなかったもの
は，古くからの材木交易についての知識と，現地の供給者との取引の経験で
あった。

カルカッタは，ボンベイよりもずっと小さな造船の拠点であったが，東イン
ド会社のインド貿易独占が終了した後，同地では，造船の拡大のために，19
世紀前半に事業が発展した。1840 年代には，政府のドック以外に，ヨーロッ
パ人が所有するいくつかの造船所がハウラー地区に存在した。これらの企業は，

主に沿岸や河川での運輸のための船舶を建造した。それらはまた，これらの港に立ち寄る船の修理やメンテナンスを行い，その過程で船舶修理の自前の技術を強化した。カルカッタのさらに南にあるグロスター砦も，造船所をもっていた。ここでは，1811 年から 1828 年の間に，平均 350 トンの 27 隻の船が建造された。もう一つ，19 世紀の初めに巨大な帆船を建造したティタガルでの試みも知られているが，この場所は，河川の流れが変化したために放棄された[39]。

　製造業の中で，格別に重要な一連の実験は，製鉄に関係するものであった。19 世紀に，会社組織と一定の関係を有した職人企業家が，イギリスのモデルに倣って鉄工場を設立しようと試みた。彼らは，比較優位に関するかなり現実的な考え方によって動いていた。その考え方によれば，「彼らは安い労働力を有し，豊富で安価な鉱石をもっていたが，技術と資本が不足していた」[40]。しかし，彼らが要素として計算に入れなかったのは，取引コストであった。いずれにせよ，これらの企業家たちは，規模の変化によって製鉄の平均コストを大きく下げることができると期待していた。この引用の中で「資本」に言及しているにもかかわらず，彼ら個々人は，資本家からは程遠い者たちであった。彼らは，イギリスの伝統の中で育った職人である。この点で，彼らは，茶やジュート，インディゴに向かった外国投資の流れというよりも，イギリスからインドへ移動した移民職人や移民労働者の流れに沿う者たちであった。

　アンドリュー・ダンカンやジョサイア・マーシャル・ヒースなどの一部の冒険家たちは，すでに一本立ちした製鉄技師であった。ダンカンは，1810 年のベンガル到着以前に，スコットランドとロシアで 15 年間以上働いていた[41]。彼は，ミドナプールとバラソールにおける鉄鉱発見の可能性と工場・鋳造所の設立に関する調査を行い，報告書を用意するために，東インド会社に雇われていた。それは政府との売却契約を条件とするものであった。ダンカンの調査は，その後彼をベンガル西部のビルブム県へと導くことになる。

　この地域では，森林に覆われた丘陵地域での鉱業と小規模の職人的な製錬の営みがすでに確立していた。1770 年から 1870 年の間に，採鉱の免許や大きな溶鉱炉で鉄を生産する免許，もしくはその両方を，東インド会社のブローカー（インドラナラヤン・シャルマ）や，モット・アンド・ファルクハール社，数人

第5章　貿易・移民・投資 1800〜50年　159

の小ザミンダール，マッケイ社とカルカッタ会社により創立されたビルブム鉄鋼会社などが獲得した。しかし，これらの冒険的事業者のうち，最初のものはまったく動き出さず，第二のものは，ビルブムの主要ザミンダーリーとの小作料をめぐる争いや現地の製錬業者との原料へのアクセスをめぐる消耗戦を闘うことになり，第三のザミンダールの企業は，互いに争い合い，第四のものは，19世紀の第2四半紀に森林の減少が急速に始まったことで，燃料となる木材の輸送コストが禁止的な高値になってしまったという問題に直面した。これらの企業とは異なり，1812年にこの県に到着したダンカンは，すでに製錬の経験を有していた。彼は，ビルブムに実験的な製錬所を設立した。ダンカンが政府に雇われた人間ではないと気づいた地主たちは，賄賂を贈ってダンカンの労働者たちを追い払い，建物を破壊した。これらの困難にもかかわらず，ダンカンはさらに7ヶ月にわたって，何とか鉄を生産しつづけた。

　ビルブムの実験は，ダンカンに，大規模な作業所を設立する場合の主要な障害は人であるということを教えた。ダンカンは，彼が持ち込んだ機械の操作を積極的に学ぼうとする労働者の確保は不可能であると考えた。彼はなお主としてインド人労働者を雇って訓練することを考えてはいたものの，この問題により，ヨーロッパ人の職工長がより簡単に見つかるような場所を見出そうとするようになった。新たな場所は，二つの河川の合流点で，カルカッタへのアクセスが比較的良い場所であった。東インド会社はこの企業が役に立つであろうと考え，彼に財政支援を行った。1814年，建物が完成した際に，この企業を所管してきた政府の役人たちは，再検討を行い，このプロジェクトを査定する技術者たちの委員会を任命した。委員会は，ダンカンは良い鉄職人ではあるが，海外から原料や機械を入手するコストを過少に見積もっており，会計管理者としては問題があると報告した。この企業のその後の歴史についてははっきりしない。工場は，おそらく少数の大砲の砲弾を製造したであろうが，そこで雇用された労働者については記録がない。

　製錬についての記録が最も豊富に残っている近代の試みは，ポルトノヴォ工場である[42]。ポルトノヴォ（パランギペッタイ）はヴェッラール河北岸に位置する小さな町であり，その河がベンガル湾に注ぐ地点に位置し，一時は，ヨー

ロッパ船によって，港として使われていた。1825年に，ここで東インド会社の職員であるジョサイア・マーシャル・ヒースが，「製錬，パドル法，棒鋼の過程を含む」製鉄工場を設立する許可を求めた[43]。ヒースは，その地域で見つかった鉱床を，この種のものとしては法的に最長の21年間にわたって排他的に借り受けることを要求した。排他的な免許の発行に対し，弟と一緒にカルカッタで鋳造所（現在も国の事業として継続している）を経営し成功を収めていたジョージ・ジェソップは，威嚇的な反応を示した。他方，ヒースは，トーマス・マンローの支持を得ており，それに加えてマドラス行政からの強力な部門の支援をも受けていた。

　工場は一トン当たり12ポンドのコストで，4,000トンの棒鉄を生産するはずであった。ヒースの免許申請書によれば，棒鉄の価格は，イギリスでは一トン当たり34～40ポンド，インドでは18～24ポンドであった。しかし，いずれの数値も，おそらく誇張であった。ヒースは，いずれの市場においても彼の企ては利益を生むと，関連会社の幹部を納得させた。しかし，企ては最初から躓いた。ヒースは気がつけば，ポルトノヴォで資産を購入するために，カルカッタの代理商会であるアレクサンダー会社に対して10万ルピーに及ぶ負債を抱え込み，さらに歩を進めるためにはその会社からの巨額の借入が必要であった。ポルトノヴォ製鉄会社はまた，マドラスでも，会社の軍医たちや契約書を書く仕事をしていた会計士を共同出資者となるよう説得し，資本を調達した。製鉄所は，分配金も利子もまったく払えなかったようである。1840年までに，ヒースの会社は，どうしようもない負債状態に陥っていた。

　1849年になって，会計担当は，「事業の完全な失敗の原因は，いまとなっては説明がつかない」と覚書に記している[44]。鉄には高い価格がついていたが，需要のなさが事業の失敗の理由ではなかった。1859年に，シェフィールドに，インドの銑鉄が少量輸入されている。年間の推計消費量が3.5～4万トンであったなかで，ポルトノヴォがその大半を占めていたインドでの生産は，1,000トン弱を供給していた。この比率は小さいけれども，注意をひくには十分な数値である。この市場では，ポルトノヴォの鉄は優れた品質で知られていた。ヒースは1837年にイギリスに戻ってから，シェフィールドでの協力不足や，自分

の製品がインドに市場を見出せないということ，政府が彼の販売契約への呼びかけを拒否していることなどへの不満を述べていた[45]。しかしながら，シェフィールドでは，別の見解が広がっていた。ヒースの問題は，需要や品質や価格ではなく，供給を拡大できないことであるというものであった。実際，鋼鉄製の道具用としては比類ない品質とみなされていたヒースの鉄は，シェフィールドではより多く求められたが，ヒースはより多くの量の安定的な供給を求める契約の申し出を「憤慨して拒否した」。「実際には，彼はそれができないと知っていた」[46]。問題は，供給にあったのである。

　現在の研究状況では，なぜポルトノヴォが失敗したかの説明ははっきりしておらず，それゆえ，必ずしも説得的ではない。ある研究では，この会社は資本不足に悩んでいたと指摘している[47]。この解釈は，説得的であるかのように見える。しかし一方で，会社が借金をしながら20年間も経営を継続したという事実がある。また，ある先行研究は，在来の製錬工程をヨーロッパのそれに適応させようとした他の事例をいくつか調べ，失敗の原因を，従来の労働組織と新たな企業規模との間の不一致に帰している[48]。たしかに，その二つの知識体系は互いにかけ離れすぎており，労働を協調して展開するには，食い違いが大きすぎた。しかしながら，この要素がどれだけポルトノヴォの失敗と関連するかについては，明確な指摘がない。私自身は，このケースにおいて主要な供給にまつわる問題が，労働と原料のコストによって生じたと指摘したい。

　1833年に実施された調査の報告では，「規律正しい知的な労働者」と，安定した木炭供給が企業を成功させる上で重要であることを強調している[49]。1837年のもう一つの報告は，いっそう直接的であり，「ポルトノヴォで機械を直接扱っている者たちは教育を受けておらず，単なる熟練工でしかないように見える」のであり，そのことが，仕事の遂行を遅らせる原因となったとしている。イギリスに注文した機械は不完全なもので，畜力で鞴をうまく動かすことができず，さらにヨーロッパ人の労働者たちは機械到着の1年後にやってきており，そのうえ「燃料の確保のための適当な準備がなされていなかった」[50]。ポルトノヴォが，最も熟練を要さない仕事以上のことのためにインド人労働者を雇ったのかどうかについては，証拠がない。内陸地域での在来の製錬の性格からし

て，通常小さな炉を動かすために雇う製錬工の利用を考えるのは難しかったであろう。

鉄道も良好な道路もまだなかったこの地域では，燃料の薪の運搬は，きわめて大きな問題であった。鉄鉱は，年に6ヶ月のみ航行可能な河川や運河によって，セーラムの町周辺の鉄が豊富な地域から運び込まれなければならなかった。会社が木炭運搬に使っていた小さな運河は干上がった[51]。事業の見込みにとってのさらなる一撃として，工場は，10年以上に及ぶ苦痛に満ちた交渉にもかかわらず，資源への確固とした所有権をもてなかったし，確立することもできなかった。税務局は，薪と鉱石を集める権利を含む，地域における共有森林地への人々の権利を主張した[52]。会社が鉄鉱石と木炭の入手先としようとしていたセーラム県の徴税官は，彼の管轄下で「動いている数百の現地の溶鉱炉」が，すでに「人々が必要とする量の鉄の一切を」供給することができ，また「非常に多くの者が木炭を燃やし，それを鉄鍛冶工に持ち込んで売ることによって生計を立てている」，したがって，彼らの生計を守ることが彼の義務であると述べている[53]。結局，インドは，移住者が自らの法律を書くことができた新大陸の植民地とは違ったのだ。木材や水，鉄などの天然資源は，複雑な法的・慣習的権利と絡んでおり，政府の一部の官僚は，それを守るのが自分たちの義務であると感じていたのである。

もう一つの，何らかの情報が残されている同時代の冒険的事業としては，1856年に正式に着手されたクマオン製鉄工場がある。クマオンに従来から製錬所と鉱石があり，豊富な薪があったことは，その少なくとも30年前から公に知られていた。1856年に，政府は民間資本の助けを得て，クマオンで木炭による鉄の生産を計画した。政府の管轄下で，二つの小さな溶鉱工場が，すでにこの地域で稼働していたようである。二つの経営代理会社であるデイヴィス社とドラモンド社が，これらの工場を引き継ぎ，1862年に合併して，北インド・クマオン製鉄会社を作った。この企業は，鉄道への鉄の需要を見込んでいた。しかし，森林へのアクセスと輸送に関して，乗り越えることのできない障害に直面した。

これらの例は，インドのヨーロッパ人企業が，取引コストと付随的に必要な

投入コストを一貫して過小評価していたゆえに成功しなかったということを示している。高いエネルギーコストに直面したが，それは，航行可能な河川を多く有していなかった地域では，薪の輸送にかかるコストが甚大だったからである。また，ヨーロッパ人労働力は，しばしば信頼できず，経験不足であった。財産権や共有地への権利は，工場にとって有利にはたらくものではなかった。これらの事業において，こうした問題に対応する信頼できる試みが成功しなかったことは別としても，政府もこうした冒険的事業においては消極的なパートナーでしかなかった。最後に，需要に関する見込み違いがあった。これらのビジネスは，植民地の市場を軍や公共事業建設，鉄道などからなるものと理解し，これらの市場への供給を保証することで，鉱石，薪，市場に関する利権を得られるであろうと信じていた。植民地の市場は，しかしながら，あまり信頼できないパートナーであった。ポルトノヴォは，鉄製の鋤を農民に売ろうと試みたが，目立った利益をあげるにはあまりにも〔行動が〕遅く，あまりにも事業に対して及び腰であった。

　インドにおけるヨーロッパ工業の不安定な性格，すなわち，ポルトノヴォ製鉄所の巨額の負債の経験それ自体が，19 世紀初期の革新的な事業が直面した主要な問題，つまり資金調達の問題を示していた。資本〔調達〕は，インドにおいてはコストがかかり，互いに知っていたり関係のあるパートナーでなければ，利率はいかに良くても年 12 ％を超えた。東インド会社は，自身の義務を果たすための安定性を確保するために，資本市場の統合や外国為替銀行などを制限していた。商人の利益の本国送金は，1833 年まで，大半がカルカッタにある 6 つの会社——パーマー，ファーガソン，アレクサンダー，コルヴィン，マッキントッシュ，クルッテンデン——によって手形でなされた。しかし，これらの会社は，商取引と銀行業の間で相反する利害を有していた。1833 年の商業不況によってそれらが破綻したときの（ファーガソンは再興したが，1842 年に再び破綻した），銀行業と送金への影響は直接的で深刻なものであった。それ以降，為替銀行取引は，しばらくの間機能せず，より小さな経営代理商会によって行われていた。それゆえ，19 世紀初期においては，インドと，「1600 万人の人口が約 1,000 の銀行と支店を有する」イギリスとの間の貨幣市場におけ

る差異は大きく，また開きつつあった[54]。19世紀の中頃，インドで外国為替事業を行うために銀行免許を取得しようとする多数の申請がなされた。その動きは，19世紀後半に成熟することになる（第6章参照）。

陸上交易

　19世紀初期，西ヒマラヤのキャラヴァン交易は再編が必要であった。馬交易はほとんど終わったも同然であった。しかしながら，帝国は，敵対する可能性のある北辺の領域との境界を定める絶対的な必要性から，ヒマラヤを越える交易ルートに大きな興味をもっていた。19世紀初期の一連の探査は，ヒマラヤ交易に関する豊かで体系的な知識を生み出した。馬交易の終了は，陸上交易の政治的な重要性を減退させていたが，綿や絹，羊毛などの繊維製品は，19世紀の初めには重要性を増していた。絹は中央アジアや中国から，羊毛はチベットからもたらされていた。帝国の領域の拡大に背中を押されて，シンディー商人やシカルプールの銀行家たちが，交易への融資事業に加わった。シンドにある親会社からの安いコストの資金を用いることができた銀行家の存在にもかかわらず，この交易は，高いリスクと輸送コストをともない，地域の経済にとって意義がなかったわけではないけれども，海洋貿易の規模の大きさに比すれば，ほとんど確実に，矮小なものであった。

　北西ヒマラヤでは，キャラヴァンはパンジャーブ平原を離れ，山々を越え，チベットや中国，中央アジアの市場に，二つのルートのうちの一つによって到達した。一つは西方のカイバル峠からカーブルに向かい，さらにコーカンド，ヤルカンド，コタン，ボハラを行くものであり，もう一つは，北のレーへ向かい，カラコルム峠を経て中央アジアへと至るものであった。前者のルートは，交通がより容易であり，途中一部は荷車さえ使えたが，略奪にあう可能性があり，安全ではないという評判であった。後者のルートは，ポニーや羊，ラクダによる小キャラヴァン以外にはまったく利用不可であり，家畜には過酷なものであった。1866年のある報告は，この道は「あまりにも危険で困難であるた

めに，商人たちは荷を積んだ一頭の馬ごとに 3 頭の予備の馬を連れていく必要
がある。計算によれば，25％の家畜が途中で死ぬ」としている[55]。それゆえ，
驚くことではないが，この方法による輸送コストは異常に高く，荷馬一頭の賃
料は 42〜50 ルピーであった。

　インドとチベットの交易は，17 世紀に始まる長期の小康状態の後に，19 世
紀後期には復活したようである。しかしながら，利用できる最初期の詳しい記
述は，19 世紀への移行時点に関するものである。クマオン・ガルワル地域の
ボティヤ商人たちは，羊や山羊とともに峠を越えた。というのは，他のいかな
る動物も，チベットと平原の巡礼町（主にハルドワール）とを結ぶ旅とその高
低差のために，生き延びることができなかったからである。彼らはまた，バゲ
シュワルのような丘陵部の麓や，ギアネマやガルトックなどのチベット高原に
位置する主要な定期市でも商品を売った。丘陵部からの輸出は，布，染料，銃，
砂糖その他からなり，輸入は馬，マスティフと呼ばれるチベット原産の番犬，
ホウ砂からなっていた。ホウ砂は，金の精製に使われた原料である。クマオ
ン・ガルワル地域には，おそらく，ムガルの年代記で信じられているような金
鉱はなかったが，いくつかの河川沿いで，金の選鉱を行う小規模工業が営まれ
ていた。ある研究は，「これらの品目の多くは，起源を［1800 年より］ずっと
早い時代まで遡れるかもしれない」と示唆している[56]。とはいっても，先のリ
ストに登場した輸出品目の一部は，カルカッタに輸入されたイギリス商品に
よって供給されていた。

　これら二つのルートと比較すると，東ヒマラヤでの交易は，平原部での交易
と比べるとずっと統合性が弱く，生存のために地域で必要とされるものを供給
することにとどまっていた。にもかかわらず，インドとビルマ，中国の境界は，
第 6 章で見るように，茶の有望性という別の理由で重要性を増していった。

む す び

　19 世紀前半に試された企業の無数の形態は，「実験」と「統合化」という二

つのキーワードに集約することが可能である。制度や法，知識，アイディアを
ともなう実験があり，職人グループ，外国資本，インド人商人，製造業ではイ
ンド人とヨーロッパ人の企業などを，統合させる動きがあった。多くの失敗と，
多くの未完の事業もあった。

　鉄道や運河を建設すべく，1840年に鉄鋼を生産した新たな工場は，財産権
が再定義されて再配分された時期には鉱業や土地の取得についての長々とした
交渉を行い，機械の到着を際限なく待ち，それが到着するとそれを誤って組み
立て，木炭を用いる工場であれば木炭購入の，石炭を用いる工場であれば石炭
を輸送するコストの上昇に直面しなくてはならなかった。多くの付随的な投入
によって発生した高コストのもとで，多くの事業が失敗したことは，不思議で
はない。19世紀初期の国家の役割は最小のものであったが，その理由は，と
にもかくにも，政府内の多くの関係者が，障害は私的な資本家自身が克服すべ
きものと理解していたからであった。対照的に，19世紀後半は，機械，原料，
労働にアクセスするコストが低減するにともない，国家が効果的な介入を行う
明るい見通しも生じた。大規模事業を成功に導く上で唯一残る障害は，資本の
コストとなっていった。

　19世紀後半においても，事業のリスクはなお高かった。しかし，いくつか
の事情は変化していた。それ以前とは異なり，1858年以降，基本的に東イン
ド会社に比べて介入的な統治が新たになされるようになったことによって，紛
争の解決に向けた法的・行政的な行動がとられるか，もしくは，何らか適当な
政策についての議論がなされるようになった（第7章参照）。さらに，鉄道の建
設によって，交易コストが劇的に低下した。安定的な定着が模索されてきた大
陸間を中心とする外国貿易は，より低いコストとより小さいリスクの時代に
入った。第6章で考察するのは，このグローバリゼーションの時代である。

第6章

貿易・移民・投資　1850～1920年

　イギリス帝国は，過去のあらゆる支配者と同じように地税収入に依存したが，
その一方で，海外貿易についても特別な関心を抱いていた。イギリス自身が世
界経済に関与していく過程において，インドは大きな役割を果たすようになっ
ていった。インドは第一に，織物，機械，金属といったイギリス製造業にとっ
ての市場となり，第二に，食糧や非熟練労働者，工業用原料の供給地となり，
そして第三には，鉄道，茶やジュート，銀行業へと流れ込む資本の終着地点と
なっていったのだった。同様に，インド人たちが新たに経営を始めた多種多様
な資本主義的企業にとって，イギリスも決定的に重要な存在であった。また，
安価な綿布の消費を続けた意味においても，インド経済にとってイギリスはき
わめて重要であった。

　イギリス・ビルマ戦争（1823～26年）の終結後，イギリスの新たな陸・海の
フロンティアはビルマに開かれた。これによって，イギリス支配はテナッセリ
ム地峡とアラカン州に及び，ラングーンとペグーにおけるイギリスの立場は確
固たるものとなった。私的な貿易にとって，これらの領地自体にそれほど価値
があったわけではなかったが，この征服が行われたことでインド・中国間にお
ける陸上貿易の見通しは，以前よりも明るくなった。1820年代には，インド
において茶の栽培を試みる野心的なヨーロッパ人たちが，ビルマの対雲南貿易
に関心を向けたりもしていた。しかしながら，目前に経済発展の可能性を有し
ていたのは，ビルマの地自身であった。特にビルマの綿花輸出が陸路の中国
ルートから海路貿易へと転換したことによって，下ビルマは商業的ハブになり
始めていた。このように新たに育ってきた商業的利益を保護していく過程で，

さらなるビルマの植民地化に火が注がれ，それは 1885 年まで続いた[1]。

19 世紀後半には，インドを起点とする長距離貿易の取引量が大幅に増加した。この変化において特徴的であったのは，海外貿易だけではなく，国内交易と海外貿易の規模が共に増加した点である。鉄道が建設されたことで陸と海が統合され，安価で嵩の張る商品の輸送費は大幅に削減された。蒸気船は，東インド会社時代には考えることもできなかったような方法で，沿岸交易と国際貿易とを接続した。本章で示す通り，この地域は，国際的な資本と国際的な労働力の両方にとって基盤であり続けた。ただし，資本は輸出志向の強いインド内のプランテーションへと向かっていったのに対し，職を求める移動性の高い労働者たちは，この地域内に開いた間隙へ，すなわち数ある目的地の中でも，アッサム，ビルマ，セイロンへと向かっていった。

陸と海を架橋する

1850 年から 1900 年の間に，インドでは世界で 5 番目に巨大な鉄道ネットワークが発達した。鉄道の建設開始に至る議論や政策といったテーマは，十分に研究されつくしているから，ここではそれらへの言及を省略できるだろう[2]。ただし，繰り返し述べるに値するのは，綿花貿易で得られる利益が，このプロジェクトの背後の主たるモチヴェーションの一つになっていたということであり，また後述の通り，その期待は大いに満たされたということである。

どの程度の変化があったのかを確認するために，具体的な数字に注目してみよう。鉄道が登場する以前の時代から，ガンジス平原には，商品を輸送するためのいくつかの主要経路があった。ある推計によれば，1844 年には，河川を使って船でカルカッタ・デリーのルートを運ばれる商品の量は 300 万トンであったが，1900 年には，同じルートに沿って東インド会社鉄道が 1000 万トンの商品を運んでいた[3]。1900 年に鉄道によって輸送された総積載トン数 4300 万トンの大部分は，全天候道路が走っていないために 1844 年には採算のとれる大量取引が存在しなかったような地域から運ばれていた。デカン高原では，

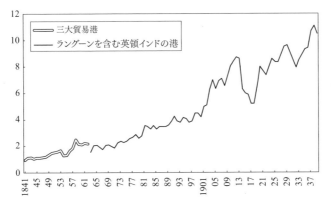

図 6-1　インドの港への荷揚げ量（百万トン，1841～1939 年）

出所）*Statistical Abstract Relating to British India*（各年）．

国内交易において運ばれる積荷が，1790 年の数千トンから，1900 年には少なくとも 800 万トンへと増加した。こうした国内交易における数字の伸びは，船積みによる同様の圧倒的な積載トン数の増大と並行して起こっていた。ボンベイ，カルカッタ，マドラスの三つの主要港に入港する船舶の総積載トン数は，1800 年には 10 万トン以下であったが，1844 年には総計 120 万トンになり，1900 年には 420 万トンに達した。

　鉄道が，インドにおける貿易と事業経営に与えた影響に関しては，相当な研究蓄積がある[4]。鉄道が国内貿易における運輸コストを大幅に下げたことは，既存の研究によってよく知られているが，削減できた額はどれほど大きかったのだろうか。また，それによって利益を得たのは誰だったのだろうか。

　西ガンジス平原についてのデータを見ると，削減可能なコストの額は，鉄道の代わりに使用できる運送手段がどのように存在していたかによって左右されていたことがわかる[5]。一般に，体積の大きい商品を輸送する際には，船のほうが荷車よりもずっと安く借りることができたが，荷車を利用するのは，牛のキャラヴァン隊を組むよりは安価であった。しかしながら，船を用いて国内輸送を見込める地域は，おおむねガンジス平原，特にその東部のみに限られていた。したがって，鉄道が通る以前には，東西の交通はミルザプールまではガン

表 6-1　貨物運搬コスト（1トン1マイル当たりルピー換算）

	1804年[1]	1828年[2]	1845～49年	1860年頃	1854～60年（鉄道）	1920年（鉄道）
ベンガルとビハール（荷牛キャラヴァン）	0.270		0.042[3]	0.058[7]	0.047[8]	0.010[9]
ベンガルとビハール（河船）	0.017	0.010				
ベンガルとビハール（荷車による米）	0.052			0.140[7]		
ミルザプール・カルカッタ間（荷車）			0.084[4]			
ボンベイ・デカン間（荷牛キャラヴァンによる綿花）			0.250～0.470[5]		0.052[9]	0.014[10]
ベラール（荷牛キャラヴァンによる綿花）			0.630～0.840[5]			
ナルマダ渓谷・ボンベイまで（荷車）			0.186[6]		0.047[9]	0.010[10]
アッサムからベンガルの海港までの河川による引き船（石炭）				0.017[8]		
アッサム（長距離荷車）				0.053[8]		
マドラス（政府直営店への輸送）			0.229[3]		0.052[9]	0.014[10]

注1）H. T. Colebrooke, *Remarks on the Husbandry and Internal Commerce of Eastern India*, Calcutta, 1804, p. 164. ビハールおよびベンガルの奥地から港への米輸送。

2）Montgomery Martin, *The History, Topography, and Statistics of Eastern India*, London: W. H. Allen, vol. 1 of 2, p. 385. ビハールとビハール（河船）でのベンガルからカルカッタへの穀物輸送。

3）1844年頃のガンジスおよびブーグリでの船の標準的借料（1マイル当たり，1トン当たり換算）Anon., *Indian Railways and Their Probable Results*, London: E. Newby, 1848, p. xliii; Appendix, p. xxii.

4）J. Forbes Royle, *On the Culture and Commerce of Cotton in India*, London: Smith Elder, 1851, p. 269.

5）アーマレンドゥ・グハが引用する史料によれば，1847年でのカルカッタからボンベイからボンベイまでの荷車による綿花輸送のコストは，1マイル当たり，1ポンドにつき 0.6～1.01ペンスもしくは1トン当たり 0.25～0.47ルピー。（"Raw Cotton of Western India: 1750–1850," *Indian Economic and Social History Review* 9 (1), 1972, pp. 1–41）

6）British Parliamentary Papers, 1863 (372) "Doctor McClelland's Report on Coal-Fields of India," 1868, p. 65.

7）Mukul Mukherjee, "Railways and Their Impact on Bengal's Economy, 1870–1920," *Indian Economic and Social History Review*, 17 (2), 1980, pp. 191–208.

8）R. N. C. Hamilton, "Note on the Transport of Coal from the Pits at Sonadeh to Bombay, by the Nerbudda," *Journal of the Asiatic Society of Bengal*, 1849, pp. 594–600.

9）R. D. Tiwari, *Railways in Modern India*, Bombay: New Book, 1941, p. 133.

10）S. C. Ghosh, *A Monograph on Indian Railway Rates*, Calcutta: Government Press, 1918, pp. 40–41. ここでのレートは，1マイル1マウンド当たり。ただし，レートは，距離や等級（かさばる貨物の大半は最低料金の等級），および重さによって異なる。また，鉄道会社ごとに，異なる最低レートが適用された。この表で示されている数値は，最低料金の等級のものであり，1マイル当たり 500マウンドの標準重量についての数値の差異は，鉄道会社の差異による。

第6章　貿易・移民・投資 1850〜1920 年　**171**

ジス河に沿っていき，そこから荷馬車やキャラヴァンに積み替えて，さらに西
や南や北へと進んだのであった。この主要な河川航路に沿うカルカッタ，パト
ナ，ベナレス，ミルザプールのような主だった商業中心地をつなぐ場合の輸送
費は安価であり，鉄道が登場してからかなり後になっても，ほとんど鉄道に対
抗できるほどであった。鉄道運賃が競争力のあるレヴェルにまで下がったのは，
鉄道網が十分な規模をもって部分的に国有化されてからのことであり，1900
年まではその段階に達することはなかった。東ガンジス平原には，幸運にも全
天候水路が存在していただけでなく，車両の通行に最適な道路までもが存在し
ていた（表 6-1 参照）。したがって，荷車を借りる場合と比較してさえも，鉄道
を使用する場合とのコストの差は比較的小さかったのである。

　河川と鉄道をめぐる物語は，主に荷車とキャラヴァンに頼るたとえばデカン
半島部のような地域では，かなり異なっていた。この地域には航行することが
できる河川はほとんどなく，商品を運ぶには，荷車やキャラヴァンに頼った。
牡牛に荷車を引かせれば，規模の経済が働き，平均して安価であった。しかし
ながら，高地で荷車の通行に適した道路が不足していたため，実際にはキャラ
ヴァンのほうがずっと大規模に使用されていた。こうした違いがあったため，
輸送コストは，鉄道が登場する以前は，地域間で大きく異なっていた。1840
年代には牡牛のキャラヴァンに大きく依存していたので，綿花をインド中央部
やインド南部から港まで輸送するのにかかるコストは，インド北部で穀物を輸
送するコストに比べて 5 倍から 20 倍高くなることもあった。相対的にいえば，
鉄道はこうしたインド中央部やインド南部地域に重大な影響を与えた。輸送費
が大幅に，そして急激に下がったのは，こうした地域においてのことであった。
この広大な地域には，いくつかの優良な綿花生産地域も含まれていた。

　デカン半島部は，バンジャーラーと呼ばれるキャラヴァン輸送に携わる人々
にとって，主要な仕事場であった。東インド会社のある記録によれば，バン
ジャーラー・キャラヴァンは，17 万頭の牡牛を使い，北インドと南インドの
間やデカン高原を越えて穀物，綿花，塩を運んでいたという（1790 年頃につい
ての記録）[6]。H. T. コールブルックによると，中型の牡牛は平均して 75 キログ
ラムの積荷を運んでいた（最大積載量は 140 キログラムだが，それは短距離の移動

時や例外的に大きい動物が運ぶときに限られた)[7]。陸上輸送網における輸送可能量は，おそらく最も多い時で，1万トンを少し超える程度であった。1901年には，二つの主要な南インドの鉄道会社（マドラス・南マラーター鉄道，および南インド鉄道）によって輸送された商品は，合計して500万トンを超えていた。ボンベイをデカン高原の西部とつなぐグレート・インディアン・ペニンシュラ鉄道も含めると，合計トン数は800万トンにものぼる。これは800倍の増加であった。もちろんこうした比較は，キャラヴァンが，たとえばヒマラヤを越えるルートでもたらされる馬のような高価な商品を運んでいた場合には，誤解を招くものになる。しかしながら，穀物や塩，綿花や砂糖のような品目については，量の増加によって，交易の価値の増加も正しく測定できる。「都市を例外として，人々の大半は，彼ら自身のすぐ近隣から得られる産物で生きていた」というコールブルックの結論は，航行できる川がまったく近くにないような地域に当てはまるものであった[8]。

　取引コストは，貨物輸送費だけによって決まったのではなく，どれだけ時間を節約できたかによっても決まった。ここでもまた，変化がより著しかったのは，概してデカンにおいてであった。たとえば，綿花をナルマダ渓谷からボンベイまで運ぶとき，700マイルの距離を移動するのに8週間から12週間かかっていたが，鉄道列車はそれを24時間でカヴァーした。コストはまた，貸借市場の利用度合いによっても決まっていた。コールブルックは，輸送コストは，運送手段が運送者によって所有されているか賃借されているかによって変化した，と言及している[9]。バンジャーラーについていえば，商人たちは一般的に運送手段を所有していなかったが，輸送を専門に行うオペレーターであるバンジャーラーは運送手段を所有していた。河川輸送は安価であったが，雨や湿気や海賊行為にさらされることによる被害の危険性がたいへん大きく，商人たちは積荷の価格の20％は損失する可能性があるとみなしていた。したがって，当然のことながら，1844年には「カルカッタからラージマハルまで（距離200マイル）の保険料は，ロンドンからカルカッタまでと同じ」であったのだ。多くの商人は保険料を敬遠し，高いコストにもかかわらず，陸路を使って商品を輸送していたのであった[10]。

図 6-2　マドラス鉄道の開設（1856 年）。おそらくは，この場にいた者の記憶を元にして画家が描いたもの。この絵は，19 世紀における主要な駅舎の開設が社会的な出来事であり，かつ政治的な見せ物でもあったことを示している。

出所）著者蔵。

同様に時間と金を節約できたことは，旅客輸送についても明らかであった。1844 年に富裕な商人がカルカッタからベナレスまで移動しようとすると，400 ルピーと 1 ヶ月をかけて汽船を借りてガンジス上を行くか，あるいは東インド会社の郵便馬車に席をとって 500 ルピーと 8 日間をかけてグランド・トランクロードに沿って行くかの，二つの選択肢があった。1860 年における列車の乗車券は，中等席で 50 ルピーであり，旅は 26 時間で完了した[11]。ある推計によれば，1844 年に道路か河川を使ってカルカッタとデリーの間を移動した旅客数はおよそ 100 万人であったが，1900 年には二つの主要な鉄道がこのルートに敷かれ，2900 万人以上の旅客を運んだ[12]。

　鉄道がインド経済にもたらした総合的な効果について述べてきた経済学者はみな，市場統合に特別な注意を払ってきた。統合とは，商品を動かすためのコストと同様に，情報のコストと物理的に離れた市場間の取引におけるコストが急激に下がることであると定義される。統合の基準となるのは，市場間での同じ商品の価格の収斂性である。地方市場において価格が収斂していったのは 19 世紀後半のことだが，それを実現させるにあたっての鉄道の役割は，おそ

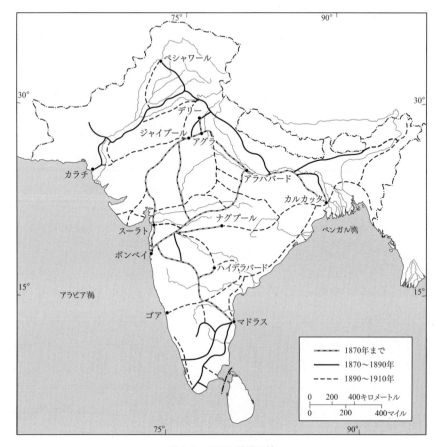

図 6-3　主要な鉄道路線

らくそれほど大きくはなかった[13]。鉄道の役割が大きくなかったことは，驚くべきことではない。価格・賃金の収斂性測定では，インド北部とインド南部とで鉄道の影響の程度が異なっていたことが看過されがちである。インド南部のほうが，直接のコストの減少がずっと大きかったのだ。それはそれとして，市場統合はまた，鉄道以外の要因でも起こっていた。たとえば，電信は，低コストでより迅速な情報交換を可能にした。19世紀に農業輸出貿易に乗り出した大規模な商人企業は，内陸に代理人を配置し，こうした企業の支店と本店の間

でより多くの情報が交わされた。さらに，政治的な安定化と保険ビジネスの成長によって，高額であった保険のコストは19世紀半ばには低下した。一方で，鉄道がもたらした主要な結果とは，農民の輸出の成長であった。

アヘンから綿花へ

　1875年頃まで，インドにとってアヘンは成功した輸出品であり続けたが，次第にこの貿易の望ましさについて議論が紛糾していった。一方では，成長しつつあった国際ロビー団体が，政府の徴税利益に対して「倫理性」を強く要求していた。他方，高額の支出にのめり込んでいるので，「我々のインド行政官は，取引を放棄することは，インドの財源を全体的に混乱させ，公共事業に対するすべての支出を終結させてしまうほど大きな赤字を作ってしまうという，妥当な弁解を前面に出すことができる」とも議論された[14]。この争いは，インドからの中国に対するアヘン輸出量が急激に減少し始める1870年代まで続いた。減退の直接的な原因が，アヘンの消費や貿易に反対するキャンペーンであったかどうかは明らかではない。中国国内とペルシアからの代替供給もまた，減退の一因となった。中華民国政府がより強力な禁止令を出してから，ようやく，アヘン貿易とアヘンによる税収は重要さを失った。

　対照的に，インドの綿花貿易には，19世紀後半になっても変化がなかった。それは，大規模ではあったが，沈滞した貿易であった。品質と収量の改善策を発見しようという試みは，それが望み薄になっていたとはいえ，以前と同じく続けられていた。二回目のスポンサー付き実験は，1860年代にボンベイ・デカン地域で実施された。目的はまたしても，アメリカ産綿花の栽培を促進することだったが，最初の実験と同じく，この実験も失敗に終わった。しかしながら，この事例では，ヨーロッパ式のプランテーションはもはや積極的に推奨されることはなかった。その代わり，地方行政官たちは農民たちに，別の種子や方法への転換を勧めたのだが，農民たちは過度のリスクがあるかもしれないと考えるものは使いたがらなかった。科学的な政府の代表が現れたぐらいでは，

農民たちは少量であっても利益が出るとわかっている既知のシステムから離れなかったのである[15]。

　特定の事業は失敗に終わったものの、緩やかな変質は起こっていた。1825年から1840年まで、綿花の輸出量は平均して3万トン近くを維持したが、これはランカシャーへのアメリカ合衆国の供給量と比べれば、依然としてごくわずかであった。しかしながら、インドの数字は伸びていった。原綿の価格が、1815年から1840年まで、ほとんど継続して落ち続けていったからである。おそらくこの事実が示すのは、インド内のほかの市場で綿花の需要が落ちたため、そうした市場からの綿花が輸出品に転換されたということである。綿花の栽培自体も、拡大していたと考えられる。綿花の種と他の作物の種を混ぜて蒔くことも、19世紀初頭のインドでは一般的な慣行であったが、次第に行われなくなっていった。綿繰り機やその類の機械も目立つようになっていった。1850年代の鉄道建設がインド綿花の市場を再び拡大させたとき、農民たちはその需要に応えられる立場にいたのである。

　1860年代には、農民と商人は先例のない価格上昇ブームに見舞われた。アメリカ南北戦争（1861～65年）によって、突然の綿花不足が起こり、ランカシャーの工場はより多くのインド綿の使用を強いられたため、ボンベイにおける綿花の価格が急騰したのであった。農民たちが新しい需要レヴェルに対応できるまでの時間、地方の商人たちは大儲けをした。そして、粗悪品という過去の問題が、猛烈な勢いで再び現れた。1861年には、マンチェスターの綿花供給組合が、ボンベイ政庁への覚書の中で、粗悪な原綿への予防策を講じるよう行政に対して強く主張した。粗末なクリーニングの技術についての以前からの問題に加えて、今度は投機が、価格上昇に呼応した意図的な泥や水分の綿花への混入を促した。ランカシャーはどんな品質の製品にも喜んで大金を払うつもりらしいという噂も、粗悪化を促した。貿易は生産の場での諸要因を管理することに関しては無力であり、より粗悪な品質のものにも高い値が支払われた[16]。

　結局、1863年にボンベイ綿花不正法が出され、原綿の粗悪化は投獄によって処罰可能な犯罪となった。ところが、これは歯のないような法律であったため、罪に問われることはまずなかった。詐欺行為はほとんど止むことはなく、

1878 年に同法は廃止された。最終的にアメリカの供給量が回復した際に，貿易こそがインド産原綿の価格を元の低い額へと下落させ，不正をはたらく者たちを罰したのであった。この破滅的な不況の後，貿易は少しずつ回復していった。しかしながら，ボンベイとアーメダバードの工場が取引をコントロールし始めるまで，粗悪品問題は続いた。同時に輸出商人たちは，リヴァプールにおける自分たちの契約形式が損失の原因になっていたことに気がついた。先物契約を結んだ後に綿花の品質を予測することができなかったため，リヴァプールの商人たちはインドからのすべての綿花と小麦を「可」，すなわち下位の等級としていたのだった。優れた品質を確保するために金と努力を費やしたインド人供給者にとっては，この契約は意欲を削ぐものであった[17]。

小　麦

　綿花貿易とほとんど同じ問題が，同じ解決法に至りつつ，穀物輸出においても起こった。カルカッタから海外へ送られる穀物の量は，19 世紀初めにはごくわずかで，1820 年代には数千トンを超えておらず，そのうちの多くは底荷（バラスト）として運ばれていた[18]。東インド会社統治の間，その状況は変わらなかった。19 世紀半ばには，蒸気船によって平均輸出量に変化が現れたが，米と小麦の輸出量が目立って増加し始めるのは，港と内陸をつなぐ鉄道が開通してからのことであった。そして，まさにこの進展こそが，インディゴから農民を引き入れ，ベンガルのインディゴ産業の命運を絶ったのである。

　綿花とは違い，穀物貿易においては，インドからの供給物に対するイギリスの関心は，商業的であると同時に政治的な性質をもっていた。あるインド省の役人は，次のように説明している。「戦争になった場合，ヨーロッパ小麦の全供給は停止されるだろうから，小麦は我々の植民地から運ばれることが望ましい」[19]。商業的な面においては，輸入小麦は異なる種類の小麦粉を混ぜあわせる余地を増やしたが，それはアメリカに比べて，ヨーロッパの製粉およびパン焼きビジネスの強みとなった。地元産の小麦は，しばしば湿気のある状態で貯

蔵されていたが，輸入品は乾燥した状態で到着した。穀物を混ぜることは，湿気に対する効果的な解決策であった。そしてなにより，植民地からの輸入品は，アメリカやカナダやアルゼンチン産の小麦に比べて安価であった。

それにもかかわらず，インド産の小麦は，1873 年以前には外国市場用に少量しか出回っていなかった。1873 年には商品の価格に応じた輸出税が廃止され，その結果，それまで 1 万 7000 トンを超えることはなかった輸出量が，急速に増加した。小麦生産用の灌漑用水路が継続的に拡大していなければ，貿易はその後供給制約に達していただろう。技術上は天水作物に分類されるにもかかわらず，インド産の小麦はほとんど天水地では栽培できず，小麦はパンジャーブやウッタル・プラデーシュ西部における灌漑作物であった。シンドでは，夏に洪水灌漑用水路によって湿気が与えられる二期作地で小麦が栽培された。1881 年から 1911 年までの間に，パンジャーブにおける主要な灌漑設備の拡張は完了した。全体として，政府の用水路によって灌漑された範囲は，1100 万エーカーから 2200 万エーカーへと拡大した。

小麦貿易の驚くべき特徴は，それがいかに素早く天井へと届きそうに見えたかという点である。1880 年代には，インドは世界の小麦耕作地のうち 14 ％（1 億 9200 万エーカーのうち 2600 万エーカー）を有しており，世界の小麦生産量の 11 ％（22 億 5800 万ブッシェルのうち，2 億 5900 万ブッシェル）を占めていた[20]。20 世紀の変わり目には，年間平均輸出量は 100 万トンより少なかったが，数年のうちにその数倍になった。通常，輸出されたのは，推定生産高のせいぜい 5 ％であった。輸出量は概して毎年変動したが，こうした変動は，見たところ価格変動とは無関係であった。貿易される量は，なぜそれほど不安定だったのだろうか。

インドから輸出される小麦は，ある程度泥を含んでおり，それは製粉機をリスクにさらすものだった。泥の問題は，カルカッタで深刻な状態にあり，ボンベイでもほんの少しましなだけであった。綿花と同じように，小麦の品質は，農地から港までの過程で，日常的に悪化した。輸出までの過程には，4 種の主たるエージェントが関わった。農民と輸出商が連なりの両端にあり，その間に，農民から直接あるいは別の販売人の取次を介して穀物を購入する地元の穀物商，

続いて，地元の穀物商から穀物を買う船積みエージェントがいた。輸出商は粗悪品のせいで損をすることから，問題についての責任は免れた。農民は粗悪品が発見されやすい，小さなまとまりで小麦を売っていた[21]。船積みエージェントは，穀物の品質を操作することによって失うものがあまりにも大きく，操作することはしなかった。残った唯一のエージェントは，小さな市場町に住み，船積みエージェントから十分離れていたため罰を受けずに済む商人たちであった。彼らは責任を負うべきエージェントであったが，彼らを罰することは不可能であったし，さらに悪いことには，彼らなしでやっていくこともまた不可能であった。

　問題を処理することができなかったため，貿易を行ううえで5％の「見かけ上の」税が，インドの穀物の価格に課せられた。ひとたび課税金が機能すると，小麦の貨物に粗土を混ぜることは，誰にとっても経済観念に適う行動になった。商人たちはいまやはっきりとした自覚をもって，これを行った。このシステムでは，きれいな小麦と汚い小麦とを見分けようとしなかったため，きれいな小麦の供給者たちは，小麦の販売をやめ，栽培さえも完全に停止してしまうか，あるいは自分たちの貨物に不純物を混ぜ始めた。粗悪品の問題は専門家の知識分野であり，蒸気による脱穀機を使って比較的簡単に取り除くことのできる不純物もあったが，取り除けないものもあった。藁，もみがら，土は簡単に取り除くことができたが，家畜飼料として使われる穀物は取り除けなかった。粗悪な穀粒と混ざった良い穀粒を不純物のない状態にすることは，機械では不可能だった。ビハールのドゥムラオン農園の経営者は，パトナのラリー兄弟商会に対する供給業者のうちの一つであったが，彼は，取引に期待されている注文に的確に応じて小麦を不純にするために混ぜるべき品物を，いかに市場で見つけなければならなかったかを説明している[22]。

　19世紀後半のインディゴ・ビジネスの崩壊やアヘン貿易の衰えは，多くの地方商人たちを破産させた。しかし，いくつかの企業は，これらの出来事を耐え抜いて，貿易から鉱山業，農業プランテーション，製造業へと活動分野を広げていった。

資本——グローバル企業

　生き残った代理商会のほぼすべては，19世紀末までに，製造業者，金融業者，運輸業者へと転身していた。彼らはもはや，特許状をもった東インド会社のビジネスにつながれたような世界経済の枝葉ではなく，むしろ彼らこそが，石炭，布，植民地，そして私企業に基づく世界経済において，アクターとなっていたのだった。

　最近の研究が示すところによれば，参入パターンは，19世紀初頭と19世紀半ばとでいくらか違っていた。両方の時期において，アジアの市場と商品は，イギリスを基盤とする商人たちを引きつけていたし，相当な数の会社がボンベイ，カルカッタ，シンガポール，マニラ，広東，香港，上海といった帝国の港市と条約港とに同時に存在しつづけていた。初期には，参入者は東インド会社のアジア貿易における富を追い，特許状が切れたために会社が明け渡した事業へと向かう傾向にあった。インディゴ，アヘン，茶，絹，そしてマンチェスターの反物が主要な貿易品であった。19世紀半ばには，事業はさまざまな種類の製造業に多様化し，現地での資産と投資の規模が大幅に増加していった。19世紀末にアジアに参入したグローバル企業は，自分たちの貿易についてよく理解しており，専門化と縦の統合によってリスクを処理した。彼らは，先の世代の代理商会のように多角的事業は行っていなかったのである。もはや企業と帝国との関係が，東インド会社という悩ましい問題によって左右されることはなかった。

　19世紀末には，経営方法も変化した。A. ウェブスターがジョン・パーマー商会に関する研究において示したように，19世紀初頭の代理商会内部における個人化された機能形式は，共同経営者内，あるいはヨーロッパ人オーナーとインド人代理人との間での頻繁な争いをともなっていた[23]。平均してずっと大きな，後に枢要となるグローバル企業は，共同経営者およびそれらの家族成員との関係で，専門的経営者に対して明確で重要な役割を与えていた。

　この第二の時期における主導的な企業の一つは，マッキノン・マッケンジー

であった。同社は，ある東インド貿易会社で従業員としてウィリアム・マッキ
ノン（1823～93年）がキャリアを開始したグラスゴーで始まった。1847年には，
マッキノンとその友人ロバート・マッケンジー（1853年没）はボンベイへ向か
い，綿製品をインドへ輸入する会社を始めた。およそ10年後，同社が汽船会
社を設立したとき，主たる経営多角化が始まった。この会社は，カルカッタと
ラングーンの間で交通量が増加していたことを受け，そこから利益を得るため
に設立されたものであった。こうして，19世紀の世界において最も巨大な海
運会社となるブリティッシュ・インディア汽船会社が誕生した。彼らの商業的
成功は，政府から郵便物輸送契約を得ることにより，さらに揺るぎないものに
なった。ウィリアム・マッキノン自身の関心は，ペルシア湾，後には英領東ア
フリカといった西方へと向かった。インドにおいて，マッキノン・マッケン
ジーは茶園とジュート製造業に投資し，1860年から1900年までの間，カル
カッタにおける主要な経営代理人のうちの一つであった[24]。

　もう一つのカルカッタの企業に，ビルマでの海運業と木材で莫大な財産を築
きあげたギランダース・アーバスノットがある。1833年，インディゴと織物
貿易に始まり，ジュートへと移って，19世紀の終わりには，同社はビルマで
財をなした。ハリソンズ・アンド・クロスフィールドは，リヴァプールで
1844年に茶貿易会社として創業した。セイロンと南インドの茶園へと乗り出
していったのは1900年頃のことにすぎなかった。同社の物流網は，それまで
にアジアと太平洋の広域を覆っており，マラヤでゴムの生産も開始していた。
同社が共同経営の形態をやめたのはたいへん遅く，1908年のことであった。
ギランダース・アーバスノットは，インドでの権益に関して，リヴァプールを
根拠地とした商社であるオグルヴィ・ギランダースと提携したが，この提携は
1842年にトーマス・オグルヴィが共同経営から離れた際に終了していた。こ
うして，ギランダース・アーバスノットは，カルカッタにしっかりと根を下ろ
したのだった。

　さらに興味深いグループの一つに，デイヴィッド・サスーン（1792～1864
年）のグループがある。彼は緩やかに構成された東地中海ユダヤ人ディアスポ
ラの一員で，ボンベイに基盤を築いて1830年にアヘン貿易に参入した。彼の

息子エリアス・デイヴィッド（1820〜80年）は，アヘン戦争の終わった翌年に広東と香港へ向かった。息子が設立した会社であるE. D. サスーンは，19世紀中頃にはアヘン貿易を先導するエージェントになっていた。サスーン家は，バグダッドのユダヤ人として知られる小さなコミュニティの社会的リーダーであり，このグループのほぼ全員がE. D. サスーンと何らかの形でつながっていた。サスーン家は，イギリスおよび帝国への無条件の政治的支持を表明すると同時に，自分たちの東洋的イメージを洗練させていった。エスニックなカルテルとしての曖昧な立場という点で，ボンベイや上海のサスーン家は，どこかパールシーと似ていた。アヘン貿易に着手したにもかかわらず，アヘンの将来が不確かになった時期に，サスーン家はボンベイで織物工場も始めていた。

　偶然ではなく，19世紀後期には，グローバル企業のアジア的アイデンティティは大きくなっていた。それは，実際，新しい世代の共同経営者たちの，意識的な政治的・社会的位置づけを通じてであった。マッキノン・マッケンジーとジャーディン・マセソンはその好例である。バグダッドのユダヤ人たちは，再び多彩な東洋通の人物たちを生み出した。サスーン傘下から成長した上海の工場主であるシラス・アールン・ハルドゥーン（1851〜1931年）は，ある時期にはE. D. サスーンの共同出資者であり，中国人仏教徒と結婚したことで晩年には異教徒間交流のシンボルとなった。I. R. ベリリオスも，バグダッドのユダヤ人コミュニティの一員であった。彼はカルカッタ生まれの香港の実業家であり，カルカッタ，香港の双方の都市とのつながりを維持していた。このようなハイブリッドな特徴は，おそらく植民地のグローバル企業が活動を展開した港市においてのみ可能であった。加えて，文化的な習慣は，ビジネスの「地域をまたがるネットワーク」をまとめるメカニズムとして有効であった[25]。

　これらの企業は，東インド会社の存続中は会社を厳しく批判していたが，一方でアジアのイギリス帝国については強く支持していた。なぜなら，こうした会社が生き残れるか否かは，香港，シンガポール，カルカッタをつなぐ政治的結び付きにかかっていたからである。19世紀末にはマッキノン・マッケンジーやジャーディン・マセソンといったアジア企業の牽引者たちが，イギリス政治において重要な役割を果たし，植民地拡大に関する意見を表明した。そう

したなかで，個々人はしばしば再構築された東洋的アイデンティティを用いていた。彼らは政治的シンパシーにおいてはイギリス人であり，あるときは出自からしてイギリス人であったが，しかし自意識としては，ビジネスや経営的実践および経験においてアジア人であった。彼らに政治のメインストリームにおける影響力をもたせたのは，アジアやアフリカについての彼らの知識と，彼らがアジアやアフリカに深く根を下ろしていたという事実であった。

グローバル銀行業

　国際貿易は，グローバル銀行業に勢いを与えた。外国為替の取り扱いは，当初東インド会社によって独占され，インドにある銀行には禁止されていたが，後には認可を得れば扱えるようになった。先駆的な「為替銀行」は，1841年にボンベイで設立されたウェスタン・インディア銀行である。同行は，すぐにコロンボ，カルカッタ，香港，シンガポールに支店を広げ，後に国王特許状（royal charter）を得て，オリエンタル銀行と名を改めた。国王特許状を得た銀行は，東インド会社によって資格を認可されなくとも，インドで営業できるようになった。1853年にインド・オーストラリア・チャイナ・チャータード銀行が法人組織化すると，東インド会社は国王特許状の交付に反対した。ボンベイ・マーカンタイル銀行という別の銀行は1853年に創業し，国王特許状を得たのは1857年であった。インドにおける東インド会社の支配が終わると（1858年），国王特許状をめぐる紛争はなくなった。日本の西洋との貿易が開始されたことにともない（1853年），国際銀行業のビジネスはアジア・太平洋地域に拡大した。1900年までに，これらの銀行は支店ネットワークを形成し，アジアにおけるイギリス帝国のあらゆる海洋都市を結び付けた[26]。

　これらの銀行は通常，行政官の個人的な暗黙の支援を得て，海外貿易に従事する商人たちによって設立された。彼らのやり方は，他の貿易会社の評価を確固たるものとした。インドの外国商品輸入業者に対して振り出された為替手形は，回収のために，通常為替銀行のインド支店に持ち込まれた。主要銀行が取

図 6-4 コロマンデル海岸を走る「沿岸巡航船」の絵はがき（1900年代初頭）。この図は、インド南東部での沿岸交易に従事した標準的な船を描いている。

出所) Images of Asia.

図 6-5 船に向かうボート（マドラス、1876年）。鉄道建設と比較すると、港湾建設は取りかかりが遅く、及び腰で進められた。19世紀になっても、インドの主要港は全天候に対応する港をもっていなかった。マドラスでは、1880年代に至るまで埠頭は再建されなかった（初期の脆弱なものは、嵐で吹き飛ばされた）。それまでは、マスラと呼ばれるボートが、海岸と船の間で人や貨物を運んでいた。

出所) 著者蔵。

引手形を引き受けたことで，買い入れ企業は市場における地位を得たのである。しかしながら，為替銀行の主要なビジネスは，輸出への融資にあった。インド省はロンドンでインド省手形を売却し，それを銀行が購入してインドに送り，インドの公庫で現金化して，貿易への資金需要に使用した。ロンドンでの受け取りは，インド政府の，イギリスに対する年金の支払いや負債への利子といった義務的支払いを賄うために使用された。あるいは，銀行はロンドンで金や銀を購入し，それをインドへ船で運び，これらを外国貿易決済の支払い手段として使用することもできた（つまり，輸出会社の手形を金銀に変えた）。しかしながら，銀行の地金取引は通貨取引とさほど結び付いておらず，むしろインドにおける金や銀といった通貨以外のものに対する需要と結び付いた。依然として，送金のための第三の方法は，ソヴリン貨を購入してインドへ船で運び，公庫で輸出業者の手形を購入するのに必要なルピーに換えるというものだった。

労働者

　資本と同様，19世紀の後半には，労働供給の経路は国内のビジネスへと姿を変えていった。こうした新規雇用と海外での雇用とを架橋したのは，またもやヨーロッパの企業であった。

　1850年から1900年の間に鉄道や船での移動コストが劇的に下がったことが，移民や季節移民をさらに促した。海外市場では，政府指定の移民徴募人が，請負人を雇って往来を監督していたが，次第に私的な移民募集が公的な役所の活動を上回るようになった。請負契約が登録作業を終えていれば，私的代理人は，移民を募集するだけでなく契約期間を変更することについても自由を許された。労働供給ビジネスがほとんどコントロールできなくなるほどに成長すると，1860年代には新しい法律が施行された。この点は，以下に示す一連の悲惨な事件の例が示すであろう。

　1861年に，コレラの流行が，数百人の乗客を運んでいる船に多大な被害をもたらした。また，「奥地」の移民募集の専門業者が，裕福な家庭から若者を

誘拐し，身代金の支払いを得て解放しているという苦情も絶えず存在していた。1871 年には，特に卑劣な誘拐事件が明るみに出て，移民募集や勝手に活動する徴募人についての論議が再開された。さらには，1865 年の 8 月 21 日に，イーグル・スピード号がキャニング港を出てマートラー河に沿って進んでいた際，イーグル・スピード号を牽引していた蒸気引き船が座礁し，乗船していた 262 人全員が命を落とした。調査員が明らかにしたところによれば，同船の航海士と船員は，みな病に倒れていて引き船が役目を果たしておらず，またキャニング港は乗船には危険な地点だったということであった。おおよそ同じ時期に，火災によってシャー・ジャハーン号に乗った 300 人の命が奪われた。1864 年から 1865 年にかけては，西インド諸島へ向かういくつもの船において腸チフスが流行し，乗客のほぼ 3 分の 1 が死亡した。1869 年にはシャンド号の船上で「熱病」が大流行し，乗っていた人々のほぼ半数の命を奪った。後の調査によって明らかになったのは，亡くなった人々の多くは乗船時にすでに病気であったり弱っていたりしたということであった。移民が，飢饉による被害から逃れる方法になっており，その最初の兆候であることは明らかであった。

　しかしながら，悪いニュースばかりではなかった。移民は単に「プッシュ要因」の結果とは言えなかった。西インド諸島から戻って来た人々についての初めての体系的な調査は，「倹約的で勤勉な移民によって稼ぐことができるもの」を明るみに出した[27]。1869 年から 1870 年にインタヴューを受けた 4,000 人の英領ギアナからの帰還者は，現金や手形や金で，一人 300 ルピーを持ち帰ってきたが，これは当時の農業で得られる年収の 8 年分から 10 年分に相当した。トリニダードからは，一人 166 ルピーを持って 3,500 人が帰ってきた。1869 年に個別に調査された船では，一人が稼いだ額はずっと高かった。モーリシャスについては数値がないが，かなり小さい値だったのではないかと考えられる。個々の船舶事故においては，高い死亡率になりえた一方で，船が巨大化していたということもあり，乗船者の平均死亡率は 1860 年代には比較的低く，1〜3 ％であった。海外への純移動は継続して高く，契約期間を満了した人々の大部分が移民先に住んだことを示していた。モーリシャスで行われた調査によれば，契約期間を満了した人々の約 3 分の 2 は，新たな雇用主か古い雇用主と契

約を結びなおしていた。しかしながら，再契約の決断は必ずしも自発的になされるものではなかった。契約期間を満了した者は写真つき通行証を，雇用主と共にいる者は契約書を携行する必要があり，さもなければ有罪となるという要求事項が存在し，これが契約へと戻る邪悪な誘因を生んでいた。しかし，移民先にとどまる積極的な誘因となるようなこともまた増えていった。

19世紀の最後の25年間には，セイロン，マラヤ，フィジー，ビルマ，南アフリカ（ナタール）といった新しい目的地が，多くのインド人を迎え入れ始めた。モーリシャス，トリニダード，英領ギアナといった，最初の30年間に主だった目的地となっていたところは，比較的少ない人数を迎え入れた。この変化は，国際貿易品としての砂糖の運命の変遷と，強く関係していた。モーリシャスの砂糖輸出量は，1860年に6万8000トンでピークに達し，その後下降し始めた。20世紀の最初の10年間には，平均砂糖輸出量は3万トンであった。同じ話がギアナとトリニダードでも繰り返された。インド人年季契約労働者の移民が1882年に始まったフィジーだけは，砂糖が拡大し続けた。新規の目的地のいくつかでは，コーヒー，茶，ゴム，鉱物，そして穀物といった新しい消費財と工業製品が生産され，輸出された。ビルマからは米が，マラヤからは錫とゴムが，セイロンとアッサムからは茶が輸出された。対照的に，かつての砂糖移民地で契約期間が満了したインド人は，自分たちの私的な土地で，米を育てていた。

こうした新しい後期の目的地のいくつかでは，新世界へのヨーロッパ人移民の際と似たようなパターンで，資本が労働力を追いかけていった。ビルマ，セイロン，東アフリカ，マラヤにおいて，移民に含まれる契約労働者は比較的少なく，より多くの労働者がコミュニティの長によって募集されるとともに，銀行家，商人，投資家によっても募集されていた。こうした植民地では，ヨーロッパ人雇用者が代理人を通じてインド人を募集することはなかった。むしろ，移民募集は，インド人の私的事業となり，サーヴィスの一形態として，他の多くのサーヴィスとともに輸出されていった。ビルマが特に好例である。下ビルマでは，米の作付面積が1860年の50万ヘクタールから1920年には350万ヘクタールへと増加し，成長が地元の労働力増加をずっと上回ったため，労働者

や投資家，半熟練サーヴィスの供給者が必要になった。これらのサーヴィスの流れは，主にベンガルと南インドを起源としていた。他の熱帯の移民地とは異なり，ビルマの輸出ブーム終焉と移民に対する大衆の反発の結果，1930年以降この流れは急速に逆転した。

　かつての砂糖農地の社会は生活全体が多様化し，19世紀末には著しく南アジア的な社会になっていた。1840年には，インド人は多くてもモーリシャスの全人口の10％を占めていただけだったが，1870年までに全人口の60％を占めるにいたった。1870年のインド人人口のおよそ4分の1は，モーリシャスで生まれていた。1840年には女性は移民人口の5％だったが，モーリシャス生まれのインド人が増加したことで，1870年には女性が50％を占めるにいたった。社会的状況，あるいは当時の資料が「倫理的状況」と呼ぶものがギアナやトリニダードで当たり前といえる水準に達したのは，モーリシャスからずっと遅れてのことであった。西インド諸島においては，人口はより少なく，女性の割合は小さかったので，女性不足が人口問題を引き起こしていた。移民人口千人当たりの地元での出産は比較的少なく，一方で初期には死亡率が高かった[28]。こうした不均衡があったため，労働力増加を安定させる要員として移民が絶え間なく投入されなければならなかった。19世紀後半にはこうした不均衡は縮小されていった。

　年季契約は1880年にはピークを過ぎ，労働者出身の仲介人による移民募集への移行が始まった。人々を送り出す仕事を引き継いだのは，インド人資本家たちであった。モーリシャスでは，1870年代の立法措置により，契約期間の満了した労働者に対する制約が撤廃されたが，こうした制約は，他の移民先ではそもそも強力であったことはなかった。結果として，契約期間の満了した労働者を，もう一度5年間の標準契約で年季労働させるという標準的慣行は消え始めつつあった。新法で，雇用者は契約期間の満了した労働者に対して1年契約を申し出ることが義務付けられたため，このプロセスは早められた。年季契約労働がなくなり始めた背景にある，より重要な要因は，雇用主が専門業者による募集よりも，古参の労働者による募集を好んだことであった。このやり方は，監督，訓練，募集といった雇用主にとってのいくつもの問題を，ただちに

解決した。また一方で，この方式により，単身男性よりも家族全体で移民の列に加わりやすくなった。

　19世紀の海外移民において，セイロンへの移民は例外的なものだった。セイロンは，インド人が移民したどの移民先と比べても，古いインド本土との労働者のやりとりの歴史を有していた。セイロンの労働力取引の一部は，季節的で農業的なものであった。1870年から1900年までの間に，プランテーションの増加にともなって移民が永住する余地が広がり，セイロンに移住したタミル人の数は，50万人から100万人へと増加した。セイロンへの移民においては，ほぼすべてのプランテーションの永住労働力の募集は，カンガーニとして知られるコミュニティの長によって，年季契約の外で行われた。

　インド国内では，アッサムのプランテーションが，主要な移民募集競争の場として現れ始めていた。ここでもまた，雇用主の好みは，年季契約とコミュニティの長を介したシステムとの間で分かれ，19世紀後半には多くのプランテーション経営者が両方を合わせた方法を追求した。すなわち，コミュニティの長が親族や友人を集める一方で，個々の労働者のプランテーションに対する法的義務が，年季契約によって保障されたのである。この混合的なシステムは，法制措置によって，ガーデン・サルダール，すなわち現場の長による移民募集が唯一の合法的な募集手段になるまで続いた。ビルマやカルカッタといったその他の新興の移民募集地では，そもそも初めから年季契約が存在しなかった。

　純移動の規模は，移民先によって大きく異なっていたが，それは明らかに距離が要因であった。カリブ海域諸島へ行った集団のほとんどは，インドへ帰らず，モーリシャスへの移民の方がインドへ帰ってくる割合が高かった。マラヤから帰ってきた人々は，マラヤへ出て行った人々の50％から80％を占めていて，こうした状況はビルマについても当てはまっていた。セイロンへの移民においては，循環者と定着者の両方の構成要素が含まれ続けた。帰還者はすぐに監督機関の視野から消えてしまうので，彼らを追跡する試みは公的にはほとんどなされなかった。カルカッタ港への帰還者について，1870年頃に行われた調査によれば，カリブ海域諸島からの帰還者はいくらか富を持ち帰ってきたのに対して，モーリシャスからの帰還者は，通常ほとんど貯蓄がない状態で

帰ってきた。極貧であったり，働くことができなかったりするインドへの帰還希望者を本国に送還することは，移民地で法的に義務付けられていた。そのような帰還者は，自分たちの経験で良かったといえそうな話題は持ち合わせていなかった。

1920年には，インドを出自としインドの外に住む人々の数は，100万人を超えた。彼らは，モーリシャスの人口の3分の2，トリニダード，英領ギアナ，蘭領ギアナ，フィジーの人口の3分の1から半数，そしてセイロン，東アフリカ，南アフリカにおける人口の10％近くを占めていた。古くからの入植地では，移民たちの職業は主にプランテーション労働者であったのが，次第に農民や小売商人へと変化した。新たな入植地には，多くの移民が商人としてやってきた。これは特に，グジャラート商人が植民地都市において小売ビジネスを始めた英領ケニアや独領タンガニーカについて当てはまっていた。こうしたコミュニティは，アフリカの現地人とヨーロッパ人入植者の間に挟まれたままであった。彼らは一方のもつ数の力も他方のもつ特権的地位もどちらももたなかったが，たとえ不完全であったとしても，企業家精神でそれを補った。年季契約は，古くからの入植地では過去のものになっていた。そもそもセイロンやアフリカでは，それらはまったく利用されたことがなかった。かつて年季契約が利用されていたところでは，友人や家族のルートを通じた移民や私的な移民が年季契約移民に取って代わっていた。要するに，国籍のない資本に左右される労働市場よりも，むしろ地元の，インド的要素に左右される労働市場のほうが，台頭していったのである。

インド人移民史についての戦後の研究は，移民が形成した社会が移民が捨ててきた社会と比べて，異なる特徴をもつかどうかを考えてきた。観察される違いの一つは，ディアスポラにおいては，カーストの階層関係が崩れるという傾向である[29]。参考になるかもしれないのは，インド内では，近代的な労働の場に移民した後でさえ，社会的に言って，移民たちが「分節化」されたままの状況であったことである。こうした分節化は，移民たちの流動性，実務訓練，組合への動員，および雇用主との関係に影響を与えた[30]。インド人が労働のために海外へ向かった際には，こうした構造はそもそも弱く，あるいはすぐに消え

ていったということについては，議論の余地はないように思われる。

カースト構造の崩壊という社会構造の変質は，少なくとも四つの要素から理解することができる。そのうち三つは，初期の移民を特徴づけるものであった。すなわち，初期の移民が経験した経済状況と所得状況が比較的均質であったこと，19世紀には女性が少なかったため禁止的婚姻規則に従うのは不可能であったこと，そして，モーリシャスとカリブ海域諸島への初期の移民の多くがインド東部の高原からやって来ていて，そうした地域はそもそもカーストの力が弱かったこと，であった。A. サッティヤナーラーヤナは，特に後期の移民にあてはまる特徴として，もう一つの要素を強調した。すなわち，移民の多くが低カーストの出身で，階級的秩序を壊すための戦略として移民を採用した，ということである[31]。しかしながら，そのような出身地と移民先の社会との間の不連続性は，商人の移民や，同じ貿易会社のメンバーが出身地と移民先の間を頻繁に行き来させるような（東アフリカやセイロンといった）場所への移民においては，必ずしもそれほど鮮明ではなかった。

む す び

19世紀の初頭と後半とでは，際立った違いがあった。企業家精神を例に，その点について説明しよう。19世紀初頭には，私商人たちが東インド会社の利権の灰の中から成長してきた。こうした企業は，主にアジア間貿易の伝統的商品を扱うビジネスを行っていた。一方で，19世紀後半には，特にアフリカや東南アジアといったより遠方へと移動する新しいタイプのグローバル商人企業が現れた。その中には，マッキノン・マッケンジー・グループのように，海運業を保有しているものもあった。また，組織化された銀行業の成長や株式市場，会社法といったものにおいても，19世紀後半は他の時代とはかなり異なっていた。商人と生産者とが異種の階層であった私貿易時代と違って，工場の時代には商人企業は工場システムと密接に結び付いていた。商人と生産者の二つのグループは，ほとんど同一で，資本をつねに貿易から製造業へ，製造業

から貿易へと動かしていた。したがって，彼らの貿易コストは，私商人の場合よりも小さく，また予測可能なものであった。こうした要素は，この時期の近代的ビジネスの成長を安定的なものにした。言い換えれば，市場の統合と商業における新しい種類のアクターは，工業化を以前よりも実現可能なものにしたのである。

　こうした結論は，古典派の自由主義経済学者によって歓迎されるだろう。彼らの中には，市場の統合に関する自分たちの楽観主義の証明をインドに見つけようとする者がいるのである。また，こうした結論は，制度派経済学者のような，用心深い現代の自由主義者からも同様に歓迎されるだろう。しかしながら，インドの発展に関する歴史叙述においては，市場の統合と19世紀の商業主義は，ほぼ一様に悲観的に捉えられ，植民地政府の存在がポジティヴな発展の可能性を歪めたのだ，と言われている。このように異なった見解があるなかで，我々はインドの発展に関する証拠をどのように読み解けばよいのだろうか。次章ではこの問題を考えたい。

第 7 章

植民地化と開発　1860〜1920 年

　イギリス帝国はインドと世界経済の関係において分岐点を示すものであり，地域の企業と労働に広範囲にわたって影響を及ぼした。にもかかわらず，帝国がどのようなプロセスを通じて経済変化を導いたのかという点は，開発と低開発に関するイデオロギー的な議論の中で，しばしば曖昧になってきている。本章では，こうしたプロセスとは何だったのか，という問題を検討する。私は，制度的・技術的変化を通じての市場の統合こそが，この大きな事業の開始地点だったと述べる。しかしながら，まずは帝国に関する開発言説分析から始める必要があるだろう。

帝国についての視点

　経済帝国主義についての初期の理論，特に J. A. ホブソンや V. I. レーニンによって導入された理論は，次のような考えを有していた。すなわち，19 世紀におけるヨーロッパの熱帯地域への拡大は，中枢での資本収益の落ち込みを避けるため，資本主義が周縁へ到達する必要があったことを示していた，という考えである。この見解を批判する人々は，中枢における危機よりもむしろ，周縁からの引き寄せこそがより重要な資本輸出の原動力であった，と反論した。1950 年代から散発的に，また 60 年代からはより体系的に，マルクス主義者たちはこの議論を比較発展の言説分析の中心部に位置づけようとした。アジア・アフリカにおいて，ヨーロッパの諸帝国が台頭していった時期は，ヨーロッパ

において近代的経済成長が開始された時期や，世界の諸地域において経済的不均衡が広がっていった時期と重なる。諸帝国は，不均衡をもたらしたのだろうか。ホブソン-レーニンの過程では，不均衡が深まることが含意されていなかったし，実際には，それはヨーロッパから植民地世界に対して，近代的経済成長をきわめて巧妙に伝達しうるものであった[1]。マルクス主義者たちは，諸帝国と不均衡との間につながりがあることについて同意していたが，そのつながりの性格については議論がなされた。

　帝国主義，従属，「後進」と低開発の関係性について，マルクス主義者の観点から検討している研究は膨大にある[2]。ポール・バラン，ウォルター・ロドニー，そして特にアンドレ・グンダー・フランクによる初期の著作では，帝国主義は低開発をもたらす主要因であると考えられた。そのメカニズムを解釈するうえで，交換関係（貿易）または生産関係（階級），あるいはその両方の組み合わせが強調された。たとえば，植民地政府や現地の協力者によって支えられた中枢都市の資本の力が，貿易可能な商品やサーヴィスの価格操作を潜在的に導きえたのではないかといったことは，よく議論された。そうした見通しは，まさに不均衡の高まりを予測するものである。このような分析の大部分は，生産を通じた剰余の生成や交換プロセスを通じた剰余の取得についての共通の関心を除いては，古典派マルクス主義との共通点はほとんどなかった。各種のマルクス主義者たちはまた，比較発展を，国際関係よりも，社会の相異なる内的な性格に帰するような近代化理論を拒絶する点で，共通していた。

　イギリスによるインド統治の時代における，インドと世界経済との出会いについての正統派的学説は，今日でも，基本的にネオ・マルクス主義の語りであると言って間違いないだろう。この枠組みにおいてなされた研究では，帝国は非工業化をもたらし，資源を流出させ，搾取的階層構造をつくることで，インドに貧困を招いたと考える[3]。英領インドにおける経済政策は，一貫して，イギリス・インド間の市場統合を達成しようという欲望によって動かされていた，と理解される。この原動力は，インドの商品市場をイギリス商品に対して開放させ続け，為替レートの安定を保ち，対外借入や行政支出によって膨らんだスターリング債に見合う十分な輸出利益を確保しようとするといった，種々の試

みの中に現れていた。帝国が市場を統合するにつれて，イギリスの先進的な製造業は，インドの職人たちの企業を破壊し，インドの農民に対して輸出用穀物を生産させた。

マルクス主義者によれば，外国貿易は，農村部の金貸し，非耕作地主，徴税官による階級的な連携によって，通常はリスクを冒したがらない農民に対して「強いられた」ものであった。貿易によって得られる利益は，小作料，利子，税金へと消え，土地改良のための農民の投資能力を弱めるものであった。同様に，輸出収入は，インドのイギリスに対する負債への利子やさまざまなサーヴィスのための支払いを賄った。こうした支払いは，潜在的な投資資金の「流出」であったし，公共投資を抑制するという含みがあった。農民の輸出品によって十分な為替収入が得られるということこそが，サーヴィスの輸入能力をつくりだしており，サーヴィス輸入に対して，政府予算からは部分的にしか支払われていなかったのである。

マルクス主義のいくつかの学派が潜在的に仮定していたのは，ヨーロッパ外の経済システムにおいては，そもそも資本家がいなかった，という推測である。こうした推測はほとんど放棄されているし，本書の議論にはどうしても適合しがたい。海外市場のための生産が「強いられた」という説は，収益性に対する農民の穀物選択の積極的な反応を示している研究においては，疑問視されている[4]。ほとんどの農民は，輸出用穀物の生産を強いられたことを示す証言を残していないため，市場との統合が自発的であったのか強制されていたのかは，おおよそは，理論的な見通しの選択によって決定される。「流出」の測定は，評判の良くない粗雑な問題であり，あまりにも多く議論がなされてきているため，ここでは扱わないでよいだろう。

さらに言えば，要素サーヴィスへの支払いが，インドの低開発をもたらしたという認識は，分析的欠陥を有している。19世紀インドについての実際の難問は，植民地化された熱帯地域の中で，インドがいくつかの近代化の基準において一歩先んじていたということである。大規模な工場産業，最大級の鉄道や電信システム，そしていくつかの優良な銀行，港，大学，病院が，植民地期インドで発達していた。非工業化どころか，インドは工業化していたのである。

図 7-1　1920年のインド

職人部門でさえ，しばしば主張されるほど悪い状況ではなかった。こうした発展は，多種の限定された技術や資本がイギリスから購入されえたために可能になった。19世紀インドの経済成長は，外国で商品を売って稼いだ金による，外国からのサーヴィス購入に頼っていたのだ。こうしたサーヴィスの一部は，帝国行政，防衛，鉄道建設に関係していたが，主な部分は外国貿易，近代的ビジネス，教育，保健といったサーヴィスに対して支払われる支出であった。いわゆる流出とは，帝国に対する支払いではなく，帝国が可能にした市場統合に

よって得られた利益について支払われた代価であった。鉄道は，港と内陸を結び付けるために政府がスポンサーとなった計画の主たる例であった。よりひっそりと，帝国は有用な知識の私的な取引を促し，それが最終的には，インドの資本家と労働者に能力と技術を付与したのである。

　科学技術史家は，鉄道建設，土木工学，医療サーヴィスなどの政府が媒介する分野における技術取引によって，多くの新しい考え方が流入したが，しかし，そこには，植民者によるインド支配を助けるという，技術に対するバイアスが内在していた，という議論で対応するかもしれない[5]。知識の伝播は，その知識体系が「帝国主義者にとって有用」であった場合にのみ，後援をうけた[6]。端的にいえば，帝国はたしかに知識交流を促したが，そのプロセスは，インドに入ってきたよそ者に権限を与えたのである。技術についてのこうした悲観的見解は，科学についての同様の悲観的見解と合流する。この立場に従えば，インドにおける科学の発展は，政治的プロセスであった。西洋科学は政治的権威を有しており，政治的結果に役立つように知識を操作した。「科学，近代化および統治は，すべて共に進んだ」[7]。

　概観してきた以上の議論は，不当に制約的なものである。一つには，こうした議論は，公共財としての技術の性格を見落としている。鉄道は帝国の防衛のために作られたかもしれないが，ひとたび鉄道が建設されれば，その使用がただ一つの目的に限定されたはずがなく，たとえばインド人の儲けになる私的事業が排除されるようなことはなかった。さらには，科学技術交流に対する帝国中心主義的なアプローチは，私的選択の闘技の場を無視している。民間部門による技術輸入の多くは，利潤を動機としていた。知識の交流は，市場の統合を助けたが，逆もあった。

帝国，市場，制度

　もし帝国が，マルクス主義者の考えるほど政府によって支配されるような経済システムではなかったとすれば，それは何だったのだろうか。認識する必要

があるのは，問題とされているあらゆる影響は，きわめて間接的なものだ，ということである。インドにおいて，帝国は開発にも低開発にもほとんど直接の担い手をもたなかった。なぜなら，インドの植民地政府は，同時代の世界の中で最も貧しい政府の一つだったからである。1820年代には，インドの三つの「管区」（主たる行政単位であった，ベンガル，ボンベイ，マドラス管区）における一人当たりの平均の税は，イングランドの10分の1未満であった。また，税は，温帯地域，熱帯地域を問わず，他のほとんどすべてのイギリス植民地と比べても，半分あるいは半分未満であった。当時の他の台頭していた経済，主として日本やロシアと比較して，一人当たりの税あるいはGDPに対する税の割合でみたとき，英領インドの相対的な位置は，20世紀初頭にはさらに悪くなっていた。地理と気候は，土地生産性を非常に低いレヴェルまで低下させ，同様に税収入を抑えた。現地の政治構造に対する限定的な干渉政策，すなわち間接統治の形式は，地税を除くほぼすべての収入について，税の引き上げを困難にした。こうした要因により，イギリスによるインド統治をどれだけ強力な支配に見せようとしていても，政府として支配が及ぶ範囲は，インドにおけるヨーロッパ以前のあらゆる政府と同様に，かなり制限されていたのである。

帝国は，あらゆる間接的な方法において，経済変化を生み出していた。一つには，帝国は，政府の保証をうけて経営される私的な企業としての鉄道建設を後援した。しかしながら，長い目で見たときには，物理的なインフラについての帝国の業績は，かなり貧弱であった。英領インドは資源の制約に直面していたため，比較的費用のかからない，公共財に頼るかたちでの支配の手法に熟達していたのである。たとえば，英領インドは，インドの歴史では知られていなかったといえるほどの，立法国家であった。植民地政府は「夜警国家」のスタンスをとることによって，自身の小さなサイズに合わせたのだ[8]。植民地政府は，財産法と契約法を一つの傘の下に入れ，財産の保護，一つの公用語，一つの主要貨幣，均一の知識の取引の経路といったものを提供することで，自らを，私企業が繁栄できる状況をつくり出す手段であるとみなした。世界の異なる地域を一つの制度的基盤の中に招き寄せることで，帝国は市場間のやりとりの範囲を広げた。消極的なスタンスと限定的な能力が，政府が直接的に形づくる変

化の範囲を制限したということも確かであり，こうした能力のなさは「失敗」と呼ばれうる。それでもなお，グローバル資本主義が機能するうえで必要な経済的機構をつくりあげた限りにおいて，英領インドは，より近代的な類の政府であったし，それは「成功」とみなされるべきものであった。

　我々は，市場統合のプロセスが円滑であったと考えるべきではない。それは予期せぬ影響を引き起こしたし，我々がこれまでの章で見てきたように，不和を引き起こした。予期せぬ影響の一例は，最初に制度的介入の起きたフィールドから現れた――土地財産権である。

農業――市場と機構

　絶え間ない戦争のために資金を調達しなければならないという課題が生じたのは，東インド会社がインド東部の歳入について事実上の支配権を握ったとき（1765年）と，ほとんど同時期であった。土地は，税収の80％以上を供給していたので，徴税システムを精査する取り組みにおいては，土地財産の構造に焦点があてられた。一般的には，土地財産に対する農民たちの権利は確保されていたが，農民たちは，その権利を，ザミンダールと呼ばれる徴税を行う地主たちと分け合っていた。こうした状況により，地主たちは，財政システムにおいてあまりにも強力なエージェントとなっていた。そうした政治不安以上に，込み入った権利関係によって土地財産が市場向きでなくなっているという認識もまた，広がっていた。少なくとも理論上は，市場取引は，土地利用における非効率を取り除く役割を果たすことはできなかった。

　度重なる失敗ののちに，1793年に，イギリスのインド総督チャールズ・コーンウォリスが土地に対する私的権利を，法廷で対抗力をもつ財産権へと変えた。この変更によって，徴税を行う権限は武装した地主から奪われ，政府へと与えられた。つまりそれは，税の支払い義務を，政治的問題よりもむしろ法的契約の問題にし，私的な財産所有を，土地について法的に認められる唯一の権利としたのである。そして，こうした方法により，土地に対する私的投資の

意欲を作り出そうとしたのであった。皮肉なことに，諸状況によって東インド会社は，この新たな財産権を，軍事領主と商人の性質を併せもつ旧来の徴税エリートに与えざるをえなかった。そして農民たちを，地主に小作料を支払う小作人の集まりへと変えていったのである。ザミンダーリー制あるいは永代地代設定として知られるようになるこのやり方は，インドの西部，南部，北部で導入された土地の権利とは異なるものだった。これらの地域が獲得されたときに，より多くの情報と確信をもって財産権改革が行われた。それゆえ，こうした地域では，個々の農民や親族ごとの農民のまとまりが徴税責任を負い，それと交換に財産権を得た。こうした一般原則は，ライヤットワーリー制として知られるようになった。

　植民地法を批判する人々は，使用権に優先して所有権に特権を与えるような決定は，小作農や遊牧民といった使用者に優先して，土地所有者にアンバランスに権限を与えた，と議論する。所有者が，農民ではなく地代で生計を立てる「不在地主」であったとき，結果としてもたらされたのは，寄生的要素の力の強化であった。所有者が農民であったときでさえ，新しい体制ではあらゆる慣習上の権利が不確実になったため，結果としてもたらされたのは，不平等の拡大であった。土地の名士たちは，自分たちの土地に対する支配力を強化するために，地代設定の手続きを操作することができた[9]。農民土地所有者は，新たな見返り担保を使って見境いなく借金をし，負債の罠にはまって，金貸しに支払いをするために収入を使わなければならなくなった。これらすべての結果が指し示す最終的な結末は，耕作者にあまりにも金がなく，土地改良のために投資できない，という事態であった。

　以上のような議論は，注意深く扱われる必要がある。ザミンダーリー地域においては，農民は自分たちを〔土地の〕使用権の性質によって見分けていたし，しばしば組織化され，ザミンダールにとって政治的に強力で経済的に有用なまとまりとなっていた。多くの輸出向け商品の産出地であったライヤットワーリー地域では，投資と，社会を動かしていく力の証拠がある。こうしたプロセスを理解することなしに，我々は決して前の二つの章で扱ったようなインディゴ，アヘン，綿花，小麦の話を理解することはできない。土地改良のための投

第 7 章　植民地化と開発 1860～1920 年　201

資の割合は確かに小さかったが，それに関しては，別の説明の仕方，すなわち，補足的な投入資本である水の不足がある。政府は運河を建設した。運河は，河川を流れる雪融け水によって年間を通じて大量の水が供給される，ガンジス河やインダス河〔流域〕の平野のような地域でうまくいく。しかし，デカン高原の河川に建設するのは，ずっと難しかった。そのうえ，乾燥地域に灌漑井戸を掘ることにともなうリスクと資本コストの高さは，井戸への私的投資を抑えさせていた。したがって，こうした考え方をあてはめるうえでの明らかな難点は，諸地域が，財産権改革だけでなく，それぞれの地域の資源の資質にも左右されながらさまざまな経験をしたということである。本質的な違いは，灌漑地農業と乾燥地農業の間にあり，これは明らかに形式的な区分だが，それでもなお有用なものである。

　強いられたものであったとしても，そうでなかったとしても，農業の商業化は限定的な規模において起こった。ピーク時においてさえ，非食糧輸出品に充てられたのは，農耕地のわずか 10～15 ％ にすぎなかった。輸出向け商品は，ほんの数箇所のみからもたらされており，他の地域は輸出ブームにほとんど参加しなかった。しかしながら，輸出は，確かに農民への利益を生んだ。ただし，生活水準が改善されたのは，十分な土地，はっきりと明確になった財産権，安価な水，鉄道へのアクセス，といった条件が珍しく揃った場合においてのことであった。条件が揃って，大量の輸出向け小麦や綿花を供給した数箇所以外の地域では，土地の質は概して悪かった。そうした地域での農業生産は，低価値でも頑健な雑穀を作ることで，極端に偏った季節的な降水配分に対応しなければならなかった。水不足とやせた土地は，デルタ以外の大部分の地域を特徴づけるものであった。水不足は，今度は肥料利用の可能性を抑え込み，19 世紀には天水農業と灌漑農業の間の産出高の差異は 4 倍にもなった。灌漑地は耕作地の 10 ％ 以下であったし，天水の動向が影響したため，平均産出高は同時代の世界の中で最小となった。したがって，農民が利益の出る市場で売ったとしても，彼らが売った量はごくわずかであった。

　つまり，市場の統合は，農民の福祉に対して一様でない結果をもたらしたのである。後に見るように，同様の議論は工業化についても可能である。

工場制工業化

1860 年から 1940 年までの間に，工場における雇用は 10 万人から 200 万人へ，平均年率にして 4％ ずつ増加した。第一次世界大戦によって強力に加速されたこともあり，最大の成長は 1870 年から 1921 年の間に起きた（一年ごとの雇用成長率は 5.3％ であった）。1900 年から 1947 年の間では，工場で創出された純利益は一年につき 4.3％，雇用は 3.6％ ずつ上昇した[10]。こうした成長と同様に目立っていたのは，工場の建設が依然としてボンベイとカルカッタという二つの場所に集中していたことである。1860 年から 1947 年の間に，雇用における二つの都市のシェアは下がったが，それでも大きなシェアを維持し，この期間の終わりにおいても過半を占めていた。なぜ工業化は起こり，そしてそれほどまで集中していたのだろうか。

植民地化された他の熱帯地域と同じく，インドも，19 世紀には成熟した資本市場や労働市場を持ち合わせていなかったし，技術革命を経験する用意のあるような在地の職人の伝統もなかった。インドが持ち合わせていたのは，安価な労働力，いくらかの安価な原料，そしてコミュニティと結び付いた企業家の人材源であった。利率は高く，大規模な労働市場は存在しておらず，原料の輸送費用はきわめて高額で，商人は機械のことを理解していなかった。こうした障害を乗り越えるうえで，インドの植民地的なつながりが助けとなった。鉄道は輸送コストを下げ，イギリス人の資本家や株主たちは，インドに投資した。ボンベイの商人たちは，自分たちと貿易上のつながりのある都市から現場監督を雇い，また機械を購入することが簡単であると気づいた。コストの削減は，織物のような，インドが比較的強い優位をもっている産業に有利に働いた。たとえば綿織物においては，19 世紀初めに，綿花と労働力のコストは低かったが，技術と熟練現場監督にかかるコストは高かった。こうしたコストは，1869 年のスエズ運河開通後に，インドの港市がイギリス経済とより緊密に接続されたときに，削減された。鉄鋼生産のようなその他の産業では，必要となる最低限の投資規模が，資本規制の限定的緩和で維持できる規模よりもずっと大き

かった。こうした産業の成長は，遅かった。

　インドで最初の産業資本家は，インド洋貿易で財を成し，東インド会社の都市を根拠地にし，会社の没落後にアジア海域貿易を率いた私商人たちと提携した歴史をもっていた。たとえば，西インドの綿織物工場に携わった企業と資本は，インドの貿易コミュニティに出自があり，そのメンバーたちは，インド・ヨーロッパ貿易で財をなしていた。一例として，パールシーは，伝統的には商人でも金融業者でもなく，職人であり，大工であり，織工であった。彼らは，インド洋貿易でヨーロッパが優勢になって以降，ブローカー，商人，造船業者に転向した。貿易会社は，頻繁に銀行業務を行った。アーメダバードのビジネス・コミュニティの中心的な部分を形成していた専門的な銀行商会もあった。18 世紀には，こうした人々の中から両替商が現れ，為替手形を発行したり割り引いたりして政府に貸付を行い，ときおり徴税請負の仕事にも従事したが，19 世紀には，綿花やアヘンの貿易へと移っていった。工場建設が本格的に始まったときには，ビジネスに投資していた多くの個人は，すでに綿花や織物の貿易に従事しており，頻繁にボンベイとリヴァプールの間を行き来していた。

　蒸気の力で綿糸を生産する最初の工場は，ヨーロッパ人によって設立され，カルカッタの近くに，1817 年あるいは 1818 年に登場した。しかしながら，持続した織物工場については，ボンベイのパールシー商人が，大きな障害を乗り越えて 1854 年に工場を設立するのを待たなければならなかった。こうした初めての試みが 1850 年代に始まったこと，そしてこうした動きが，ボンベイの綿花商人によってなされたことは，偶然ではない。それ以前の数十年の間に，綿花の輸出貿易は成長していた。鉄道は，綿花生産地域と港との接続を請け合い，輸送時間を 3 ヶ月から 1 日へと短縮させた。その後 10 年間のうちに，ボンベイの商人たちは，綿花価格の高騰によって莫大な利益を手にした。彼らが獲得した資産の多くは，一度はブームの終わっていた工場へと投資された。1865 年には 10 の綿織物工場が存在し，その多くはボンベイにあった。1914 年までには，工場の数は 271 へと増加し，一日当たりの平均雇用は 26 万人にものぼった。

　1870 年から 1914 年までの間，ボンベイの紡糸の主な買い手は，中国の手織

工であった。インド・中国間の緊密な貿易関係の一因は，立地の近接性と，競
合しない資源状況にあった。しかしながら，インドと中国の二つの軸の台頭は，
これらの地域を結び付けた私商人の，特に，東インド会社の独占的貿易権終了
後の役割に関する言及なしには，完全に理解することはできない。依然として，
東インド会社は，東アジアの開放的貿易体制に押し入り続けていた。この貿易
体制は，19世紀後半には強固なものになり，日本の工業化によって新たな局
面を迎えつつあった。

　紡糸のインド市場では，ランカシャーとボンベイの間での大まかな分業がな
されており，前者は高番手の綿糸と中品質の綿布に特化し，後者は低番手の綿
糸に特化して紡糸だけを行っていた。市場の「インド化」は，ボンベイが中国
市場を日本に奪われた19世紀末頃になって初めて起こった。ボンベイにある
工場は独自に綿糸を織り始め，高番手の綿糸も紡いだり織ったりし始めた。こ
うした動きの両方が，インドの工場にランカシャーの工場との競争をもたらし
た。

　カルカッタのジュート加工産業の成長も，〔綿業に〕匹敵する重要性をもっ
ていた。ジュートの布の製造は，綿よりもずっと密接にグローバリゼーション
の過程と結び付いていたのである。ジュートは主に南ベンガルで産出される自
然繊維で，布袋の原料として使われた。布袋の需要は，19世紀に国際貿易量
に正比例しながら増加していった。ベンガルの未加工のジュートは，1870年
代まで主にダンディーやドイツにおいて，布袋に加工されていた。カルカッタ
の近くでも，すでに機械化されたジュート紡績および製織が始まっており，
ジョージ・アクランドの1855年の工場は，その先駆けであった。短期間のう
ちに，インドの産業が実質的に世界を独占するほどに成長していった。紡績工
場と同様に，ジュート産業も最初の15年間は不安定な状況にあり，成長は低
速だったが，1870年以降急速な拡大が起きた。1869年から1913年の間に，
ジュート工場の数は5から64へと増え，雇用は5,000人から1万人の間で
あったのが，21万5000人へと増加した。

　綿工場が主にインド人の事業であり，インド市場へ移行した一方で，ジュー
トは明確にヨーロッパ人の事業であり，世界市場へ梱包材料を供給していた。

第 7 章　植民地化と開発 1860～1920 年

図 7-2　カルカッタのジュート工場に運び込まれるジュート原料（1900 年頃）。当時のジュート工場は，ヨーロッパ人資本家によって所有されていた。生産面におけるその主要な事業の関係者は，ベンガルの農民とマルワーリーのジュート商人であった。これらの共通点のない者同士の取引には，インドとヨーロッパの 200 年以上にわたるビジネスに共通する，各種の契約問題がつきまとっていた。

出所）Images of Asia.

インド史研究者たちは，なぜインド人とヨーロッパ人のビジネス・コミュニティが別々の分野に特化し，互いに提携したり直接競争に臨んだりしなかったのかを問うてきた。両方のグループは，同等の技術の購買条件を共有していたが，彼らは別の市場から資本を引き寄せた。ヨーロッパ人たちは，ロンドンから資金を調達していた一方，インド人たちは，個人の財産から資金を調達した。さらには，ヨーロッパ人の貿易ネットワークにとって，大西洋の消費市場はアクセスしやすかった一方，インド人たちは，インドや中国の買い手をよく理解していた。ヨーロッパ人は，現地の代理人に原料の仕入れを頼っていた。インド人産業資本家は，自分たち自身，それまで原料の商人であった[11]。こうした違いは，長い時間をかけて作られてきたものであり，前の二つの章で議論した「グローバル企業」の出自，戦略，政治的立場が表面にあらわれるのは避け難く，19 世紀後半のインドにおけるヨーロッパ人の事業パターンを規定するものであった。

ジュート織物に加えて，プランテーションもまた，外国資本に機会をもたらした。東インド会社は，中国茶の代替供給源として，また，織物ビジネスの終焉後に資本を利用する有望な領域として，インドで茶栽培のスポンサーになることを熱望した。インドの茶園の成長を阻んでいたものの一つは，科学的問題であり，作物にふさわしい自然生育地を探すことが必要になった。この問題が解決されると，東インド会社は茶生産に乗り出していったが，このビジネスからはまったく利益を得ることができなかった。農園が最大の成功をもたらすと考えられたアッサムが，人里離れた場所であったことからすれば，資本にとってリスクのない環境を作るという経済的課題がまだ残されていたということになる。結局，茶園は北部アッサム，ベンガル，カチャールにおいて確かに開始されたが，後に見るように，それは適切な諸制度が設定された後のことであった。

職人の伝統の再創造

帝国は，かなり特異な方法で，インドの職人たちの能力を高めた。このストーリーにおいては，インドの消費者たちが，特に重要な役割を果たした。18世紀に成功を見事に証明していたインドの手工芸製造所の遺産という問題は，議論すべきテーマである。ナショナリスト歴史家は，イングランドから19世紀半ばに輸入された綿布や綿糸との競争によって，インドの職人が消えてしまったと信じているが，これは誇張である。なぜなら1900年にも1000万人を超える職人たちが仕事を続けており，これは，市場統合が何らかの方法で職人部門を強化したという推測を導いた[12]。その後の研究は，複雑な変容のパターンの証拠を見出した。19世紀には，多くの職人たちが，転職したり失職したり移民した。しかし，かなりの残存もあった。差異化した織物市場のために，すべての高価な手工芸品が，機械製の安い商品と競争したわけではない。競争の必要がなかった職人たちは，技術についての知識，安価な原料，輸出市場へとアクセスできるようになったために，市場の統合によって利益を得たのである[13]。

盛んに研究されてきた手織業の事例においては，新しい道具，機械，工程に体現された知識へのアクセスが復活を後押しした。飛び杼用の移動式フレーム，フレームが取り付けられた機，ジャカード，ドビー，杼箱，合成染料といった，織工によって取り入れられたより成功を収めた小さな道具は，多くがヨーロッパで18世紀に発明されていたものであった。これらを採用することで，生産コストは抑えられ，生産性は増し，製品分化の範囲が広がった。1900年から1930年まで労働者数と織機数は変化しなかったが，まさに同じときに，手織布の生産量は約2倍に増加していた。

職人による鉄の生産においても，織物産業と同様の，差異化した変化がみられる[14]。鉄鉱石や木炭が入手できたのは，デカン高原周辺に沿って，あるいはヒマラヤ地域の一部においてであった。こうした場所は，植民地期以前のインドで，富裕な消費者たちが本拠地としたような都市や港からはずっと離れていた。鉄の製錬工と鍛冶職人は主に，鉄鉱床の近くに住み，鉄製道具に対する農業からの需要に応えていた。この集団はときに，鉱山労働者，製錬工，鍛冶職人が渾然一体となっていた。小規模で専門化もしていなかったため，生産コストは西ヨーロッパのずっと大規模な製錬所に比べれば高かったが，インドの産業は，高い運輸コストによって守られていた。しかしながら，19世紀初めに，ヨーロッパの鉄がインドへ大規模に流入し始めると，そこでの産業は急速に廃れてしまった。木材燃料は，森林が留保地とされ，木々がなくなり，建設や造船や鉄道のための別の需要が高まったために，稀少になり始めた。

興味深いことに，輸入品は，鉄製品の国内での生産を促しているようだった。一人当たりの鉄の消費量は，1788年の0.9キログラムから，1914年には3.2キログラムへと増加した。全消費量における輸入品の割合は30％から78％へと増加したが，国内生産においてもなお説明を要するような増加があった。謎を解く鍵となるのは，輸入品が在地の製錬職人を壊滅させた一方で，鍛冶職人の競争力を以前よりもずっと向上させたことである。都市を拠点とする鍛冶職人は，より富裕な顧客にサーヴィスを供給した。都市，港，兵営，公共事業は，ヨーロッパとインドの職人たちの間でのより大規模な知識の交換を可能にした。熟練鍛冶職人の実質賃金は安定して上昇し続け，農村の鍛冶職人は，可能であ

れば都市の鋳造所や鉄工所に加わった。1900年までには，富裕な農業地域にある都市では，都市の鍛冶屋は「重要で繁栄している部類」に属した[15]。彼らはイングランドから自分たちの鉄床を入手した。これらの道具の大半は，のみや槌の鋼部分と同じく，「イギリス製の鋼でできており，多くは彫物師が自ら作ったものだった」[16]。鍛冶屋たちは，イギリス製の鉄板，鋳型，タップも好んだ——それらは，彼らが兵器工場の仕事で目にした道具であった[17]。

　鉄と織物において輸入品が手作業の投入材の生産に取って代わったとすれば，皮革業においては，世界市場は半加工の投入材への新たな市場を作り出した。皮の準備は，機械的というよりはむしろ化学的なプロセスであり，労働集約的であり続けた。皮革業に従事するカーストやコミュニティは，通常，貧困で社会的に疎外されていたために，インドでは労働力は比較的安価であった。さらには，家畜の豊富さや，肉と同様に皮に対しても国内需要が限定的であったことが，皮を安価な資源にしていた。1860年代以降，ヨーロッパ市場はこうした強みに反応を示し，皮の輸出が急速に増加し始めた。しかしながら10年もしないうちに，インド人職人の生産における化学処理の質について，懸念が高まった。綿花や穀物の輸出の場合と同様に，規格化を成し遂げるために必要なインフラや知識が，インドには存在していなかったのである。貿易は，低品質商品を供給することで需要超過に対応し，それで簡単に済ませていた。なぜなら，個々の職人や皮革商人は，輸出貿易という組織化された部門からは遠く離れていたからである。やがて，ボンベイ，マドラス，カルカッタ，アグラ，カーンプルといった，新たに台頭してきた都市の工場との安定した契約取引を広げていくことで，貿易はこれらの争いに適応した。こうした作業場は，皮革産業が19世紀後半，20世紀初めに経験した化学処理と産業組織についての，限定的な実験の場となった。

　皮革におけるこれらの適応の一つの独自の特徴は，企業家精神と関係していた。アグラではいくらか例外があったものの，皮革産業においては，工場主が元々皮革職人であったことはまれだった。彼らの主要部分は皮革商人であり，すでに鉄道における重要地点や港市を拠点としていたが，それは，このビジネスが輸出サイドに集中していくもう一つの理由でもあった。おそらく，皮革処

第 7 章 植民地化と開発 1860〜1920 年

図 7-3 写真中央にある煉瓦の建物は，1980 年代の紛争のために閉鎖されているが，カルカッタのチャイナタウンの象徴である。2 階には東安廟があり，階下には南京レストランがあったが，後者は，町の最初の中華レストランであったと言われている。

出所）Rangan Datta.

理は名誉を傷つける産業であると考えられたため，多くのヒンドゥーのビジネス・グループにとって，資本の使用先として好ましくなく，ビジネスへの参入を比較的開かれたものとした。北インド出身のムスリム商人たちは，工場製皮革生産について，卓越した存在になっていった。多くの客家の中国人移民たちもまた，インド皮革への需要が高まっていた第一次世界大戦中に，同ビジネスに参入した。中国人のある小さな職人コミュニティは，第一次世界大戦の少なくとも 100 年前には，カルカッタを本拠地としていた。カルカッタの 1850 年センサスが報告しているところによれば，中国人たちは主に大工職に従事し，「たいへん勤勉で」，裕福ですらあり，「しかしながら，あまり禁欲的ではない」とあるが，おそらく，彼らのギャンブルに関する言及であろう[18]。彼らにとっての決定的かつ急激な変化は，彼らが皮革産業に参入したときに訪れた。第一次世界大戦中，中国人はカルカッタの皮革ビジネスにおいて，最も有力なグループとなった。

織物や鉄におけるのと同様に，皮革産業において相対的に技術集約的な加工

品類は，概して伝統的な職人たちの領域のままであった。輸入靴は，手細工職人の顧客をある部分においては失わせたかもしれないが，しかしながら，それは，ずっと大きな規模で，革靴に対する新たな需要をインドの顧客から生むことにより，職人たちを助けた。したがって輸入代替はきわめて急速に進み，かつ成功したのである。このプロセスにおいてもまた，カルカッタの中国人たちは，きわめて企業家的であった。彼らは，インド人の同ビジネス参加者間で広く残っていた革なめし業と靴製造の間の隔たりを速やかに埋め，二つの部門を垂直に統合した。1962年の武力衝突以降の困難な中国・インド関係により，カルカッタの中国人コミュニティにはたいへんな重圧が加わり，彼らのビジネス・グループとしての成功は，公には見えにくいものとなった。それらしい慎ましやかな方法で，このコミュニティは，1990年代にレストラン経営者として再出発した。

科学技術

前項での職人の伝統の再創生の諸事例では，有用な知識へアクセスするためにかかるコストについて，共通してその重要性が強調されていた。帝国は，知的交流の促進者であった。交流には三つの重要な様式があり，インド文化についてのヨーロッパの学識，公共建設事業や植民地期の教育を通じてインドへ渡ったヨーロッパの工学技術および医学，および，私的なビジネスによる技術選択であった。

初代総督であるウォーレン・ヘースティングズが，イギリスのインド行政は，現地の制度的伝統に基づいたものでなければならないと決定して以来，イギリス東インド会社は，インドについての知識を成文化する作業に乗り出した。たとえば，将来の体制は，司法の専門家が裁判手続きを実施できるように，インドについての知識を翻訳して伝達することを必要としよう。慣習を成文化していく作業の隠された目的は，政治的なものであったとしばしば言われている。こうした議論は，東洋についての西洋の知識は，征服を正当化するものとなっ

第 7 章　植民地化と開発 1860～1920 年　211

図 7-4　語学教師とヨーロッパ人紳士。18 世紀後期には，ベンガルの商人や行政官は，インド人の知識人と協力し，インドの法典に基礎を置いた法システムの基盤を生み出そうとした。この協力は，インドの科学と文化についての学術における，ゆるやかな協調関係を導いた。

(出所) British Library Board.

たと信じたエドワード・サイードに，鼓舞されたものであった[19]。このような考え方は，18 世紀ヨーロッパの学問の広範な目的についてはあてはまるが，生み出されたものの範囲に関していえば，必ずしもあてはまらない。実際にインドの言語，文学，科学についてなされた大量の研究は，政治的目的との明白な関係性をもたなかった。学者たちは，これらのプロジェクトに，狭義での行政的目的から離れた，ある程度の自律性を与えた。こうした学者たちは，多様なグループを形成しており，言語を学んだウィリアム・ジョーンズと歴史を学んだジェームズ・ミルとは，まったく異なる知的な目的に駆り立てられていた。

この作業では，インド人の翻訳者や通訳者なしには，どこにもたどり着けな

かった。したがって，ヨーロッパ人研究者がインドについて書いたものは，しばしばインド人が自分自身について抱く認識によって色づけされていたし，現地の学問体系の中に根を置くインドの知識階級の一団の認識に影響されていた。インドについてヨーロッパ人が書いたものを理解しようとするなかで，近年，歴史家たちは，インド人とヨーロッパ人の間の提携および交流の文脈を強調してきている[20]。知識〔集成〕のプロジェクトを政治から遠ざけたもう一つの特徴は，後期啓蒙思想的な感性の役割であった。たとえば環境史の一つの潮流は，18世紀インドにおける植物学研究を，発達していく環境への知覚能力の表れとして捉えている[21]。このより規模の大きい事業の中の一つの支流で，スコットランド人自然主義者たちによって率いられていたものもまた，商業と科学とが有益な提携を形成しうる分野を突きとめようとしていた。東インド会社は，自らをただの統治者ではなく，市場に親和的な統治者であるとも見ていたため，この提携関係の成功を望んでいた。

　交流により相互に影響を及ぼしあいつつ成長をもたらした最初の例は，植物学におけるものであった。特にインドの植物と薬について知識の体系化をもたらした科学者やアマチュアによる研究では，そのような相互作用が起こっていた[22]。このプロジェクトの中心となった施設や団体には，1800年に東インド会社の官吏養成のために設立されたカルカッタのフォート・ウィリアム・カレッジ，カルカッタ植物園，ベンガル・アジア協会があり，周縁には，セランポールのデンマーク伝道団があった。こうした機関や団体において，人々は分担して，インドの知識に関する情報を分類し収集する作業にあたった。また，カレッジは，ヨーロッパ人の学者たちがインド人の経験に適応した自然哲学を展開させようとつとめた学びの場でもあった。そうした機関やそこで活動する個々人は，英国王立芸術協会やキュー・ガーデン〔王立植物園〕との間に結び付きを作り出しており，こうした結び付きは，伝播のプロセスにおいて重要であった。東インド会社の取締役会は，一貫していなかったとしても，研究と出版のスポンサーとなる役割を果たしていた。『哲学紀要』（*Philosophical Transactions*）という王立協会の雑誌は，この事業が生み出した，特に影響力のある論文を何本か掲載していた。

第7章 植民地化と開発 1860〜1920年　213

図 7-5　カルカッタ植物園（1900年頃）。植物園は1787年にロバート・キッドという，東インド会社軍の官吏であり，フーグリ河の堤防沿いの植生についての一連の報告書の著者により創設された。植物園は，茶やゴム，キナの木〔マラリアの薬キニーネを採取する〕を含む，海外の植物を商業的利用に供するための試験場となった。

出所）Images of Asia.

　医学，植物学，化学，気象学，地図作成法，鉱物学といった研究分野は，この交換の最も目立った遺産であった。先駆者たちは，こうした系統のどれか一つには限定されず，むしろ彼らのうちの何人かは，一つ以上の分野で名を残していた。たとえば，フランシス・ブキャナン（1762〜1829年）は，東インド会社の外科医であり，インドにおいて完成に至らなかった自然史プロジェクトの指揮者であり，カルカッタ植物園長であり，南アジア植物学に関する諸研究について評釈論文も出していた。しかし彼がよく知られるようになったのは，ベンガルとマイソールの地誌的・経済的調査によってであった[23]。インディゴのプランターであるジョン・プリンセップの息子であったジェームズ・プリンセップ（1799〜1840年）は，造幣局の職員であり，英領インドの度量衡学の創始者の一人だった。彼は，歴史学者でもあり，アジア協会の研究および普及の活動の背後にあって影響力のある人物であった。初めの頃，プリンセップは化学者として成功していた。ウィリアム・ロクスバラ（1751〜1815年）と言語学者のウィリアム・ジョーンズ（1746〜94年）は，二人とも，特に現地の生物や

寄生虫によって引き起こされる病気の治療のために，インドのアユルヴェーダ医学とその効用について執筆していた。ロクスバラは，スコットランド人の船医だったが，彼はカルカッタ植物園と連携しており，その立場において『インド植物誌』（*Flora Indica*）と『ベンガル植物目録』（*Hortus Bengalensi*）という二つの専門書を世に出した。

　これらの人々が教育を受けた科学者であったとするならば，他方で，科学と商業の橋渡しをした人々もいた。ロクスバラを博物学者たちの中でも特別にしたのは，彼が商業的プランテーションをインドで始めることに関心をもっていた点であった。この方面での彼の研究には，コーヒー，チーク，タバコ，麻についてのものが含まれていた。ロクスバラの経営の下，カルカッタ植物園は，熱帯世界の他地域からインドへ輸入された商業価値のある植物を順応させるための実験室になった。ジェームズ・ディンウィディ（1746～1815 年）は，18 世紀から 19 世紀への転換期における国際的な科学的交換の仲介者であった。フォート・ウィリアム・カレッジで教鞭をとるかたわら，ディンウィディは，茶の苗や栽培法を中国からインドへと持ち込んだ。蚕の繭やマラヤのゴムも持ち込んだが，これらの産物を商業的に普及させようとした彼の役割は，茶の事例と比べるとかなり曖昧である。

　こうした人々に対して，学問や行政よりも，むしろ，主に商業の世界に属する注目すべき人物たちもいた。彼らは，自分たちがビジネスに役立つであろうと考える観測可能なデータに対して特権的にアクセスできたため，この科学事業に加わっていたのである。カルカッタ港で金属試験を行っていた，正規の科学教育を受けていないヘンリー・ピディントン（1797～1858 年）という人物は，航海記録から収集したベンガル湾のサイクロンについての大量の記録を体系化し，インドにおける科学気象学の基礎を築いた。彼は，自身の実用的な研究を，「サイクロン学」とか「嵐の法則」と呼んでいたが，彼が意図した読者は科学者ではなく，海運関係の商人であった。

　知識の伝播に関する類似例は，インド内のヨーロッパ人プランテーションにも見ることができる。商業プランテーションの普及促進においては，多くの失敗や行き詰まりがあったが，そうしたなかでも，インディゴ，キナの木，ゴム，

茶は，カルカッタの会社政府の承認を得ながら植物研究と高度な商業とがうまく融合した事例であった。インディゴの事例では，フランス植民地からイギリス植民地へ知識が伝わったようであったが，経路についてはやや不明瞭なままである。初期のプランターの中にフランス人がいたことは，我々のよく知るところである。また，特にキナの木についてカルカッタ植物園でなされた研究も，有用であったと伝えられている。キナの木は，少し後に，南アメリカから南インドへ移植された。また，ゴムも19世紀後半の努力の賜物であり，かつまた直接的な商業的成功でもあった[24]。

　茶の背後にある話は，よく知られている。ロバート・ブルースは，東インド会社の役員でありアマチュアの博物学者であったが，彼は，1826年にアッサムがイギリスのインド植民地になるとすぐに，その地の最も困難な地形に分け入り，茶の踏査をし始めた。巡回する情報提供チームを利用して，彼はアッサムに育つ野生の茶について報告を集め，数千平方マイルの領域内における120の茶の自生場所について記録を残した。彼は茶を飲用する村人たちにインタヴューを行い，それによって村人たちのうちの幾人かが中国からその苗木を持ち帰っていたことがわかった。ブルースは，東アッサムで最も有望であると思われた種類を植え，乾燥させた茶葉を90箱分梱包し，1839年にその荷をロンドンへと送った。こうした試みに触発されて，1839年には東インド会社がスポンサーとなった最初の茶園が創始され，詩人でありカルカッタ植物園の庭師長でもあったジョン・マスターズが，同茶園の最初の責任者となった。同園は商業的には失敗したが，マスターズはアッサムの植物相の分類において，その名を残した。

　19世紀後半には，帝国間のつながりが，据え付け型蒸気機関，電信，鉄道，工学教育，薬学，そして医学の研究と教育を含むいくつかの領域で，間接的な知識の伝達を促した[25]。より多くの，そしてあまり知られていない技術移転が市場において，輸入機械や雇われ外国人技師を媒介とするかたちで起きていた。そうした移転の最も重要な事例が，綿織物工場産業であった。

　歴史家たちは，帝国が有用な知識の交流を軌道に乗せたことを，正しく理解している。そこでは，イギリスの技術や規準への大きな依存があった。鉄道か

ら製造業，病院，大学，環境管理に至るまで，イギリス的なデザインと内容が好まれた。イギリス製品を買おうとする心情は，一部では，行政内で高まっていた保守性に根差すものであり，行政の業務はますます「公正な，しかし思考の遅い役人たちによって支配された」[26]。他方では，イギリス製品を買おうとする心情は，イギリスの工学が世界の最良の実践を規定していた19世紀中葉の考え方の名残であった。しかしながら，技術面でのリーダーシップがドイツや合衆国に移ると，そうした考えは時代錯誤的なものになった。そしてそれは，日本の初期の工場がうまく成功したような機械の輸入代替への障壁となったかもしれなかった。こうした依存は，それゆえ，損失をもたらすものであった。たとえば，それは，19世紀後期の綿紡績において旧型のミュール紡績機を存続させ，リング紡錘の採用を遅らせた[27]。

　しかしながら，依存的な発展についてのこの論点は，あまりにも広くとらえられすぎている。ボンベイとマンチェスターの間の緊密な接触は，紡績における競争に対応して，織物における迅速かつ成功裏の多様化も可能にした。紡績工場産業の成立とともに始まるほとんどすべての「後期」工業化の事例にあてはまるように，戦間期の産業の成熟においては，職員，機械，交換部品について，重要な輸入代替が起こっていた。紡績工場の監督スタッフの事例は，能力形成についての印象深い証拠となる。すなわち，ボンベイに最初の紡績工場が設立されてから1925年までの間に，工場の監督スタッフにおけるヨーロッパ人の比率は，100％から30％以下へと減少した[28]。電信によって，ヨーロッパ人のアイディアは，現地の素材に適応することが必要となった。政府は医療実践においてヨーロッパの知の体系を正統化しようとしたけれども，その試みはある程度しか成功しなかった。インドの知識とヨーロッパの知識は，ときには互いに交わらずに動き，より多くの場合に，一つの分野から他の分野へ知識が取り込まれた[29]。イギリスの知識が，雇われ職人や技師を媒介としてもたらされる限り，非正規および正規の徒弟関係が可能であり，そのような徒弟制で利益を得たのはインド人であった。

　インドでは，鉄道作業場，兵器工場，紡績工場の内部で，測量調査や鉱物試掘や地質調査において，公共事業で，そして19世紀中葉に設立された土木技

師のカレッジにおいても，最初の工業化国からの学習が行われていた。技術や工学の労働力のインド化は，1947年にインドが独立した時には，すでに50年以上にわたって着実に進んでいた。そのときまでには，インド人たちは，工学部門や工場の技術幹部の過半数を占めていた。実際，技術者コミュニティは十分に大きかったため，彼らは独立後のインドにおいて，正規の科学技術教育の発展を強く要求し，またときにはそのリーダーシップをとったのであり，この点に関しては第10章で見る。

帝国と法

　知識交換の場合と異なり，法に関しては，政府は公共財を生み出すことにおいて，より直接的な参加者であった。アジア，アメリカ，アフリカにおけるヨーロッパの諸帝国を，戦略やその影響が共通している一団として定義するのは容易ではない。しかし，それらすべてが，法を慎重に扱ったことに議論の余地はない。帝国統治史に共通する要素とは，暴力でも協同でもなく，合意形成のための文化的戦略でもなく，立法であった。立法を優先事項とした点で，会社政府は，世界のどのヨーロッパにより統治された帝国とも変わらなかった。しかしながら，英領インドの立法の事業は，独特なものであった。

　植民地法の経済的な目的は，きわめて多様でありうる。この多様性を保ったままで，近代の帝国は，三種の制度的戦略を追求した。それは，強奪，認定，規格化と呼びうるものである。強奪とは，ヨーロッパ人入植者が，非ヨーロッパ人の土地と労働力を奪取するにあたり，土地については，土地への財産権を援用して無主地とみなし，労働力への所有権については，奴隷制や年季契約制を通じて奪うという意味である。認定とは，諸コミュニティに，司法上の自律性を与えることで，忠誠心を確保するという意味である。アフリカでは認定は間接統治の一部であったし，インドでは，現地の宗教法典を民法として取り入れることから認定が起きていた。またロシアでは，認定によって，多様な民族が現地の統治に参加できるようになっていたが，同時に，そうした現地統治は，

現地と帝国エリートの間の，階層的差異のもとで達成された[30]。

　第三の戦略である規格化は，認定の逆である。それは，多様な法規則を画一化しようとする実践についてのものである。もし，財産権において，相続や世襲のあり方の多くが個々の家族や親戚集団と結合されているために，実際に多くのやり方が併存しえたとすれば，無関係の個人の間での契約事項には，理にかなった同一性が確立される必要がある。同一の市場における買い手と売り手が相異なる法にアクセスするわけにはいかない。したがって，帝国は，しばしば財産権での私的あるいはコミュニティの自律性の余地を認めたが，商法では，それまで法的に対応するものがなかった場合には，対応するものを求める逆の傾向があった。規格化が最も明白に現れたのは，販売契約，信用手段，会社法においてであった。

　植民地法の壮大な物語を組み立てる課題は，どの帝国も，同時に同じ動機でこの三つの戦略に従ったわけではないという事実によって，複雑なものとなっている。多くは，入植者社会の性格と植民地権力の経済構造に依存した。さらには，目的自体が相互に矛盾していた。強奪と認定は，普通は二者択一であった。認定，すなわちエスニック・グループのそれぞれに対して一つの法を認めることは，規格化，すなわち関係者のアイデンティティとは無関係にただ一つの法を認めることとは，容易には適合しなかった。

　こうした比較史の中に，インドをどのように位置づけるべきだろうか。もし，強奪が，アメリカ大陸にスペイン帝国とイギリス帝国を形成する上では決定的に重要だったとしても，南アジア史にとっては何の関係もなかった。無主地と奴隷制は，インドよりも新世界で，より意味をもつ。入植地主を創り出すことは，インドにおけるイギリス帝国の目的ではなかった。ときには，ヨーロッパ人プランターを助けたが，それは，圧倒的により重要な目的である市場統合に合致する範囲に限ってのことだった[31]。インドでは，土地と労働力に対する財産権は，私的であり，自由であり，インド人の所有であり続けていた。

　強奪が無関係であるとすれば，認定のほうがインドにより適応する。18世紀インドにおけるイギリスの立法事業は，財産権への干渉に反対し，現地の権利保護に賛成するという傾向をもっていた。インドで立法において保守的な傾

第 7 章　植民地化と開発 1860〜1920 年　　219

向が最初に現れたのは，政府がスポンサーとなった大規模な事業においてであった。その事業においては，実際の慣行への考慮はほとんどなされないまま，宗教法典が翻訳され，実際的な法として再解釈された。この政策は，19 世紀半ばにはそれほど成功したとみなされなかった。多数の宗教が存在し，また宗教内には多数の宗派も存在しており，さらに法典は宗教だけではなくコミュニティや地域によっても異なっているような状況の中で，宗教は実質的な法への手引きとしては不十分であった。法を機能させるために，裁判官は，ほとんどどのような請求も個別の慣習に適応させねばならず，そうした請求も，手続き法の西洋化によって容易になっていた。植民地法は，単一の司法プロセスに従い，集権化していない断片化していた植民地期以前のシステムから，単一の司法組織を作り出した。一人の強力な審判が多くのプレーヤーを裁定し，さらに，多くのプレーヤーが審判に訴えるように奨励した。こうした特異性は，司法のプロセスを遅らせ，司法による救済のコストを増加させた。要約すれば，社会におけるあまりに多い区分の存在と認定戦略の存在の中で，区分が増える傾向があったことによって，認定は失敗に終わった。こうして，王室支配の初期には，傾向は，認定から規格化へと転じていった[32]。

　こうした新たな動きについての強烈な事例は，アッサムの茶園のために土地を獲得する文脈において起こった。1830 年土地法の原則は，農民による耕作の場合は適用されたが，茶園の所有権には適用されなかった。プランテーションは土地集約的というよりもむしろ資本集約的な事業であり，法は，不確かな性質をもつ資本投資のリスクを減らすために必要であると思われていた。同様に，茶園労働者と茶園の所有者の間の契約関係を定める法も存在していなかった。アッサムでは，大規模プランテーションの発展の主な困難は，労働者の獲得可能性であったため，労働契約はきわめて重要な問題だと考えられた。したがって，茶生産を存続可能なアイディアにするために，土地法と年季労働契約への介入がきわめて重要だったのである。

　18 世紀の貿易では，資本家の利益を守ろうとすれば，通常，職人や商人のグループの中にいるインド人の長との取引を必要とし，契約の実施は，長をリーダー兼交渉者と認識する人々に対して長が発揮する社会的権威に委ねられ

ていた。代理人を用いるやり方は，明らかに不十分なものであった。19世紀には，綿織物，絹，アヘン，インディゴの取引は，契約をめぐる頻繁な争議を伴った[33]。東インド会社は，自身の政治権力を強化した後に，現地の宗教法の文献に基づいて商業法の法典を作成しようと試みた。しかしながら，英領インドの法廷で使用されたサンスクリット語，アラビア語，ペルシア語の法典は，概して販売法や非個人的な契約といった問題には言及していなかった。したがって，随分と長いあいだ，契約は放っておかれたか，その場限りの編纂物という手段によって処理され，現実の慣行の中で諦められることになった。

19世紀中葉には，こうした非正規手段に加えて，契約履行におけるもう一つの手段として，特別な諸法令が加わった。19世紀イギリスの慣行と同じく，契約不履行が刑法という手段で処理されるようになったのである。刑法の長所は，司法裁判所を通じて迅速に判決が出る点だった。短所は，滅多に正しい判決が出ることがなかった点だった。契約不履行が事故によって起きた場合，犯意を推測することは正当ではなかった。司法裁判所への出廷は，お金がかかった。係争人は弁護士を雇用し，役人に賄賂を贈り，目撃者を雇い，印紙税を支払う必要があった。こうした弊害は，特定の争議においてスキャンダラスなレヴェルにまで至っており，特に1860年のベンガルのインディゴ・プランターと農民に関する争議や，アッサムへ向かった年季契約労働者に関する争議がそうであった。

このように，商品および労働の交換の契約は，19世紀の立法事業の筆頭の分野だった。すべての場合に，インドの慣習すなわち認定の原則は，廃棄されなければならなかった。1819年第8条，1859年第13条，1860年第9条は，管区，プランテーション，公共事業での雇用にそれぞれ適用され，これらすべてがサーヴィス契約の不履行を刑事上の罪として扱った。特にインディゴのビジネスでは，1823年，1824年，1830年に通過した法令が，不履行者を起訴できるよう判事の権威を増大させた。こうした条項のいくつかは後に廃止された。しかし，全体的な原則は，1839年に法委員会が，インディゴ契約をめぐる争議調停に際して刑法が施行されるべきであるという立場を繰り返した際に，再確認された[34]。1860年第11条，再びインディゴの契約不履行を刑事上の罪と

した。こうした法令はどれも，偶発事件や事故は扱わなかった。また，こうした法令は，「青い反乱」の間，いずれも安定をもたらすことができなかった。この問題に対する部分的な対応が，契約法（1872年）であり，これはインドの慣習や法典を参照せずに，イギリスやアメリカの実践にならって販売法を立案したものであった。こうした急進的な原則が適用された他の分野としては，信託財産，財産譲渡，約束手形，証拠，遺言と遺言内容適法性手続き，そして特定の救済などがあり，いずれも1870年から1890年にかけて一気に法令化されたもので，また，インドの先例よりもイギリスの先例を引いたものであった。1900年以降，労働法は次第にこうした集成の中へと包含されていった。年季契約は，すでに遠く消え去っていた。

む す び

マルクス主義者が，近代の諸帝国，特にインドにおけるイギリス帝国が，市場の統合を維持することに熱心であったと示唆したのは正しかった。しかし，その前提から，国家が支配し国家が取り仕切る，周縁部を貧困にする社会的余剰の移転のプロセスへと飛躍するのは，この企図の収穫を台無しにする。本書は，ヨーロッパの諸帝国以前，帝国期，帝国以後の，帝国による，そして帝国によらない市場についてのものである。ヨーロッパの帝国下の市場に特別なはたらきを帰すことは，帝国期がこれら以前の時期といかに異なり，いかに同じなのかという問いを引き起こす。しかし，この問題には答えがない。その構図において，インドにおける非帝国的な文脈を無視した帝国の市場についてのどのような議論も，単純に言って検証しえないだけである。

私は，帝国のはたらきについて，より中立的な立場を採用している。もちろん，帝国は市場にとって重要であり，また過去とは異なる形で重要であった。この違いを，軍事力や，帝国の支援による社会的余剰の収奪に置くことはできない。両者の違いは，市場の統合が実現されたあり方と，それによる帰結として位置づけられねばならない。特定の権益を統合する主体となったのは，法，

言語，知識である。イギリス帝国内の各地では，幅広い法的な融通性があった。そこには，技術の融通性と交換があった。そして，法と技術の交換が優先されたことによって，英語は帝国の共通語にならざるを得ず，その言語が新たな技術や新たな企業へと至る道であったがゆえに，上昇しようとする諸グループによって熱心に採り入れられた。

　法，言語，技術の交換における帝国の傘の結果は，さまざまであった。より広いレヴェルでは，それは，商品と要素市場の取引条件を生み出した。もし，帝国の傘が，モーリシャスのプランターによるインドのプランテーション労働者へのアクセスを手助けしたとすれば，ボンベイの工場主によるランカシャーの工場長へのアクセスにとっても重要だった。イギリスのノウハウが，インドの資本，労働力，自然資源に加わったことによる技術的な横溢は，かなりのものであった。インドの早熟な工業化は，それ以外には説明されえない。他方，帝国は，市場の統合を，契約紛争の爆発的増加というコストだけで，立法を，現地にあった根から引き剝がして，私がこの章で規格化と呼ぶ方向へともっていき，達成した。

　それでもなお，帝国の枠組みにおいて市場統合を追求することは，潜在的には矛盾した事業であった。市場の統合は自由主義と自由の信念を伴うものであり，他方，他の社会の従属という行為はまさに自由の否定を伴うものだった。あらゆる資本主義の諸帝国は，不自由と自由主義との正しい組み合わせをなんとか見出そうと奮闘し，あとから考えてみれば，失敗に終わった。大恐慌の際の世界市場の破綻は，この葛藤をインドで表面化させるものであり，これは次章の主題となる。

第 8 章

恐慌と脱植民地化　1920〜50 年

　両大戦間期は，インドに相反する状況を生み出した。食糧，信用，賃金の危機に瀕する停滞した農村部を背景としながら，製造業と都市のサーヴィス業は繁栄を享受した。1881 年から 1921 年までの間，年率 0.5 ％ から 0.8 ％ の間に留まっていた人口成長率は，1920 年代には 1 ％ を超え，さらに漸増していった。この人口転換点の数年前，耕地面積の増加は止まっていた。1920 年代後期には，一次産品への世界の需要は壊滅状態となっていた。世界市場に農民が売ったものは，製品という観点では以前よりも価値が低かった。製造業は，多かれ少なかれ，混乱の最悪の影響を免れた。しかしながら，大恐慌はインド人が主として所有しインドで製品を販売している企業と，主として外国が所有し世界市場で販売している企業との間にくさびを打ち込み，一方を強化し，他方を衰弱させた。これにより，二つのグループは政治面での利害対立を拡大させ，お互いを潜在的な対抗者だと考えた。帝国を覆う傘は破れ傘のようになっており，サーヴィス輸入への支払いを輸出の受け取りで支払うという古いメカニズムも崩壊し，民族主義的高揚の火に油を注いだ。

　本章では，帝国システムの崩壊と独立への道筋について論述する。この場合，第一次世界大戦の終結時の国内経済の描写から始めるのがよいだろう。

戦　　後

伝統的な姿のまま残っている多くの企業にまじって 2，3 の現代的な企業が

存在するという状況の中で，第一次世界大戦は1914年に始まった。インドは
この戦争で巨大な需要の押し上げを経験したが，それは戦闘には直接参加しな
いものの戦争参加国に売る何か有用なものをもっている他の経済圏と共通して
いた。たとえば，インドの布やジュート袋への需要は，膨れ上がった。最初の
1〜2年，イギリスやドイツからの機械や原料，部品，化学製品などのインド
の工業による輸入は停止し，船舶は転用された。これらの供給制約は，インド
の国内生産が適応したことで，次第に和らいでいった。戦争が終わるまでには，
工業生産は拡張し，新たな工業の開始と古い工業の多様化への条件が熟した。

　第一次大戦の終了まで，インド・イギリス間の貿易には事実上関税がかから
なかった。インドに入ってきたランカシャー布の場合，1895年に課された5
％の一般関税は同率の消費税によって相殺された。しかしながら，それとは
無関係に，双方の国は保護貿易主義および関税収入への依存へと移行していっ
ていた。戦中，イギリスは輸入品のうち選ばれた範囲のものについては関税を
課し，インドにおける類似品の需要をたきつけた。一方で，ランカシャーから
は，インド西部の織物産業とつながりのある個人から，ときおり保護要請がな
されていた。保護要請をする人々にとって，相殺消費税とは大いなる不正義の
象徴であった。

　このときまで政府は，インドの工業については放任政策をとり，防衛や鉄道，
行政のための買い入れについてはイギリスの利権を優先する政策を継続してい
た。戦争は，インドの製造業が非常時の補給源として価値があるということを
示した。それゆえ，戦後は，政府は国内資源に着目し，そうした資源の伸長に
前向きになった。まだ幼弱な産業を支援するための保護関税の利用が，新たな
方策の一部として認可され，その結果，セメントのようないくつかの新しい産
業とともに，綿布のような問題のある成熟産業も実際に保護を受けた。

　1920年代前半に，ボンベイの綿布工場は，それまでの10年にわたるブーム
を享受した後に，予期せぬ利益の低落を経験した。工場主たちを悩ませたこの
危機の原因は，日本と中国が，いくつかの布の等級で，ボンベイが対抗できな
い東アジアの価格水準をもって競合したことであった。1913年から1923年の
間に，輸入綿糸における日本のシェアは重量で2％から46％に増加し，輸入

綿布では 0.3％ から 8.3％ に増大した。全体として，これら三つの国は，彼らの大西洋の競争相手に対し低賃金という圧倒的な優位性をもっていたが，この三国の中での賃金差は小さかった。つまり，インドと日本，中国との価格差は，賃金差ではなく効率性と為替政策から生じていたのである。

　原則として，効率性の増大は，インドにおいてなされうるものだった。1940年に，インドでは，45 万人の労働者が綿布工場で 350 万梱の綿花を処理していたが，日本では，19 万人の労働者が，同じ年に同量の綿花を処理していた。しかしながら実際問題として，生産性の向上とは，労働者を説得してより大きな労働をさせるか，もしくは，賃金を切り下げることを意味するものである。この選択は普通でも簡単な問題ではないが，インドでは経営者が労働者と直接関係せず，親方を通じて対応していたために，より複雑であった。これらの中間にいる者たちの関心は，雇用主の関心と同じではなかった。それゆえ，賃金カットの試みや経営者の権威の押しつけなどは，すでに緊張していた労使関係をさらに悪化させた。

　1926 年にボンベイ工場主協会は，日本との競争は日本における為替操作や労働者の抑圧が背景にある不公正なものであるとインドの関税局に訴えた。この件に関して，工場主たちが皆同じ意見であったわけではない。一部の重要な少数派は，日本の工場は生産と販売において規模の経済をうまく活用しているために成功しているのだと論じた。一部の地方政府は，ボンベイとの競争を望む工場集積地や，一般消費者，手織工など，かなりの量の輸入綿糸を使用している人々の利害を自分たちが代表していると自覚してもいた。しかし，これらのさまざまな見解にもかかわらず，インドの工場には関税による保護が与えられた。

　関税は，インドの砂糖，鉄鋼，セメント，マッチ，紙，毛織物工業の急速な成長を導いた。タタが 1907 年に設立した鉄鋼の一貫工場は，関税と鉄道に対する供給契約という形で助けを得て，早期の破産を免れた。そのようにして，大恐慌の入口の時期には，インドには広汎で分化した製造業が存在していた。そのときまでに利益を上げていたグループは，インド人が所有する企業で，国内市場で営業していたものであった。同様に，戦争の終わりには相当な規模の

銀行業も現れており，この場合も新たな参入は主に地域グループから起こっていた。しかしながら，保護関税は長期的には停滞をもたらした。インドの統合のレヴェルは前の世紀に深化していたが，他の熱帯の輸出志向経済と比べれば，まだ比較的低いレヴェルであった（輸出は，純国内生産の7～9％であった）。鉄道ブームの実質的な終焉とともに，インドの国内収入に対する外国投資の割合は，1％弱で固定化した[1]。しかし，まさに戦間期経済のこれら二つの特徴——工業化と世界市場からの撤退——これらこそが，大恐慌に対する緩衝材をインドにもたらすことになったのである。

恐慌の到来

　他の多くの開放経済と同様に，インドは恐慌の到来を二つの重要な形で経験した。第一は，輸出農産物への需要の低下であり，第二は，現行の通貨システムによってデフレを余儀なくされたことである。実質的な利率は高くなり，負債を負った家は，可能な場合はローンの支払いのために財産を手放した。債務を負った事業は失敗し，銀行には回収ができない債権が残された。その後，他の地域と同様，賃金の引き下げ，旧通貨体制の終了，銀行の回復が経済を健全化させた。

　インドでもこうした一般的なパターンが起こったのだが，しかしながらインドの恐慌にはいくつかの面で他にはない特徴があった。南北アメリカ大陸のように，きわめて厳しい影響を受けた多くの地域とは異なり，恐慌が頂点に達した1929～33年の間，インドでは純国内生産がほとんど変化しなかった（図8-1参照）。海外貿易の停滞により，インドはより鋭い衝撃を免れることができたのである。南アメリカでは恐慌がアメリカによる投資にも影響を与えていたが，インドではそれとは異なり，外国投資の減退はほとんど問題とはならなかった。また，インドの銀行は，その活動範囲の主要部分が農産物の収穫に結び付いており，その結果，収支は季節ごとにバランスがとれたことから，深刻な債務からは比較的守られていた。

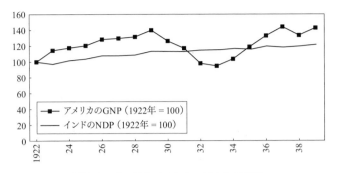

図 8-1　インドとアメリカの国内生産比較

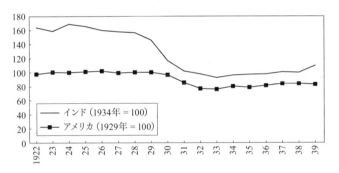

図 8-2　インドとアメリカの物価指数比較（1922〜39 年）

　以上のような事実は，インドに対する衝撃の性質について議論を生んできた。ある論者は，インドがその一つの例であるように，先進国よりも第三世界のほうが有害な影響が小さかったと論じている[2]。この見解は，インドの経済史家の間では，それほど広くは共有されていない。これに対する批判的議論では，調整への負担は，インドでは富裕な者よりも貧しい者により多くのしかかったとする[3]。加えて，恐慌をめぐる調整の不均等な負担には政治的な要因があり，さらに深い政治的影響をもたらすものであったと論じる。第二の見解を支持する証拠の主たる出所は，インドにおいて比較的大きく下落した物価である（図 8-2）。

ねじれた政策対応

なぜインドでは，それほど物価が下落したのか。イギリスは，第一次世界大戦まで，インドの主要な貿易と投資の相手国であった。しかしそれ以降，イギリス帝国はもはやインドからの商品や労働者の主要な目的地ではなくなっていた。イギリスの資本市場は，政府の財政にとっても私的なビジネスにとっても，ますます不安定な供給源に見えた。インドでのインフラ投資は，多かれ少なかれ終わっていた。1929 年までに，インドの多くの影響力のある世論の導き手にとって，ロンドンはインドの権益に無関係なものとなっていた。この意味では，大恐慌に際してのインドの金融政策の動きは，帝国支配からの利益よりも，支配への負担のほうを浮き彫りにするものとなった。

1920 年代後半に世界の商品価格の下落が始まると，貿易収支はインドにとって不利になった。貿易収支と貨幣供給との間の関係は緊密であり，貿易バランスにおける規模の収縮は，貨幣供給に即時に影響を与えた。というのは，金の交換基準が，ポンドに対するルピーの価値を定めたからであった。この場合，国内の貨幣需要が落ちたときには為替の切り下げは論外となるので，調整の負担は，通貨の量に関わってくる。加えて，中央銀行の不在は，通貨政策を過度に貿易に依存させた。政府の予算不足は，紙幣を印刷することによっては解決できないため，1929 年の貿易縮小は，通貨供給を減少させることになった。

インドの公式見解も非公式見解も，ポンドに対するルピーの切り下げを望んだ。しかし，切り下げは容易ではなく，ロンドンにとっても受け入れがたいものであった。インドの収支バランスには，政府会計における収入の流出という毎年の要素があった（第 7 章参照）。この要素は，1930 年代初めには，利息支払いのために増大した。外部との取引に関する他の要素の大半（私的な送金や投資）は，それぞれ小さく，あまり大きな問題ではなかった。政策決定は，そのため，この公的な義務に対応する必要にかかっていた。恐れられたのは，切り下げが，インド政府による外部への義務の不履行を導くかもしれないこと

あった。通貨危機に対処する際に，インド省が通常使えた選択肢はロンドンからの新たな借款であったが，それを行うことは困難になっていた。政府の借款信用は戦間期に落ちていたので，輸入が政府収入の主要な財源となっていた。関税からの税収の喪失は，さらに，切り下げへの公的な抵抗を強めた。結局，通貨供給を縮小すれば物価が下がり，インド商品への需要も増加するであろうとの望みから，ロンドンの主張に合わせてインド政府は通貨供給の縮小を実行に移した。しかし，この目的は，容易には達成しがたかった。というのは，需要恐慌はインドにだけ特殊であったのではなく，グローバルな現象であったからである。それゆえ，需要不足は，深く，長く続くものとなるほかなかった。加えて，需要不足が継続し，そして，それが機能しなくなっていくにつれ，通貨の切り下げに戻ることは，より困難となっていた。

　インドの通貨を下落するポンドに結び付けていた金交換基準は，恐慌以降も停止しなかったが，通貨システムにはもう一つ大きな移行があった。1935年にインド準備銀行が設立されたのである。それは，通貨システムを収支バランスから引き離す最初のステップであった。このことが，この銀行制度が機能する最初の荒れ狂った10年を経験するインド人にとって，良いニュースであったのか悪いニュースであったのかを言うことは難しい。第二次世界大戦時の貿易バランスは，黒字であった。インド準備銀行は，生活必需品の深刻な欠乏が進んでいた時期も，紙幣を印刷して戦時財政に対応した。その結末は，大規模なインフレであった。1929～32年と1942～45年の通貨管理における類似性は，それゆえきわめて印象的であった。

農民と物価

　1920年代半ば，低金利と連年の豊作は，より豊かな農業地域の農民を借金の蓄積へと導いた。パンジャーブでは，豊かな農民が，土地購入や家屋建設のために借金で資金繰りをした。この傾向は，同時代の観察者，特にインド高等文官であったマルコム・ダーリンによって記述されている[4]。恐慌は，これら

の裕福で融資が受けられたような農民の返済残高を押し上げ，痛手を負わせた。恐慌はまた，地代の実質金額を上げたために，あらゆる農民に対して痛手を負わせた。農産物価格の低落は，豊作によっても悪化した。総耕作面積や，米や雑穀の生産は，20年代の終わりには安定し，他方，小麦の栽培は拡大した。価格の低下は，短期の借入をよりコストのかかるものとし，それゆえ商人の在庫品を減少させ，下落する市場にさらに商品を投入させた。

　1930年代初め，世界の農産物輸出業者たちの多くと同様に，インド人も地代の上昇と債務の増大からの圧力の下で，大量の地金を売り始めた。純売却は，常に異常なものであり，それほどの規模の売却は，それまでの1世紀はなかったものであった。私的な取引での大量の地金輸出は，そうした取引で期待できる利益の大きさに沿う動きであった。イギリスが1931年に金本位制から離脱するとした決定は，ポンドの価値を引き下げ，それとともに，金に対するルピーの価値も引き下げた。これらの状況は，ルピーでの金価格の上昇を導いた。18金の場合，インドでの金価格は国際市場での価格よりも低かった。加えて，地金市場がより制度化されていくにつれ，金は両大戦間期には，より流動的な資産となった[5]。次の5年間，これらの金輸出は収支バランスを落ち着かせ，インド政府によるポンド支払いの必要に十分見合う資金を供給した。にもかかわらず，農民の貧困は，民族主義者の議論の的となり，英印関係を大きく損ねた。

　価格の衝撃は，インド農村での一種の矛盾を明らかにした。他方，インド都市部では，より政治的な矛盾が同時に露わになり始めていた。

製造業

　1925年から1935年の間，鉄鋼や製紙，砂糖，セメントなどを含むいくつかの産業の生産能力は，世界的にあまりにも早く拡張しすぎていた。これらの産業は，インドで関税による保護を受けていた。こうしたグループには市場に対応するべく奮闘している企業もあったが，それでもなお，恐慌は，必ずしも悪いニュースではなかった。実質利率は上がったが，その上昇は，製造業に少し

第 8 章 恐慌と脱植民地化 1920〜50 年　231

しか影響しなかった。というのは，製造業はそれほど長期資金を借りてはいな
かったからである。広汎な範囲の資本財が輸入され，過大評価された通貨は，
輸入を儲かるものとした。恐慌は，農業一次産品を含む製造業へのさまざまな
投入品を安価にした。1929 年と 1931 年の間，綿花の値段は綿糸の値段よりも
幾分か早い率で低下し，さらには，平均的な布の価格の低下よりも早く低下し
ていた。

　恐慌の最悪の影響は，海外で販売していた産業に限定された。ジュートや茶
のような問題の多い輸出企業は，カルテルを結び，自発的に生産を縮小するこ
とによって，世界的な需要減から身を守ろうとした。カルテルは，エスニッ
ク・コミュニティごとに形成された。ヨーロッパ人は，ある商工会議所を支配
し，インド人は別の商工会議者を支配したのである。それまで，より少数のグ
ループであり，より周辺的な役割を果たしていたインド人は，支配的カルテル
が実施した自発的な制限によって利益を受け，市場が上向いたときには競争相
手へと成長していた[6]。この脅威に対抗しようと，ヨーロッパの企業は，国の
援助を求めた。これらの動きは，エスニック・コミュニティに沿って企業を二
つの圧力団体に分極化させた。この敵対による苦い経験は，政治的階級の支援
を得て，独立 (1947 年) 後すぐの，茶とジュートにおけるインド人によるイギ
リス企業の一連の敵対的企業買収を生み出した。

銀行の利得

　金資産の流動化が農民たちの資本を奪った一方で，それらの一部は，資産市
場に流れた。安定の回復にともなう注目すべき局面は，民間銀行への預入の伸
びが 1930 年代に加速したために，資金供給が拡大したことである。これらの
預金がどれほど流動的であったかは，確実には確認できない。しかし，恐慌後
に貨幣供給に対する信用の影響が強まり，外国貿易の影響が弱まり始めたと仮
定する理由がある。金融的な介入の増加は，銀行の失敗や不安定な利息率，お
よび二つの大戦によって阻害されたとはいえ，20 世紀初期のインドでは長期

的な傾向であった。しかし，1930年代の初めは，順調な長期的傾向だけでは
説明できない規模の展開を示した。

　一つの刺激は，金の売却から生じた。もし，売却が農民の貧困の証であった
とすれば，それはインフォーマルな金融業者の収支を改善したことにもなる。
1931〜35年，金の純売却額はいつになく高かったが，同様に，銀行の貸出や
株式会社の総払込資本の増加も異常であった。銀行危機になだれ込むのとは
まったく反対に，恐慌は銀行ブームの諸条件を生み出した。株式会社への払込
資本の増加全体の中で，47％は金融関係の企業によるものであった。この数
値は，第一次大戦期には投資の増加のわずか4％，1920年代にはわずか7％
しか金融部門にいかなかったこととは対照的である。1930年まで，銀行業の
ブームもしくはスランプは，中小規模の銀行の数が大きくまた突然変化するこ
とで示されていた。1930年と1931年には，いくつかの資本規模の大きな銀行
が倒産した。しかし，銀行破産に関係した平均および総資本額は，その前の
10年間のほとんどどの年と比べても，1932〜35年において最も低かった。銀
行ブームの以前の事例とは異なり，1930年代には，新しい支店を多く開設し，
以前よりも精力的に活動したより大きな，そしてより名前の知られている銀行
が，比較的順調に成長したのである。この影響は，政府系の銀行である帝国銀
行の貸出率の劇的な低下と，偶然にも結合した。

　では，いったい金はどこに向かったのか。銀行業のこの成長のうちどれだけ
が，新たな投資へと姿を変えたのか。インド経済における貯蓄率は，戦前の平
均と比べて，1930年代にほぼ倍増した[7]。このことは，総資本形成における都
市部の比率の急激な増加と一致していた。さらに，農業危機は，農村部の企業
家の注意を，地域的な資源に重点を置く工業に向けさせた。1930年代初めに
は，小規模の地場企業の目覚ましい成長と，証券価格の大きな上昇があったの
である。

労働者の一時的利得

　賃金の交渉余地の大きさは，農村部であれ都市部であれ，雇い主にとって，恐慌の調整をはるかに容易にした。恐慌の初期にあたる 1929 年と 1930 年には，農産物の最終販売者にその焦点が合った。この衝撃のはっきりしない初期の局面では，主要な受難者は，都市や田舎の輸出業者であった。しかし，労働者たちは思いがけない贈り物を経験した。これらの 2 年間の物価は，ほぼ半分になったが，貨幣賃金は安定していたのである。工業や農業の労働者への実質賃金指数の多くは，1931 年まで増加を示している。1930 年からは散発的に，1931 年からは一般的に，賃金は全面的に落ちていき，30 年代の半ばまで下落が続いた。賃金引き下げは，農村部から工業にまで広がった。同様に，ボンベイやアーメダバードの綿布工場の実質賃金は，1929〜31 年に急激に上昇したが，1932 年からは貨幣賃金の切り下げが広がり，それ以前の上昇をほとんど完全に打ち消すに十分なほど大きく下がったので，1934〜37 年の実質賃金は，1920 年代半ばのレヴェルよりもわずか 10 ％高いだけとなった[8]。これらの調整は，平和裡には生じなかった。1930 年代，多くの綿工場において，賃金交渉が死活問題となったとき，大きなストライキや工場閉鎖が生じた。新たに〔新インド統治法による〕選挙で選ばれた各州の政府は，政治的動員の運動が逸脱していく可能性があることから，この不安を真剣に受け止めた。それゆえ，政府は，「和解」の過程に，より深く引き込まれることになった。

脱植民地化

　恐慌は，多くのインドの観察者に，19 世紀的な前提での帝国の結び付きはもはや成立しないということを示した。しかしながらロンドンは，この問題からまったく正反対の結論を引き出した。20 世紀への転換期には，イギリスの商品がイギリスで受けているのと同じレヴェルでインドの商品が保護を受ける

という帝国特恵の考え方が議論されたことがある。その考え方は，綿布への差別的物品税と同じように，不人気であり，論争となった。しかし，大恐慌後に世界全体が攻撃的な関税政策に動き出したときに，イギリス帝国を関税同盟にしようという試みが復活した。オタワの帝国経済会議（1932年）は，帝国内部で取引される商品への関税低減を提言することにより，このような考え方に具体的な形を与えた。この合意はインド人企業には初めは歓迎されたが，すぐに議論となった。それは，貿易の方向性についての二つの長期的な傾向，すなわち，イギリスが帝国市場への依存を深めることと，自治領やインドがイギリス市場への依存度を低下させるという傾向を変えるには効果がないことをきわだって証明した。これらの傾向は，帝国特恵によってはほとんど抑えられることはなかった。しかし，新たな取り決めが知られるようになると，取り決めの中のイギリス以外のパートナーたちは，特恵関税により，彼らの商品が帝国外部において依存するようになった新たな市場で差別を受けるようになることを恐れた。1930年代のインドにとって，たとえば日本とアメリカは，貿易相手国としてイギリスよりも重要になりつつあった。それゆえ，特恵貿易は，インドの対外交易を，以前よりも困難な方向に進ませる役割を果たした。

　経済的ナショナリズムのもう一つの舞台は，農村部であった。北インドの農民は，市民的不服従運動（1930〜31年）に動員されていた[9]。農民の困窮は，M. K. ガンディー指導下の会議派に，エリート運動を大衆運動へと転換するチャンスを与えた。インドの植民地政策に反対する，組織化され広い基盤をもつ最初の運動に，地代引き下げと借金棒引きを求める主張が，地域からの不満として加わったのだ。興味深いことに，農民参加の規模は，地域ごとに異なっていた。運動の強さは，より肥沃な土地でより水に恵まれた地域で大きく，その結果，そこでの運動は比較的裕福で政治的な野望のある農民階層を引き寄せた[10]。このような状況は，デカン高原よりも，ガンジス平原中部で高まった。インド国民会議派は，最終的に，小作農が望んでいたよりはわずかしか分配を行わなかったが，それはとりわけ，運動が始まってすぐに，唐突に運動が取りやめられたからであった。会議派はまだ，大衆基盤を有する政党からは程遠いものだったのである。しかし，このエピソードにおいてはっきりしているのは，

その広汎なひろがりにより，会議派が，貿易や為替の自律性を要求する最も期待しうる足場となったことである。

「1930年代までに，会議派は，工業家と有力な企業家という新たな献身的な同盟者を得ていた」[11]。マルクス主義者の記述では，インドのビジネスは，ヨーロッパ資本によって圧倒され，会議派との提携に押しやられる，ビジネス世界においては圧迫された少数派として登場する[12]。しかしながら，このような描き方には，難点がある。なぜインドの企業が，この時期に結集したかを説明しないからである。明らかな答えは，ヨーロッパの資本が，以前のどの時期よりも弱かったということである。政治的な活動のタイミングを説明するには，我々は，帝国がインドのビジネスにとってより収益がなくなったことと，政府の政策に影響を与えるチャンスを増やしたという，恐慌が引き起こした混乱を考慮に入れる必要がある。

その試みにおいて，会議派はきわめて不完全な乗り物であることを示した。会議派は，企業を代表し，そこから寄付を集めたが，都市労働者に肩入れせざるを得ず，決定的に企業に味方する役割を果たしえなかった。企業の圧力団体の側も，互いの利害関係に大きな違いがあった。ボンベイでの組織的な労働組合の抵抗は，将来的な労働力の雇い主を怖気づかせていた。それゆえ，新しい工場は「田舎」，つまり賃金が低く労働者が組織されていない綿花耕作地帯のただなかに設立された。これらの田舎の工場は，労働問題が頻発するボンベイの工場のおかげで便益を得た。会議派は，さまざまな階級の利害を包含することによって，必ずしも積極的に力ずくで行動せずとも，成功することができたのである。

戦間期の政治が生み出した二つの主要な副次的影響は，共産主義とコミュナリズムの勃興であった。ビジネス階層内部の多くの分裂における特別の局面であるヒンドゥーとムスリムの間の分裂は，1940年代に特に重要なものとなった。クロード・マルコヴィッツは，双方のビジネス・コミュニティ内部におけるエリート間の違いが，インド・パキスタン分離独立への考え方を形成したと指摘している。強力な中央政府を志向するヒンドゥーのビジネス・エリートと，強い連邦制と弱い中央政府を望むムスリムのエリートとの間に対立が高まっ

た[13]。インド共産党は，1925 年に設立された。その時から，階級闘争の考え
は，民族運動と結び付いた。このような結合は，モスクワが好み，帝国主義は
資本主義の成熟段階であるとのレーニンの理論によって鼓舞されたものであっ
た。そして，この考え方はまた，会議派のリーダーシップに幻滅した民族主義
者の一部にもアピールした。この幻滅は，非協力運動（1920～22 年）の撤回後
に強まった。階級闘争とナショナリズムの結合は，共産主義者の力の源泉で
あった。なぜなら，共産主義者は，ブルジョアの舞台であると一部では見られ
ていた会議派とははっきりと異なる政治的アイデンティティを保持する一方で，
労働者階級を民族運動に引き入れることを現実的に期待することができたから
である。しかし，民族主義と労働組合主義に加わることは，共産主義運動を分
裂させた。1926 年のコミンテルンは，インドに関する議論が沸騰する機会と
なった。その二つの目的の間の混乱は，ソ連が第二次世界大戦にイギリスの同
盟国として参加した際に，党に痛手を与える形で戻ってきた。

　八方塞がりの農村部と不安定な都市経済を背景として，第二次世界大戦が始
まった。第一次世界大戦とは異なり，この場合には，インドは戦争の舞台と
なった。すでに悪化しつつあった農業によって弱体化していたベンガルは，
1941 年，日本軍によって，シンガポールやビルマ，アンダマン諸島が陥落し
た後に，戦争の東の前線となった。また同じように，第一次世界大戦時とは異
なり，普通のインド人がイギリスの政治的問題に関与することの意義は，すで
に疑問であった。戦争は，インドの権益に対し政治的に敵対し，軍事的崩壊に
追い込まれていた帝国権力が戦っていた。長期の戦いを恐れて，政府は躍起に
なって兵に米を供給したが，不幸にも，モンスーンによる洪水と不作の年にそ
れを行わなければならなかった。新たに設立されたインド準備銀行は，紙幣を
印刷することで戦争を財政支援した。それがもたらしたインフレは，ベンガル
飢饉（1943 年）を悪化させ，あちこちに惨状をもたらした。

む す び

　もし生産動向のみを見るのであれば，恐慌はほとんど被害をもたらさなかった。インドの対外部門はすでに限定され縮小しつつあり，そのため経済の多くは崩壊を免れた。なおかつ，政治的には，1930年は分岐点であった。一見穏やかな風景の下で，債務者と債権者，輸出業者とインド国内市場の販売業者，そしてなによりイギリスとインドの間での紛争が勃発していた。

　この状況は，インドの企業家と英印政府との間の信頼関係を損ない，ヨーロッパ人とインド人の企業に，民族運動における加担先を選ぶことを強いた。二つの大戦と恐慌は，一方に力を与えて他方を弱体化し，コミュニティごとの分断を深め，共産主義勢力を強化した。帝国は，そのいずれの利害にも役立たなかったようであった。政治家や事業家は，インドの独立後にやってくる経済運営の形の概略を描いたマニフェストを書いていた。これらの記録は，インドでのイギリス植民地主義の象徴である市場統合への嫌悪感を，ほとんど隠さないものであった。

　独立（1947年）後の2～3年間，こうした構想は，次章で見るように，いかにも楽しげに実施された。

第 9 章

貿易から援助へ　1950～80 年

　植民地支配の終了（1947 年）からの数年間，インドは，国際的な要素をその国内経済の中に埋め込みなおした。インドは，海外貿易と投資から着実に身を引き，労働移民の流れも，1970 年代に復活するまでの約 20 年間，歩みを遅らせた。インドはまた，世界の海外援助の最大の受け手の一つとして浮上した。そして，この援助は，国家の開発戦略の中で，明確な役割をもっていた。

　独立以前，インド国民会議派内部の主要な知的考え方の流れは，より平等な収入と富の配分を確実にするために，国家が生産資源をコントロールする必要を強調していた。この社会主義的な立場は，ソ連の開発モデルによって想起されたものであった。強調されたのは，国家的所有，配分，そして計画であった。1950 年代から 80 年代の間，これらの考えは，インドの知識人たちの間での，非公式な合意の一部となっていた。こうして共産主義者と主流派は，妥協に至ったのである。国の最初の首相であるジャワハルラル・ネルーは，戦間期インドのこの二つの政治的伝統の結合を代表していた。

　国家は工業を起こし，その一部を国有化した。鉄鋼と重機械の拡大は，ほとんどすべてが国家部門でなされ，民間航空も国有化された。政府は，輸入された資本財への特権的なアクセス権を保持した。政府はまた，相互技術協力合意の主要な牽引者となった。多くの外国援助は，資本財として，そしてこれらの合意にともなってもたらされた。民間部門は，この合意を受け入れた。国家と市場との分業においては，市場は消費財を提供する課題を与えられた。海外貿易と外国資本に課された制限は，インセンティヴとなった。その代わり，雇用者は，製造業での雇用を保護する法体制を丸呑みしなければならなかった。再

び，左翼とナショナリズムの中心的な伝統との間の妥協がなされたのである。

　端的に言って，新たな体制は，世界経済に背を向けたのではなく，インドの
グローバリゼーションを，国家が管理する援助資金プロセスに向けたのであっ
た。この選択には，どのような合理性があったのか。なぜ，それは，最終的に
放棄されたのか。第9章は，これらの問題に答える。

援助資金による工業化

　貿易よりも援助を好む政策は，脱植民地化とナショナリズムによって形成さ
れた。しかし，1950年代には，工業化における援助の正確な役割についての
議論も，開発政策についての専門的な言説の中でなされていた[1]。専門的な言
説は，なぜ資本が少ない国家では，資金を海外で調達しなければならないかを
示していた。ただし，なぜ民間の外国投資が抑制されなければならないかにつ
いての積極的な理由は示さなかった。それが示したのは，外国援助の利点が，
民間部門にとってアクセスできる資金源と比べてコストが低いということと，
援助は民間投資よりも管理された工業化戦略に適しているということであった。
外国援助で特に力点が置かれたのは，投資そのものとの統合ではなく，公的部
門での資本財生産との統合であった。保護的関税は，脱植民地化の経験の中で
すでに先例があった。さらに，1950年代の世界的な開発言説は，世界貿易の
20年にわたる混乱を受けて，自由貿易に対してあまり希望をもっていなかっ
た。

　海外の資源は，単にそれらが安いという理由だけではなく，技術を購入する
政策にとって補助となるという点で必要とされた。資本財は，もし輸入された
としたならば，財政的な裏付けが必要であった。もし国内で生産されたならば，
外国のノウハウと設備を必要とし，外国から購入しなければならなかった。貿
易への障害を前提とすると，インドの輸出収入は，こうした輸入を財政的に支
えるには不十分であった。加えて，工業化の偏重は食糧生産の軽視を必然的に
ともない，深刻な食糧危機を避けることが重要な優先度を有するようになり，

第 9 章　貿易から援助へ 1950〜80 年　241

表 9-1　援助純受取の相対比率（%, 1950〜2003 年）

	対 GDP 比率	対投資比率	対資本収支比率	GDP 中の投資比率	総投資に占める公共部門比率
1950	−0.2	−2.2	55	9.1	NA
1960	2.3	14.4	64	15.9	44.2
1970	1.1	6.1	116	17.4	37.8
1980	1.3	5.1	85	24.2	44.3
1990	0.8	2.9	31	26.5	38.4
2000	0.1	0.4	5	24.4	28.3
2003			−14		

注）総流出の数値は，ルピーの借款返済を含まない。

再び海外援助が必要となるのであった。

　独立後の最初の 15 年間，インドの純援助流入の 3 分の 2 は工業発展に向けられ，残りはインフラにあてられた。石油と鉄鋼が，海外資金を受ける産業のリストを独占した。鉄鋼は，工業開発への援助の 4 分の 1 を占め，政府が設置する新しい生産設備に資金が使われた。国ごとに，関わり方は異なっていた。アメリカの援助全体のうち，ほぼ半分は PL480 と 665 の枠組みによる食糧・物品援助であった。これらは，小麦の形で 1950 年代に入ってきた。残りの額のうち，工業開発は，石油やガス，鉄鋼，重機を含めすべて公的部門で，半分強を占め，残りは鉄道，電力，灌漑開発にあてられたが，しかしこれらも政府下のものであった。西ドイツ，ソ連，イギリスの援助は，工業開発に向かい，カナダと国際復興開発銀行（IBRD）の援助は，インフラにあてられた。最初の IBRD のアジアにおける融資は，1949 年のインドの鉄道開発へのものであった。1950 年代後期には，13 のメンバーからなるインド援助コンソーシアムが設けられ，援助の流れを促進し，協力することになった。優遇的融資や条件内容については，主要な関心とはならなかったようである。

　援助を受けた二つの主要な産業は，石油と鉄鋼であった。両者は政府の優先産業であり，いずれの場合も，援助の使い方をめぐって，西洋の援助側とインド政府との間で嵐が生じた。1950 年代前半，インド政府は，石油の多国籍企業と，輸入や石油探査の交渉を行うことは困難だと感じていた。イタリアによるパイプライン建設への援助以外には，西洋の援助は，公的部門の石油精製や

探査プロジェクトにはまったく入ってこなかった。1955年までに，インド政府は，バーマ・シェル，エッソ，カルテックスと石油精製事業の拡張について協定を結んでいた。アッサム石油会社は，原油生産と精製に関しての既存の外国企業であった。しかしすぐに，民間企業では国家の関心には十分に役立たないと感じられるようになった。したがって，その後の数年，政府は，苦労しながら，アッサムでの探査プロジェクトの協力関係を，オイル・インディア会社と呼ばれるジョイント・ヴェンチャーを通じて築き，グジャラートでの探査は，石油天然ガス委員会（ONGC）と呼ばれる部局を通じて，自らが媒介者となって進め始めた。さらに，インドは，ソ連が世界の石油の新たな主要生産者として登場したことを歓迎した。1950年代後期には，ソ連の援助が精製プロジェクトに導入され始め，インドはソ連の石油への依存を急速に高めた。

　1960年代になると，東西間の溝は，さらに深まった。問題となったのは，援助を国家の経済面における主導権と結び付けるという点であった。アメリカの外交政策の内部で，アメリカの援助がインドの社会主義の手段になっていることについて，意見が分かれ始めていた。デリーのアメリカ外交官グループは，インドの提示する条件でインドとアメリカが協力関係を構築することに好意的であった。しかし，彼らの見解は，アメリカ議会を納得させるのに失敗した。他方，ソ連については，このようなジレンマはなかった。インドでは，ソ連の援助への支持が増えていった。西洋の資本に対しては，外国援助を「補う」ものとしてであれ，あるいはそれに代わるものとしてであれ，つねに抵抗があった。外国援助が私的に管理されたノウハウへの依存を示す限り，インドの西洋からの援助への依存は，決してインド人政治家に全体的に受け入れられるものではなかった。ソ連の援助は，この点からすれば，より害が少ないように見えた。幾度かにわたり，西洋企業と政府との石油および鉄鋼プロジェクトの交渉が決裂し，このことが，インド政府をさらに用心深くさせたのである。しかしながら，これらの状況だけでは，インドをソ連との結び付きの強化に向かわせはしなかったかもしれない——もし戦争と飢饉がなかったならば。

　1965年に，独立後のインドで最悪の出来事となる農業不作が生じた。パキスタンとの戦争や，債務，食糧輸入は，外貨準備を枯渇させ，インドにより多

くの食糧援助を求めさせることになった。インド援助コンソーシアムは，インドが通貨切り下げを行うことを条件に資金援助を申し出た。インドのエコノミストの少数派は，切り下げが経済的な現実策であると考えた。しかし，ほとんど他のすべてのものは，動揺した。大企業や労働組合は，それが自由貿易への動きであるとみなし，まだ国はその準備ができていないと考えていた[2]。議会では，政府は食糧と引き換えに自由を奪われたとの批判を受けた。そして，通貨切り下げは，最善でも収支バランスの一時的な救済となるに過ぎず，最悪の場合には，経済的自給自足へと感情を硬化させるものであった。ここでも，インドとソ連の貿易は，こうした心配事には無縁であった。

　1960年代後期までには，ソ連は，インドの社会主義的な工業政策の追求の主要な協力者として静かに地位を固めており，他方，公的部門での工業化への傾斜の深まりは，インドと西洋のパートナーとの関係を損なわせていた。これらのイデオロギー的な緊張よりもさらに重要であったのは，1965年から1971年までの間，つまり，インドとパキスタンが二度の戦争を行った時期に，南アジアが冷戦の舞台として浮上していたという点である。1960年代の前半，中印紛争，中ソ紛争は，インドとソ連のこの地域での軍事的利害を直接に一致させた。インドは，ソ連の武器に依存したのであった[3]。

　政治的な状況が，インドをソ連との友好へと進めたが，経済の方は重い負担が見え始めていた。輸出収益は，借款の負担に十分見合うものではなかった。1960年代半ばの通貨危機の後に契約された新たな援助の大半は，借款返済のためのものであった。輸出収益における借款返済の比率は，1964年から上がり始めていた。

　興味深いことに，この危機への反応は，このシステムの弛緩ではなく，さらなる硬化であった。インドの貿易と為替政策は，1970年代にはさらに狭量なものになっていった。関税は引き上げられ，為替交換比率は管理され，かつ過大評価され，輸入ライセンス制はさらに厳しいものとなった。民間部門は，ライセンスをもっている場合にのみ輸入できるが，ライセンスの取得は困難であった。投資資金元に対する管理維持のために，銀行と保険会社は1969年に国有化され，利率も統制された。工業化戦略は，拠って立つより多くの支柱が

必要となったのである。

1970年代に惨状を避けるうえで最も助けとなった二本の支柱は，いわゆるルピー貿易と海外からの送金であった。ルピー貿易というのは，ソ連の石油の代金を，兌換可能な通貨ではなく，インド商品で支払うというやり方であった。このことは，ソ連が機械と中間財を売り，インドが消費物資や原料を売るという，植民地的な商品特化のパターンを育てた。ソ連はインドの最大の貿易相手ではなかったが（ルピー交易の最高時でも，ソ連は第四位の相手国であった），インドのエコノミストの一部は，このバーター取引が，西洋からの圧力に対する緩衝材となると考えた。依存度は急速に増し，1960年代の終わりには，インドの輸出の4分の1はソ連への借款返済に回った。第二の要因は，送金であった。2度のオイルショックが輸入石油に深く依存している経済に景気後退の影響を与えたが，ペルシア湾岸での経済ブームは，インド人移民に大量の雇用をもたらした。

これらの要素のすべては，近づきつつある危機を遅らせただけであった。輸出は不調のままであり，製造業の成長率は弱く，工業都市には失業が溢れていた。実質賃金はほとんど上がらず，公的部門も同様であった。人口増加率は漸増し，1970年代には年率2.3％という破滅的な割合に達した。1970年代の緑の革命の成功は，食糧危機を何とか支えたが，地域の不均衡を強め，毛沢東主義農民運動の火に油を注いだ。

1980年代にさしかかった時期の学問的論争において，新自由主義の声はきわめて重要な形で表明された。学会の内部では，停滞の起源について意見が二分されていた。左翼は，資本家の過少消費の性向および外国権益との提携を非難した[4]。新自由主義者は，低い私的・社会的な便益しかもたらさない，資本の浪費につながるプロジェクトへの政府の過度な投資に，工業の停滞をもたらした責任があるとした。1980年には，ソ連は自身の消滅の危機に苦悶していた。ルピー貿易の終了は，輸入技術に依存したいかなるその後の投資戦略も，輸出からの収入によって資金調達しなければならないことを意味した。危機は伝染し，自給自足政策が当時拠って立つところの多くの支柱を次々に傷つけた。国家部門への重い投資は予算不足を招き，それを輸入で埋め合わせねばならな

かったが，それはさらに厳しい為替管理によって「解決」されるべき収支バランス問題を引き起こした。

1980年代初期に，為替交換率が，注意深く切り下げ始められた。1980年代半ばには，民間部門の技術輸入が選択的に許された。80年代後期に，援助と送金の流入が減少したとき，本格的な関税改革が推進されることになった（1992～95年）。

これらすべての話は，インドの工業化の狭量な戦略の失敗の話ではなく，国家に工業化を任せることに関係する困難さを表している。問題は，単に市場の役割が小さく，国家の役割が大きいということにはなく，運営に許可を要するような小さな市場は，政治的な圧力に晒されやすいということであった。1950年代と60年代には，自由主義的なイデオロギーによる安価な刺激剤のような援助が，援助への依存症を創り出すことが示された[5]。援助をめぐる当初の議論は時代遅れとなったが，贈り物がもたらすモラルの崩壊の形となって戻ってきたのである。金の贈り物は，受け手に，金を稼ぐことと貯めることについて，心を弛ませてしまうのだ[6]。

外国援助の直接の影響についてはこれで十分として，援助と共にやってきた，ノウハウを学ぶという形での建設的な外来要素はどうだったのだろうか。

ケイパビリティと知識

インドが受けた広汎な知識面の援助の結果，個々のプロジェクトにおける外国のノウハウの利益およびコストに多くの関心が向けられた。その経験は多様であった。一方で，鉄鋼工場のようなうまくいかなかった西洋の援助では，インドの官僚たちは，外国人技術者を批判し，他方，外国人はインド人の経営の不手際を非難した。一方，ソ連の援助では，問題はある種の退行とコストの問題であった。ソ連が援助した鉄鋼と石油のプロジェクトの単位当たりコストは，西洋のそれよりも高かった。ソ連の資金援助でなされた大半のプロジェクトは，一回限りの形で大規模に実施された。そのようなやり方は利子負担を節約した

が，1970年代にはすでにグローバルな最良の水準からは遅れつつあった技術パッケージへの依存度を増すものであった。協力のより興味深い影響は，暗黙知の交換であり，この点についてはよく研究されていない。この交換の効果は，外国と国内の技術者との間の交流の質と，上級技術者のインド人化の機会に左右される。インド人は，ロシア人の同僚との交流を容易なものと見たが，ドイツ人やイギリス人の技術者との交流は，より形式的なレヴェルにとどまり，社会的レヴェルに限定された。

　民間の外国投資はあまりにも少なかったので，民間部門によるケイパビリティ〔能力〕形成について語ることはほとんど不毛である。とはいえ，わずかではあるがやってきた投資が，国内での学習を可能にしたとの同情的な記録もある[7]。狭量さが，薬品産業での革新をもたらしたともいわれている。インドの特許法は，特許のある薬品と競合関係がある場合，もし別の処理方法で製造したと主張できれば，薬品の生産を許可した。この暗黙の保護は，国内産業でのより自由な革新を可能にし，最終的には強力な研究インフラを有する一連の企業を生んだ。こうした事例は，しかしながら，学習が，織物や機械器具，家電およびその他の多くの産業でいかに妨げられたかを示す山のような証拠のなかでは，霞んでしまうものである。

　工業化戦略のもう一つの学習効果は，技術教育に対する社会的優先である。技術大学（一部は援助により設立された）をたくさん創設するという決断は，独立後すぐになされ，工学の学位を授与した少数の植民地期の技術機関に，かなりの数が加わった。ほとんどすべての大学出身者は，土木工学関係者で構成されていた。工学系の卒業生の数は，1947年の年に約100人から，1987年には4万人以上になり，人口100万人当たりの工学系の卒業生は，1947年のほとんどゼロから，1980年には30人へと増加した[8]。しかし，この成長の大半は，政府系の機関や大学で生じており，土木や機械工学に集中し，政府系の公共事業局や新たに設立された製造業に技術者を供給した。技術教育の規模は大きく拡大したけれども，土木工学専攻が他を圧倒する状況は，植民地のパターンの影を映すものであった。このパターンは，1990年まで存続し，この年になって初めて，技術教育での革命が始まったのである（第10章を見よ）。

経済自立政策と脱工業化

　インドの工業化のはっきりとしていないもう一つの物語は，脱グローバリゼーションとその結果としての，インドの最も知られている輸出向け製造業の衰退であった。茶，ジュート，綿布は，その代表的な例である。〔世界経済からの〕撤退は，選択によって起きたのではなかったし，貿易政策の単純な結果でもなかった。むしろ，政府が，機械・設備の貿易や技術協力，外国投資などの形での，市場を媒介とした知識の輸入を阻止したことの結果であった。外国であれば何でも悪いという民族主義的な感情は，ガンディー的な，小さいものは美しいという考え方とあいまって，インドの製造業がグローバル・スタンダードに適応することを困難にした。

　外国の民間資本への表面的な譲歩にもかかわらず，外国投資に関するインドの議会の一般的な立場は，1960年代から70年代を通じて敵対的なものであり，さらに硬化していった。しかし，同時に，資本に大きく依存している工業化の望ましいパターンは，外国資本への譲歩なしには進まないということも認識された。その結果は，外国直接投資についての，深く矛盾した感覚であった。1960年代に政策セミナーに参加した一人が，「植民地的過去」の時代の民間資本は，「隷属を意味する暗い影」であった，しかし，「ビタミン剤の投与は，病んだ過去のインドにとっては悪いことだったかもしれないが，同じビタミン剤は，いまであれば活力をもたらす」と述べている[9]。しかし，このような論理に安堵を覚えた多国籍企業は，多くはなかった。

　ソ連の安全弁が機能していたとき，外国企業は1970年代の二つの制限的法律の下に置かれた。それは，独占・交易制限法（ほとんどの多国籍企業は，平均規模を基準とした「独占」の定義の中にあった）と，外国為替制限法であり，これらは利益を海外へ送還することを困難にするものであった。他方，高い関税障壁は，世界の先導的消費財生産メーカーが，インドで支社を開設する機会を提供していた。そのシナリオでは，ヒンドゥスタン・リーヴァー，フィリップス，ジョンソン・エンド・ジョンソン，ネスレ，グラクソなどの消費財企業や

製薬会社が，少し支配を薄めたような形でインドでの営業を続けた。コカコーラやデュポンなどの2，3の企業は，1973年までは存在していたが，それ以降インドを去った。この政策の真のコストは，インドを去ったものではなく，留まったものによって測ることができる。おそらく，留まったものの大半は，周辺的な技術や設備，処理方法をもつ専門的企業であったろう。

　茶とジュート産業，およびインド人が潜在的には競争力を生み出せるような多数の他の領域では，資本はすでに大半が外国の所有となっていた。世界の茶輸出におけるインドのシェアは，2003年にその輸出が歴史的な低さに到達するまで，継続的に落ちていった。植民地期の市場の多くは，スリランカ，ケニア，中国によって奪われていた。西洋の市場では，その撤退は劇的なものだった。対照的に，茶は，ルピー貿易方式では，好まれた品目だった。インドの茶輸出は，それゆえ東ヨーロッパ市場への依存を深めた。より大きな外国企業は，利益送還が困難とされている事業への投資は好まなかったため，成長は小さな茶園に集中した。小茶園は，大量の普通の茶を緑茶の状態で生産し，それを茶を購入して処理する工場に送った。これらの茶は，ブランドがなく，品質管理はほとんどなされていなかった。摘み取りの水準は粗野なものであり，摘み取られた葉の扱いやその輸送も同様であった。端的にいえば，インドで処理を行う茶の生産は，低品質，低価格，ブランドなしという見方を広げ，国際的な消費市場では失敗として認知されたのだ。

　綿工場での脱グローバリゼーションは，多少異なる道を辿った。1948年，綿布（管理）法は，インドの手織工を守る目的で導入され，織布工場の能力を凍結し，工場製の布に以前より多くの税をかけ，手織機に優先的に製品生産させようとした。その後の数十年，この政策は工場の衰退を促した。グローバルなブランドとしてのインドの綿布産業は破壊され，インドは，まさに東アジアや東南アジアが布輸出で工業化を実現したその時に，輸出から撤退したのである。生産能力への制限は，技術的近代化への興味を失わせるものであったのだ。インド綿布の質と種類は，初歩的水準のままで留まった。驚くまでもないが，消費も減退した。所有者や経営者は，いずれにせよ沈んでいくであろうと考えた会社の資産を手放した。植民地時代の工場の大半は，時代遅れの機械ととも

に，新たな機械を購入する資金がないまま取り残された。確かに，工場は一定量の糸を生産し，輸出し続けた。しかし，布生産からは完全に撤退した。

1950年から1970年の間，ジュート産業は，あらゆる種類の逆境と闘うことになった。独立後すぐに，ジュートへの投機家と一発屋の株ブローカーが共謀し，カルカッタの一流の海外企業の敵対的乗っ取りを行ったが，それは，しばしば，それらの企業がもっていた流動資産に目をつけてのことであった。この動きは，デリーやカルカッタの体制側から，暗黙の了解を得た。ジュートはまた，大型包装において，化繊の代替品からの競争に直面した。この競合は，すでに弱かった産業状況の故に，やるべき価値のある対応を引き出すことができなかった。この危機に対する公的な反応は，インドの包装業者にジュート袋を強制的に買わせるという政府命令であり，病弊を大きくしただけであった。この命令については，正当な批判がなされ，いくつかの産業は命令を公然と無視した。

農業へ深く影響をおよぼした変化の一つは，農民と世界経済の間の関係を徹底的につくりなおしたという点である。農業製品輸出は，禁止されるか，もしくは政府系の売り手に輸出ライセンスが与えられた。優先された目的は，飢饉の回避であった。この目的のために，政府はまた，食糧配給の分野にも介入した。農民が世界市場へのアクセスを失っていたのに対し，緑の革命の種子の輸入を国家の命令の下で推進するために，精密なインフラが創られた。端的に言えば，農業はグローバリゼーションを剥奪されたのではなく，市場から国家に，そして貿易から知識へと仲介者が変化したのである。

新たな結び付き

冷戦は，世界を貿易ブロックへと分裂させた。貿易ブロックの形成におけるインドの経験は，二つの局面，すなわち，第一局面の共産主義の影と，第二局面における地域主義の未成熟なスタートからなっていた。

1949年，消えつつあったイギリス帝国内部での協力と商業的つながりを確

保する課題は，イギリスと，以前の，および現存の植民地の協会であるコモン
ウェルスに引き渡された。「コモンウェルス」という言葉は，19 世紀のイギリ
スの政治家によって，帝国の積極的な表現として使われたことからきたもので
ある。初期には，協会を創るロンドンの望みは，インドの 1947 年の分離の影
響を和らげ，南アジアが共産主義陣営に入るのを止めることであった。長期的
には，コモンウェルスは南アジア内部の調整には失敗したが，かつて植民地化
された諸国家が協力できる知的交流という点に関しては，重要な役割を果たし
た[10]。

　にもかかわらず，ソ連やアメリカ，中国の，南アジアに対する影響は冷戦の
あいだ増大した。1970 年以降，インドの防衛政策は，ソ連に近づいたが，それ
は，一部はパキスタンがアメリカと中国に接近したことへの対応としてであり，
一部は，経済イデオロギーにおけるインドの強い社会主義的傾向の延長として
であった。イギリスが北大西洋条約機構（NATO）のメンバーとなったことは，
冷戦をめぐる提携関係の中で，イギリスをインドから遠ざけた。コモンウェル
スのより多くのメンバーが独立を勝ち取るにつれ，グループにおけるイギリスの
インフォーマルな指導的地位が弱まり，その結果として，コモンウェルス問題
についてのイギリスの外交政策の関心も弱化していった。コモンウェルスに代
わり，国連や非同盟運動，そして，最後には南アジア地域協力連合（SAARC）
が，競合する団体として浮上した。

　イギリスとインドとの経済的つながりを確保するという点においては，コモ
ンウェルスは，二つの国家の利害が乖離していたことからすると，おそらくあ
まり関係がなかったであろう。インドとイギリスの貿易と投資の関係は，独立
後の 40 年間，弱くなっていった。インドでのイギリス資本は縮小した。イン
ドの対外取引も，イギリスからアメリカ，ドイツ，ソ連，そして日本へと方向
が変わった。1947 年，イギリスはインドへの機械の最も重要な輸出供給者で
あったが，他の工業国家が，次第にイギリスのこの役割を奪っていった。イギ
リスの対外部門は，ヨーロッパとより緊密に統合され，かつての植民地からは，
自らを引き離そうとした。

　非同盟運動は，開発途上国の間の協力を公言した組織であった。この，緩く，

議論に明け暮れた同盟は，建設的協力の貧弱な訓練舞台であったが，冷戦の終わりにかけては，すでに時代遅れのものとなっていた。南アジア地域では，その直後の 1985 年に，SAARC が，バングラデシュ，ブータン，インド，モルディヴ，ネパール，パキスタン，スリランカの政府によって設立された。その目的は，共通の経済的利益を有する地域での協力関係を構築することであった。EU や ASEAN の例が，この発想の元であった。しかしながら，それら二つのグループとは異なり，SAARC のメンバーは，共通の安全保障への関心は共有していなかった。それゆえに，協力へのプロセスは，簡単なものではなかった。人口，資源，生産におけるインドの圧倒的な卓越は，他のメンバーに経済交流について憂慮させた。そして，メンバー間の政治的相違，とりわけインドとパキスタンのカシミールをめぐる紛争は，障害をもたらした。設立されて約 20 年の間，SAARC はせいぜい象徴的な価値しかもたなかった。1994 年に出てきた特恵貿易地帯の考え方も，実際に行動が始まったのは 2006 年であった。

　興味深いことに，地域協力の考え方は，決して諦められることはなかった。たとえ抜き差しならない政治的な紛争で身動きがとれないままであっても，地域の主要な国家は，個々にグローバリゼーションに取り組んだという事実のために，積極的な経済交流への信念を強固にするようになってきていたのである。

移民とディアスポラ

　〔世界経済への〕統合からの撤退や挫折の例が相次ぐなか，労働力輸出は速度を増した。南アジアは，戦後世界において最大の労働力輸出地域の一つであり続けた。その数は，植民地期よりもはるかに大きかった。インドの外に暮らすインド系の数は，現在 500 万人に近いと推定されている。その 4 分の 1 以下が，19 世紀にインド人労働者を受け入れた熱帯の植民地に住んでいる。数と同様，移民の目的地も変化した。熱帯内部での循環という，かつての移動パターンは終わった。戦後の主たる流れは，アメリカ（ほぼ 200 万人のインド系住民がいる）とイギリス（100 万人から 200 万人）であった。移民の動機も変化した。イ

ンド人移民は，間接的に戦後のヨーロッパ復興に貢献し，西洋の着実な成長を
支える手助けをした。

　労働者の需要は，熟練サーヴィスのあらゆる範囲に応じて高度に分化してい
るため，移民もさまざまな経歴を有するようになった。小売やホテル，レスト
ランのような労働集約的サーヴィス業は，農業や工業での賃金労働のかつての
雇用よりも，多くの移民労働者を受け入れた。イギリスはインド人の医者を受
け入れ，アメリカはインドの技術者を受け入れた。技術をもった移民の多くは，
アメリカで再訓練を受けた。一世代の間に，労働移民たちは，彼らが圧倒的に
多く参入した産業にルーツをもつ，かなりの数の企業家を生み出した。

　違いはあるものの，脱植民地化以降と植民地期の移民の間には，類似性も
あった。おそらく，最も重要なのは，労使関係を築く際に，エスニシティをシ
ステマティックに利用することであった。多くの事業において，古い移民は企
業を所有し，新たな移民はそこで雇われた。雇用者と被雇用者が同じ社会的集
まりであった場合には，特別な労使関係が発達した。共有された絆は，特に移
民制限が移民の法的な地位を一時的なものにして以降，新たな移民には安全を
提供し，雇用主には平和で見通し可能な関係を提供した。しかし，それでも，
依存は搾取ともみなしうるものであり，その依存が不法性と結び付いたとき，
搾取という観点が大きくなる。労働の場でのエスニシティは，それゆえ，あま
り信頼できない結合の形であった。この点においてもまた，植民地期とそれ以
降の移民には，共通性があるかもしれない。

　インドとイギリスの間のディアスポラの絆は，以前には商品や資本，労働が
媒介となっていた関係形成の主要な担い手の役割を引き継いだ。1980年まで
には，イギリスのインド人ディアスポラは，高度に分化した人々となっていた
が，しかしなお，その内部の相異なる部分たるコミュニティの中では，自身の
インド人らしさをイギリスに順応させるやり方において，共通のパターンを示
した。これらの変容と移植のプロセスは，1990年代には大きく成長する研究
分野となり，旅，混合アイデンティティ，離郷，ノスタルジアなどが主要な
テーマとなった。移民制限は，1970年代初めまでは，あまり熱心にはなされ
ず，部分的にしか効力はなかったが，1973年以降はずっと厳しいものとなっ

た。20年後，ヨーロッパからの〔イギリスへの〕移民が旧植民地諸国からの移民に比べてかなり容易となったときに，イギリスの旧植民地からの経済的関係の離別は完全なものとなった。ヨーロッパ統合と移民管理は，コモンウェルスのより貧しい国家にとって，貿易，投資，労働力交換の相手方としてのイギリスの，相対的重要性を弱めた。

南アジアからの移民は止まっていない。しかし，恒久的移動は，ほとんど爆発的な一時移民の増加によって置き換えられており，これについては，次章で見ることにする。

む す び

インドでは，1950年からの30余年間は，対外関係での劇的な実験がなされ，そして放棄された時期であった。その実験の要点は，市場統合を終結し，資本集約的な製造業の主導権を国家に与えるという政策の必要手段として，援助と結び付いた知識の流入を奨励したということである。市場統合の制限は，二つの役割，すなわち，国内の民間企業を保護し，外貨を国家の使用のために蓄えるという役割に貢献した。これらは政治的選択であったが，その選択は，1950年代の開発言説の移り変わりと合致していた。

他方，多くのコストが，これらの選択と関わっていた。経済成長は，政治的決定に起因した機能不全を拡大させた。かつての輸出志向産業は朽ち果て，民間部門は，市場に媒介された知識移転を行う手段を失った。他方，専制体制によるおそらく最も重要な達成は，海外の実験室からインド人農民に対し，有用な農業知識を広めたことであろう。

市場統合で制限のない唯一の領域は，労働であった。移民は，西洋での労働需要に対応した。西洋自身の技術的方向性に合致して，比較的非熟練・半熟練のサーヴィス部門における専門職への需要と同様に，科学者や技術者への需要の成長があった。1990年代までには，インド人ディアスポラの一部は，労働者から企業家へと成長していた。これら二つの独立した傾向，つまり，インド

での知識産業の成長とディアスポラ資本の成長は，互いに結び付き，世界市場への最も劇的な復帰の一つを用意した。それについては，第10章で論ずることとする。

第 10 章

市場への回帰　1980〜2010 年

　いつインドは世界経済との再統合を開始したのか。いつ，インドの国家は，市場を活用し始めたのか。これらの問題についての学界の議論は，混乱を極めている[1]。その混乱は，これらの疑問に関連があるという想定からもたらされている。そうではない。再統合は，いかなる正式に宣言された改革に由来するものでもない。実際，再統合は，1970 年代後期に非公式に始まったのであり，この時期に，二つの傾向，つまり小規模の労働集約的な工業における資本蓄積と競争，および，公的には表明されないまま進んだインド通貨の弱体化が重なりあった時からである。後者の展開が生み出した輸出機会は，前者のグループによって利用された。貿易や投資政策のすべての局面に公的な改革が広がったのは，1992 年以降であった。その影響は，2000 年代に，海外投資，技術輸入，知識集約型産業の輸出などの分野を覆ったのである。1970 年代に少し開いたドアが，今では完全に開いたのだ。

　1992〜95 年を目標に発表された経済開放政策の正確な内容は，政府の破産と収支バランスの維持という困難に苦しんだ低開発国世界のどこでもなされた「構造調整」と同様のものであった。為替レートは正式に引き下げられ，関税も引き下げられ，大量の産業規制も取り払われた。政府は，労働組合組織からは抵抗されたものの，各種事業から手を引いた。にもかかわらず，全体的な結果は，すべてのレヴェルにおける市場統合であり，国民経済における政府の規模の縮小であり，端的に言うならば，19 世紀の自由政策への回帰であった。

　市場経済への再統合は，大きな入口と小さな入口の間で揺れ動いた。一つの重要な違いは，初期の再統合局面で，先駆的ではあったがあまりたたえられな

かった役割を果たした労働集約的な産業と，より近年の浮上の中心を占める知識経済であった。これらの二つの移行を，本章で叙述することとする。

貿易への復帰

1950年から1970年にかけて，インドでは外国貿易の重要性は低下した。続く20年間にかけては多少の上昇があり，1990年代から2000年代は大きく上昇した（表10-1）。その上昇の間，商品市場に，外国投資と海外からの送金が加わった（表10-2）。植民地期のインドでは，外国資本の流入は，国民所得の1〜2％の範囲であった。独立後のインドは，この割合をゼロとした。復活が訪れたときには，外国投資は英領インドで達成されたレヴェルを超えた[2]。海外からの労賃収入の流入は，仮にペルシア湾岸での1980年のブームと1990年の湾岸戦争を除外すると，1990年代と2000年代に上昇した。この時期には，海外の購買者によって支払われた労働サーヴィス料が，知識商品の輸出に補足的に加わった。いずれも，同時に増加したのである。これらの時期に一貫して見られた要素は，植民地期の先駆商品である茶，ジュート，綿花の継続的な衰退であった。

輸出品の構成（表10-3）は，植民地的なパターンが，三つの固有の動き──徹底的な閉鎖（1955〜70年），繊維を含む労働集約的製造業が導いた緩やかな復活（1970〜2000年），および知識産業が導いた復活（2000〜10年）──によっていかに深く再編されたかを示している。第一局面では，輸出品構成は，植民地期と同じであった。第二局面のヒーローは，小さな町に基盤を置く小企業であり，貿易の新旧両体制をまたにかけた者たちであった。これらの産業の強さは，ある歴史家が言うところの「小さな町の資本主義」[3]の成熟に由来した。1970年代後期には，限定的な貿易改革が，これらの企業に輸出市場へのアクセスを可能にした。海外投資への障害は，さらにもう10年続いたために，新たな技術や新たな資本への道は閉ざされたままであった。通貨改革の主な受益者は，複雑な技術や資本には依存しない小規模の労働集約的企業であった。

第 10 章　市場への回帰 1980〜2010 年　　257

表 10-1　輸出・所得比率（%，1900〜2009 年）

	分離独立前のインド （GDP 中の輸出比率）	インド共和国 （GNP 中の輸出比率）
1900	7.8	
1910	10.8	
1920	6.8	
1930	8.0	
1940	7.2	
1950		6.3
1960		3.9
1970		3.6
1980		5.1
1990		6.4
2000		10.7
2009		13.8

表 10-2　投資，送金，および援助の対 GNP 比（%，1950〜2009 年）

	海外純投資流入	サーヴィス純流入	外国援助純流入
1950	0.0	0.4	−0.1
1960	0.2	0.5	1.3
1970	0.1	−0.1	1.2
1980	データ無し	3.0	0.8
1990	0.0	−0.1	0.8
2000	1.6	2.4	0.1
2009	5.0	6.2	0.2

表 10-3　主要輸出品（輸出額に占める比率，1955〜2009 年）

	伝統的製造業： 茶・ジュート	繊維・被服	被服を除く労働集約産業：宝石・皮革・手工芸品	知識産業：ソフトウェア	計
1955	41.7	11.9	4.8	0.0	58.4
1960	40.3	11.4	6.2	0.0	57.9
1970	22	9.4	12.9	0.0	44.4
1980	11.3	13.9	29.2	0.0	54.4
1990	4.2	18.8	43.0	0.7	66.7
2000	1.4	20.4	23.5	11.9	57.2
2009	0.5	8.1	18.8	28.4	55.8

1990 年に始まる冷戦の終焉と社会主義からの撤退は，インドと西洋の市場との間にあった古いトゲの一部を取り去った。インドと，かつてのソ連および東ヨーロッパとの貿易は，崩壊した。植民地的なパターンに先祖返りして，イギリスは 1990 年代にインド商品の第四の大市場へと浮上した。そして，石油輸入を除外すれば，輸入の四大地域の一つとなった。また，同じく過去への先祖返りとして，インドのアジア貿易も復活した。1800 年から 1860 年の間，インドの第二の重要な貿易相手は，中国であった。一世紀にわたる不毛な期間を経て，インドと中国の貿易は，1990 年代に再び成長し始めた。この場合には，復活は，産業間貿易を期待して推進された。たとえば，1990 年代に，インドは綿布と綿糸を東アジアの繊維製造業に供給した。しかし，東アジアとの統合の高まりは，東アジアが経済恐慌を経験した 1997 年には，インドの生産者に被害を与えた。大恐慌以来初めて外的な経済恐慌がインドに伝えられたのである。

表 10-3 では，輸出のかなりの割合について明細がないままであるが，それは，それらの他の商品があまりにも多様であるために，一つ一つ議論することができないためである。このグループのなかで，一つの商品が，急速に輸出を牽引してきている。過去 30 余年で，世界の農業貿易は，農民に支払われている補助金のために，先進国の市場に入るには障壁に直面してきた。農業のウルグアイ・ラウンド合意（1995 年）において，先進国市場の関税は，果物や野菜，花卉その他の農業製品の場合，35〜45％引き下げられた。この変化に続いて，インドの一部地域の農民や果樹園の所有者たちは，果物や花卉のような高付加価値製品に参入し始めた。花卉生産は，南インドではドル箱として登場し，さらに発展する勢いを見せている。もう一つの成功物語は，バスマティ米である。全体として，農業輸出はインドの今日の農業生産の 10〜15％を占めており，その割合は，19 世紀の輸出数値の最高の数値に近い。

表 10-2 は，新たな経済に対する送金の重要性の高まりを示している。西アジアへの労働移動は，1970 年代に始まった。ペルシア湾岸への移民の興味深い点は，インドからの消費材製品輸出が，同様に上昇したことである。この輸出の一部は，移民自身の必要に応じたものである。過去にセイロンやマラヤのタミル出身労働者が，南インドにおいて栽培された米や製造された手織布の購

第 10 章　市場への回帰　1980〜2010 年　　259

入を強く望んだときのように，西アジアへの輸出の一部は，湾岸地域に住む平均的な居住労働者と，インドにいる中間層との間にある嗜好の近さを反映している。消費と嗜好は貿易を促し，移民は媒介的な役割を果たすようである[4]。

伝統的製造業の成長と衰退

　本章の三つの表は，製造業が世界市場に再参入する上で必要となった苦しい適応の過程を隠している。以前は国際競争からの保護を受けていた機械工業のような産業は，貿易政策が変化したときには破産した。機械生産や冶金業は閉鎖された。大量の失業が，綿布工場やジュート工場で広がった。2000 年の末には，190 万人の労働者が，破産担当機関に登録された工場で雇われていた。これらの労働者の半分弱は，綿業と機械工業で雇われていた。これらすべての閉鎖が，経済改革の影響であったわけではない。1980 年代を通じて，フォーマル部門での雇用率の増加は小さかった。これは，経済学者に「雇用なき成長」として知られている現象である。対照的に，1990 年代前半には，閉鎖は部分的であり，失われた職は小さい範囲であった（1991 年の雇用の 2 ％）。

　改革は，伝統的な事業において，いくつかの前向きな変化を導いた。主要な輸出商品としての復活には程遠いものの，茶とジュートは持ち直した。ジュートの生産量は，1980 年以前は減少していたが，それ以降は安定している。この産業の主要商品は，いまだに商業包装向けである。しかし，現在では，ジュートのバッグや家具調度品などの消費市場が成長している。というのは，それらがしばしば環境にやさしい製品として需要されるからである。綿布と同様に，ジュートへの経済改革の影響は，輸出と近代化の奨励であった。少数の工場がこうした機会に対応して刷新された。これらの工場は，良質の糸や紐，装飾的な織物，丈夫な布，バッグ，混紡などを製造した。

　1990 年代半ばから，大規模な植民地期の茶園における茶の生産は，組織的な再編を経験した。合併や吸収によって，多くの古いプランテーションがより集約的な構造へと強化された。2〜3 の会社による独占は，茶の包装業にグ

ローバルなブランド名をつけることを可能にした。ブランド名のある茶産業の主な事業主としては，ヒンドゥスタン・リーヴァー社，タタ・ティーがあり，それからかなり規模が小さい3番手として，ダンカン・ティーがある。市場はまだ，多数の小規模で地域的な会社で構成されている。しかし，2000年には，タタ・ティーが英国のテトレイ・グループによって所有されているブランド名であるテトレイを取得し，また会社は北アメリカのブランドも獲得し，グローバルな拡張計画に乗り出している。

しかしながら，再市場化局面のリーダーシップは，思いがけないところから出現した。それは，服飾，宝石，皮革，そして手工芸産業に従事する，小さな労働集約的企業であった。繊維産業の内部では，綿糸を製造する小規模工場や小規模服飾工場，およびニットメーカーが稼いだ。1985年から1996年までの間，テキスタイル生産は，量で80％，価値で400％増加した。輸出量は，500％の伸びである。生産における輸出の割合は，11％から30％に増加した。綿糸の世界市場におけるインドのシェアは，ゼロから13％に伸びた。この成長のほとんどは，小企業で生じた。この方向転換の驚くべき特徴は，国内市場の復活である。そのことは，いかに輸出能力と国内消費が深く関連していたかを示すものである。1990年以降，服飾の国内消費は再び成長し始めた（第9章も見よ）。その間，機械輸入の容易化，販売の提携，外国投資などが，国内の小企業が商品の質と幅を改良することを可能にし，そのことがまた，服飾への国内需要に刺激を与えた。1990年代に，インドの都市部でのカジュアルな服装となり始めた商品であるジーンズ，プリントシャツ，Tシャツ，ショーツ，ギャバジン，チノ，ポロ，ニット製品，および，これらを真似たあらゆる種類の定義できないような衣服は，新しい種類のものであった[5]。

世界市場に素早く参入した第二の産業は，ダイヤモンドの研磨業であった。アンゴラやボツワナ，ナミビア，ロシアで採掘されたダイヤモンドの原石は，国際的なダイヤモンド取引のハブとなっているアントワープに送られる。原石はそこから，カットや研磨のために他の場所に送られる。ではいったいどこで，最も安く，最も信頼できる仕事を見つけることができたのか。かつての答えは，ニューヨーク，アムステルダム，ヨハネスブルグ，そしてテルアヴィヴであっ

第 10 章　市場への回帰 1980～2010 年　　**261**

た。1970 年代にはボンベイがこの市場に割って入ったが，ボンベイでの労賃
が上がったために，スーラトに移った。最初は，より大きな原石のカットや研
磨は，アントワープやニューヨーク，もしくはテルアヴィヴで続いており，
スーラトは，より安価な石の作業をしていた。しかし，2000 年代の半ばにな
ると，スーラトの能力が，より大きく高価な原石部門に参入するのに十分なほ
ど高まっていた。2000 年代半ばにダイヤモンドをカットした者の賃金は，イ
ンドの手工業労働者の中で最高であったが，世界の研磨業の中では最も低い部
類にあった。この産業は，パランプーリのジャイナ教徒によってコントロール
されていた。このコミュニティ内の信頼関係は，アントワープのハシッド派ユ
ダヤ教徒と同様に，数百万ルピーもの取引を，何の問題も書類もなく遂行する
ことを可能にしていた。その産業における彼らの影響力の増大により，多数の
会社が，ダイヤモンド取引のグローバルなセンターに拠点を設けるようになっ
た。「アントワープでは，石を投げればシャー〔ジャイナ教徒〕に当たる」と言
われていたほどである。2000 年代後期には，インド自身の消費市場の成熟に
より，輸出に依存していた時代には欠けていた安定性が，取引に加えられた。

　インドの皮革産業は，1990 年代のもう一つの輸出で成功を収めた産業であ
る。この産業は，歴史的な有利さ，つまり，主たる原料である家畜や水牛，羊
や山羊の皮が豊富にあったという理由で成功した。1980 年代から，輸出に
よって急速に成長し，輸出はまた，靴の製造へと向かわせる技術的能力を生み
出したが，そのことは，国内の消費市場での強い関心も生み出した。注文生産
の靴造りから，卸問屋や大規模な小売業者に対する供給への移行もあった。

　1990 年代に市場統合を導いたもう一つの小企業群は，伝統的な手工芸品の
産業であった。政府の優遇的政策によりある程度の譲歩を得たとはいえ，世界
市場との断絶は，手工芸品の輸出へのアクセスを妨げていた。国際貿易が開放
されてすぐに，手工芸品は保護された世界から飛び出て，商取引の中央舞台へ
と駆け上がり，輸出の成功者となった。エスニック商品の世界市場は，インド
のデザインと製品を再発見し，企業家精神のある商人たちは，手工業生産とそ
の市場，および国際的なツーリズムとの間に，密接なつながりをもたらした。
この復活の過程で，手工業の集中は，南インドから，ツーリズムとエスニック

商品の取引の中継点であった西インドへと移動した。

　初期の躍動的な動きの多くは，1997年のアジア通貨危機の間に終わりを告げた。インド製品への突然の関心の低下は，ブームが拠って立つところの基盤の脆弱さをさらけ出した。事業組織やインフラの点で，インドはまだ世界に出て行ける状態ではなかったのだ。労働集約的輸出は，小さな町からのものであった。それらの町の一部は，あまりにも早く成長しすぎ，環境面での破滅に向かっていた。布を処理する町では，主要な事業への水が不足し，続いて飲み水を汚染した。港から小さな工業集積地までの移動は，狭い穴だらけの道路や交通量の多さによって，長時間を要するものとなった。船のコンテナを東南アジアの港で積むには2〜3時間で済むが，インドでは数日かかった。加えて，関税の制約がまだ存在したために，機材を輸入しようとする小企業にとって，輸入は気の重い仕事となった。都市インフラ整備の長年にわたる軽視は，公的な資金が農業に流れていったとはいえ，小企業にあまりにも重く依存する駆け出し期のグローバリゼーションにとっては，損失をもたらす脅威であった。

　アジアの他の地域では，より開放的な外国投資政策が，組織的・技術的ノウハウの引き続く欠乏を，ある程度和らげた。他方，インドの外国資本に対する政策は，1990年代においても，いまだに厳格なものだった。このような困難に直面したインド商品の輸入業者は，植民地時代の取引のやり方である，仲介人や契約人を通じてのビジネスを好んだ。最終市場と生産者との間の距離は，情報に関わる問題を広げてしまい，それゆえ，契約が詐欺的に，あるいは不注意に遂行されてしまう可能性を生んだ。しばしば，規格が欠けていることや，納入される商品の質に対して十分な注意が欠けているというような不満が聞かれることになった。一つの革新的で成功した布のデザインは，数百の模倣参入業者を引きつけ，それらがまた貧弱な質の布を出荷したのである。

　端的に言うならば，インドの小企業と取引をする取引コストは大きく，そのためにたとえそれらの商品がグローバル化したとしても，多くの企業が商業インフラの主流からは外れたままとなった。2000年代初頭から市場が回復した際に，外国投資が容易になったことで，これらのコストも小さくなった。しかし同時に，比較優位は，製造業からサーヴィス業へと移行した。

知識経済

　第一局面と第二局面の間の目に見える変化の一つは，第二局面で，外国投資がはるかに大きな規模で参入したことである。かつての多国籍企業は消費財産業であったが，新たな参入者は，概して技術集約的な産業であった。多国籍企業による，機械，中間財，自動車，電気製品への投資は，大きく増加した。多国籍企業の投資が完全に禁じられた分野，たとえば電力や通信も開放された。より最近開放された分野の中には，建設業がある。

　これらの新しい歩みは，疑いなく重要であった。しかしそれらは，それ以前の20年間に静かに形づくられたもう一つの要素との関連でのみ結果を生み出したものである。インドが世界貿易から撤退していた1947～80年の間，工学系の卒業生の100万人当たりの数は，ほとんどゼロから30にまで増加した。続く10年間，その数は2倍以上に増え，75人となり，その次の10年には300人を超えた。工学教育を行う政府機関は，機械や土木工学のような既存の教育に縛り付けられていたが，新たに生まれた数千の教育機関では，電気工学，電子工学，さらには情報技術が中心の専門教育を行っていた。これらの成長は，以前の時期の国家が後援する工学教育とは，ほとんど無関係であった。むしろ，それは，民間教育市場が，予期された初期グローバリゼーションに対して，並外れた柔軟性をもっていたことを反映したものである。しかしながら，私設の技術学校や大学に投資された金額は，農業における緑の革命と，改革の第一局面の間に蓄積されたお金から部分的に出てきたものである。新たな企業家の卵が，新たな技術労働者の卵を産むための手段を講じたのである。

　このように，インドのグローバルな技術的専門性の鍵となった利点は，太刀打ちできないような低いコストで提供された技術訓練への極端にフレキシブルな市場の上に打ち立てられたことである。そして，国家は，このような事態が生まれるにあたって，ほとんど役割を果たさなかった。国家がこのような変容を真剣に理解し，計画し，さらには適応したということを示唆するような表明を行った証拠は，一切ない。国家は，単にそれが生じるに任せただけであった。

1999～2001年以降，グローバリゼーションと工学教育のブームの結合は，予期せぬ方向に進んだ。ソフトウェアのサーヴィスとソフトウェア製品の輸出である。輸出向け，専属の顧客である組織向け，そして業務過程をアウトソーシングするためのソフトウェアを開発する会社が，次々と生まれた。あらゆる種類の専門的な仕事が生み出され始めた。企業は，ソフトウェア解析の専門家，ドメインの専門家，情報セキュリティの専門家，ソフトウェア統合の専門家，データベース管理者，ネットワーク専門家，通信技術者，ソフトウェア・プログラマー，設計やアーキテクチャの専門家，データ記憶装置や半導体を設計する専門家などを雇ったのである。労働市場は，多くは20代の若い労働者を募集し，他のどのような製造業種よりも多くの女性労働者を雇った。2000年には，雇用された人数は20～30万人を超えなかったが，2006年には100万となり，2010年には300万を超えたと推定される。この産業は少数の都市に集中しているが，ほとんどの専門家は小さな町で訓練を受ける傾向にある。バンガロール，ハイデラバード，プネー，グルガオンに集中しているのは，通信，電力，道路システムが良好に機能する場所が不均等に分布しているからである。しかし，暗黙知の交換において，〔集積にともなう〕ネットワークの優位性が果たした役割もあった。

ソフトウェア労働者の大半は私設の技術学校の出身であったけれども，多くの先導的な企業や会社は，国家が支援したインド工科大学の出身者によって設立された。それ以前の時期には，技術機関は二つの目的をもっていた。一つは，国内の工業会社が必要とする技術労働者を育てることであり，もう一つは，アメリカの大学での博士号取得希望者に対して，最終学歴を与えることである。第二の目的は，暗示的である。政府は，公的には，インド人納税者の負担の上で「頭脳流出」が起きていると愚痴っていたが，それについて何をすべきかについてはまったく解決策を有していなかった。その間に，技術者たちは，アメリカでのインド人ディアスポラの大半を占めるようになり，2004年には100万人をはるかに超えた（第9章参照）。彼らの一部は，シリコンヴァレーで，起業するためにお金を投資した。また他の一部は，既存の会社で働いた。インド人の労働力プールについては彼らがよく知っており，原則として，雇用された

第 10 章　市場への回帰 1980～2010 年　　265

者は，彼らによって訓練と指導を受けることができた[6]。このような形で始まった関係は，2000 年代後期には成熟し，多くの企業が，所有者や経営者の出自にかかわらず，インドに基盤を置いた会社で生み出されたサーヴィスや製品を購入した。

　このブームの背後には，二つのグローバルな傾向が働いていた。その一つは，距離の消滅として知られている。それは，運輸と通信のコストの大きな低下が，20 世紀後期から事業を広域に分散させ，世界の多くの中枢的な製造業拠点の位置を低下させて，低開発世界に新たな拠点を生み出したということである。衛星通信は理論的には長距離の通信コストをゼロに近くし，知識集約的な事業をほとんど世界のどこからでも遂行できるようにした。実際，このことは，技術を世界のあちこちに広汎に素早く分散させた理由の一つであった。第二の過程は，ネットワーク化された事業の集積である。「ネットワーク」という語は，国際衛星通信システムから，近接する企業の集積，あるいは知識をもつ者たちがおしゃべりに集まる街のカフェまでをも含む用語である。ネットワークの今日的ないくつかの意味の共通点には，物理的な近接性や個人間のやりとりという要素が含まれ，そのことは，たとえ長距離の情報伝達のコストがケーブルを通じた場合にゼロに近くなっていても，都市が有する特別の利点の一つとなる。これらの影響が，いずれもソフトウェアのサーヴィスが世界中に広がり，なおかつ少数のハブに固まっているということの背景に働いている。インドは，この二重の傾向を示しているのである。

　とはいえ，訓練を受けた情報技術の専門家たちの供給ブームを説明する明らかな基盤は，私立学校における工学教育の普及が同時に成長したという点であった。ケイパビリティ形成のこの劇的な例は，いかにケイパビリティが発展過程で生み出されるかということについての社会学者の理論を，自身で再考させるものとなった。現代社会における知識の役割についての社会理論の一つは，ネットワークと呼びうるメカニズムを通じて獲得され開発される，公共財としての知識の質に注目する。別の理論は，知識が価値を生む，個人の能力に注目する。前者の研究は，主に交換のプロセスとコストに関心があり，後者は，ケイパビリティとエンタイトルメントに主たる関心がある[7]。

1990 年以降のインドは，それらのアプローチが，競合的ではなく，むしろ互いに補完的であることを示している。インドは，いかにネットワーク形成とケイパビリティ形成が互いに補強し合うかを示す好例である。情報技術での大衆教育は，貿易自由化後に爆発的に展開した。国際的なネットワークのコストが下がるにつれ，そしてインドの知識労働者が潜在的な価値を獲得するにつれ，数百万の学生たちは，必要とされる技術を身につけるために，私的教育のコストを負担した。その教訓は，知識労働について期待される市場価値を高めることで，ネットワークは，市場から必要とされるケイパビリティの獲得をもたらすということである。教育の企業家たちは，グローバルな需要を見越して参入したのである。

おそらく，我々は，一つ注意すべき点を示して議論を終えなければならない。最初の輸出ブームのように，第二のブームもまた，多くの足踏みを経験した。工業の専門家は，多くの私立の技術学校で提供されている教育の貧弱な質と，雇用した企業が職に就いた者に施さなければならない訓練について不満を述べている。インドの小さな町が育てているような民間企業は，供給を素早く埋めるにはよいが，質を上げるには必ずしも適当ではない。よく訓練された教師が不足しており，そのことは，お金では解決できない欠陥である。外国との高まる競争や，さらに悪いことには，景気の後退は，技術教育における民間事業の弱点を曝け出すことになろう。

む　す　び

20 世紀に入ってからのこの物語は，どれほどインドの植民地的過去を我々に思い浮かべさせるのだろうか。2000 年代のグローバリゼーションのパターンと，1900 年代後期のパターンとの間には共通性がある。輸出収益の比率は，1900 年には高く，1970 年には低く，そして再び 2000 年には高くなった。今日の〔世界経済へのインド〕市場の統合は，知識交換という形で外的要素がかなり流れ込んでいるという状況をともない，貿易，資本，労働という多重軸に依

存しているという点で，植民地的統合パターンと同様である。ほぼ一世紀の眠りの後に，インドとアジアの貿易は再び目覚めたのである。

しかし，我々は，継続性を強調しすぎるべきではない。脱植民地化後のグローバリゼーションは，植民地期のそれとは異なる種類の利益機会に依存している。たとえば，現在の局面のダイナミズムの多くは，運輸コストの削減よりも通信コストの削減に由来しており，それがサーヴィス業の取引に貢献しているのである。外国直接投資はまた，今日のインドでも顕著である。しかし，19世紀のジュートや紅茶の会社とは異なり，今日の外国資本は，適切な技術の運び手である。商品輸出とサーヴィス輸出は，今は，植民地期におけるそれよりもずっと緊密に相互依存している。

以上，まだ終わっていない変容について議論してきたので，次に，再び過去を振り返ってみたい。

第 11 章

結論：新しいインド？

　経済改革から 10 年，インドは「台頭する経済」と呼ばれる権利を勝ち得た。「台頭」という言葉は，世界市場の中で貿易し競争することを指す比較上の用語である。しかし，それは，答えよりも多くの問題を浮かび上がらせる。世界史という観点からみると，インドは実際にはいつ台頭したのか。そして，どのような深さの停滞と混沌から，インドの経済は台頭したのか。台頭は，2000年代における現在の知識経済の勃興とともに始まったのか。19 世紀の奇妙な工業化が，台頭の時期を定めたのか。それは，17〜18 世紀に，インドの布職人が世界中に布を売った時期に生じたのか。それとも，我々は，この台頭の時期をもっと以前に，おそらくは西暦第 1 世紀のインドとローマの交易の時期まで押し下げるべきなのか。

　同様に苛立たせるのは，「低開発」や，貧困の歴史的起源を長期の交易と投資のパターンに一時は見出そうとした理論である。いったい，いつどこに，貧困と低開発のルーツを見出すべきなのか。古代後期の封建主義においてなのか，それとも，19 世紀の脱工業化なのか，イギリス帝国なのか，それとも 1960 年代と 70 年代の狭量で国家主義的な開発パラダイムなのか。これらの変異のそれぞれの時機が，本当に断絶であったかどうかを示すための議論は，見出しうるし，かつまた，それが良い方へ向かっての断絶だったのか，それとも悪い方へ向かってのものだったかを示すための議論も見出しうる。

　このようなやり方を追究するよりも，我々はおそらく，このような問いは，グローバル・ヒストリーが，世界経済の不平等性を，グローバルな接触に言及することで説明しようとあまりにも懸命になったならば，論理的な罠に陥って

しまうという危険性を明らかにするものであると認識すべきである。本書での議論から私が引き出した方法的な教訓は，グローバリゼーションの物語を，成長の物語とは区別すべきであるという点である。経済成長の比較の起源を，異文化交流の記述の中に求めようとするのは，あまり期待できる企てとはいえない。いずれにせよ，それはきわめて長期のインド経済史に意味をあたえるには，不毛な方法である。

　本書は，境界を越えて商業を行うことについてのものであり，商業史である。2000年にわたり境界を越えて商業を行ってきた地域にとって，この200年の成長の比較に言及することで，企てを正当化する必要はない。商人や農民，職人，専門家たち——それらの一部は外国人であるが，しかし大半はインド人か土着化したインド人である——，彼らはこの物語をつくった主役であり媒介者である。彼らが直面した機会や制約が，時には外来のものであることや，世界経済自体の成り立ちが現在の物語と関連し，またそれ自身が比較史分析に材料を提供するような形で変化したことを，私は否定しない。しかし，地域自身の成り立ちは，大きな制約を課したし，かつまた，重要な機会も提供してきたのである。

　ここで提示されている一つの一般的な結論は，インド史の大半において，境界を越えて商業を行うことは，好適な地理条件を利用するか，もしくは不適な地理条件の障害を克服するかという問題であったという点である。沿岸部への近接性，内陸への河川アクセス，そしてモンスーンの風は，安全で利益のある取引の可能性をもたらしたように見え，そうした機会は必ず利用された。しかし，これらの資源，もしくは陸に縛り付けられた地域にとっての比較条件というものは，亜大陸の内部では不均等に分布していた。中央インドや南インドの大半の地域は，沿岸に至る幹線には貧弱にしか統合されないままであった。加えて，地理——たとえばモンスーンを安全に利用する圧倒的な必要性——は，インドの船舶を，比較的短距離のルートとサイズの小さい船に限定するという制約をもたらした。

　二つ目の仮説は，最初のものと関連する。帝国は，一般的に，地域を統合する媒介者であり，それゆえ取引コストを縮小する媒介者でもある。あらゆる帝

国は，道路建設を軍の通過を容易にするために始め，それらの道はその後交易を促すことになった。トルコ・アフガン勢力や，ヴィジャヤナガル，ムガル帝国は，南北，東西の陸のルートを当時の主要な港と結び付けた。中世後期の港であるサプタグラム，フーグリ，スーラトの歴史は，ガンジス平原のインド・イスラム帝国が生み出した結び付きを示している。同様に，初期の東インド会社国家は，新たに創り出した港に海外の購買者と商品の売り手が集まっていく過程をもたらした。しかし，その結果として，交易のコストはまだ大きく，近代初期の商業的拡張は，もし我々が地域で取引されるものと境界を越えて取引されるものを測り比べてみれば，まだ貧弱であったろう。

　第三の仮定は，地域国家による陸と海の統合のこうした試みにもかかわらず，二つの世界の関係が決定的に変化したのは，ようやく 19 世紀であったということである。鉄道は，以前の運輸システムではなしえなかった効率で，陸と海の結合を成し遂げた。単に距離を乗り越えたという以上に，鉄道は，高原や森林，河川など，以前は商品輸送に課されていた障害を克服するのに，真に効果的な最初の手段であった。

　第四の仮説は，イギリス帝国にかかわるものである。古くは，諸帝国の直接の目的は，税と貢納を維持することにあり，市場統合はこの財政的な目論見の副産物であった。しかし，イギリス帝国は，市場統合を目的としていた。単に商品や生産要素のグローバル市場を生み出しただけではなく，それを，必ずしも共通とは言えないまでも，互換性のある制度的枠組みで固めた。これらの効果は，19 世紀のグローバリゼーションを，過去の交換パターンとは異なるものとした。それは，商品取引を超えて，大規模な労働移動，外国投資，そして知識の交換を含んでいた。これらの多層な接触の回路は，インドを工業化に導き，世界的に見ても競争力のあるサーヴィス経済の基礎を築いたのである。

　第五の仮説は，脱植民地化以降のインドで進んだ統合のパターンを考慮する。国家が仲介した，海外との接触の概して失敗に終わった実験の短い 30 年を除いて，インドで今日起きていることの一部は，以前の時代に生み出された基礎の上に成り立っている。2000 年代は，亜大陸で長期にわたり決して終わることのなかった動きの一部である，市場統合のプロセスへの回帰であった。それ

以上に，現在と植民地の過去とのつながりは，そのほとんどすべてが〔植民地期以来の〕歴史をもっている手工業が輸出の再興を導いたことから明らかである。これは，小さな町の商人，熟練した手工業労働者，そしてインフォーマルな資本市場を通じて描き出された成功物語であった。

　再統合の第二局面で続いたのは，より複雑な物語であった。今日の知識経済の評論家たちが，あまりにも頻繁に，インド人の英語能力が知識産業においてその強みの源となっていると繰り返すために，インドのソフトウェア産業は，イギリスの植民地主義者のおかげであるかのように考えてしまいがちになる。しかし，この長所は誇張されている。問題は，英語の能力ではない。より重要なのは，工学と大学教育，貿易の利益の教育への再投資，読み書き能力のあるエリートが，大学教育を，這い上がるための手段として利用するという積極性，そして，大都市に知識経済のいくつかのハブを置くという空間配置であった。もっとも，そうはいっても，技術教育はすでに植民地インドで早熟なスタートをきっていたし，読み書き能力のある上位カーストは，上述のように教育を利用しており，今日のハブのいくつかは，東インド会社によって築かれた都市である。しかし，今日の巨大で一斉に芽を吹くような民間の技術教育の世界は，植民地の過去や植民地期より前の過去が生み出すことができたようなものとは，ほとんど類似性がない。教育は，新たな世界経済の中では，かつての世界経済がもたなかった価値を有している。インドの教育市場は，この高まりつつある価値に対して，驚くべきスピードで対応した。しかしながら，歴史家は，インドがこのような開花の豊かな土壌を提供したことに驚くべきではない。

　本書の物語は，まだ完全ではない。それでもなお，本書が，地域それ自身の状況により敏感であり，大きな構造的な断絶を描くのにより現実的であり，そして，それらの断絶点を扱う際により非神話的になるような，異文化交流を学ぶ一つの方法を提示しているものであるよう願っている。

注

第1章　序論：インドとグローバル・ヒストリー

1) William H. Moreland, *India at the Death of Akbar : An Economic Study*, London : Macmillan, 1920 ; Moreland, *The Agrarian System of Moslem India : A Historical Essay with Appendices*, Cambridge : W. Heffer & Sons, 1929 ; D. D. Kosambi, *An Introduction to the Study of Indian History*, Bombay : Popular Book Depot, 1956.

2) 本書では「グローバリゼーション」という用語を，長距離の商品，サーヴィス，労働，資本，そして知識の交換の増大という総称的な意味で用いる。近年のこの語を定義づけようとする試みにおいて，それは国民国家にとっての増大した諸取引の意味を探究するために用いられているが，この問題は本書とは関係ない。さらなる議論については，以下を参照。J. Osterhammel and N. Peterson, *Globalization : A Short History, Princeton*, NJ : Princeton University Press, 2005.

3) ここでは「近代」の経済成長を，富の蓄積ではなく，富の生産に基づく成長と定義する。今日の多くの比較経済史は，近代の経済成長の発生と世界での不均等な成長の広がりを，近代の経済成長を始めるために必要な要素の不均等な分布に言及して説明している。このような要素としては，エネルギー源，肥沃な土地，私的財産所有権，企業家の文化的性質などが含まれる。企業文化や制度については，以下を参照。Douglass North, *Institutions, Institutional Change and Economic Performance*, Cambridge : Cambridge University Press, 1991, および Avner Greif, *Institutions and the Path to the Modern Economy : Lessons from Medieval Trade*, Cambridge : Cambridge University Press, 2006. また，資源に関する近代の議論に関しては，Kenneth Pomeranz, *The Great Divergence : China, Europe, and the Making of the Modern World Economy*, Princeton, NJ : Princeton University Press, 2000.

4) たとえば，以下参照。Immanuel Wallerstein, "Incorporation of the Indian Subcontinent into Capitalist World-Economy," *Economic and Political Weekly* 21 (4), 1986, pp. PE28–PE39.

5) Immanuel Wallerstein, *World-Systems Analysis : An Introduction*, Durham, NC : Duke University Press, 2004.

6) 近年の主要な研究では，アジア諸地域での本格的な相互交流が，1500 年，ヨーロッパ勢力の参入とともに始まったという考え方からは離れてきている。たとえば Janet Abu-Lughod, *Before European Hegemony : The World System, A.D. 1250-1350*, New York : Oxford University Press, 1991, および André Gunder Frank, *ReOrient : Global Economy in the Asian Age*, Berkeley and Los Angeles : University of California Press, 1999. このような考え方の変化は，南アジアが世界経済のどのようなモデルにもうまく適合しないという点も発見している。Christopher K. Chase-Dunn, Thomas D. Hall, and E. Susan Manning, "Rise and Fall : East-West Synchronicity and Indic Exceptionalism Reexamined," *Social Science History* 24 (4),

2000, pp. 727-54. 不適合の原因は，インドの地理的位置のゆえである。つまり，この地域が，必ずしもユーラシア大陸のネットワークとつながっていないさまざまな交易ネットワークにアクセスできたことを意味する。

7）このような懸隔の興味深い例としては，グローバル・ヒストリーの代表的な記述がインダス文明の衰退に関して，相異なる形の説明をしているという事実が挙げられる。たとえば，下記参照。Padma Manian, "Harappans and Aryans : Old and New Perspectives of Ancient Indian History," *History Teacher* 32 (1), 1998, pp. 17-32.

8）Patrick K. O'Brien, "Historiographical Traditions and Modern Imperatives for the Restoration of Global History," *Journal of Global History* 1 (1), 2006, pp. 3-39.

9）K. N. Chaudhuri, *Trade and Civilisation in the Indian Ocean : An Economic History from the Rise of Islam to 1750*, Cambridge : Cambridge University Press, 1985 ; Abu-Lughod, *Before European Hegemony* ; Kenneth Macpherson, *The Indian Ocean : A History of People and the Sea*, New Delhi : Oxford University Press, 2004 ; Ashin Dasgupta, *The World of the Indian Ocean Merchant, 1500-1800*, New Delhi : Oxford University Press, 2001.

10）Reid, *Southeast Asia in the Age of Commerce*, vol. 1, *The Lands Below the Winds*, New Haven, CT : Yale University Press, 1988, および Inikori, "Africa and the Globalization Process : Western Africa, 1450-1850," *Journal of Global History* 2 (1), 2007, pp. 63-86.

11）Tirthankar Roy, "Knowledge and Divergence from the Perspective of Early Modern India," *Journal of Global History* 3 (3), 2008, pp. 361-87.

12）Frank, *ReOrient*, pp. xxv, 282, 356.

第 2 章　1200 年までの港と後背地

1）M. Kenoyer, "Trade and Technology of the Indus Valley : New Insights from Harappa, Pakistan," *World Archaeology* 29 (2), 1997, pp. 262-80.

2）Elisabeth C. L. During Caspers, "Sumer, Coastal Arabia and the Indus Valley in Protoliterate and Early Dynastic Eras : Supporting Evidence for a Cultural Linkage," *Journal of the Economic and Social History of the Orient* 22 (2), 1979, pp. 122-35 (引用箇所は p. 135).

3）この論争に関しては，次の有用なサーヴェイ参照。Hermann Kulke, "'A Passage to India' : Temples, Merchants and the Ocean," *Journal of the Economic and Social History of the Orient* 36 (2), 1993, pp. 154-80.

4）William Kirk, "The Role of India in the Diffusion of Early Cultures," *Geographical Journal* 141 (1), 1975, pp. 19-34.

5）Himanshu Prabha Ray, "Trade in the Western Deccan under the Satavahanas," *Studies in History* 1 (1), 1985, pp. 15-35.

6）以下を参照。Romila Thapar, "Patronage and Community," in Barbara S. Miller, ed., *The Powers of Art : Patronage in Indian Culture*, Delhi : Oxford University Press, 1992, pp. 19-34.

7）R. S. Sharma and D. N. Jha, "The Economic History of India Up to AD 1200 : Trends and Prospects," *Journal of the Economic and Social History of the Orient* 17 (1), 1974, pp. 48-80.

8）Vimala Begley, "Arikamedu Reconsidered," *American Journal of Archaeology* 87 (4), 1983, pp.

461-81.

9) R. Champakalakshmi, *Trade Ideology and Urbanization : South India, 300 BC to AD 1300*, New York : Oxford University Press, 1996.

10) C. Margabandhu, "Trade Contacts between Western India and the Graeco-Roman World in the Early Centuries of the Christian Era," *Journal of the Economic and Social History of the Orient* 8 (3), 1965, pp. 316-22.

11) Vimla Begley, "Rouletted Ware at Arikamedu : A New Approach," *American Journal of Archaeology* 92 (4), 1988, pp. 427-40. 以下も参照。Osmund Bopearachch, "New Archaeological Evidence on Cultural and Commercial Relationships between Ancient Sri Lanka and Tamil Nadu," *Journal of Interdisciplinary Studies in History and Archaeology* 1 (1), 2004, pp. 60-72.

12) Vimala Begley and Richard Daniel de Puma, eds., *Rome and India : The Ancient Sea Trade*, Madison : University of Wisconsin Press, 1991.

13) *The Periplus of the Erythraen Sea* (trans. Wilfred Schoff), London : Longmans Green, 1912, p. 45.

14) *Periplus*, p. 42. 以下も参照。Michael Vickers, "Nabataea, India, Gaul, and Carthage : Reflections on Hellenistic and Roman Gold Vessels and Red-Gloss Pottery," *American Journal of Archaeology* 98 (2), 1994, pp. 231-48.

15) *Periplus*, p. 42.

16) P. H. L. Eggermont, "The Murundas and the Ancient Trade-Route from Taxila to Ujjain," *Journal of the Economic and Social History of the Orient* 9 (3), 1966, pp. 257-96.

17) Grant Parker, "*Ex Oriente Luxuria* : Indian Commodities and Roman Experience," *Journal of the Economic and Social History of the Orient* 45 (1), 2002, pp. 40-95.

18) Ray, "Trade in the Western Deccan," p. 21.

19) Parker, "*Ex Oriente Luxuria*," p. 64.

20) P. V. Kane, *History of Dharmasastra (Ancient and Medieval Religious and Civil Law in India)*, Poona : Bhandarkar Oriental Research Institute, vols. 1-6, 1946, 主に vols. 3 and 4.

21) 次の有用なサーヴェイ論文参照。Kathleen D. Morrison, "Commerce and Culture in South Asia : Perspectives from Archaeology and History," *Annual Review of Anthropology* 26, 1997, pp. 87-108.

22) Lallanji Gopal, "Textiles in Ancient India," *Journal of the Economic and Social History of the Orient* 4 (1), 1961, pp. 53-69.

23) Xinru Liu, *Ancient India and Ancient China : Trade and Religious Exchanges, A.D. 1-600*, New York : Oxford University Press, 1988.

24) Stephen F. Dale, "Silk Road, Cotton Road or ... Indo-Chinese Trade in Pre-European Times," *Modern Asian Studies* 43 (1), 2009, pp. 79-88.

25) James Heitzman, "Temple Urbanism in Medieval South India," *Journal of Asian Studies* 46 (4), 1987, pp. 791-826.

26) Ranabir Chakravarti, "Horse Trade and Piracy at Tana (Thana, Maharashtra, India) : Gleanings

from Marco Polo," *Journal of the Economic and Social History of the Orient* 34 (3), 1991, pp. 159-82 ; "Early Medieval Bengal and the Trade in Horses : A Note," *Journal of the Economic and Social History of the Orient* 42 (2), 1999, pp. 194-211.

27) Michael G. Morony, "Economic Boundaries? Late Antiquity and Early Islam," *Journal of the Economic and Social History of the Orient* 47 (2), 2004, pp. 166-94.

28) ここで言及されている史料は，19世紀にカイロのベン・エズラのユダヤ教会で発見された ヘブライ語の手書き文書であり，後に，世界中の図書館に運ばれて所蔵された。史料は，西暦9世紀に遡るもので，宗教，裁判，商業など，さまざまな内容からなる。

29) たとえば，S. Schechter, "Geniza Specimens," *Jewish Quarterly Review* 13 (1), 1901, pp. 218-21.

30) S. D. Goitein, "From the Mediterranean to India : Documents on the Trade to India, South Arabia, and East Africa from the Eleventh and Twelfth Centuries," *Speculum* 29 (2), 1954, pp. 181-97.

31) Roxani Eleni Margariti, *Aden and the Indian Ocean Trade : 150 Years in the Life of a Medieval Arabian Port*, Chapel Hill : University of North Carolina Press, 2007.

32) S. D. Goitein, "Portrait of a Medieval India Trader : Three Letters from the Cairo Geniza," *Bulletin of the School of Oriental and African Studies* 50 (3), 1987, pp. 449-64.

33) Norman A. Stillman, "The Eleventh-Century Merchant House of Ibn 'Awkal (A Geniza Study)," *Journal of the Economic and Social History of the Orient* 16 (1), 1973, pp. 15-88.

34) S. D. Goitein, "The Main Industries of the Mediterranean Area as Reflected in the Records of the Cairo Geniza," *Journal of the Economic and Social History of the Orient* 4 (2), 1961, pp. 168-97.

35) Ranabir Chakravarti, "Nakhudas and Nauvittakas : Ship-Owning Merchants in the West Coast of India (c. AD 1000-1500)," *Journal of the Economic and Social History of the Orient* 43 (1), 2000, pp. 34-64 ; Roxani Eleni Margariti, "Mercantile Networks, Port Cities, and 'Pirate' States : Conflict and Competition in the Indian Ocean World of Trade before the Sixteenth Century," *Journal of the Economic and Social History of the Orient* 51 (4), 2008, 543-77.

36) R. Champakalahsmi, "Urbanisation in South India : The Role of Ideology and Polity," *Social Scientist* 15 (8/9), 1987, pp. 67-117.

37) Burton Stein, "Circulation and the Historical Geography of Tamil Country," *Journal of Asian Studies* 37 (1), 1977, pp. 7-26.

38) Kenneth Hall, "Coinage, Trade and Economy in Early South India and Its Southeast Asian Neighbours," *Indian Economic Social History Review* 36 (4), 1999, pp. 431-59.

39) Monica L. Smith, "'Indianization' from the Indian Point of View : Trade and Cultural Contacts with Southeast Asia in the Early First Millennium," *Journal of the Economic and Social History of the Orient* 42 (1), 1999, pp. 1-26 (引用箇所は p. 2).

40) Kenneth Hall, "International Trade and Foreign Diplomacy in Early Medieval South India," *Journal of the Economic and Social History of the Orient* 21 (1), 1978, pp. 75-98.

41) Gillian Green, "Indic Impetus? Innovations in Textile Usage in Angkorian Period Cambodia," *Journal of the Economic and Social History of the Orient* 43 (3), 2000, pp. 277-313.

注（第3章）　277

42）Jan Wisseman Christie, "Javanese Markets and the Asian Sea Trade Boom of the Tenth to Thirteenth Centuries," *Journal of the Economic and Social History of the Orient* 41 (3), 1998, pp. 344-81.

43）P. S. Kanaka Durga, "Identity and Symbols of Sustenance : Explorations in Social Mobility of Medieval South India," *Journal of the Economic and Social History of the Orient* 44 (2), 2001, pp. 141-74.

44）K. C. Dash, "Economic Life of Orissa under the Imperial Gangas," in N. R. Patnaik, ed., *Economic History of Orissa*, New Delhi : Indus, 1997, pp. 49-61.

45）H. G. Rawlinson, *Intercourse between India and the Western World*, Cambridge : Cambridge University Press, 1916, p. 5.

46）V. K. Thakur, "Trade and Towns in Early Medieval Bengal (c. A.D. 600-1200)," *Journal of the Economic and Social History of the Orient* 30 (2), 1987, pp. 196-220（引用箇所は p. 206）.

47）Janice Stargardt, "Burma's Economic and Diplomatic Relations with India and China from Early Medieval Sources," *Journal of the Economic and Social History of the Orient* 14 (1), 1971, pp. 38-62.

48）Roberta Tomber, Lucy Blue, and Shinu Abraham, *Migration, Trade and Peoples*, London : British Association of South Asian Studies, 2009, p. 6.

49）D. D. Kosambi, "The Basis of Ancient Indian History," in two parts, *Journal of the American Oriental Society* 75 (1), 1955, pp. 35-45, and 75 (4), 1955, pp. 226-37.

50）R. S. Sharma, "The Origins of Feudalism in India (c. A.D. 400-650)," *Journal of the Economic and Social History of the Orient* 1 (3), 1958, pp. 297-328（引用箇所は p. 327）.

第3章　後退する陸のフロンティア　1200〜1700年

1) D. D. Kosambi, "The Basis of Ancient Indian History (II)," *Journal of the American Oriental Society* 75 (4), 1955, pp. 226-37.

2) Henri Pirenne, *Medieval Cities : Their Origins and the Revival of Trade*, Princeton, NJ : Princeton University Press, 1969. 有益な議論として，以下参照。Ronald Findlay and Kevin H. O'Rourke, *Power and Plenty : Trade, War, and the World Economy in the Second Millennium*, Princeton, NJ, and Oxford : Princeton University Press, 2007, pp. 71-73.

3) André Wink, *Al-Hind : The Making of the Indo-Islamic World*, vol. 1, *Early Medieval India and the Expansion of Islam, 7th-11th Centuries*, Leiden : E. J. Brill, 1991.

4) Sanjay Subrahmanyam, "Of *Imarat* and *Tijarat* : Asian Merchants and State Power in the Western Indian Ocean, 1400 to 1750," *Comparative Study of Society and History* 37 (4), 1995, pp. 750-80.

5) Ibn Battuta, *Travels in Asia and Africa, 1325-1354*, London : Routledge, 1929 ; Duarte Barbosa, *A Description of the Coasts of East Africa and Malabar*, London : Hakluyt Society, 1866.

6) John Deyell, *Living without Silver : The Monetary History of Early Medieval North India*, New Delhi : Oxford University Press, 1990.

7) このような批判については，以下を参照。K. M. Shrimali, "Money, Market and Indian Feudalism : AD 600-1200," in Amiya Kumar Bagchi, ed., *Money and Credit in Indian History : From Early Medieval Times*, New Delhi : Tulika Books, 2002.

8) Jos Gommans, "The Silent Frontier of South Asia, c. A.D. 1100-1800," *Journal of World History* 9 (1), 1998, pp. 1-23.

9) Burton Stein, *Peasant State and Society in Medieval South India*, New York : Oxford University Press, 1980.

10) Gommans, "The Silent Frontier of South Asia," pp. 1-23.

11) Jonathan Scott, *Ferishta's History of the Dekkan*, London : Shrewsbury, vol. 1 of 2, 1794, pp. 352, 408.

12) Robert Sewell, *A Forgotten Empire (Vijayanagar) : A Contribution to the History of India*, London : Swan Sonnenschein, 1900, p. 118.

13) Barbosa, *Description of the Coasts of East Africa and Malabar*, p. 85.

14) Sanjay Subrahmanyam, "Persians, Pilgrims and Portuguese : The Travails of Masulipatnam Shipping in the Western Indian Ocean, 1590-1665," *Modern Asian Studies* 22 (3), 1988, pp. 503-30.

15) V. Rajamani, "Trade Guilds," *Journal of Tamil Studies*, 1989, pp. 1-11.

16) Cynthia Talbot, "Temples, Donors, and Gifts : Patterns of Patronage in Thirteenth-Century South India," *Journal of Asian Studies* 50 (2), 1991, pp. 308-40.

17) David West Rudner, "Religious Gifting and Inland Commerce in Seventeenth-Century South India," *Journal of Asian Studies* 46 (2), 1987, pp. 361-79 (引用箇所は p. 362).

18) Richard Frasca, "Weavers in Pre-Modern South India," *Economic and Political Weekly* 10 (30), 1975, pp. 1119-23 (引用箇所は p. 1120).

19) Hameeda Khatoon Naqvi, "Progress of Urbanization in United Provinces, 1550-1800," *Journal of the Economic and Social History of the Orient* 10 (1), 1967, pp. 81-101.

20) K. K. Trivedi, "The Emergence of Agra as a Capital and a City : A Note on Its Spatial and Historical Background during the Sixteenth and Seventeenth Centuries," *Journal of the Economic and Social History of the Orient* 37 (2), 1994, pp. 147-70.

21) J. H. Little, "The House of Jagatseth," *Bengal Past and Present* 20, 1920, pp. 1-200, and 22, 1921, pp. 1-119.

22) Muzaffar Alam and Sanjay Subrahmanyam, "The Deccan Frontier and Mughal Expansion, ca. 1600 : Contemporary Perspectives," *Journal of the Economic and Social History of the Orient* 47 (3), 2004, pp. 357-89.

23) Muzaffar Alam, "Trade, State Policy and Regional Change : Aspects of Mughal-Uzbek Commercial Relations, c. 1550-1750," *Journal of the Economic and Social History of the Orient* 37 (3), 1994, pp. 202-27.

24) Scott Levi, "The Indian Merchant Diaspora in Early Modern Central Asia and Iran," *Iranian Studies* 32 (4), 1999, pp. 483-512.

25) Sanjay Subrahmanyam and C. A. Bayly, "Portfolio Capitalists and the Political Economy of Early

Modern India," *Indian Economic and Social History Review* 25 (4), 1988, pp. 401-24.

26) Jos Gommans, "The Horse Trade in Eighteenth-Century South Asia," *Journal of the Economic and Social History of the Orient* 37 (3), 1994, pp. 228-50.

27) Jos Gommans, *Mughal Warfare : Indian Frontiers and High Roads to Empire, 1500-1700*, London : Routledge, 2002.

28) Richard M. Eaton, *The Rise of Islam and the Bengal Frontier, 1204-1760*, Berkeley : University of California Press, 1993. 以下も参照。Atis Dasgupta, "Islam in Bengal : Formative Period," *Social Scientist* 32 (3/4), 2004, pp. 30-41.

29) Richard M. Eaton, "Approaches to the Study of Conversion to Islam in India," in R. C. Martin, ed., *Approaches to Islam in Religious Studies*, Tucson : University of Arizona Press, 1985, pp. 107-23 (引用箇所は p. 11).

30) ヴィシュヌ派は，14世紀から17世紀の間にインドで台頭した，神へ身を捧げる一連の運動に属する。この運動は通常，神話的な人物を中心に発展したが，このグループにおいてそれはチャイタニヤ（1486〜1534年）であった。

31) Aniruddha Ray, "The Rise and Fall of Satgaon : An Overseas Port of Medieval Bengal," in S. Jeyaseela Stephen, ed., *Indian Trade at the Asian Frontier*, Delhi : Gyan Publishing, 2008, pp. 69-102.

32) John Deyell, "The China Connection : Problems of Silver Supply in Medieval Bengal," in Sanjay Subrahmanyam, ed., *Money and the Market in India, 1100-1700*, Delhi : Oxford University Press, 1994.

33) Pandit Haraprasad Sastri, "Reminiscences of Sea-voyage in Ancient Bengali Literature," *Journal of the Asiatic Society of Bengal*, 1893, pp. 20-24.

34) Rakhal Das Bandopadhyay, "Saptagram" (in Bengali), *Bangiya Sahityaparishatpatrika*, 1908, pp. 34-35. この地点についての多少異なる記述が，その地を調査したもう一人の考古学者によって示されている。D. G. Crawford, "Satgaon or Triveni," *Bengal Past and Present* 3 (1), 1908, pp. 18-26.

35) Samuel Purchas, *Hukluytus Posthumus or Purchas His Pilgrimes*, Glasgow : James MacLehose, vol. 10 of 20 vols., p. 136.

36) Janet Abu-Lughod, *Before European Hegemony : The World System, A.D. 1250-1350*, New York : Oxford University Press, 1991.

37) John L. Meloy, "Imperial Strategy and Political Exigency : The Red Sea Spice Trade and the Mamluk Sultanate in the Fifteenth Century," *Journal of the American Oriental Society* 123 (1), 2003, pp. 1-19 ; Richard Mortel, "Aspects of Mamluk Relations with Jedda during the Fifteenth Century," *Journal of Islamic Studies* 6 (1), 1995, pp. 1-13.

38) Archibald Lewis, "Maritime Skills in the Indian Ocean, 1368-1500," *Journal of the Economic and Social History of the Orient* 16 (2/3), 1973, pp. 238-64.

39) Himanshu Prabha Ray, "Seafaring and Maritime Contacts : An Agenda for Historical Analysis," *Journal of the Economic and Social History of the Orient* 39 (4), 1996, pp. 422-31.

40) Sinnapah Arasaratnam and Aniruddha Ray, *Masulipatnam and Cambay : A History of Two Port*

Towns, 1500-1800, New Delhi : Munshiram Manoharlal, 1994.

41) Elizabeth Lambourn, "Of Jewels and Horses : The Career and Patronage of an Iranian Merchant under Shah Jahan," *Iranian Studies* 36 (2), 2003, pp. 213-41, 243-58.

42) Sanjay Subrahmanyam, "A Note on the Rise of Surat in the Sixteenth Century," *Journal of the Economic and Social History of the Orient* 43 (1), 2000, pp. 23-33.

43) C. R. Boxer, "A Note on Portuguese Reactions to the Revival of the Red Sea Spice Trade and the Rise of Atjeh, 1540-1600," *Journal of Southeast Asian History* 10 (3), 1969, pp. 415-28.

44) M. N. Pearson, *Merchants and Rulers in Gujarat : The Response to the Portuguese in the Sixteenth Century*, Berkeley and Los Angeles : University of California Press, 1976.

45) 特に以下を参照。Richard C. Foltz, *Mughal India and Central Asia*, Oxford and Karachi : Oxford University Press, 1998.

46) I. A. Khan, "Early Use of Cannon and Musket in India : A.D. 1442-1526," *Journal of the Economic and Social History of the Orient* 24 (2), 1981, pp. 146-64.

47) Irfan Habib, "Potentialities of Capitalistic Development in the Economy of Mughal India," *Journal of Economic History* 29 (1), 1969, pp. 32-78. 以下も参照。Irfan Habib, "The Peasant in Indian History," *Social Scientist* 11 (3), 1983, pp. 21-64 ; "Pursuing the History of Indian Technology : Pre-modern Modes of Transmission of Power," *Social Scientist* 20 (3/4), 1992, pp. 1-22 ; "Akbar and Technology," *Social Scientist* 20 (9/10), 1992, pp. 3-15 ; "Technology and Economy of Mughal India," *Indian Economic and Social History Review* 17 (1), 1980, pp. 1-34.

48) Shireen Moosvi, "The Mughal Encounter with Vedanta : Recovering the Biography of 'Jadrup,'" *Social Scientist* 30 (7/8), 2002, pp. 13-23.

49) Stephen Blake, *Shahjahanabad : The Sovereign City in Mughal India, 1639-1739*, Cambridge : Cambridge University Press, 1991, p. 203.

50) Kapil Raj, "Colonial Encounters and the Forging of New Knowledge and National Identities : Great Britain and India, 1760-1850," *Osiris* 15 (2), 2000, pp. 119-34.

51) Ahsan Jan Qaisar, *The Indian Response to European Technology and Culture (A.D. 1498-1707)*, Delhi : Oxford University Press, 1982, pp. 10-13.

52) Irfan Habib, "Usury in Medieval India," *Comparative Studies in Society and History* 6 (4), 1964, pp. 393-419.

第4章 インド洋貿易 1500～1800年

1) この表現は，以下の著作からの借用である。Om Prakash, *European Commercial Enterprise in Pre-colonial India*, Cambridge : Cambridge University Press, 1998.

2) Nicolas Mirkovich, "Ragusa and the Portuguese Spice Trade," *Slavonic and East European Review* 2 (1), 1943, pp. 174-87.

3) Frederic C. Lane, "Pepper Prices before Da Gama," *Journal of Economic History* 28 (4), 1968, pp. 590-97.

4) 以下に引用。Prakash, *European Commercial Enterprise*, p. 32.

注（第 4 章）　281

5 ）James Boyajian, *Portuguese Trade in Asia under the Habsburgs, 1580-1640*, Baltimore : Johns Hopkins University Press, 2007, p. xiii.

6 ）Niels Steensgaard, *The Asian Trade Revolution of the Seventeenth Century : The East India Companies and the Decline of the Caravan Trade*, Chicago : University of Chicago Press, 1974.

7 ）これらの議論については，以下を参照。M. N. Pearson, *The Portuguese in India*, Cambridge : Cambridge University Press, 1987 ; Sanjay Subrahmanyam, *The Portuguese Empire in Asia, 1500-1700 : A Political and Economic History*, London and New York : Longman, 1993, および Sanjay Subrahmanyam, *The Career and Legend of Vasco da Gama*, Cambridge : Cambridge University Press, 1997.

8 ）Sanjay Subrahmanyam, "Notes on the Sixteenth-Century Bengal Trade," *Indian Economic Social History Review* 24 (3), 1987, pp. 265-89.

9 ）Lawrence Stone, "Elizabethan Overseas Trade," *Economic History Review* 2 (1), 1949, pp. 30-58.

10）Jan de Vries, "On the Modernity of the Dutch Republic," *Journal of Economic History* 33 (1), 1973, pp. 191-202.

11）Jonathan I. Israel, *Dutch Primacy in World Trade, 1585-1740*, Oxford : Clarendon Press, 1989.

12）この点は以下で詳述している。Tirthankar Roy, *The East India Company : The World's Most Powerful Corporation*, New Delhi : Allen Lane, 2012.

13）イギリスとオランダの東インド会社の歴史については，以下を参照。K. N. Chaudhri, *The Trading World of Asia and the English East India Company, 1660-1760*, Cambridge : Cambridge University Press, 1978 ; Holden Furber, *John Company at Work : A Study of European Expansion in India in the Late Eighteenth Century*, Cambridge, MA : Harvard University Press, 1948 ; Tapan Raychaudhuri, *Jan Company in Coromandel, 1605-1690 : A Study in the Interrelations of European Commerce and Traditional Economies*, The Hague : Martinus Nijhoff, 1962 ; Om Prakash, *European Commercial Enterprise in Pre-colonial India*, Cambridge : Cambridge University Press, 1998.

14）特にインドの織物に関しては，近年の 2 冊の論集所収の論文が最先端のものである。Giorgio Riello and Prasannan Parthasarathi, eds., *The Spinning World : A Global History of Cotton Textiles, 1200-1850*, Oxford : Oxford University Press, 2010 ; Giorgio Riello and Tirthankar Roy, eds., *How India Clothed the World : The World of South Asia Textiles, 1500-1850*, Leiden : Brill, 2010.

15）Chaudhuri, *Trading World of Asia and the English East India Company*, pp. 343-58.

16）Els M. Jacobs, *Merchant in Asia : The Trade of the Dutch East India Company during the Eighteenth Century*, Leiden : Brill, 2006, pp. 109-15.

17）Sushil Chaudhury, "International Trade in Bengal Silk and the Comparative Role of Asians and Europeans, circa. 1700-1757," *Modern Asian Studies* 29 (2), 1995, pp. 373-86.

18）André Gunder Frank, *ReOrient : Global Economy in the Asian Age*, Berkeley and Los Angeles : University of California Press, 1998 ; Dennis O. Flynn and Arturo Giráldez, "Cycles of Silver : Global Economic Unity through the Mid-Eighteenth Century," *Journal of World History*, 13 (2),

2002, pp. 391-427.

19) Prakash, *European Commercial Enterprise*, p. 4.

20) Pedro Machado, "A Regional Market in a Globalised Economy : East Central and South Eastern Africans, Gujarati Merchants and the Indian Textile Industry in the Eighteenth and Nineteenth Centuries," in Riello and Roy, *How India Clothed the World*, pp. 53-84 (引用箇所は p. 83).

21) John Edye, "Description of the Various Classes of Vessels Constructed and Employed by the Natives of the Coasts of Coromandel, Malabar, and Ceylon," *Journal of the Royal Asiatic Society of Great Britain and Ireland*, London : W. Parker, 1834, pp. 1-15.

22) H. Dodwell, ed., *The Private Diary of Ananda Ranga Pillai*, vols. 1-8, Madras, 1922, vol. 2, p. 156.

23) Richard Temple, ed., *The Diaries of Streynsham Master, 1675-1680*, London : John Murray, 1911, p. 211.

24) Anjana Singh, *Fort Cochin in Kerala, 1750-1830 : The Social Condition of a Dutch Community in an Indian Milieu*, Leiden and Boston : Brill, 2010.

25) 移行期における, イギリス東インド会社と現地の商業・政治環境との関係は, 多くの研究の対象となっている。代表的な研究として, Lakshmi Subramanian, *Indigenous Capital and Imperial Expansion : Bombay, Surat and the West Coast*, Delhi : Manohar, 1996 ; Pamela Nightingale, *Trade and Empire in Western India, 1784-1806*, Cambridge : Cambridge University Press, 1970 ; Sushil Chaudhury, *From Prosperity to Decline : Eighteenth-Century Bengal*, Delhi : Manohar, 1995. P. J. マーシャルは, *The Making and Unmaking of Empires : Britain, India, and America, c. 1750-1783*, Oxford : Oxford University Press, 2005 の中で, 会社と, 異なる道を進んだ2つの入植地における入植者との関係を議論している。

26) Om Prakash, "From Negotiation to Coercion : Textile Manufacturing in India in the Eighteenth Century," *Modern Asian Studies* 41 (5), 2007, pp. 1331-68 ; S. Arasaratnam, "Weavers, Merchants and Company : The Handloom Industry in Southeastern India, 1750-1790," *Indian Economic and Social History Review* 17 (3), 1980, pp. 257-81 ; P. Swarnalatha, "Revolt, Testimony, Petition : Artisanal Protests in Colonial Andhra," *International Review of Social History* 46 (59), 2001, pp. 107-29 ; Prasannan Parthasarathi, *The Transition to a Colonial Economy : Weavers, Merchants and Kings in South India, 1720-1800*, Cambridge : Cambridge University Press, 2001 ; H. Hossain, "The Alienation of Weavers : Impact of the Conflict between the Revenue and Commercial Interests of the East India Company," *Indian Economic and Social History Review* 16 (3), 1979, pp. 323-45.

27) H. V. Bowen, "Bullion for Trade, War, and Debt-Relief : British Movement of Silver to, around, and from Asia, 1760-1833," *Modern Asian Studies* 44 (3), 2010, pp. 445-75.

28) 帝国以後のイギリス政治における東インド会社の位置については以下を参照。H. V. Bowen, *The Business of Empire : The East India Company and Imperial Britain, 1756-1833*, Cambridge : Cambridge University Press, 2006.

29) British Parliamentary Papers, *Seventh Report from The Committee of Secrecy Appointed To Enquire Into The State Of The East India Company. Together with an Appendix referred to in the*

said Report, 1773, pp. 325-26.

30) *Ibid.*, p. 330.

31) *Ibid.*, p. 331.

32) Giorgio Riello, "Asian Knowledge and the Development of Calico Printing in Europe in the Seventeenth and Eighteenth Centuries," *Journal of Global History* 5 (1), 2010, pp. 1-28.

33) Prasannan Parthasarathi, *Why Europe Grew Rich and Asia Did Not : Global Economic Divergence, 1600-1850*, Cambridge : Cambridge University Press, 2011.

34) Ahsan Jan Qaisar, *The Indian Response to European Technology and Culture (A.D. 1498-1707)*, Delhi : Oxford University Press, 1982, pp. 10-13 ; Zaheer Baber, *The Science of Empire : Scientific Knowledge, Civilization, and Colonial Rule in India*, Albany : State University of New York Press, 1996 ; Sanjay Subrahmanyam, "A Note on Narsapur Peta : A 'Syncretic' Shipbuilding Center in South India, 1570-1700," *Journal of the Economic and Social History of the Orient* 31 (3), 1988, pp. 305-11.

35) John Henry Grose, *A Voyage to the East Indies*, London : S. Hooper, 1757, vol. I, p. 109.

36) Subrahmanyam, "Note on Narsapur Peta."

37) Thomas Bowrey, *A Geographical Account of Countries round the Bay of Bengal, 1669 to 1679*, Cambridge, 1895, pp. 102-5.

38) Alexander Hamilton, *A New Account of the East Indies being the Observations and Remarks of Capt. Alexander Hamilton from the year 1688-1723*, Delhi, 1995, vol. 1, p. 392.

39) A. K. Biswas, "Iron and Steel in Pre-modern India——A Critical Review," *Indian Journal of the History of Science* 19 (4), 1994, pp. 579-610.

40) J. Holman, *Travels in Madras, Ceylon, Mauritius, etc.*, London : G. Routledge, 1840, pp. 448, 452.

41) H. Yule, ed., *The Diary of William Hedges*, London : Hakluyt Society, 1887, vol. 1, p. ccxv.

42) *Fort William-India House Correspondence*, New Delhi : National Archives, vol. 5, p. 156 ; vol. 7, pp. 43, 297.

43) James Fichter, *So Great a Proffit : How the East Indies Trade Transformed Anglo-American Capitalism*, Cambridge, MA, and London : Harvard University Press, 2010. 以下に所収の論文 も参照。John J. McCusker and Kenneth Morgan, eds., *The Early Modern Atlantic Economy*, Cambridge : Cambridge University Press, 2000.

44) Immanuel Wallerstein, *The Modern World-system II : Mercantilism and the Consolidation of the European World-Economy, 1600-1750*, New York : Academic Press, 1980.

45) Frank, *ReOrient*.

46) Frederic C. Lane, *Profits from Power : Readings in Protection Rent and Violence-Controlling Enterprises*, Albany : State University of New York Press, 1979 ; Niels Steensgaard, "Violence and the Rise of Capitalism : Frederic C. Lane's Theory of Protection and Tribute," *Review (Fernand Braudel Center)* 5 (2), 1981, pp. 247-73.

47) Kenneth Hall, "Local and International Trade and Traders in the Straits of Melaka Region : 600-1500," *Journal of the Economic and Social History of the Orient* 47 (2), 2004, pp. 213-60

（引用箇所は p. 214).

48) Roxani Eleni Margariti, "Mercantile Networks, Port Cities, and 'Pirate' States : Conflict and Competition in the Indian Ocean World of Trade before the Sixteenth Century," *Journal of the Economic and Social History of the Orient* 51 (4), 2008, pp. 543-77.

49) Archibald Lewis, "Maritime Skills in the Indian Ocean, 1368-1500," *Journal of the Economic and Social History of the Orient* 16 (2/3), 1973, pp. 238-64（引用箇所は p. 249).

50) Steensgaard, *The Asian Trade Revolution of the Seventeenth Century*.

51) Ashin Dasgupta, *The World of the Indian Ocean Merchant, 1500-1800*, Delhi : Oxford University Press, 2001.

第 5 章　貿易・移民・投資　1800～50 年

1) 2005 年のインドのプネーにおけるグローバル経済史のカンファレンスで読まれた次の論文を参照。Kaoru Sugihara, "The Resurgence of Intra-Asian Trade, 1800-1850". より短い論述については，以下を参照。Giorgio Riello and Tirthankar Roy, eds., *How India Clothed the World : The World of South Asian Textiles, 1500-1850*, Leiden : Brill, 2009.

2) Rajat Kanta Ray, "Asian Capital in the Age of European Domination : The Rise of the Bazaar, 1800-1914," *Modern Asian Studies* 29 (3), 1995, pp. 449-554.

3) 南京とは，使用するさまざまな綿に由来する独特の色と肌触りを有する南京産の綿布を指す。

4) Weng Eang Cheong, *Hong Merchants of Canton : Chinese Merchants in Sino-Western Trade, 1684-1798*, Richmond : Curzon Press, 1997, pp. 11-20.

5) Michael Greenberg, *British Trade and the Opening of China, 1800-1842*, Cambridge : Cambridge University Press, 1969 ; Tan Chung, "The Britain-China-India Trade Triangle (1771-1840)," *Indian Economic and Social History Review* 11 (4), 1974, pp. 411-31 ; R. K. Newman, "Opium Smoking in Late Imperial China : A Reconsideration," *Modern Asian Studies* 29 (4), 1995, pp. 765-94. 貿易の終焉については以下を参照。Thomas D. Reins, "Reform, Nationalism and Internationalism : The Opium Suppression Movement in China and the Anglo-American Influence, 1900-1908," *Modern Asian Studies* 25 (1), 1991 pp. 101-42.

6) P. J. Thomas and B. Natarajan, "Economic Depression in the Madras Presidency (1825-54)," *Economic History Review* 7 (1), 1936, pp. 67-75.

7) British Parliamentary Papers（以下，B. P. P. と略記), 1895 (C. 7723) (C. 7723-1), *Royal Commission on Opium*, vol. 6, *Final Report of the Royal Commission on Opium, Part 1, The Report, with annexures*, London, p. 123.

8) Tirthankar Roy, "Indigo and Law in Colonial India," *Economic History Review* 64 (S1), 2011, pp. 60-75.

9) Asiaticus, "The Rise and Fall of the Indigo Industry in India," *Economic Journal* 22 (86), 1912, pp. 237-47（引用箇所は p. 237).

10) B. B. Kling, *The Blue Mutiny : The Indigo Disturbances in Bengal, 1859-1862*, Philadelphia : University of Pennsylvania Press, 1966, p. 148.

注（第5章）　285

11) B.P.P., 1831-32 (734) (735-I) (735-II) (735-III) (735-IV) (735-V) (735-VI), *Report from the Select Committee on the Affairs of the East India Company; with minutes of evidence in six parts, and an appendix and index to each*, London, p. 300.

12) Ibid., pp. 290-92.

13) G. Lamb, "The Experiences of a Landholder and Indigo Planter in Eastern Bengal" (pamphlet), London : Edward Stanford, 1859, p. 5.

14) Roy, "Indigo and Law in Colonial India."

15) Joseph Brennig, "Textile Producers and Production in Late Seventeenth-Century Coromandel," *Indian Economic and Social History Review* 23 (4), 1986, pp. 333-55 ; Amalendu Guha, "Raw Cotton of Western India : 1750-1850," *Indian Economic and Social History Review* 9 (1), 1972, pp. 1-41 ; Pamela Nightingale, *Trade and Empire in Western India, 1784-1806*, Cambridge : Cambridge University Press, 1970.

16) Guha, "Raw Cotton," p. 16.

17) B.P.P., 1812-13 (306), *Papers relating to Revenues of India, and on Growth of Hemp and Cotton*, p. 19.

18) Ibid., p. 20.

19) Ibid., pp. 245-46.

20) R. K. Basak, "Robert Wight and His Botanical Studies in India," *Taxon* 30 (4), 1981, pp. 784-93.

21) J. Forbes Royle, *On the Culture and Commerce of Cotton in India*, London : Smith, Elder, 1851, p. 244.

22) B.P.P., 1812-13, *Papers*, pp. 248-49.

23) P. J. Cain and A. G. Hopkins, "Gentlemanly Capitalism and British Expansion Overseas I : The Old Colonial System, 1688-1850," *Economic History Review* 39 (4), 1986, pp. 501-25.

24) Anthony Webster, "The Strategies and Limits of Gentlemanly Capitalism : The London East India Agency Houses, Provincial Commercial Interests, and the Evolution of British Economic Policy in South and South East Asia, 1800-50," *Economic History Review* 59 (4), 2006, pp. 743-64.

25) S. D. Chapman, "British-Based Investment Groups before 1914," *Economic History Review* 38 (2), 1985, pp. 230-51 ; Mira Wilkins, "The Free-Standing Company, 1870-1914 : An Important Type of British Foreign Direct Investment," *Economic History Review* 41 (2), 1988, pp. 259-82 ; S. D. Chapman, "British Free Standing Companies and Investment Groups in India and the Far East," in Mira Wilkins and Harm Schroter, eds., *The Free Standing Company in the World Economy, 1830-1996*, Oxford : Oxford University Press, 1998, pp. 202-17.

26) 古い見解の一つの代表は，Greenberg, *British Trade*. 批判として，以下を参照。W. E. Cheong, *Mandarins and Merchants : Jardine Matheson and Co., A China Agency of the Early Nineteenth Century*, Atlantic Highlands, NJ : Humanities Press, 1980.

27) Anthony Webster, "An Early Global Business in a Colonial Context : The Strategies, Management, and Failure of John Palmer and Company, 1780-1830," *Enterprise and Society*, 6

(1), 2005, pp. 98-133.

28) C. Brogan, *James Finlay and Company Limited*, Glasgow : Jackson, 1951 ; Roger Jeffery, "Merchant Capital and the End of Empire : James Finlay, Merchant Adventurers," *Economic and Political Weekly* 17 (7), 1982, pp. 241-48.

29) M. Keswick, ed., *The Thistle and the Jade : A Collaboration of 150 Years of Jardine, Matheson and Co.*, London : Octopus Books, 1982 ; Cheong, *Mandarins and Merchants*.

30) C. M. Connell, "Jardine, Matheson & Company : The Role of External Organization in a Nineteenth-Century Trading Firm," *Enterprise and Society* 4 (1), 2003, pp. 99-138.

31) Geoffrey Jones and Judith Wale, "Merchants as Business Groups : British Trading Companies in Asia before 1945," *Business History Review* 72 (3), 1998, pp. 367-408.

32) B.P.P., 1874 (314), *Mr. Geogheghan's Report on Coolie Emigration from India*, London, p. 5.

33) Ibid., p. 13.

34) B.P.P., *Report from the Select Committee of the House of Commons on the Affairs of the East India Company*, London, 1832, p. 352.

35) B.P.P., 1831-32, *Report from the Select Committee*, pp. 268-70.

36) Anne Bulley, *The Bombay Country Ships, 1790-1833*, Richmond, VA : Curzon Press, 2000.

37) Anon., "Journal of a Residence in Great Britain, by Jehungeer Nowrajee and Hirjeebhoy Merwanjee, of Bombay, Naval Architects. London. 1841," *Calcutta Review* 4, 1845, Miscellaneous Notices, pp. i-xii.

38) B.P.P., *Select Committee*, First Report (2), pp. 87-90.

39) "Calcutta in the Olden Times. Its Localities," *Calcutta Review* 18, 1852, pp. 275-321.

40) B.P.P., 1859 Session 1 (198), *Select Committee to Inquire into Progress and Prospects for Promotion of European Colonization and Settlement in India Report, Proceedings, Minutes of Evidence, Appendix, Index*, pp. 245-50 (引用箇所は p. 250).

41) 次の拙稿に，原文を引用したので参照されたい。Tirthankar Roy, "Did Globalization Aid Industrial Development in Colonial India? A Study of Knowledge Transfer in the Iron Industry," *Indian Economic and Social History Review* 46 (4), 2009, pp. 579-613.

42) これらの会社についての初期の記述は以下である。Morris D. Morris, "Growth of Large-scale Industry to 1947," in Dharma Kumar, ed., *The Cambridge Economic History of India*, Cambridge : Cambridge University Press, 1983, vol. 2, pp. 553-676 ; R. S. Rungta, *The Rise of Business Corporations in India, 1851-1900*, Cambridge : Cambridge University Press, 1970. いずれの研究も，この事業の失敗について十分な説明をしていない。

43) B.P.P., 1852-53 (634), *Despatches, Minutes and Reports from Madras Government on Origin and Transactions of Porto Novo Iron Company*, p. 3.

44) Ibid., p. 467.

45) Ibid., p. 467.

46) J. Ochterlony, Engineer on J. M. Heath's enterprise. ibid., p. 17 に引用。

47) Prasannan Parthasarathi, "Iron-smelting in the Indian Subcontinent, c. 1800," paper presented at the S. R. Epstein memorial conference, London, London School of Economics and Political

注（第6章） 287

Science, 2008.

48) S. Bhattacharya, "Cultural and Social Constraints on Technological Innovation and Economic Development : Some Case Studies," *Indian Economic and Social History Review* 3 (3), 1966, pp. 240-67.

49) B.P.P., 1852-53 (634), *Despatches, Minutes and Reports*, p. 161.

50) Ibid., pp. 266-67.

51) Ibid., p. 434.

52) Ibid., p. 325.

53) Ibid., p. 339.

54) 以下の文書から引用。Anon., *East India Bank* (pamphlet), 1840.

55) H. C. Rawlinson, "On Trade Routes between Turkestan and India," *Proceedings of the Royal Geographical Society of London* 13 (1), 1868-69, pp. 10-25 (引用箇所は p. 13). 以下も参照。Janet Rizvi, "The Trans-Karakoram Trade in the Nineteenth and Twentieth Centuries," *Indian Economic and Social History Review* 31 (1), 1994, pp. 27-64.

56) Maheshwar P. Joshi and C. W. Brown, "Some Dynamics of Indo-Tibetan Trade through Uttarākhanda (Kumaon-Garhwal), India," *Journal of the Economic and Social History of the Orient* 30 (3), 1987, pp. 303-17.

第6章　貿易・移民・投資　1850〜1920年

1) Eric Tagliacozzo, "Ambiguous Commodities, Unstable Frontiers : The Case of Burma, Siam, and Imperial Britain, 1800-1900," *Comparative Studies in Society and History* 46 (2), 2004, pp. 354-77.

2) たとえば，以下を参照。Daniel Thorner, *Investment in Empire : British Railway and Steam Shipping Enterprise in India*, Philadelphia : University of Pennsylvania Press, 1950.

3) Anon., *Indian Railways and Their Probable Results*, London : E. Newby, 1848, p. xviii.

4) M. B. McAlpin, "Railroads, Prices, and Peasant Rationality," *Journal of Economic History* 34 (3), 1974, pp. 662-84 ; I. D. Derbyshire, "Economic Change and the Railways in North India, 1860-1914," *Modern Asian Studies* 21 (3), 1987, pp. 521-45 ; John Hurd II, "Railways and the Expansion of Markets in India, 1861-1921," *Explorations in Economic History* 12 (4), 1975, pp. 263-88 ; Mukul Mukherjee, "Railways and Their Impact on Bengali's Economy, 1870-1920," *Indian Economic and Social History Review* 17 (2), 1980, pp. 191-208 ; Tahir Andrabi and Michael Kuehlwein, "Railways and Price Convergence in British India," *Journal of Economic History* 70 (4), 2010, pp. 351-77.

5) Derbyshire, "Economic Change."

6) John Briggs (ハイデラバード裁判所のペルシア語通訳者) による引用。"Account of the Origin, History, and Manners of the Race of Men called Bunjaras," *Transactions of the Literary Society of Bombay*, London : John Murray, 1819, vol.1, pp. 170-97.

7) H. T. Colebrooke, *Remarks on the Husbandry and Internal Commerce of Bengal, Calcutta*, 1804, p. 163.

8) Colebrooke, *Remarks*, p. 161.

9) Ibid., p. 163.

10) Anon., *Indian Railways*, p. xliii.

11) Ibid., p. 42.

12) Ibid., p. xxi, and *Statistical Abstracts for British India*.

13) Andrabi and Kuehlwein, "Railways and Price Convergence."

14) Anon. (先住民保護協会を代表して), *The Opium Trade between India and China in Some of Its Present Aspects* (pamphlet), London, 1870, p. 6.

15) Peter Harnetty, "The Cotton Improvement Program in India, 1865-1875," *Agricultural History* 44 (4), 1970, pp. 379-92.

16) F. A. Logan, "India's Loss of the British Cotton Market after 1865," *Journal of Southern History* 31 (1), 1965, pp. 40-50.

17) HMSO, *Reports and Papers on Impurities in Indian Wheats*, London, 1888-89, p. 11.

18) H. H. Wilson, *A Review of the External Commerce of Bengal, 1813-14 to 1827-28*, Calcutta : Baptist Mission Press, 1830, p. 73.

19) HMSO, *Reports and Papers*, p. 24.

20) J. F. Unstead, "Statistical Study of Wheat Cultivation and Trade, 1881-1910," *Geographical Journal* 42 (3), 1913, pp. 254-73.

21) HMSO, *Reports and Papers*, p. 9.

22) Ibid., p. 10.

23) Anthony Webster, "An Early Global Business in a Colonial Context : The Strategies, Management, and Failure of John Palmer and Company, 1780-1830," *Enterprise and Society* 6 (1), 2005, pp. 98-133.

24) J. Forbes Munro, "From Regional Trade to Global Shipping : Mackinnon, Mackenzie & Co. within the Mackinnon Enterprise Network," in Geoffrey Jones, ed., *The Multinational Traders*, London : Routledge, 1998, pp. 48-65 ; Munro, *Maritime Enterprise and Empire : Sir William Mackinnon and His Business Network, 1823-1893*, Woodbridge : Boydell Press, 2003.

25) C. Plüss, "Baghdadi Jews in Hong Kong : Converting Cultural, Social and Economic Capital among Three Transregional Networks," *Global Networks* 11 (1), 2011, pp. 82-96.

26) Geoffrey Jones, *British Multinational Banking, 1830-1990*, Oxford : Clarendon Press, 1993. また, 植民地期インドの為替システムの機能については, 以下を参照。Tirthankar Roy, *The Economic History of India, 1857-1947*, 3rd ed., New Delhi : Oxford University Press, 2011.

27) Report of the Emigration Board, cited by British Parliamentary Papers 1874 (314), *Mr. Geogheghan's Report on Coolie Emigration from India*, London, p. 66.

28) セイロンでの出生率の収歛についてのデータに関しては, 以下を参照。Great Britain, *Report of the Committee on Emigration from India to the Crown Colonies and Protectorates*, London : HMSO, 1910, p. 30.

29) 研究の一つとして, 以下を参照。Elizabeth M. Grieco, "The Effects of Migration on the Establishment of Networks : Caste Disintegration and Reformation among the Indians of Fiji,"

注（第7章） 289

International Migration Review 32 (3), 1998, pp. 704-36.

30) この問題の文献は膨大なものである。興味のある読者は，以下において簡潔な議論を参照できる。Roy, *Economic History of India*, ch. 7.

31) Adapa Satyanarayana, "'Birds of Passage': Migration of South Indian Labourers to Southeast Asia," *Critical Asian Studies* 34 (1), 2002, pp. 89-115.

第7章　植民地化と開発　1860〜1920年

1) あまりにもイギリスや19世紀に偏っていることは別としても，この理論は，帝国，恐慌，外国投資の間の，証明困難なつながりを示唆している。以下を参照。D. K. Field-house, "'Imperialism': An Historiographical Revision," *Economic History Review* 14 (2), 1961, pp. 187-209.

2) 有用な参考文献として，R. I. Rhodes, *Imperialism and Underdevelopment: A Reader*, New York: Monthly Review Press, 1971; Jorge Larrain, *Theories of Development: Capitalism, Colonialism, and Dependency*, Oxford: Basil Blackwell, 1990, および Geoffrey Kay, *Development and Underdevelopment: A Marxist Analysis*, New York: St. Martin's Press, 1975. 分析的な経済史の別の潮流は，植民地主義を，農業においてすでに「半封建的」であった関係性の中の複雑な一要素として捉えた。以下の再版された論考を参照。Amid Bhaduri, *On the Border of Economic Theory and History*, Delhi: Oxford University Press, 1999. マルクス主義者の不朽の貢献は，「ヨーロッパ中心主義」を拒絶したことと，発展を，グローバル・ヒストリーの問題へと転換させたことである。

3) 以下におけるインド史についての議論を参照。Amiya Kumar Bagchi, *The Political Economy of Underdevelopment*, Cambridge: Cambridge University Press, 1982; Irfan Habib, "Colonialization of the Indian Economy, 1757-1900," *Social Scientist* 1, 1975, pp. 20-53, および Aditya Mukherjee, "The Return of the Colonial in Indian Economic History: The Last Phase of Colonialism in India," *Social Scientist* 36 (3/4), 2008, pp. 3-44.

4) 以下における議論を参照。Tirthankar Roy, *The Economic History of India, 1757-2010*, 3rd ed., Delhi: Oxford University Press, 2011.

5) 技術の選択における歪みについては，以下を参照。Daniel Headrick, *The Tools of Empire: Technology and European Imperialism in the Nineteenth Century*, New York: Oxford University Press, 1981, p. 10. また，こうした流れの解釈については，以下も参照。Zaheer Baber, *The Science of Empire: Scientific Knowledge, Civilization, and Colonial Rule in India*, Albany: State University of New York Press, 1966; Ian Inkster, "Colonial and Neo-Colonial Transfers of Technology: Perspectives on India before 1914," in Roy Macleod and Deepak Kumar, eds., *Technology and the Raj: Western Technology and Technical Transfers to India, 1700-1947*, Delhi: Sage Publications, 1995, pp. 25-50, および Inkster, "Science, Technology and Imperialism in India," in S. Irfan Habib and Dhruv Raina, eds., *Social History of Science in Colonial India*, Delhi: Oxford University Press, 2007, pp. 196-228. 植民地教育の「主な目的」について，インクスターは，「それは西洋のアイディアや文化遺産を伝えることではなく，忠誠心を教え込むことであった」と述べている（"Colonial and Neo-colonial Transfers,"

p. 42）。

6) Headrick, *Tools of Empire*, p. 205. また，以下も参照。Roy MacLeod, "Nature and Empire : Science and the Colonial Enterprise," *Osiris* 15 (1), 2000, pp. 1-13.

7) Deepak Kumar, "Science and Society in Colonial India : Exploring an Agenda," *Social Scientist* 28 (5/6), 2000, pp. 24-46（引用箇所は p. 26）; Ashis Nandy, *Science, Hegemony and Violence*, Delhi : Oxford University Press, 1990. この文脈に科学をおき，植民地支配と植民地の近代性の関係を論じたものとして，Gyan Prakash, *Another Reason : Science and the Imagination of Modern India*, Princeton, NJ : Princeton University Press, 1999. 近代化のプロジェクトに関連した植民地期の科学についての歴史叙述を概観するには，以下を参照。David Arnold, *Science, Technology and Medicine in Colonial India*, Cambridge : Cambridge University Press, 2000.

8) Morris D. Morris, "Towards a Reinterpretation of Nineteenth-Century Indian Economic History," *Journal of Economic History* 23 (4), 1963, pp. 606-18.

9) この問題に関する興味深い研究については，以下を参照。Neeraj Hatekar, "Information and Incentives : Pringle's Ricardian Experiment in the Nineteenth-Century Deccan Countryside," *Indian Economic and Social History Review* 33 (4), 1996, pp. 437-57.

10) S. Sivasubramonian, *National Income of India in the Twenties Century*, Delhi : Oxford University Press, 2000, pp. 201-3, 287-88, 293-94.

11) Morris D. Morris, "South Asian Entrepreneurship and the Rashomon Effect, 1800-1947," *Explorations in Economic History* 16 (4), 1979, pp. 341-61.

12) Morris, "Towards a Reinterpretation."

13) 植民地支配下のインド手工業経済史に関するもう一つの見解，すなわち，手工業の大部分は世界経済との広く深い接触によって損害よりもむしろ利益を得たかもしれないという議論は，以下でなされている。Tirthankar Roy, *Traditional Industry in the Economy of Colonial India*, Cambridge : Cambridge University Press, 1999 ; "Acceptance of Innovations in Early Twentieth-Century Indian Weaving," *Economic History Review* 55 (3), 2002, pp. 507-32 ; Roy, "Out of Tradition : Master Artisans and Economic Change in Colonial India," *Journal of Asian Studies* 66 (4), 2007, pp. 963-91. また，以下も参照。Douglas Haynes, "Asian Cloth-Producers and the Emergence of Powerloom Manufacture in Western India, 1920-1950," *Past and Presents* 172, 2001, pp. 170-98 ; Haynes, "The Labour Process in the Bombay Handloom Industry, 1800-1940," *Modern Asian Studies* 42 (1), 2008, pp. 1-45, および Douglas Haynes and T. Roy, "Conceiving Mobility : Migration of Handloom Weavers in Precolonial and Colonial India," *Indian Economic and Social History Review* 36 (1), 1999, pp. 35-68.

14) 主に，以下に依拠しながら描写する。Tirthankar Roy, "Knowledge and Divergence from the Perspective of Early Modern India," *Journal of Global History* 3 (3), 2008, pp. 361-87, および Roy, "Did Globalization Aid Industrial Development in Colonial India? A Study of Knowledge Transfer in the Iron Industry," *Indian Economic and Social History Review* 46 (4), 2009, pp. 579-613.

15) 1900 年の調査。Roy, "Did Globalization Aid Industrial Development in Colonial India?" p. 58

注（第7章） 291

に引用。

16) J. A. G. Wales, *A Monograph on Wood Carving in the Bombay Presidency*, Bombay : Government Press, 1902, p. 8.

17) E. R. Watson, *A Monograph on Iron and Steel Works in the Province of Bengal*, Calcutta : Government Press, 1907, p. 34.

18) Cuthbert Finch, "Vital Statistics of Calcutta," *Journal of the Statistical Society of London* 13 (2), 1850, pp. 168-82.

19) Edward Said, *Orientalism*, New York : Vintage, 1979.

20) 近年の二つの事例として，以下を参照。Thomas R. Trautmann, ed., *The Madras School of Orientalism : Producing Knowledge in Colonial South India*, Delhi : Oxford University Press, 2009, および Michael S. Dodson, *Orientalism, Empire, and National Culture. India, 1770-1880*, New Delhi : Foundation Books, 2010.

21) Richard Grove, *Green Imperialism : Colonial Expansion, Tropical Island Edens and the Origins of Environmentalism, 1600-1800*, Cambridge : Cambridge University Press, 1995.

22) Kapil Raj, "Colonial Encounters and the Forging of New Knowledge and National Identities : Great Britain and India, 1760-1850," *Osiris* 15 (2), 2000, pp. 119-34. 先駆者，特に植物学，医学，化学については，以下を参照。Mark Harrison, "Tropical Medicine in Nineteenth-Century India," *British Journal for the History of Science* 25 (3), 1992, pp. 299-318, および Ray Desmond, *The European Discovery of the Indian Flora*, Oxford : Oxford University Press, 1992. 19世紀初めの化学研究と世紀後半のそれとの関係を描き出した有用な描写的説明として，Aparajito Basu, "Chemical Research in India during the Nineteenth Century," *Indian Journal of History of Science* 24 (4), 1989, pp. 318-28.

23) Marika Vicziany, "Imperialism, Botany and Statistics in Early Nineteenth-Century India : The Surveys of Francis Buchanan (1762-1829)," *Modern Asian Studies* 20 (4), 1986, pp. 625-60.

24) Lucile H. Brockway, "Science and Colonial Expansion : The Role of the British Royal Botanic Gardens," *American Ethnologist* 6 (3), 1979, pp. 449-65.

25) Headrick, *Tools of Empire*, および Headrick, *The Tentacles of Progress : Technology Transfer in the Age of Imperialism, 1850-1940*, New York : Oxford University Press, 1900 ; Inkster, "Colonial and Neo-Colonial Transfers" ; Baber, *Science of Empire* ; Jennifer Tann and John Aitken, "The Diffusion of the Stationary Stream Engine from Britain to India, 1790-1830," *Indian Economic and Social History Review* 29 (2), 1992, pp.199-214 ; S. Ambirajan, "Science and Technology Education in South India," pp. 153-76 ; Saroj Ghose, "Commercial Needs and Military Necessities : The Telegraph in India," pp. 112-33, および Arun Kumar, "Colonial Requirements and Engineering Education : The Public Works Department, 1847-1947," pp. 216-34, すべて以下に所収。Roy Macleod and Deepak Kumar, eds., *Technology and the Raj : Western Technology and Technical Transfers to India, 1700-1947*, Delhi : Sage Publications. また以下も参照。Satpal Sangwan, "Indian Response to European Science and Technology, 1757-1857," *British Journal for the History of Science* 21 (2), 1988, pp. 211-32.

26) Ian Copland, cited by Michael Fisher, "Indirect Rule in the British Empire : The Foundations of

the Residency System in India (1764–1858)," *Modern Asian Studies* 18 (3), 1984, pp. 393–428 (引用箇所は p. 397).

27) 議論については以下を参照。Dwijendra Tripathi, "Colonialism and Technology Choices in India : A Historical Overview," *Developing Economies* 34 (1), 1996, pp. 80–97.

28) Morris D. Morris, "The Recruitment of an Industrial Labor Force in India, with British and American Comparisons," *Comparative Studies in Society and History* 3 (3), 1960, pp. 305–28.

29) Poonam Bala, *Imperialism and Medicine in Bengal : A Socio-Historical Perspective*, New Delhi : Sage Publications, 1991.

30) Dominic Lieven, *Empire : The Russian Empire and Its Rivals*, New Haven, CT : Yale University Press, 2002.

31) 外国人が所有したプランテーションに関するマルクス主義的な歴史叙述では，新世界での強奪についての議論を，インド的文脈に置きなおそうと努めている。しかしながら，そうした試みは，土地法と労働契約の論争的な解釈へと向かい，せいぜい不明瞭なものにしかなっていない。

32) 類似的なものとしては，蘭領東インドの中国人商人がいる。アレクサンダー・クレイヴァーは，財産と契約についてコミュニティに司法的自律性を付与することと，民族的な法に優先して普遍的に適用できる法令規則を作成することという，司法における二つの大方針のあいだの緊張について議論している。Peter Boomgaard, Dick Kooiman, and Henk Schulte Nordholt, eds., *Linking Destinies : Trade, Towns and Kins in Asian History*, Leiden : KITLV Press, 2008.

33) R. E. Kranton and A. V. Swamy, "Contracts, Hold-up, and Exports : Textiles and Opium in Colonial India," *American Economic Review* 98 (5), 2008, pp. 967–89. また，東インド会社の官吏とインド人ブローカーとの不安定な関係については，M. Torri, "Mughal Nobles, Indian Merchants and the Beginning of British Conquest in Western India : The Case of Surat, 1756–1759," *Modern Asian Studies* 32 (2), 1998, pp. 257–315.

34) Letter from J. P. Grant, Officiating Secretary to the Indian Law Commission, to W. H. Macnaghtan, Secretary to the Government of India, in the Legislative Department, 11 July 1837, in *Copies of the special reports* (pp. xxx, 1842), p. 266.

第 8 章　恐慌と脱植民地化　1920～50 年

1) これらの数値の解釈については，以下を参照。Tirthankar Roy, *The Economic History of India, 1757–2010*, Delhi : Oxford University Press, 2011.

2) Ian Brown, ed., *The Economies of Africa and Asia in the Inter-war Depression*, London : Routledge, 1989 ; N. Charlesworth, "The Peasant and the Depression : The Case of the Bombay Presidency, India," in Brown, *Economies of Africa and Asia*, pp. 59–73 ; C. J. Baker, "Debt and the Depression in Madras, 1929–1936," in C. Dewey and A. G. Hopkins, eds., *The Imperial Impact : Studies in the Economic History of Africa and India*, London : Athlone Press, 1978 ; C. Simmons, "The Great Depression and Indian Industry : Changing Interpretations and Changing Perceptions," *Modern Asian Studies* 21 (3), 1987, pp. 585–623.

注（第9章）　293

3 ）特に以下を参照。D. Rothermund, *India in the Great Depression, 1929-1939*, Delhi : Manohar, 1992, および Rothermund, *The Global Impact of the Great Depression, 1929-1939*, London : Routledge, 1996.

4 ）Malcolm Darling, "Prosperity and Debt in the Punjab," *Indian Journal of Economics* 3, 1920-22, pp. 145-66.

5 ）筆者はこれらの発展が，実質的に純仕入高の価格弾力性を向上させたことを示した。以下を参照。Tirthankar Roy, "Money Supply and Asset Choice in Interwar India," *Indian Economic and Social History Review*, 30 (2), pp. 163-80.

6 ）Bishnupriya Gupta, "Why Did Collusion Fail? The Indian Jute Industry in the Inter-War Years," *Business History* 47 (4), 2005, pp. 532-52.

7 ）R. W. Goldsmith, *The Financial Development of India, 1860-1977*, New Haven, CT : Yale University Press, 1983.

8 ）K. Mukerji, "Trends in Textile Mill Wages in Western India," *Artha Vijnana* 4 (2), 1962, pp. 156-66.

9 ）Gyanendra Pandey, *The Ascendancy of the Congress in Uttar Pradesh, 1926-1934 : A Study in Imperfect Mobilization*, Delhi : Oxford University Press, 1978.

10）政治参加の性格の違いについては，南インドの「灌漑」地域と「乾燥」地域をめぐって，以下に描かれている。David Washbrook, *The Emergence of Provincial Politics : The Madras Presidency, 1870-1920*, Cambridge : Cambridge University Press, 1976.

11）T. Raychaudhuri, "Indian Nationalism as Animal Politics," *Historical Journal* 22 (3), 1979, pp. 747-63 (引用箇所は p. 756). インドのナショナリズムに関するこの有用な研究動向整理の論文に続いて，研究は新たな諸方向に分化した。サバルタン研究は，ナショナリズムをエリートの代表者による企てとしてではなく，農民や労働者による抵抗戦略の中に位置づけた。サバルタン研究については，次の論文を参照。David Ludden, ed., *Reading Subaltern Studies : Critical History, Contested Meaning and the Globalisation of South Asia*, Delhi : Permanent Black, 2001. もう一つの潮流は，吸収し，あるいは対抗した植民地的な知の形式の言説編制を通じてナショナリズムを分析している。Partha Chatterjee, *The Nation and Its Fragments : Colonial and Postcolonial Histories*, Princeton, NJ : Princeton University Press, 1993.

12）Aditya Mukherjee, *Imperialism, Nationalism and the Making of the Indian Capitalist Class, 1920-1947*, New Delhi : Sage Publications, 2002.

13）Claude Markovits, *Merchants, Traders, Entrepreneurs : Indian Business in the Colonial Era*, Basingstoke : Palgrave Macmillan, 2008.

第 9 章　貿易から援助へ　1950～80 年

1 ）援助理論については，以下を参照。H. B. Chenery and A. Strout, "Foreign Assistance and Economic Development," *American Economic Review* 1966 ; I. M. D. Little and J. M. Clifford, *International Aid : A Discussion of the Flow of Public Resources from Rich to Poor Countries with Particular Reference to British Policy*, London : George Allen & Unwin, 1965 ; V. Joshi,

"Savings and Foreign Exchange Constraints," in P. Streeten, ed., *Unfashionable Economics : Essays in Honour of Thomas Balogh*, London : Weidenfield & Nicholson, 1970, および A. O. Krueger, C. Michalopoulos, and V. W. Ruttan, *Aid and Development*, Baltimore : Johns Hopkins University Press, 1989.

2) Rahul Mukherji, "India's Aborted Liberalization——1966," *Pacific Affairs* 73 (3), 2000, pp. 375-92.

3) インド・ソ連関係の方向転換については, 以下を参照。Dietmar Rothermund, "India and the Soviet Union," *Annals of the American Academy of Political and Social Science* 386, 1969, pp. 78-88. 以下も参照。Baldev Raj Nayar, "Treat India Seriously," *Foreign Policy* 18, 1975, pp. 133-54.

4) 工業の衰退問題の程度とその解釈については, 以下を参照。Deepak Nayyar, *Industrial Stagnation in India*, Bombay : Oxford University Press, 1990.

5) Milton Friedman, "Foreign Aid," *Yale Review* 47 (4), 1958, pp. 500-516 ; Peter Bauer, "Foreign Aid Forever?," *Encounter* 42 (3), 1971, pp. 15-30.

6) この問題に関する最初の発言については, 以下を参照。K. Griffin, "Foreign Capital, Domestic Savings and Econometric Development," *Oxford Bulletin of Economics and Statistics* 32 (1), 1970, pp. 99-112. グリフィンは, 厳密に認められた実証的な試験にもとづいて, 援助を受ける政府は, 税への努力を怠り, かつ／または, 消費支出の構成を変える傾向があると論じている。

7) 民間部門の一つの例は, トラック製造の TELCO である。公的部門の設備製造業者のバーラト重電機も, 国内での「実践的学習 (learning by doing)」の例として引用されている。R. Nagaraj, "Foreign Direct Investment in India in the 1990s : Trends and Issues," *Economic and Political Weekly* 38 (17), 2003, pp. 1701-12.

8) Rangan Banerjee and Vinayak P. Muley, "Engineering Education in India" (mimeo), Indian Institute of Technology Bombay, Mumbai, 2008.

9) Indian Council of Current Affairs, *Foreign Aid : A Symposium, a Survey and an Appraisal*, Calcutta : Oxford Book and Stationery, 1968, p. 351.

10) 紛争解決のための団体としてのその潜在的な役割は, 南アジアを取り巻く大半の深刻な紛争 (カシミールやスリランカのタミル人の市民権問題) で, 調停が抵抗を受けたために, 限定されたものとなった。

第 10 章　市場への回帰　1980～2010 年

1) これらの問題に関する議論は, 次の研究で要約され, 新しい方向に拡張されている。R. G. Maluste, "Endogenous Origins of Economic Reforms in India and China : Role of Attitudinal Changes : India (1980-1984) and China (1978-1982)," Ph. D. diss., London School of Economics and Political Science, 2011. 以下も参照。Tirthankar Roy, *The Economic History of India, 1857-1947*, New Delhi : Oxford University Press, 2011.

2) V. N. Balasubramanyam and Vidya Mahambare, "India," in Yingqi Wei and V. N. Balasubramanyam, eds., *Foreign Direct Investment : Six Country Case Studies*, Cheltenham : Edward

Elgar, 2004, pp. 47-68.

3) Douglas Haynes, *The Making of Small-Town Capitalism : Artisans, Merchants and the Politics of Cloth Manufacture in Western India, 1870-1960*, Cambridge : Cambridge University Press, 2011.

4) S. B. Karayil, "Does Migration Matter in Trade? A Study of India's Exports to the GCC Countries," *South Asia Economic Journal* 8 (1), 2007, pp. 1-20.

5) これらの拡大がすべて，小さな事業単位において生じたわけではない。1990 年から 2000 年の間に，カジュアルウェアの中で最も急速に成長した製品の一つであるデニム は，アーメダバードのある古い綿工場会社で作られた。しかしながら，そこからデニム を得て加工したのは，しばしば小さな被服工場であった。

6) Abhishek Pandey, Alok Aggarwal, Richard Devane, and Yevgeny Kuznetsov, "India's Transformation to Knowledge-Based Economy : Evolving Role of the Indian Diaspora," online report available from Evalueserve, 2004.

7) Alberto Corsin Jimenez, "Relations and Disproportions : The Labor of Scholarship in the Knowledge Economy," *American Ethnologist* 35 (2), 2008, pp. 229-42.

参考文献

Abu-Lughod, Janet (1991). *Before European Hegemony : The World System, A.D. 1250-1350.* New York : Oxford University Press. [ジャネット・アブー=ルゴド (2001)『ヨーロッパ覇権以前——もうひとつの世界システム』上下巻, 佐藤次高・斯波義信・高山博・三浦徹訳, 岩波書店]

Alam, Muzaffar (1994). "Trade, State Policy and Regional Change : Aspects of Mughal-Uzbek Commercial Relations, c. 1550-1750." *Journal of the Economic and Social History of the Orient* 37 (3), pp. 202-27.

Alam, Muzaffar, and Sanjay Subrahmanyam (2004). "The Deccan Frontier and Mughal Expansion, ca. 1600 : Contemporary Perspectives." *Journal of the Economic and Social History of the Orient* 47 (3), pp. 357-89.

Ambirajan, S. (1995). "Science and Technology Education in South India." In Macleod and Kumar, *Technology and the Raj*, pp. 153-76.

Andrabi, Tahir, and Michael Kuehlwein (2010). "Railways and Price Convergence in British India." *Journal of Economic History* 70 (4), pp. 351-77.

Anon. (1840). *East India Bank* (pamphlet).

Anon. (1845). "Journal of a Residence in Great Britain, by Jehungeer Nowrajee and Hirjeebhoy Merwanjee, of Bombay, Naval Architects. London. 1841." *Calcutta Review* 4, Miscellaneous Notices, pp. i-xii.

Anon. (1848). *Indian Railways and Their Probable Results.* London : E. Newby.

Anon. (1870). *The Opium Trade between India and China in Some of Its Present Aspects.* London : The Aborigines' Protection Society.

Arasaratnam, Sinnapah (1980). "Weavers, Merchants and Company : The Handloom Industry in Southeastern India, 1750-1790." *Indian Economic and Social History Review* 17 (3), pp. 257-81.

Arasaratnam, Sinnapah, and Aniruddha Ray (1994). *Masulipatnam and Cambay : A History of Two Port Towns, 1500-1800.* New Delhi : Munshiram Manoharlal.

Arnold, David (2000). *Science, Technology and Medicine in Colonial India.* Cambridge : Cambridge University Press.

Asiaticus (1912). "The Rise and Fall of the Indigo Industry in India." *Economic Journal* 22 (86), pp. 237-47.

Baber, Zaheer (1996). *The Science of Empire : Scientific Knowledge, Civilization, and Colonial Rule in India.* Albany : State University of New York Press.

Bagchi, Amiya Kumar (1982). *The Political Economy of Underdevelopment.* Cambridge : Cambridge University Press.

Baker, C. J. (1978). "Debt and the Depression in Madras, 1929–1936." In C. Dewey and A. G. Hopkins, eds., *The Imperial Impact : Studies in the Economic History of Africa and India.* London : Athlone Press, pp. 233–42.

Bala, Poonam (1991). *Imperialism and Medicine in Bengal : A Socio-Historical Perspective.* New Delhi : Sage Publications.

Balasubramanyam, V. N., and Vidya Mahambare (2004). "India." In Yingqi Wei and V. N. Balasubramanyam, eds., *Foreign Direct Investment : Six Country Case Studies.* Cheltenham : Edward Elgar, pp. 47–68.

Bandopadhyay, Rakhal Das (1908). "Saptagram" (in Bengali), *Bangiya Sahityaparishatpatrika*, pp. 15–41.

Banerjee, Rangan, and Vinayak P. Muley (2008). "Engineering Education in India" (mimeo). Indian Institute of Technology Bombay, Mumbai.

Barbosa, Duarte (1866). *A Description of the Coasts of East Africa and Malabar.* London : Hakluyt Society.

Basak, R. K. (1981). "Robert Wight and His Botanical Studies in India." *Taxon* 30 (4), pp. 784–93.

Basu, Aparajito (1989). "Chemical Research in India during the Nineteenth Century." *Indian Journal of History of Science* 24 (4), pp. 318–28.

Bauer, P. T. (1974). "Foreign Aid Forever?" *Encounter* 42 (3), pp. 15–30.

Begley, Vimala (1983). "Arikamedu Reconsidered." *American Journal of Archaeology* 87 (4), pp. 461–81.

——(1988). "Rouletted Ware at Arikamedu : A New Approach." *American Journal of Archaeology* 92 (4), pp. 427–40.

Begley, Vimala, and Richard Daniel de Puma, eds. (1991). *Rome and India : The Ancient Sea Trade.* Madison : University of Wisconsin Press.

Bhaduri, Amit (1991). *On the Border of Economic Theory and History.* Delhi : Oxford University Press.

Bhattacharya, S. (1966). "Cultural and Social Constraints on Technological Innovation and Economic Development : Some Case Studies." *Indian Economic and Social History Review* 3 (3), pp. 240–67.

Biswas, A. K. (1994). "Iron and Steel in Pre-modern India——A Critical Review." *Indian Journal of the History of Science* 19 (4), pp. 579–610.

Blake, Stephen (1991). *Shahjahanabad : The Sovereign City in Mughal India, 1639–1739.* Cambridge : Cambridge University Press.

Boomgaard, Peter, Dick Kooiman, and Henk Schulte Nordholt, eds. (2008). *Linking Destinies : Trade, Towns and Kins in Asian History.* Leiden : KITLV Press.

Bopearachch, Osmund (2004). "New Archaeological Evidence on Cultural and Commercial Relationships between Ancient Sri Lanka and Tamil Nadu." *Journal of Interdisciplinary Studies in History and Archaeology* 1 (1), pp. 60–72.

Bowen, H. V. (2006). *The Business of Empire : The East India Company and Imperial Britain,*

1756-1833. Cambridge : Cambridge University Press.

——(2010). "Bullion for Trade, War, and Debt-Relief : British Movements of Silver to, around, and from Asia, 1760-1833." *Modern Asian Studies* 44 (3), pp. 445-75.

Bowrey, Thomas (1895). *A Geographical Account of Countries round the Bay of Bengal, 1669 to 1679*. Cambridge : Cambridge University Press.

Boxer, C. R. (1969). "A Note on Portuguese Reactions to the Revival of the Red Sea Spice Trade and the Rise of Atjeh, 1540-1600." *Journal of Southeast Asian History* 10 (3), pp. 415-28.

Boyajian, James (2007). *Portuguese Trade in Asia under the Habsburgs, 1580-1640*. Baltimore : Johns Hopkins University Press, 2007.

Brennig, Joseph (1986). "Textile Producers and Production in Late Seventeenth Century Coromandel." *Indian Economic and Social History Review* 23 (4), pp. 333-55.

Briggs, John (1819). "Account of the Origin, History, and Manners of the Race of Men Called Bunjaras." *Transactions of the Literary Society of Bombay*, vol. 1. London : John Murray, pp. 170-97.

British Parliamentary Papers, 1773. *Seventh Report from The Committee Of Secrecy Appointed To Enquire Into The State Of The East India Company. Together with an Appendix referred to in the said Report.*

——1812-13 (152). *An Account of Bullion and Merchandize Exported by the East India Company to India and China Respectively, from 1708 to the Latest Period ; Distinguishing Each Year, and the Several Presidencies : with a Statement of the Mode in which the Value of the Merchandize is Calculated.*

——1812-13 (306). *Papers relating to Revenues of India, and on Growth of Hemp and Cotton.*

——1831-32 (734) (735-I) (735-II) (735-III) (735-IV) (735-V) (735-VI). *Report from the Select Committee on the Affairs of the East India Company ; with minutes of evidence in six parts, and an appendix and index to each.* London.

——1852-53 (634). *Despatches, Minutes and Reports from Madras Government on Origin and Transactions of Porto Novo Iron Company.*

——(1859), Session 1 (198). *Select Committee to Inquire into Progress and Prospects for Promotion of European Colonization and Settlement in India Report, Proceedings, Minutes of Evidence, Appendix, Index.*

——1874 (314). *Mr. Geogheghan's Report on Coolie Emigration from India.* London.

——1895 (C. 7723) (C. 7723-1). *Royal Commission on Opium.* Vol. 6, *Final Report of the Royal Commission on Opium. Part 1, The Report, with annexures.* London.

Brockway, Lucile H. (1979). "Science and Colonial Expansion : The Role of the British Royal Botanic Gardens." *American Ethnologist* 6 (3), pp. 449-65.

Brogan, C. (1951). *James Finlay & Company Limited.* Glasgow : Jackson.

Brown, Ian, ed. (1989). *The Economies of Africa and Asia in the Inter-war Depression.* London : Routledge.

Bulley, Anne (1986). *The Bombay Country Ships, 1790-1833.* Richmond, UK : Curzon Press, 2000.

Cain, P. J., and A. G. Hopkins (1986). "Gentlemanly Capitalism and British Expansion Overseas I : The Old Colonial System, 1688-1850." *Economic History Review* 39 (4), pp. 501-25.

"Calcutta in the Olden Times. Its Localities" (1852). *Calcutta Review* 18, pp. 275-321.

Chakravarti, Ranabir (1991). "Horse Trade and Piracy at Tana (Thana, Maharashtra, India) : Glea-nings from Marco Polo." *Journal of the Economic and Social History of the Orient* 34 (3), pp. 159-82.

——(1999). "Early Medieval Bengal and the Trade in Horses : A Note." *Journal of the Economic and Social History of the Orient* 42 (2), pp. 194-211.

——(2000). "Nakhudas and Nauvittakas : Ship-Owning Merchants in the West Coast of India (c. AD 1000-1500)." *Journal of the Economic and Social History of the Orient* 43 (1), pp. 34-64.

Champakalakshmi, R. (1987). "Urbanisation in South India : The Role of Ideology and Polity." *Social Scientist* 15 (8/9), pp. 67-117.

——(1996). *Trade Ideology and Urbanization : South India, 300 BC to AD 1300*. New York : Oxford University Press.

Chapman, S. D. (1985). "British-Based Investment Groups before 1914." *Economic History Review* 38 (2), pp. 230-51.

——(1998). "British Free Standing Companies and Investment Groups in India and the Far East." In Mira Wilkins and Harm Schroter, eds., *The Free Standing Company in the World Economy, 1830-1996*. Oxford : Oxford University Press, pp. 202-17.

Charlesworth, N. (1989). "The Peasant and the Depression : The Case of the Bombay Presidency, India." In Brown, *Economies of Africa and Asia*, pp. 59-73.

Chase-Dunn, Christopher K., Thomas D. Hall, and E. Susan Manning (2000). "Rise and Fall : East-West Synchronicity and Indic Exceptionalism Reexamined." *Social Science History* 24 (4), pp. 727-54.

Chatterjee, Partha (1993). *The Nation and Its Fragments : Colonial and Postcolonial Histories*. Princeton, NJ : Princeton University Press.

Chaudhuri, K. N. (1978). *The Trading World of Asia and the English East India Company, 1660-1760*. Cambridge : Cambridge University Press.

——(1985). *Trade and Civilisation in the Indian Ocean : An Economic History from the Rise of Islam to 1750*. Cambridge : Cambridge University Press.

Chaudhury, Sushil (1995). *From Prosperity to Decline : Eighteenth-Century Bengal*. Delhi : Manohar.

——(1995). "International Trade in Bengal Silk and the Comparative Role of Asians and Europeans, circa. 1700-1757." *Modern Asian Studies* 29 (2), pp. 373-86.

Chenery, H. B., and A. Strout (1966). "Foreign Assistance and Economic Development." *American Economic Review* 56 (4), pp. 679-733.

Cheong, W. E. (1980). *Mandarins and Merchants : Jardine Matheson and Co., A China Agency of the Early Nineteenth Century*. Atlantic Highlands, NJ : Humanities Press.

Cheong, Weng Eang (1997). *Hong Merchants of Canton : Chinese Merchants in Sino-Western Trade, 1684-1798*. Richmond, UK : Curzon Press.

Christie, Jan Wisseman (1998). "Javanese Markets and the Asian Sea Trade Boom of the Tenth to Thirteenth Centuries." *Journal of the Economic and Social History of the Orient* 41 (3), pp. 344-81.

Chung, Tan (1974). "The Britain-China-India Trade Triangle (1771-1840)." *Indian Economic and Social History Review* 11 (4), pp. 411-31.

Clark, Colin (1940). *The Conditions of Economic Progress.* London : Macmillan. 〔コ ー リ ン ・ ク ラ ー ク (1945)『經濟的進步の諸條件』金融經濟研究會譯, 日本評論社〕

Claver, Alexander (2008). "Struggling for Justice : Chinese Commerce and Dutch Law in the Netherlands Indies, 1800-1942." In Boomgaard, Kooiman, and Nordholt, eds., *Linking Destinies : Trade, Towns, and Kins in Asian History*, pp. 99-118.

Colebrooke, H. T. (1804). *Remarks on the Husbandry and Internal Commerce of Bengal.* Calcutta.

Connell, C. M. (2003). "Jardine Matheson & Company : The Role of External Organization in a Nineteenth-Century Trading Firm." *Enterprise and Society* 4 (1), pp. 99-138.

Crawford, D. G. (1908). "Satgaon or Triveni." *Bengal Past and Present* 3 (1), pp. 18-26.

Dale, Stephen F. (2009). "Silk Road, Cotton Road or ... Indo-Chinese Trade in Pre-European Times." *Modern Asian Studies* 43 (1), pp. 79-88.

Dasgupta, Ashin (2001). *The World of the Indian Ocean Merchant, 1500-1800.* New Delhi : Oxford University Press.

Dasgupta, Atis (2004). "Islam in Bengal : Formative Period." *Social Scientist* 32 (3/4), pp. 30-41.

Dash, K. C. (1997). "Economic Life of Orissa under the Imperial Gangas." In N. R. Patnaik, ed., *Economic History of Orissa.* New Delhi : Indus, pp. 49-61.

De Vries, Jan (1973). "On the Modernity of the Dutch Republic." *Journal of Economic History* 33 (1), pp. 191-202.

Derbyshire, I. D. (1987). "Economic Change and the Railways in North India, 1860-1914." *Modern Asian Studies* 21 (3), pp. 521-45.

Desmond, Ray (1992). *The European Discovery of the Indian Flora.* Oxford : Oxford University Press.

Deyell, John (1990). *Living without Silver : The Monetary History of Early Medieval North India.* New Delhi : Oxford University Press.

——(1994). "The China Connection : Problems of Silver Supply in Medieval Bengal." In Sanjay Subrahmanyam, ed., *Money and the Market in India, 1100-1700.* Delhi : Oxford University Press.

Dodson, Michael S. (2010). *Orientalism, Empire, and National Culture : India, 1770-1880.* New Delhi : Foundation Books.

Dodwell, H., ed. (1922). *The Private Diary of Ananda Ranga Pillai*, vols. 1-8, Madras.

During Caspers, Elisabeth C. L. (1979). "Sumer, Coastal Arabia and the Indus Valley in Protoliterate and Early Dynastic Eras : Supporting Evidence for a Cultural Linkage." *Journal of the Economic and Social History of the Orient* 22 (2), pp. 121-35.

Dutt, A. K. (1992). "The Origins of Uneven Development : The Indian Subcontinent." *American*

Economic Review 82 (2), pp. 146-50.

Eaton, Richard (1985). "Approaches to the Study of Conversion to Islam in India." In R. C. Martin, ed., *Approaches to Islam in Religious Studies*. Tucson : University of Arizona Press, pp. 107-23.

──(1993). *The Rise of Islam and the Bengal Frontier, 1204-1760*. Berkeley : University of California Press.

Edye, John (1834). "Description of the Various Classes of Vessels Constructed and Employed by the Natives of the Coasts of Coromandel, Malabar, and Ceylon." *Journal of the Royal Asiatic Society of Great Britain and Ireland*. London : W. Parker, pp. 1-14.

Eggermont, P. H. L. (1966). "The Murundas and the Ancient Trade-Route from Taxila to Ujjain." *Journal of the Economic and Social History of the Orient* 9 (3), pp. 257-96.

Eswaran, M., and A. Kotwal (1994). *Why Poverty Persists in India : A Framework for Understanding the Indian Economy*. New Delhi : Oxford University Press. 〔ムケシュ・エスワラン，アショク・コトワル (2000) 『なぜ貧困はなくならないのか──開発経済学入門』永谷敬三訳，日本評論社〕

Fichter, James (2010). *So Great a Proffit : How the East Indies Trade Transformed Anglo-American Capitalism*. Cambridge, MA, and London : Harvard University Press.

Fieldhouse, D. K. (1961). "'Imperialism' : An Historiographical Revision." *Economic History Review* 14 (2), pp. 187-209.

Finch, Cuthbert (1850). "Vital Statistics of Calcutta." *Journal of the Statistical Society of London* 13 (2), pp. 168-82.

Findlay, Ronald, and Kevin H. O'Rourke (2007). *Power and Plenty : Trade, War, and the World Economy in the Second Millennium*. Princeton, NJ, and Oxford : Princeton University Press.

Fisher, Michael (1984). "Indirect Rule in the British Empire : The Foundations of the Residency System in India (1764-1858)." *Modern Asian Studies* 18 (3), pp. 393-428.

Flynn, Dennis O., and Arturo Giráldez (2002). "Cycles of Silver : Global Economic Unity through the Mid-Eighteenth Century." *Journal of World History* 13 (2), pp. 391-427.

Foltz, Richard C. (1998). *Mughal India and Central Asia*. Oxford and Karachi : Oxford University Press.

Forbes Royle, J. (1851). *On the Culture and Commerce of Cotton in India*. London : Smith, Elder.

Fort William-India House Correspondence. New Delhi : National Archives, vols. 1-7.

Frank, André Gunder (1998). *ReOrient : Global Economy in the Asian Age*. Berkeley and Los Angeles : University of California Press. 〔アンドレ・グンダー・フランク (2000) 『リオリエント──アジア時代のグローバル・エコノミー』山下範久訳，藤原書店〕

Frasca, Richard (1975). "Weavers in Pre-Modern South India." *Economic and Political Weekly*, 10 (30), pp. 1119-23.

Friedman, Milton (1958). "Foreign Aid." *Yale Review* 47 (4), pp. 500-516.

Furber, Holden (1951). *John Company at Work : A Study of European Expansion in India in the Late Eighteenth Century*. Cambridge MA : Harvard University Press.

Ghose, Saroj (1995). "Commercial Needs and Military Necessities : The Telegraph in India." In

Macleod and Kumar, *Technology and the Raj*, pp. 112-33.

Goitein, S. D. (1954). "From the Mediterranean to India : Documents on the Trade to India, South Arabia, and East Africa from the Eleventh and Twelfth Centuries." *Speculum* 29 (2), pp. 181-97.

——(1961). "The Main Industries of the Mediterranean Area as Reflected in the Records of the Cairo Geniza." *Journal of the Economic and Social History of the Orient* 4 (2), pp. 168-97.

——(1987). "Portrait of a Medieval India Trader : Three Letters from the Cairo Geniza." *Bulletin of the School of Oriental and African Studies* 50 (3), pp. 449-64.

Goldsmith, R. W. (1983). *The Financial Development of India, 1860-1977*. New Haven, CT : Yale University Press.

Gommans, Jos (1994). "The Horse Trade in Eighteenth-Century South Asia." *Journal of the Economic and Social History of the Orient* 37 (3), pp. 228-50.

——(1998). "The Silent Frontier of South Asia, c. A.D. 1100-1800." *Journal of World History* 9 (1), pp. 1-23.

——(2002). *Mughal Warfare : Indian Frontiers and High Roads to Empire, 1500-1700*. London : Routledge.

Gopal, Lallanji (1961). "Textiles in Ancient India." *Journal of the Economic and Social History of the Orient* 4 (1), pp. 53-69.

Great Britain (1888-89). *Reports and Papers on Impurities in Indian Wheats*. London : HMSO.

——(1910). *Report of the Committee on Emigration from India to the Crown Colonies and Protectorates*. London : HMSO.

Green, Gillian (2000). "Indic Impetus? Innovations in Textile Usage in Angkorian Period Cambodia." *Journal of the Economic and Social History of the Orient* 43 (3), pp. 277-313.

Greenberg, Michael (1969). *British Trade and the Opening of China, 1800-1842*. Cambridge : Cambridge University Press, 1969.

Greif, Avner (2006). *Institutions and the Path to the Modern Economy : Lessons from Medieval Trade*. Cambridge : Cambridge University Press. [アブナー・グライフ (2009)『比較歴史制度分析』有本寛ほか訳、NTT 出版]

Grieco, Elizabeth M. (1998). "The Effects of Migration on the Establishment of Networks : Caste Disintegration and Reformation among the Indians of Fiji." *International Migration Review* 32 (3), pp. 704-36.

Griffin, K. (1970). "Foreign Capital, Domestic Savings and Economic Development." *Oxford Bulletin of Economics and Statistics* 32 (1), 1970, pp. 99-112.

Grose, John Henry (1757). *A Voyage to the East Indies*. London : S. Hooper. 2 vols.

Grove, Richard (1995). *Green Imperialism : Colonial Expansion, Tropical Island Edens and the Origins of Environmentalism, 1600-1860*. Cambridge : Cambridge University Press.

Guha, Amalendu (1972). "Raw Cotton of Western India : 1750-1850." *Indian Economic and Social History Review* 9 (1), pp. 1-41.

Gupta, Bishnupriya (2005). "Why did Collusion Fail? The Indian Jute Industry in the Inter-War

Years." *Business History* 47 (4), pp. 532–52.

Habib, Irfan (1964). "Usury in Medieval India." *Comparative Studies in Society and History* 6 (4), pp. 393–419.

——(1969). "Potentialities of Capitalistic Development in the Economy of Mughal India." *Journal of Economic History* 29 (1), pp. 32–78.

——(1975). "Colonialization of the Indian Economy, 1757–1900." *Social Scientist* 32 (3), pp. 20–53.

——(1980). "Technology and Economy of Mughal India." *Indian Economic and Social History Review* 17 (1), pp. 1–34.

——(1983). "The Peasant in Indian History." *Social Scientist* 11 (3), pp. 21–64.

——(1992). "Akbar and Technology." *Social Scientist* 20 (9/10), pp. 3–15.

——(1992). "Pursuing the History of Indian Technology : Pre-modern Modes of Transmission of Power." *Social Scientist* 20 (3/4), pp. 1–22.

Hall, Kenneth (1978). "International Trade and Foreign Diplomacy in Early Medieval South India." *Journal of the Economic and Social History of the Orient* 21 (1), pp. 75–98.

——(1999). "Coinage, Trade and Economy in Early South India and Its Southeast Asian Neighbours." *Indian Economic Social History Review* 36 (4), 431–59.

——(2004). "Local and International Trade and Traders in the Straits of Melaka Region : 600–1500." *Journal of the Economic and Social History of the Orient* 47 (2), pp. 213–60.

Hamilton, Alexander (1995). *A New Account of the East Indies being the Observations and Remarks of Capt. Alexander Hamilton from the year 1688–1723*, vol. 1. Delhi.

Harnetty, Peter (1970). "The Cotton Improvement Program in India, 1865–1875." *Agricultural History* 44 (4), pp. 379–92.

Harrison, Mark (1992). "Tropical Medicine in Nineteenth-Century India." *The British Journal for the History of Science* 25 (3), pp. 299–318.

Hatekar, Neeraj (1996). "Information and Incentives : Pringle's Ricardian Experiment in the Nineteenth-Century Deccan Countryside." *Indian Economic and Social History Review* 33 (4), pp. 437–57.

Haynes, Douglas (2001). "Artisan Cloth-Producers and the Emergence of Powerloom Manufacture in Western India, 1920–1950." *Past and Present* 172, pp. 170–98.

——(2008). "The Labor Process in the Bombay Handloom Industry, 1880–1940." *Modern Asian Studies* 42 (1), pp. 1–45.

——(2011). *The Making of Small-Town Capitalism : Artisans, Merchants and the Politics of Cloth Manufacture in Western India, 1870–1960*. Cambridge : Cambridge University Press.

Haynes, Douglas, and T. Roy (1999). "Conceiving Mobility : Migration of Handloom Weavers in Precolonial and Colonial India." *Indian Economic and Social History Review* 36 (1), pp. 35–68.

Headrick, Daniel (1981). *The Tools of Empire : Technology and European Imperialism in the Nineteenth Century*. New York : Oxford University Press.〔D. R. ヘッドリク (1989)『帝国の手先——ヨーロッパ膨張と技術』原田勝正・多田博一・老川慶喜訳, 日本経済評論

社〕

——(1990). *The Tentacles of Progress : Technology Transfer in the Age of Imperialism, 1850-1940*. New York : Oxford University Press. 〔D. R. ヘッドリク（2005）『進歩の触手——帝国主義時代の技術移転』原田勝正ほか訳，日本経済評論社〕

Heitzman, James (1987). "Temple Urbanism in Medieval South India." *Journal of Asian Studies* 46 (4), pp. 791-826.

Holman, J. (1840). *Travels in Madras, Ceylon, Mauritius, etc*. London : G. Routledge.

Hossain, H. (1979). "The Alienation of Weavers : Impact of the Conflict between the Revenue and Commercial Interests of the East India Company." *Indian Economic and Social History Review* 16 (3), pp. 323-45.

Hurd, John, II (1975). "Railways and the Expansion of Markets in India, 1861-1921." *Explorations in Economic History* 12 (4), pp. 263-88.

Ibn Battuta (1929). *Travels in Asia and Africa, 1325-1354*. London : Routledge.

Indian Council of Current Affairs (1968). *Foreign Aid : A Symposium, a Survey and an Appraisal*. Calcutta : Oxford Book and Stationery.

Inikori, Joseph (2007). "Africa and the Globalization Process : Western Africa, 1450-1850." *Journal of Global History* 2 (1), pp. 63-86.

Inkster, Ian (1995). "Colonial and Neo-Colonial Transfers of Technology : Perspectives on India before 1914." In Macleod and Kumar, *Technology and the Raj*, pp. 25-50.

——(2007), "Science, Technology and Imperialism in India." In S. Irfan Habib and Dhruv Raina, eds., *Social History of Science in Colonial India*. Delhi : Oxford University Press, pp. 196-228.

Israel, Jonathan I. (1989). *Dutch Primacy in World Trade, 1585-1740*. Oxford : Clarendon Press.

Jacobs, Els M. (2006). *Merchant in Asia : The Trade of the Dutch East India Company during the Eighteenth Century*. Leiden : Brill.

Jeffery, Roger (1982). "Merchant Capital and the End of Empire : James Finlay, Merchant Adventurers." *Economic and Political Weekly* 17 (7), pp. 241-48.

Jimenez, Alberto Corsin (2008). "Relations and Disproportions : The Labor of Scholarship in the Knowledge Economy." *American Ethnologist* 35 (2), pp. 229-42.

Jones, Geoffrey (1993). *British Multinational Banking, 1830-1990*. Oxford : Clarendon Press. 〔ジェフリー・ジョーンズ（2007）『イギリス多国籍銀行史 1830～2000 年』坂本恒夫・正田繁監訳，日本経済評論社〕

Jones, Geoffrey, and Judith Wale (1998). "Merchants as Business Groups : British Trading Companies in Asia before 1945." *Business History Review* 72 (3), pp. 367-408.

Joshi, Maheshwar P., and C. W. Brown (1987). "Some Dynamics of Indo-Tibetan Trade through Uttarākhanda (Kumaon-Garhwal), India." *Journal of the Economic and Social History of the Orient* 30 (3), pp. 303-17.

Joshi, V. (1970). "Savings and Foreign Exchange Constraints." In P. Streeten, ed., *Unfashionable Economics : Essays in Honour of Thomas Balogh*. London : Weidenfield & Nicholson.

Kanaka Durga, P. S. (2001). "Identity and Symbols of Sustenance : Explorations in Social Mobility of Medieval South India." *Journal of the Economic and Social History of the Orient* 44 (2), pp. 141–74.

Kane, P. V. (1946). *History of Dharmasastra (Ancient and Medieval Religious and Civil Law in India)*. Poona : Bhandarkar Oriental Research Institute, vols. 1–6.

Karayil, S. B. (2007). "Does Migration Matter in Trade? A Study of India's Exports to the GCC Countries," *South Asia Economic Journal* 8 (1), pp. 1–20.

Kaur, Amarjit (2006). "Indian Labor, Labor Standards, and Workers' Health in Burma and Malaya, 1900–1940." *Modern Asian Studies* 40 (2), pp. 425–75.

Kay, Geoffrey (1975). *Development and Underdevelopment : A Marxist Analysis*. New York : St. Martin's Press.

Kenoyer, M. (1997). "Trade and Technology of the Indus Valley : New Insights from Harappa, Pakistan." *World Archaeology* 29 (2), pp. 262–80.

Keswick, M., ed. (1982). *The Thistle and the Jade : A Collaboration of 150 Years of Jardine, Matheson and Co.* London : Octopus Books.

Khan, I. A. (1981). "Early Use of Cannon and Musket in India : A.D. 1442–1526." *Journal of the Economic and Social History of the Orient* 24 (2), pp. 146–64.

Kirk, William (1975). "The Role of India in the Diffusion of Early Cultures." *Geographical Journal* 141 (1), pp. 19–34.

Kling, B. B. (1966). *The Blue Mutiny : The Indigo Disturbances in Bengal, 1859–1862*. Philadelphia : University of Pennsylvania Press.

Kosambi, D. D. (1955). "The Basis of Ancient Indian History." In two parts. *Journal of the American Oriental Society* 75 (1), pp. 35–45, and 75 (4), pp. 226–37.

——(1956). *An Introduction to the Study of Indian History*. Bombay : Popular Book Depot.

Kranton, R. E., and A. V. Swamy (2008). "Contracts, Hold-up, and Exports : Textiles and Opium in Colonial India." *American Economic Review* 98 (5), pp. 967–89.

Krueger, A. O., C. Michalopoulos, and V. W. Ruttan (1989). *Aid and Development*. Baltimore : Johns Hopkins University Press.

Krugman, Paul, and Anthony J. Venables (1995). "Globalization and the Inequality of Nations." *Quarterly Journal of Economics* 4, pp. 857–80.

Kulke, Hermann (1993). "'A Passage to India' : Temples, Merchants and the Ocean." *Journal of the Economic and Social History of the Orient* 36 (2), pp. 154–80.

Kumar, Arun (1995). "Colonial Requirements and Engineering Education : The Public Works Department, 1847–1947." In Macleod and Kumar, *Technology and the Raj*, pp. 216–34.

Kumar, Deepak (2000). "Science and Society in Colonial India : Exploring an Agenda." *Social Scientist* 28 (5/6), pp. 24–46.

Lamb, G. (1859). *The Experiences of a Landholder and Indigo Planter in Eastern Bengal*. London : Edward Stanford.

Lambourn, Elizabeth (2003). "Of Jewels and Horses : The Career and Patronage of an Iranian Merchant under Shah Jahan." *Iranian Studies* 36 (2), pp. 213–41, 243–58.

Lane, Frederic C. (1968). "Pepper Prices before Da Gama." *Journal of Economic History* 28 (4), pp. 590-97.

——(1979). *Profits from Power : Readings in Protection Rent and Violence-Controlling Enterprises*. Albany : State University of New York Press.

Larrain, Jorge (1990). *Theories of Development : Capitalism, Colonialism, and Dependency*. Oxford : Basil Blackwell.

Levi, Scott (1999). "The Indian Merchant Diaspora in Early Modern Central Asia and Iran." *Iranian Studies* 32 (4), pp. 483-512.

Lewis, Archibald (1973). "Maritime Skills in the Indian Ocean, 1368-1500." *Journal of the Economic and Social History of the Orient* 16 (2/3), pp. 238-64.

Lieven, Dominic (2002). *Empire : The Russian Empire and Its Rivals*. New Haven, CT : Yale University Press. 〔ドミニク・リーベン (2002)『ロシア帝国とそのライバル』松井秀和訳, 日本経済新聞社〕

Little, I. M. D., and J. M. Clifford (1965). *International Aid : A Discussion of the Flow of Public Resources from Rich to Poor Countries with Particular Reference to British Policy*. London : George Allen & Unwin.

Little, J. H. (1920-21). "The House of Jagatseth." *Bengal Past and Present* 20, 1920, pp. 1-200, and 22, 1921, pp. 1-119.

Liu, Xinru (1988). *Ancient India and Ancient China : Trade and Religious Exchanges, A.D. 1-600*. New York : Oxford University Press. 〔劉欣如 (1995)『古代インドと古代中国——西暦1～6世紀の交易と仏教』左久梓訳, 心交社〕

Logan, F. A. (1965). "India's Loss of the British Cotton Market after 1865." *Journal of Southern History* 31 (1), pp. 40-50.

Ludden, David, ed. (2001). *Reading Subaltern Studies : Critical History, Contested Meaning and the Globalisation of South Asia*. Delhi : Permanent Black.

Machado, Pedro (2009). "A Regional Market in a Globalised Economy : East Central and South Eastern Africans, Gujarati Merchants and the Indian Textile Industry in the Eighteenth and Nineteenth Centuries." In Riello and Roy, *How India Clothed the World*, pp. 53-84.

MacLeod, Roy (2000). "Nature and Empire : Science and the Colonial Enterprise." *Osiris* 15 (1), pp. 1-13.

Macleod, Roy, and Deepak Kumar, eds. (1995). *Technology and the Raj : Western Technology and Technical Transfers to India, 1700-1947*. Delhi : Sage Publications.

Macpherson, Kenneth (2004). *The Indian Ocean : A History of People and the Sea*. New Delhi : Oxford University Press, 2004.

Maluste, R. G. (2011). "Endogenous Origins of Economic Reforms in India and China : Role of Attitudinal Changes : India (1980-1984) and China (1978-1982)." Ph. D. diss., London School of Economics and Political Science.

Manian, Padma (1998). "Harappans and Aryans : Old and New Perspectives of Ancient Indian History." *History Teacher* 32 (1), pp. 17-32.

Margabandhu, C. (1965). "Trade Contacts between Western India and the Graeco-Roman World in the Early Centuries of the Christian Era." *Journal of the Economic and Social History of the Orient* 8 (3), pp. 316–22.

Margariti, Roxani Eleni (2007). *Aden and the Indian Ocean Trade : 150 Years in the Life of a Medieval Arabian Port*. Chapel Hill : University of North Carolina Press.

——(2008). "Mercantile Networks, Port Cities, and 'Pirate' States : Conflict and Competition in the Indian Ocean World of Trade before the Sixteenth Century," *Journal of the Economic and Social History of the Orient* 51 (4), pp. 543–77.

Markovits, Claude (2008). *Merchants, Traders, Entrepreneurs : Indian Business in the Colonial Era*. Basingstoke : Palgrave Macmillan.

Marshall, P. J. (2005). *The Making and Unmaking of Empires : Britain, India, and America, c. 1750–1783*. Oxford : Oxford University Press.

McAlpin, M. B. (1974). "Railroads, Prices, and Peasant Rationality." *Journal of Economic History* 34 (3), pp. 662–84.

McCusker, John J., and Kenneth Morgan, eds. (2000). *The Early Modern Atlantic Economy*. Cambridge : Cambridge University Press.

Meloy, John L. (2003), "Imperial Strategy and Political Exigency : The Red Sea Spice Trade and the Mamluk Sultanate in the Fifteenth Century." *Journal of the American Oriental Society* 123 (1), pp. 1–19.

Mirkovich, Nicholas (1943). "Ragusa and the Portuguese Spice Trade." *Slavonic and East European Review* 2 (1), pp. 174–87.

Moosvi, Shireen (2002). "The Mughal Encounter with Vedanta : Recovering the Biography of 'Jadrup.'" *Social Scientist* 30 (7/8), pp. 13–23.

Moreland, William H. (1920). *India at the Death of Akbar : An Economic Study*. London : Macmillan.

——(1929). *The Agrarian System of Moslem India : A Historical Essay with Appendices*. Cambridge : W. Heffer & Sons.

Morony, Michael G. (2004). "Economic Boundaries? Late Antiquity and Early Islam." *Journal of the Economic and Social History of the Orient* 47 (2), pp. 166–94.

Morris, Morris D. (1960). "The Recruitment of an Industrial Labor Force in India, with British and American Comparisons." *Comparative Studies in Society and History* 3 (3), pp. 305–28.

——(1963). "Towards a Reinterpretation of Nineteenth-Century Indian Economic History." *Journal of Economic History* 23 (4), pp. 606–18.

——(1979). "South Asian Entrepreneurship and the Rashomon Effect, 1800–1947." *Explorations in Economic History* 16 (4), pp. 341–61.

——(1983). "Growth of Large-scale Industry to 1947." In Dharma Kumar, ed., *The Cambridge Economic History of India*, vol. 2. Cambridge : Cambridge University Press, pp. 553–676.

Morrison, Kathleen D. (1997). "Commerce and Culture in South Asia : Perspectives from Archaeology and History." *Annual Review of Anthropology* 26, pp. 87–108.

Mortel, Richard (1995). "Aspects of Mamluk Relations with Jedda during the Fifteenth Century." *Journal of Islamic Studies* 6 (1), pp. 1-13.

Mukerji, K. (1962). "Trends in Textile Mill Wages in Western India." *Artha Vijnana* 4 (2), pp. 156-66.

Mukherjee, Aditya (2002). *Imperialism, Nationalism and the Making of the Indian Capitalist Class, 1920-1947.* New Delhi : Sage Publications.

——(2008). "The Return of the Colonial in Indian Economic History : The Last Phase of Colonialism in India." *Social Scientist* 36 (3/4), pp. 3-44.

Mukherjee, Mukul (1980). "Railways and Their Impact on Bengal's Economy, 1870-1920." *Indian Economic and Social History Review* 17 (2), pp. 191-208.

Mukherji, Rahul (2000). "India's Aborted Liberalization——1966." *Pacific Affairs* 73 (3), pp. 375-92.

Munro, J. Forbes (1998). "From Regional Trade to Global Shipping : Mackinnon Mackenzie & Co. within the Mackinnon Enterprise Network." In Geoffrey Jones, ed., *The Multinational Traders.* London : Routledge, pp. 48-65.

——(2003). *Maritime Enterprise and Empire : Sir William Mackinnon and His Business Network, 1823-1893.* Woodbridge, UK : Boydell Press.

Nagaraj, R. (2003). "Foreign Direct Investment in India in the 1990s : Trends and Issues." *Economic and Political Weekly* 38 (17), pp. 1701-12.

Nandy, Ashis (1990). *Science, Hegemony and Violence.* Delhi : Oxford University Press.

Naqvi, Hameeda Khatoon (1967). "Progress of Urbanization in United Provinces, 1550-1800." *Journal of the Economic and Social History of the Orient* 10 (1), pp. 81-101.

Nayar, Baldev Raj (1975). "Treat India Seriously." *Foreign Policy* 18, pp. 133-54.

Nayyar, Deepak (1990). *Industrial Stagnation in India.* Bombay : Oxford University Press.

Newman, R. K. (1995). "Opium Smoking in Late Imperial China : A Reconsideration." *Modern Asian Studies* 29 (4), pp. 765-94.

Nightingale, Pamela (1970). *Trade and Empire in Western India, 1784-1806.* Cambridge : Cambridge University Press.

North, Douglass (1991). *Institutions, Institutional Change and Economic Performance.* Cambridge : Cambridge University Press. 〔ダグラス・C. ノース『制度・制度変化・経済成果』竹下公視訳, 晃洋書房, 1994 年〕

O'Brien, Patrick K. (2006). "Historiographical Traditions and Modern Imperatives for the Restoration of Global History." *Journal of Global History* 1 (1), pp. 3-39.

Osterhammel, J., and N. Peterson (2005). *Globalization : A Short History.* Princeton, NJ : Princeton University Press.

Pandey, Abhishek, Alok Aggarwal, Richard Devane, and Yevgeny Kuznetsov (2004). "India's Transformation to Knowledge-Based Economy——Evolving Role of the Indian Diaspora." Online report available from Evalueserve.

Pandey, Gyanendra (1978). *The Ascendancy of the Congress in Uttar Pradesh, 1926-1934 : A Study in Imperfect Mobilization*. Delhi : Oxford University Press.

Parker, Grant (2002). "*Ex Oriente Luxuria* : Indian Commodities and Roman Experience." *Journal of the Economic and Social History of the Orient* 45 (1), pp. 40–95.

Parthasarathi, Prasannan (2001). *The Transition to a Colonial Economy : Weavers, Merchants and Kings in South India, 1720-1800*. Cambridge : Cambridge University Press.

——(2008). "Iron-smelting in the Indian Subcontinent, c. 1800," Paper presented at the S. R. Epstein memorial conference. London : London School of Economics and Political Science.

——(2011). *Why Europe Grew Rich and Asia Did Not : Global Economic Divergence, 1600-1850*. Cambridge : Cambridge University Press.

Pearson, M. N. (1976). *Merchants and Rulers in Gujarat : The Response to the Portuguese in the Sixteenth Century*. Berkeley and Los Angeles : University of California Press. 〔M. N. ピアスン『ポルトガルとインド——中世グジャラートの商人と支配者』生田滋訳, 岩波書店, 1984 年〕

——(1987). *The Portuguese in India*. Cambridge : Cambridge University Press.

The Periplus of the Erythraen Sea. Trans. Wilfred Schoff. London : Longmans Green, 1912.

Pirenne, Henri (1969). *Medieval Cities : Their Origins and the Revival of Trade*. Princeton, NJ : Princeton University Press. 〔アンリ・ピレンヌ (2018)『中世都市——社会経済史的試論』佐々木克己訳, 講談社〕

Plüss, C. (2011). "Baghdadi Jews in Hong Kong : Converting Cultural, Social and Economic Capital among Three Transregional Networks." *Global Networks* 11 (1), pp. 82–96.

Pomeranz, Kenneth (2000). *The Great Divergence : China, Europe, and the Making of the Modern World Economy*. Princeton, NJ : Princeton University Press. 〔ケネス・ポメランツ (2015)『大分岐——中国, ヨーロッパ, そして近代世界経済の形成』川北稔監訳, 名古屋大学出版会〕

Prakash, Gyan (1999). *Another Reason : Science and the Imagination of Modern India*. Princeton, NJ : Princeton University Press.

Prakash, Om (1985). *The Dutch East India Company and the Economy of Bengal, 1630-1720*. Princeton, NJ : Princeton University Press.

——(1998). *European Commercial Enterprise in Pre-colonial India*. Cambridge : Cambridge University Press.

——(2007). "From Negotiation to Coercion : Textile Manufacturing in India in the Eighteenth Century." *Modern Asian Studies* 41 (5), pp. 1331–68.

Qaisar, Ahsan Jan (1982). *The Indian Response to European Technology and Culture (A.D. 1498-1707)*. Delhi : Oxford University Press. 〔A. ジャン・カイサル (1998)『インドの伝統技術と西欧文明』大東文化大学国際関係学部現代アジア研究所監修, 多田博一・篠田隆・片岡弘次訳, 平凡社〕

Raj, Kapil (2000). "Colonial Encounters and the Forging of New Knowledge and National Identities : Great Britain and India, 1760-1850." *Osiris* 15 (2), pp. 119–34.

Rajamani, V. (1989). "Trade Guilds." *Journal of Tamil Studies*, pp. 1–11.

Rawlinson, H. C. (1868-69). "On Trade Routes between Turkestan and India." *Proceedings of the Royal Geographical Society of London* 13 (1), pp. 10-25.

Rawlinson, H. G. (1916). *Intercourse between India and the Western World.* Cambridge : Cambridge University Press.

Ray, Aniruddha (2008). "The Rise and Fall of Satgaon : An Overseas Port of Medieval Bengal." In S. Jeyaseela Stephen, ed., *Indian Trade at the Asian Frontier.* Delhi : Gyan Publishing, pp. 69-102.

Ray, Himanshu Prabha (1985). "Trade in the Western Deccan under the Satavahanas." *Studies in History* 1 (1), pp. 15-35.

——(1996). "Seafaring and Maritime Contacts : An Agenda for Historical Analysis." *Journal of the Economic and Social History of the Orient* 39 (4), pp. 422-31.

Ray, Rajat Kanta (1995). "Asian Capital in the Age of European Domination : The Rise of the Bazaar, 1800-1914." *Modern Asian Studies* 29 (3), pp. 449-554.

Raychaudhuri, Tapan (1962). *Jan Company in Coromandel, 1605-1690 : A Study in the Interrelations of European Commerce and Traditional Economiecs.* The Hague : Martinus Nijhoff.

——(1979). "Indian Nationalism as Animal Politics." *Historical Journal* 22 (3), pp. 747-63.

Reid, Anthony (1988). *Southeast Asia in the Age of Commerce.* Vol. 1, *The Lands below the Winds.* New Haven, CT : Yale University Press. [アンソニー・リード (2002)『大航海時代の東南アジア〈1〉貿易風の下で』平野秀秋・田中優子訳，法政大学出版局]

Reins, Thomas D. (1991). "Reform, Nationalism and Internationalism : The Opium Suppression Movement in China and the Anglo-American Influence, 1900-1908." *Modern Asian Studies* 25 (1), pp. 101-42.

Rhodes, R. I. (1971). *Imperialism and Underdevelopment : A Reader.* New York : Monthly Review Press.

Riello, Giorgio (2010). "Asian Knowledge and the Development of Calico Printing in Europe in the Seventeenth and Eighteenth Centuries." *Journal of Global History* 5 (1), pp. 1-28.

Riello, Giorgio, and Prasannan Parthasarathi, eds. (2010), *The Spinning World : A Global History of Cotton Textiles, 1200-1850.* Oxford : Oxford University Press.

Riello, Giorgio, and Tirthankar Roy, eds. (2010). *How India Clothed the World : The World of South Asian Textiles, 1500-1850.* Leiden : Brill.

Rizvi, Janet (1994). "The Trans-Karakoram Trade in the Nineteenth and Twentieth Centuries." *Indian Economic and Social History Review* 31 (1), pp. 27-64.

Rothermund, Dietmar (1969). "India and the Soviet Union." *Annals of the American Academy of Political and Social Science* 386, pp. 78-88.

——(1992). *India in the Great Depression, 1929-1939.* Delhi : Manohar.

——(1996). *The Global Impact of the Great Depression, 1929-1939.* London : Routledge.

Roy, Tirthankar (1993). "Money Supply and Asset Choice in Interwar India." *Indian Economic and Social History Review* 30 (2), pp. 163-80.

——(1999). *Traditional Industry in the Economy of Colonial India.* Cambridge : Cambridge University Press.

——(2002). "Acceptance of Innovations in Early Twentieth-Century Indian Weaving." *Economic History Review* 55 (3), pp. 507-32.

——(2007). "Out of Tradition : Master Artisans and Economic Change in Colonial India." *Journal of Asian Studies* 66 (4), pp. 963-91.

——(2008). "Knowledge and Divergence from the Perspective of Early Modern India." *Journal of Global History* 3 (3), pp. 361-87.

——(2009). "Did Globalization Aid Industrial Development in Colonial India? A Study of Knowledge Transfer in the Iron Industry." *Indian Economic and Social History Review* 46 (4), pp. 579-613.

——(2011). "Indigo and Law in Colonial India." *Economic History Review* 64 (S1), pp. 60-75.

——(2011). *The Economic History of India, 1857-1947.* 3rd ed. New Delhi : Oxford University Press.

——(2012). *The East India Company : The World's Most Powerful Corporation.* New Delhi : Allen Lane.

Rudner, David West (1987). "Religious Gifting and Inland Commerce in Seventeenth-Century South India." *Journal of Asian Studies* 46 (2), pp. 361-79.

Rungta, R. S. (1970). *The Rise of Business Corporations in India, 1851-1900.* Cambridge : Cambridge University Press.

Said, Edward (1979). *Orientalism.* New York : Vintage. 〔エドワード・W. サイード (1993)『オリエンタリズム』上下巻, 今沢紀子訳, 平凡社〕

Sangwan, Satpal (1988). "Indian Response to European Science and Technology, 1757-1857." *British Journal for the History of Science* 21 (2), pp. 211-32.

Sanyal, Hiteshranjan (1968). "The Indigenous Iron Industry of Birbhum." *Indian Economic and Social History Review* 5 (1), pp. 101-8.

Sastri, Pandit Haraprasad (1893). "Reminiscences of Sea-voyage in Ancient Bengali Literature." *Journal of the Asiatic Society of Bengal*, pp. 20-24.

Satyanarayana, Adapa (2002). "'Birds of Passage' : Migration of South Indian Laborers to Southeast Asia." *Critical Asian Studies* 34 (1), pp. 89-115.

Schechter, S. (1901). "Geniza Specimens." *Jewish Quarterly Review* 13 (1), pp. 218-21.

Scott, Jonathan (1794). *Ferishta's History of the Dekkan.* 2 vols. London : Shrewsbury.

Sewell, Robert (1900). *A Forgotten Empire (Vijayanagar) : A Contribution to the History of India.* London : Swan Sonnenschein.

Sharma, R. S. (1958). "The Origins of Feudalism in India (c. A. D. 400-650)." *Journal of the Economic and Social History of the Orient* 1 (3), pp. 297-328.

Sharma, R. S., and D. N. Jha (1974). "The Economic History of India Up to AD 1200 : Trends and Prospects." *Journal of the Economic and Social History of the Orient* 17 (1), pp. 48-80.

Shrimali, K. M. (2002). "Money, Market and Indian Feudalism : AD 600-1200." In Amiya Kumar Bagchi, ed., *Money and Credit in Indian History : From Early Medieval Times.* New Delhi :

Tulika Books.

Simmons, C. (1987). "The Great Depression and Indian Industry : Changing Interpretations and Changing Perceptions." *Modern Asian Studies* 21 (3), pp. 585-623.

Singh, Anjana (2010). *Fort Cochin in Kerala, 1750-1830 : The Social Condition of a Dutch Community in an Indian Milieu.* Leiden and Boston : Brill.

Sivasubramonian, S. (2000). *National Income of India in the Twentieth Century.* Delhi : Oxford University Press.

Smith, Monica L. (1999). "'Indianization' from the Indian Point of View : Trade and Cultural Contacts with Southeast Asia in the Early First Millennium." *Journal of the Economic and Social History of the Orient* 42 (1), pp. 1-26.

Stargardt, Janice (1971). "Burma's Economic and Diplomatic Relations with India and China from Early Medieval Sources." *Journal of the Economic and Social History of the Orient,* 14 (1), pp. 38-62.

Steensgaard, Niels (1974). *The Asian Trade Revolution of the Seventeenth Century : The East India Companies and the Decline of the Caravan Trade.* Chicago : University of Chicago Press.

———(1981). "Violence and the Rise of Capitalism : Frederic C. Lane's Theory of Protection and Tribute." *Review (Fernand Braudel Center)* 5 (2), pp. 247-73.

Stein, Burton (1977). "Circulation and the Historical Geography of Tamil Country." *Journal of Asian Studies* 37 (1), pp. 7-26.

———(1980). *Peasant State and Society in Medieval South India.* New York : Oxford University Press.

Stillman, Norman A. (1973). "The Eleventh-Century Merchant House of Ibn 'Awkal (A Geniza Study)." *Journal of the Economic and Social History of the Orient* 16 (1), pp. 15-88.

Stone, Lawrence (1949). "Elizabethan Overseas Trade." *Economic History Review* 2 (1), pp. 30-58.

Subrahmanyam, Sanjay (1988). "A Note on Narsapur Peta : A 'Syncretic' Shipbuilding Center in South India, 1570-1700." *Journal of the Economic and Social History of the Orient* 31 (3), pp. 305-11.

———(1988). "Persians, Pilgrims and Portuguese : The Travails of Masulipatnam Shipping in the Western Indian Ocean, 1590-1665." *Modern Asian Studies* 22 (3), pp. 503-30.

———(1993). *The Portuguese Empire in Asia, 1500-1700 : A Political and Economic History.* London and New York : Longman.

———(1995). "Of *Imarat* and *Tijarat* : Asian Merchants and State Power in the Western Indian Ocean, 1400 to 1750." *Comparative Study of Society and History* 37 (4), pp. 750-80.

———(1997). *The Career and Legend of Vasco da Gama.* Cambridge : Cambridge University Press.

———(2000). "A Note on the Rise of Surat in the Sixteenth Century." *Journal of the Economic and Social History of the Orient* 43 (1), pp. 23-33.

Subrahmanyam, Sanjay, and C. A. Bayly (1988). "Portfolio Capitalists and the Political Economy of Early Modern India." *Indian Economic and Social History Review* 25 (4), pp. 401-24.

Subramanian, Lakshmi (1996). *Indigenous Capital and Imperial Expansion : Bombay, Surat and the*

West Coast. Delhi : Manohar.

Sugihara, Kaoru (2009). "The Resurgence of Intra-Asian Trade, 1800–1850." In Riello and Roy, *How India Clothed the World*, pp. 139–70.

Swarnalatha, P. (2001). "Revolt, Testimony, Petition : Artisanal Protests in Colonial Andhra." *International Review of Social History* 46, pp. 107–29.

Tagliacozzo, Eric (2004). "Ambiguous Commodities, Unstable Frontiers : The Case of Burma, Siam, and Imperial Britain, 1800–1900." *Comparative Studies in Society and History* 46 (2), pp. 354–77.

Talbot, Cynthia (1991). "Temples, Donors, and Gifts : Patterns of Patronage in Thirteenth-Century South India." *Journal of Asian Studies* 50 (2), pp. 308–40.

Tann, Jennifer, and John Aitken (1992). "The Diffusion of the Stationary Steam Engine from Britain to India, 1790–1830." *Indian Economic and Social History Review* 29 (2), pp. 199–214.

Temple, Richard, ed. (1911). *The Diaries of Streynsham Master, 1675–1680.* London : John Murray.

Thakur, V. K. (1987). "Trade and Towns in Early Medieval Bengal (c. A.D. 600–1200)." *Journal of the Economic and Social History of the Orient* 30 (2), pp. 196–220.

Thapar, Romilla (1992). "Patronage and Community." In Barbara S. Miller, ed., *The Powers of Art : Patronage in Indian Culture.* Delhi : Oxford University Press, pp. 19–34.

Thomas, P. J., and B. Natarajan (1936). "Economic Depression in the Madras Presidency (1825–54)." *Economic History Review* 7 (1), pp. 67–75.

Thorner, Daniel (1950). *Investment in Empire : British Railway and Steam Shipping Enterprise in India.* Philadelphia : University of Pennsylvania Press.

Tomber, Roberta, Lucy Blue, and Shinu Abraham (2009). *Migration, Trade and Peoples.* London : British Association of South Asian Studies.

Torri, M. (1998). "Mughal Nobles, Indian Merchants and the Beginning of British Conquest in Western India : The Case of Surat, 1756–1759." *Modern Asian Studies* 32 (2), pp. 257–315.

Trautmann, Thomas R., ed. (2009). *The Madras School of Orientalism : Producing Knowledge in Colonial South India.* Delhi : Oxford University Press.

Tripathi, Dwijendra (1996). "Colonialism and Technology Choices in India : A Historical Overview." *Developing Economies* 34 (1), pp. 80–97.

Trivedi, K. K. (1994). "The Emergence of Agra as a Capital and a City : A Note on Its Spatial and Historical Background during the Sixteenth and Seventeenth Centuries." *Journal of the Economic and Social History of the Orient* 37 (2), pp. 147–70.

Unstead, J. F. (1913). "Statistical Study of Wheat Cultivation and Trade, 1881–1910." *Geographical Journal* 42 (3), pp. 254–73.

Vickers, Michael (1994). "Nabataea, India, Gaul, and Carthage : Reflections on Hellenistic and Roman Gold Vessels and Red-Gloss Pottery." *American Journal of Archaeology* 98 (2), pp. 231–48.

Vicziany, Marika (1986). "Imperialism, Botany and Statistics in Early Nineteenth-Century India : The Surveys of Francis Buchanan (1762–1829)." *Modern Asian Studies* 20 (4), pp. 625–60.

Wales, J. A. G. (1902). *A Monograph on Wood Carving in the Bombay Presidency.* Bombay : Government Press.

Wallerstein, Immanuel (1980). *The Modern World-system II : Mercantilism and the Consolidation of the European World-Economy, 1600-1750.* New York : Academic Press. 〔I. ウォーラーステイン (2013)『近代世界システム II——重商主義と「ヨーロッパ世界経済」の凝集 1600-1750』川北稔訳, 名古屋大学出版会〕

——(1986). "Incorporation of the Indian Subcontinent into Capitalist World-Economy." *Economic and Political Weekly* 21 (4), pp. PE28-PE39.

——(2004). *World-Systems Analysis : An Introduction.* Durham, NC : Duke University Press. 〔I. ウォーラーステイン (2006)『入門・世界システム分析』山下範久訳, 藤原書店〕

Washbrook, David (1976). *The Emergence of Provincial Politics : The Madras Presidency, 1870-1920.* Cambridge : Cambridge University Press.

Watson, E. R. (1907). *A Monograph on Iron and Steel Works in the Province of Bengal.* Calcutta : Government Press.

Webster, Anthony (2005). "An Early Global Business in a Colonial Context : The Strategies, Management, and Failure of John Palmer and Company, 1780-1830." *Enterprise and Society* 6 (1), pp. 98-133.

——(2006). "The Strategies and Limits of Gentlemanly Capitalism : The London East India Agency Houses, Provincial Commercial Interests, and the Evolution of British Economic Policy in South and South East Asia, 1800-1850." *Economic History Review* 59 (4), pp. 743-64.

Wilkins, Mira (1988). "The Free-Standing Company, 1870-1914 : An Important Type of British Foreign Direct Investment." *Economic History Review* 41 (2), pp. 259-82.

Wilson, H. H. (1830). *A Review of the External Commerce of Bengal, 1813-14 to 1827-28.* Calcutta : Baptist Mission Press.

Wink, André (1991). *Al-Hind : The Making of the Indo-Islamic World.* Vol. 1, *Early Medieval India and the Expansion of Islam, 7th-11th Centuries.* Leiden : E. J. Brill.

Yule, H., ed. (1887). *The Diary of William Hedges.* 2 vols. London : Hakluyt Society.

訳者解説

　本書は，ティルタンカル・ロイ（Tirthankar Roy）の 2012 年の著作 *India in the World Economy : From Antiquity to the Present* の全訳である。

　インド・ベンガル出身のロイは，現在ロンドン経済政治学院（London School of Economics and Politics）経済史学部教授の職にあり，南アジア近現代経済史に関して精力的な活動を行い，多くの著書を発表してきている。従来の氏の主たる研究関心は近現代にあったが，本書ではその対象時期を一気に広げ，古代からの長期の動きを扱っている。ロイにとって，新領域に踏み込んだ新たな挑戦の書であるといえよう。

　南アジア史研究の動向におけるロイの位置を見ておくと，イギリスによるインドの植民地支配の評価をめぐって，ナショナリスト歴史学者を代表する A. ムカジーは，ロイを修正主義歴史家として激しく批判している。植民地支配の評価をめぐっては，植民地支配下での経済発展を評価する M. D. モリスと，植民地的搾取の側面を重視する B. チャンドラ，B. B. チョードリー，松井透の間で 1968 年に *Indian Economic and Social History* 誌上にて論争が繰り広げられたが，ロイの理解は，モリスの理解に与するものであり，植民地支配下におけるインドの着実な経済成長を重視していることから，修正主義歴史家としてのレッテルを貼られているということになる。全体的な経済成長の評価と，経済成長の恩恵がどの国のどの層にもたらされたかについての視点の差が，これらの論争の背景にあると訳者は考えている。

　ロイが，従来の自身の研究から新たな領域に踏み込む契機となったのは，著者によるはしがきに記されているように，グローバル経済史ネットワーク（GEHN：Global Economic History Network）という，世界の代表的な経済史研究者を集めた国際的研究ネットワークへの参加であった。このネットワークのメンバーの中心は欧米の研究者たちであったが，日本からも斎藤修，杉原薫をはじめとする日本やアジアを対象とする著名な研究者が参加し，日本でも研究会が

開かれている。ロイはしかし,「現代世界における国際的な経済格差の要因は何か」を解明しようとする研究会の主要テーマに,ヨーロッパ中心的な匂いを感じたようである。そこから,ロイは,それぞれの地域はその地域の政治的・地理的な要素に依存して他の諸地域との関係を自律的につくり上げてきたという考えに立脚し,南アジア地域を対象にした本書に取りかかったという。

こうした動機で執筆された本書は,その構成や方法に,いくつかの特徴がある。その紹介に入る前に,日本での研究状況にとって,本書にどのような意味があるかについて触れておきたい。

発展段階論や生産様式論など,世界の歴史発展をめぐって活発に論争が繰り広げられた時期から,多くの歴史研究者が自己を狭い対象に沈潜させてきた長い時期を経て,今日,グローバル・ヒストリーの潮流が世界的に全盛となっているかに見える。上述の GEHN もそうした動きの原動力の一つとなったものであるが,日本でも,そうした流れを受けて,グローバル・ヒストリーに分類される研究が続々と現れてきている。しかし,それらは,すでに一部から批判を受けているように,地域史の寄せ集めに終始するか,あるいは,そもそもが地域間の相互交流の解明を目的とする流通史,交通史,貿易史に終始していることが多い。たとえば,海上交易史を専門としている者にとっては,従来の研究の延長上にグローバル・ヒストリーがあったともいえ,そもそも地域間交流の研究への敷居が低かった。しかし,地域間交流の歴史がそのままグローバル・ヒストリーとなりうるかどうかは別問題である。以前からあった流通史への批判も思い起こすべきであろう。一方,数の上では,そのような地域間関係史ではなく,特定の閉じた地域についての研究を続けてきた歴史研究者が圧倒的に多い。そうした研究者にとって,自身の研究をいかにグローバルな歴史の展開に結び付けるかは,かなり困難な課題である。世界史が進む方向についての論争が盛んに行われていた,冷戦や植民地解放闘争を背景としていた時代,つまり変化の方向を信ずることができた時代が終わり,歴史学の冬の時代を過ごしてきた多くの研究者にとって,閉ざしてきた自己と対象を,グローバル・ヒストリーの嵐に一気に曝すことは容易ではない。しかし,かといって,こうした世界史研究の潮流に背をむけて,自身の領域に埋没し続けることは許され

ないであろう。

このような壁を打ち破ろうとする歴史研究者にとって，そしてまた，同じ位置にある多くの南アジア史研究者にとって，ロイの議論とそこで用いられている方法は，いくつかの重要な示唆を与えるはずである。それは，ロイ自身が，近年のグローバル・ヒストリーの議論の方向性に諸手を挙げて賛成しているわけではなく，あるいは，グローバル・ヒストリーに類する従来の研究に対して批判的であろうとし，そこからどのような独自の議論を展開することが可能なのかを模索する姿勢に，我々自身が共感できるからである。そのことは，本書中にちりばめられた，「私は，アジアとヨーロッパのどちらの地域が17世紀に世界の中心であったかというような不毛な議論に入り込みたくはなかった」，「インドの独特の性格を十分に理解したやりとりの歴史を書くことができるはずだ」，「インドとその外の世界との交流の歴史は，数千年に及ぶ。我々は，そのすべての年月を一つの叙述の中に入れ込むことができるのだろうか。（中略）インド独自の物語とする要素はあるのだろうか。その物語は，いつ大きな変異が起きたかを語るのだろうか。いかにして，前近代の交換のパターンから近代を区別しうるのだろうか」，「ビジネスの世界をアジアとヨーロッパの二つの部分に分けることは，アジアとヨーロッパの資本いずれの内部にもある差異を見過ごす危険性をともなう」，「経済成長の比較の起源を，異文化交流の記述の中に求めようとするのは，あまり期待できる企てとはいえない」などの言挙げから，容易に感得することができよう。

以下，本書の特徴を見ていくこととする。

第一に，ロイは，かつての歴史研究者にとっては当たり前であった時代の画期への関心を強く保持している。その意味では，本書は南アジア史の時代区分論を展開した書であるともいえる。言うまでもなく，時代区分は，歴史認識の根本に置かれるものである。しかし，ロイの場合，時代の画期の指標を，社会構造，階層構造の変動にではなく，それぞれ地理的な特徴を有する地域間の交易関係の構造的変化に求めている点に大きな特色がある。南アジア史の文脈に即してより具体的に言えば，農業生産を基盤とするインドの内陸地域と商取引を基盤とした沿岸地域の発展の異同を構造的にとらえ，その両者の間の関係の

変化に，時代的な画期を見出しているのである。そうした視点から，従来の南アジア史研究にあった，古くからのインドと他地域との活発な交易関係の存在にもかかわらず，16世紀に入って以降のヨーロッパ人の来航を唯一の重要な画期とみなす見解を批判する。そして，13世紀からのインド・イスラム諸帝国の台頭と，それがもたらした，インダス・ガンジス平原から南のデカン高原，東のベンガル，西のグジャラートへの権力の拡散に，第一の画期を見出している。それまで，肥沃なインダス河・ガンジス河流域の平原地域に生まれていた帝国は，土地からの税に依存しながら中枢的な権力を行使してきた。それに対し，イスラム諸帝国の権力拡大の過程で，16世紀には，南のマスリパトナム，東のフーグリ，西のスーラトのそれぞれに内陸部の国家が橋頭堡を築いていく。そして，ヨーロッパを含む内外の商人が，それらの沿岸都市に集まってくることにより，内陸地域と沿岸地域との関係の構造が変化し始めた，というのがこの第一の画期の意味である。このように，ロイは，交易を軸とした時代区分論を提示しているが，それは，国家の形成やあり方の変化に無関心であることを意味しない。交易あるいは市場と国家との関係についても十分な注意が払われていることはいうまでもない。

　第二の画期は，18世紀に始まる。ムガル帝国の没落による商業関係者の沿岸部への移動は，それまで内陸の中枢部へ集中していた富を海岸部へと移転させた。他方，海岸部では，東インド会社が支配する沿岸国家が台頭した。そして，ここでインド史上初めて，海岸部が，内陸地域よりも大きな政治・経済的な力をもつ時代となる。それが，この第二の画期の意味である。そして，この画期を経た19世紀には，海岸部の資本家による内陸部の農業への支配が始まり，新たな時代に移行するという理解が示される。

　第二の特徴は，このような内陸地域と沿岸地域との構造的な捉え方を基礎としながら，両地域間，およびその外の地域との三重の構造における交易の歴史的展開について，丹念な記述がなされていることである。すなわち，陸海の主要な交易ルートについて，交易ルートごとに，交易品の構成，量，担い手，輸送手段などについて，主要な研究に依拠しながら叙述を試みている。西アジアや東南アジア，中国などとの海上ルートはもちろん，従来あまり注目されてこ

なかった西アジアや中央アジア，ヒマラヤなどの陸上ルートについても，バランスの良い描写がなされている。

第三の特徴は，独立後のインド経済の展開の特徴を，インドの長期的な歴史の中に位置づけている点である。インド独立後のネルー政権により計画経済が導入され，それ以降1991年の開放経済への移行まで，基本的には輸出よりも国内市場をターゲットとした輸入代替政策が主軸となった。その結果，この期間，南アジアはそれまで特徴としてきた活発な海外とのつながりを大きく減退させた。ロイによれば，この期間は，インド史の長期の推移からすれば瞬間的なものでしかない。したがって，開放政策への転換は，交易の重要なハブとなってきたインドの歴史的発展の旧来のあり方への復帰ということになる。

以上が，本書の叙述の主な特徴であるが，訳者にとって興味深かったのは，ロイが，議論のために着眼しているポイントと，選んでいる題材である。それらの主なものを列記すると，船舶技術への着目——それによって，歴史の初期から17世紀まで，船舶のデザイン，材料，技術がほとんど変化していない事実を見出す——，「知識の取引」である近世以前の各種専門家の往来，市場統合のレヴェルと事業資金融資の比率との相関，造船でのイギリスからインドへの技術移転，ポルトノヴォ製鉄業の失敗を事例とするインドでの近代企業の形成における問題，グローバル企業と称されるイギリス系企業・銀行の事例分析，皮革業に従事したカルカッタの中国人とその足どり，帝国の傘の下での法・言語・技術交換の事例分析である。独立後では，アッサムやグジャラートでの石油探査，経済協力における暗黙知の重視，技術教育での土木工学偏重に見る植民地的歪み，知識産業の成長とディアスポラ資本の成長の結び付きが世界市場への劇的な復帰をもたらしたという評価，1990年代の経済開放政策の結果は19世紀の自由主義政策への回帰であったとする議論，植民地的な貿易パターンは徹底的な閉鎖（1955〜70年），労働集約的製造業による多少の復活（1970〜2000年），知識産業が導いた復活（2000〜10年）という三つの段階で再編されたとする分析，さらにそれが先祖返りであったとする要約，これを裏支えする事例分析，今日の新たな世界経済の中で教育が従来なかったような価値をもっており，インドがそうした価値に驚くべきスピードで対応したという指摘など

が，そうした例である。読者も，そうした事例分析と明晰な論理がもたらす議論に納得せざるを得ないであろう。

　翻訳にあたっては，原文のニュアンスをできる限りそのまま表現した方がよいと考え，原書にない改変を加えることを極力控えた。本書の翻訳に際しては，第4章は小川道大（金沢大学）が下訳を行い，第7章，第8章は水上香織（日本学術振興会PD）が訳し，水島が全章を校訂した。また，訳文を読みやすいものとするにあたって，名古屋大学出版会の三木信吾氏および山口真幸氏から大きな助力を得た。各氏の協力に深く感謝したい。もちろん，何らかの翻訳の誤りがあったとすれば，すべて水島の責任である。

　2019年8月

水 島 　 司

図表一覧

図 1-1　地域区分 ………………………………………………………………… 7
図 2-1　ロータル ………………………………………………………………… 25
図 2-2　紀元後初期の交易ルート ……………………………………………… 28
図 2-3　ボラン峠（1842 年頃） ………………………………………………… 29
図 2-4　アリカメードゥ ………………………………………………………… 35
図 2-5　インドで建造されたと思われる船舶をかたどった，ベンガルの寺院（ダルハトワ）にあるテラコッタ像 ………………………………………………………… 49
図 3-1　キャンベイ湾の交易 …………………………………………………… 73
図 3-2　交易ルート（1650 年頃） ……………………………………………… 74
図 4-1　初期のインド行きの商人を綿布に描いた壁掛け（16 世紀後期）…… 92
図 4-2　ヨーロッパ人の関わる航路と港（1650 年頃） ……………………… 93
図 4-3　インドへのイギリス東インド会社による地金と商品の輸入（百万ポンド，1708～1810 年）………………………………………………………………… 101
図 4-4　銃を抱えたヨーロッパ人一行をかたどった 18 世紀のベンガル寺院のテラコッタ像 ………………………………………………………………………… 109
図 4-5　ベンガルにおけるムガルの領域とその町や商人の居留地（1650 年頃）…… 117
図 4-6　カルカッタのウィリアム砦（1750 年頃） …………………………… 118
図 4-7　フーグリ河河口にある 18 世紀の灯台の遺構 ……………………… 119
図 5-1　インドの主な港湾への荷揚げ量（百万トン，1795～1858 年） …… 130
図 5-2　アヘン戦争期の，パトナから中国へと送られるアヘン（19 世紀のインドの画家による）…………………………………………………………………… 132
図 5-3　1897 年に印刷されたパールシーの女子学生の絵はがき …………… 156
図 6-1　インドの港への荷揚げ量（百万トン，1841～1939 年） …………… 169
図 6-2　マドラス鉄道の開設（1856 年） ……………………………………… 173
図 6-3　主な鉄道路線 …………………………………………………………… 174
図 6-4　コロマンデル海岸を走る「沿岸巡航船」の絵はがき（1900 年代初頭）…… 184
図 6-5　船に向かうボート（マドラス，1876 年） …………………………… 184
図 7-1　1920 年のインド ………………………………………………………… 196
図 7-2　カルカッタのジュート工場に運び込まれるジュート原料（1900 年頃）…… 205
図 7-3　カルカッタのチャイナタウンを象徴する建物 ……………………… 209
図 7-4　語学教師とヨーロッパ人紳士 ………………………………………… 211
図 7-5　カルカッタ植物園（1900 年頃） ……………………………………… 213
図 8-1　インドとアメリカの国内生産比較 …………………………………… 227

図 8-2　インドとアメリカの物価指数比較（1922〜39 年）……………………………227

表 2-1　王朝と国家（紀元前 500 年頃〜紀元 1200 年）………………………………26
表 3-1　王朝と国家（1200〜1765 年）…………………………………………………78
表 6-1　貨物運搬コスト（一トン一マイル当たりルピー換算）……………………170
表 9-1　援助純受取の相対比率（%，1950〜2003 年）………………………………241
表 10-1　輸出・所得比率（%，1900〜2009 年）………………………………………257
表 10-2　投資，送金，および援助の対 GNP 比（%，1950〜2009 年）……………257
表 10-3　主要輸出品（輸出額に占める比率，1955〜2009 年）……………………257

索　引

ア　行

アークライト，リチャード　140
アーナンダ・ランガ・ピッライ　106
アーンドラ　46, 58, 78
アヴァンティ　27
アウラングゼーブ　111, 112
青い反乱　138, 145, 221
アクバル　76
アグラ　64, 74, 77, 79, 93, 174, 208
アジア間交易／貿易　13, 45, 129, 191
アジア通貨危機　262
アジア的生産様式　51
アジャンタ　26, 32
アシン・ダスグプタ　125
アッサム　29, 48, 78, 168, 170, 187, 189, 206,
　　215, 219, 220, 242
アッサム石油会社　242
アッバース朝　41
アッヤヴォレ　46, 59, 62, 63
アノータヤー・ミンソー　50
アビシニア人　58
アフリカ　1, 6, 41, 82, 84-86, 92, 93, 98, 100,
　　102, 148, 149, 153, 183, 187, 190, 191, 193, 217
アヘン　99, 100, 120, 129, 131-133, 147, 149,
　　152, 175, 179, 180, 182, 200, 203, 220
アムステルダム　94, 260
アメリカ　1, 15, 77, 98-101, 121-125, 133, 134,
　　140, 141, 143-145, 148, 149, 175-178, 215, 217,
　　218, 221, 226, 227, 234, 241, 242, 250-252, 260,
　　264
アメリカ南北戦争　176
アメリカ綿　141, 143, 144
アラカン　48, 62, 68, 70, 83, 90, 167
アラビア海　7, 8, 28, 33, 34, 36, 40, 41, 43, 50,
　　74, 79, 85, 86, 93, 104, 139, 174, 196
アリ・アクバル　73, 74
アリーガル学派　3
アリカメードゥ　10, 28, 34-36
アルセダール・クルセトジー　156, 157

アルタシャーストラ　38
アルブケルケ，アフォンソ・デ　86
アントワープ　88, 91, 94, 260, 261
アンフォラ　34, 35
暗黙知の交換　149, 246, 264
イートン，リチャード　68
イエズス会　77
イギリス東インド会社　2, 3, 17, 31, 68, 89, 92,
　　94-101, 103, 104, 106-108, 111-114, 118, 120,
　　122-124, 126, 129, 131, 134, 140, 147, 148, 210
イギリス・ビルマ戦争　167
イスラム　15, 21, 47, 52, 53, 55-57, 60, 68, 69,
　　75, 107, 108, 139, 271
井戸　76, 201
イニコリ，ジョセフ　6, 7
イブン・バットゥータ　55
移民　20, 39, 76, 150-155, 158, 185-191, 206,
　　209, 239, 244, 251-253, 258, 259
インダス　7, 10, 13, 24, 26-31, 53, 56, 57, 64, 65,
　　196, 201
インダス文明　24, 25, 30
インディゴ　42, 45, 64, 82, 120, 129, 131, 133-
　　138, 141, 144, 145, 147, 155, 158, 177, 179-181,
　　200, 213-215, 220
インド援助コンソーシアム　241, 243
インド・オーストラリア・チャイナ・チャーター
　　ド銀行　183
インド共産党　236
インド工科大学　264
インド国民会議派　234, 239
インド準備銀行　229, 236
インド省　177, 185, 229
インド庁　87
インド農業協会　143
インド洋　3, 6, 8, 12, 14-16, 27, 34, 40, 41, 54,
　　55, 72, 77, 81-83, 85, 87, 88, 90, 91, 93, 99, 102,
　　108, 123-125, 127, 130, 151, 196, 203
ヴァルテマ，ルドヴィコ・ディ　61
ヴィジャヤナガル　60-63, 78, 83, 139, 271
ウィルキンス，ミラ　147

ウィンク，アンドレ　55
ヴェーダ　45
ウェスタン・インディア銀行　183
ヴェトナム　45
ヴェネチア　55, 71, 72, 82, 85-89, 92
ヴェネチア会社　91
ウェブスター，A.　180
ウォーミントン，E. H.　33
馬　9, 30, 31, 39, 40, 44, 47, 48, 56-58, 60, 61, 66-
　68, 73, 74, 82, 90, 99, 104, 120, 135, 164, 165,
　171, 172
ウルグアイ・ラウンド合意　258
雲南　30, 40, 48, 49, 167
英国王立芸術協会　212
永代地代設定　200
エジプト種　143
エチオピア人　40
エリザベス　91
『エリュトラー海航海記』　34, 36-38
援助　1, 19, 25, 32, 36, 44-46, 51, 115, 143, 231,
　239-243, 245, 246, 253, 257
エンタイトルメント　265
オイル・インディア会社　242
オイルショック　244
王党派　111
オーストラリア　152
オーストリア継承戦争　113
オスマン帝国　82, 89, 92, 93
オブライエン，パトリック　6
オリエンタリスト　33, 135
オリエンタル銀行　183

カ 行

カーシー・ヴィーランナ　106
カースト　12, 32, 38, 51, 63, 157, 190, 191, 208,
　272
ガーデン・サルダール　189
カーナティック　113, 115
会議派　234-236
海峡植民地　150
外国為替制限法　247
回転紋型陶器　35, 36
開発モデル　239
カイバル峠　29, 30, 65, 164
ガジャパティ　61
ガマ，ヴァスコ・ダ　85, 86, 124
カラコルム峠　29, 30, 65, 164

カリフ　26, 41, 55
カルカッタ　14, 16, 17, 19, 71, 74, 84, 93, 107-
　110, 112-114, 116-118, 120, 121, 126-128, 130,
　133, 135, 138, 141, 144, 147-152, 154, 157-160,
　163, 165, 168-174, 177, 178, 180-183, 189, 196,
　202-205, 208-210, 212-215, 249
カルカッタ植物園　212-215
カルテル　94, 182, 231
カンガーニ　189
環境史　212
ガンジス　7, 8, 10, 12, 15, 24-27, 29-32, 38, 47,
　53, 56-59, 64, 65, 68, 69, 78, 117, 168-171, 173,
　196, 201, 234, 271
間接統治　198, 217
ガンディー，M. K.　234, 247
広東　93, 131-133, 149, 180, 182
カンボジア　27, 45
規格化　208, 217-219, 222
飢饉　76, 154, 186, 242, 249
技術教育　217, 246, 266, 272
北インド・クマオン製鉄会社　162
北大西洋条約機構（NATO）　250
キナの木　214, 215
絹　1, 9, 11, 37, 39, 64, 82, 98-100, 131, 149, 152,
　164, 180, 220
絹の道　30
喜望峰ルート　86, 87, 92
キャヴェンディッシュ，トーマス　92
キャンベイ　10, 24, 62, 65, 72-75, 82-84
キュー・ガーデン　212
急進派　111
九年戦争　96
共産主義　235-237, 239, 249, 250
距離の消滅　265
ギランダース・アーバスノット　181
ギルド　12, 13, 23, 32, 38, 44, 46, 62, 63, 94, 132
銀　15, 47, 82, 85, 94, 98, 100, 103, 114, 115, 122,
　124, 125, 131, 133, 185
銀行　19, 64-66, 95, 98, 100, 123, 128, 148, 163,
　164, 167, 183, 185, 187, 191, 195, 203, 226, 228,
　229, 231, 232, 243
金本位制　230
クシャーナ　13, 26, 28, 31, 37, 39, 40, 57
グジャラート　13, 14, 24, 25, 29, 30, 34, 37, 43,
　53, 57, 65, 66, 74, 75, 78, 79, 82-84, 102, 104,
　139-141, 190, 242
クトゥブ・シャー　59

索　引　327

クトゥブ・シャーヒー　61, 83
グプタ　13, 14, 26, 31, 39, 41, 45, 48, 51
クマオン製鉄工場　162
クメール　45
クライブ，ロバート　107
グレート・インディアン・ペニンシュラ鉄道
　172
グローバル企業　180, 182, 205
グローバル銀行業　183
グローバル・スタンダード　247
グローバル・ヒストリー　1-3, 5, 6, 269
クロンプトン，サミュエル　140
ケイパビリティ　246, 265, 266
刑法　116, 220
契約法　137, 198, 221
ゲニザ文書　41-43
ゴア　10, 17, 65, 74, 78, 84, 86-90, 93, 174, 196
ゴイテイン，S. D.　41-43
コインバトール　139, 144
紅海　34, 40, 43, 50, 72, 75, 82, 83, 93, 105
構造調整　255
強奪　217, 218
香料　1, 16, 31, 36-39, 44, 72, 87, 124, 141
コーサンビー，D. D.　2, 51, 53
ゴール　26, 76
ゴールコンダ　61, 62, 74, 78, 83, 107
コールブルック，H. T.　171, 172
コーンウォリス，チャールズ　199
国際復興開発銀行　241
国有化　171, 239, 243
国家部門　239, 244
コミュナリズム　235
コミンテルン　236
ゴム　181, 187, 213-215
小麦　177-179, 200, 201, 230, 241
コモンウェルス　250, 253
雇用なき成長　259
コルベール，ジャン＝バティスト　95
コロマンデル　13, 27, 28, 34, 35, 40, 41, 45, 63, 83, 101, 104-106, 114, 116, 139, 184
コンカン　27, 37, 40, 43, 46, 60, 72, 75, 83, 88, 96, 105
ゴンザレス・セバスチャン　90
ゴンマン，ジョス　67

サ 行

サーヴィス　1, 19-21, 46, 59, 150, 187, 188, 194-

197, 220, 223, 252, 253, 256, 257, 262, 264, 265, 267, 271
サータヴァーハナ　13, 26-28, 37
サイード，エドワード　211
ササーン人　40
サスーン，デイヴィッド　181
サッティヤナーラーヤナ，A.　191
砂糖　64, 82, 89, 99, 100, 120, 123, 134, 149, 151, 165, 172, 187, 188, 225, 230
サプタグラム　10, 59, 69-72, 83, 113, 271
ザミンダーリー（制）　159, 200
ザミンダール　116, 136, 137, 144, 159, 199, 200
サンドウィップ　90, 117
シヴァージー　111
ジェニー紡績機　140
自給自足政策　244
七年戦争　113
私貿易　89, 97, 110, 115, 120, 129, 191
司法裁判所　137, 220
資本財　231, 239, 240
市民的不服従運動　234
シャー　78, 107
シャー・ジャハーン　73, 74
ジャータカ　27, 38
ジャータカ物語　27, 38
ジャーディン，ウィリアム　149
ジャーディン・マセソン　149, 182
ジャイナ教　25, 27, 51, 261
ジャガートセッツ　65, 104
社会主義　239, 242, 243, 250, 258
シャシャンカ　48
周縁　193, 212, 221
従属　106, 114, 123, 194, 222
従属資本主義　130
修道院　51
シュタイン，バートン　44, 58
シュメール　24
シュリナータ　61
巡回商人　15
商工会議所　231
硝石　98, 99
ジョーンズ，ウィリアム　211, 213
植物学　141, 143, 212, 213
ジョン・パーマー商会　180
シラージ・ウッダーラ　107
シリコンヴァレー　264
シンガポール　147, 180, 182, 183, 236

人口成長率　223
人口転換点　223
新自由主義　244
スーラト　10, 16, 62, 65, 73-75, 77, 79, 84, 93, 98, 104, 107, 110, 126, 127, 142, 156, 157, 174, 261, 271
スエズ運河　82, 202
スターリング債　194
ステエンスガールド，ニールス　125
ストーン　91
頭脳流出　264
スペイン　88, 90-92, 95, 100, 124, 218
スミス，アダム　3, 20
スリランカ　27, 34, 35, 47, 70, 248, 251
セーナ　26, 48
製鉄　117-119, 158, 160, 163
世界システム　4, 5, 72
赤褐色彩文陶器　35
石油天然ガス委員会　242
宣教師　138, 155
センサス　209
送金　20, 104, 163, 185, 228, 244, 245, 256-258
造船　11, 12, 14, 16, 31, 72, 83, 84, 104, 116-122, 155-157, 203, 207
ソヴリン貨　185
ソフトウェア　257, 264, 265, 272
ソ連　236, 239, 241-245, 247, 250, 258

タ 行

ダーリン，マルコム　229
タイ　27
第一次世界大戦　202, 209, 223, 224, 228, 236
大恐慌　222, 223, 225, 226, 228, 234, 258
太守　107, 113-115, 122
大西洋　8, 15, 85, 88, 92, 94, 95, 123, 153, 155, 205, 225
太平洋　8, 92-94, 123, 181, 183
ダイヤモンド　11, 60, 65, 260, 261
ダウ　104, 105
タヴェルニエ，ジーン=バティースト　104
タクール，V. K.　47, 48
多国籍企業　146, 241, 247, 263
タタ　225
タタ・ティー　260
ダッカ　65, 69, 74, 117, 139, 143
脱グローバリゼーション　247, 248
脱植民地化　19, 21, 240, 252, 267, 271

『タバカティ・ナシリ』　48
タバコ　77, 100, 214
タミル=ブラフミー文字　33
ダンカン，アンドリュー　158, 159
ダンカン・ティー　260
短棹種　143
ダンディー　149, 204
知識経済　20, 256, 269, 272
知識産業　254, 256, 257, 272
知識集約型産業　255
地税　2, 13, 51, 53, 103, 111, 114, 120, 133, 167, 198
地中海　27, 30, 34, 36, 38, 40-43, 55, 82, 84, 85, 87, 181
地方商人　63, 131, 149, 179
茶　98-100, 123, 129, 131, 148, 149, 158, 165, 167, 180, 181, 187, 206, 213-215, 219, 231, 247, 248, 256, 257, 259, 260
チャールキヤ朝　46
チャイタニヤ　71
『チャイタニヤバガヴァット』　72
チャクラヴァルティ，R.　40, 43
チャップマン，S. D.　146
チャンド・サダガル　70
チャンパカラクシュミー，R.　33
中印紛争　243
中央インド　7-9, 13, 26, 57, 112, 132, 196, 270
中国（人）　9, 28-30, 39, 45, 48, 50, 55, 70, 74, 81, 83, 88, 93, 98-100, 120, 121, 128, 129, 131-133, 141, 146, 147, 149, 164, 165, 167, 175, 182, 203-206, 209, 210, 214, 215, 224, 225, 248, 250, 258
中枢　4, 5, 193, 194
中ソ紛争　243
チョーラ　13, 26, 44-46, 70
通行証　87, 187
ディアス，バルトロメウ　85, 86
ディアスポラ　41, 55, 181, 190, 252-254, 264
ディウ　74, 75, 78, 86, 88
帝国銀行　232
帝国経済会議　234
帝国主義　33, 193, 194, 197, 236
帝国特恵　234
帝国の傘　18, 19, 21, 129, 222
デイ，フランシス　110
デイル，ジョン　56
鄭和　50

索　引　329

ディンウィディ，ジェームズ　214
デカン高原　7, 26, 27, 31, 32, 34, 40, 58, 60, 78,
　150, 168, 171, 172, 201, 207, 234
鉄道　9, 14, 18, 21, 133, 147, 161-163, 166-177,
　184, 185, 195-198, 201-203, 207, 208, 215, 216,
　224-226, 241, 271
テナッセリム　150, 167
デフレ　226
デリー　14, 26, 54, 57, 64, 74, 78, 93, 168, 173,
　174, 196, 242, 249
デリー・スルタン朝　15, 56, 78
デンマーク　1, 74, 113, 140
デンマーク伝道団　212
ドアーブ　57, 145
トゥグルク　57, 78
東南アジア　1, 6, 13, 45-47, 62, 68, 70, 72, 75,
　82, 84, 88, 149, 191, 248, 262
独占・交易制限法　247
土地財産権　199
特許状　94, 96, 97, 115, 125, 126, 180, 183
特許法　246
特恵関税　234
特恵貿易　234
飛び杼　207
トリニダード　186-188, 190
トルコ・アフガン　14, 59, 271
奴隷　18, 36, 55, 58, 66, 85, 94, 98-100, 151, 217,
　218
ドレイク，フランシス　92, 94

ナ 行

ナポレオン戦争　115, 122, 141, 155
ナンチャオ　50
西アジア　1, 8, 13, 24, 27, 33, 34, 36, 40, 41, 43,
　50, 53, 56, 62, 67, 81-83, 87, 88, 120, 258, 259
西インド　26, 28, 34, 36, 40, 56, 78, 84, 94, 104,
　131, 133, 134, 152, 186, 188, 203, 262
ニディアナンダ　71
日本　88, 89, 93, 99, 183, 198, 204, 216, 224, 225,
　234, 250
日本軍　236
ニュー・オルレアン種　143, 145
認定　217-220
ネオ・マルクス主義　194
ネルー，ジャワハルラル　239
年季契約　151, 153, 154, 187-190, 217, 220, 221
年季労働者　21

ノウロジー・ジャムセトジー　156
のこぎり綿繰り機　144

ハ 行

ハーグリーヴス，ジェームズ　140
パータリプトラ　14, 25, 26, 28, 47
パーニニ　38
バーブル　76
パーマー，ウィリアム　148
パーラ　26, 48
パールシー　107, 133, 156, 182, 203
買弁資本主義　130
パガン　49
パキスタン　26, 235, 242, 243, 250, 251
バクトリア　26, 37
ハシッド派ユダヤ教徒　261
バタヴィア　93, 152
バタヴィア共和国　123
パトナ　25, 26, 64, 65, 74, 117, 132, 153, 170,
　171, 179
バニヤ　115
『ハラヴィラサム』　61
バラモン　51, 70
ハリソンズ・アンド・クロスフィールド　181
ハリハララーヤ　61
ハルシャ　26, 31
バルボサ，デュアルテ　55, 61
藩王国　132, 196
ハンザ同盟　91
判事　137, 138, 151, 152, 220
バンジャーラー　139, 171, 172
反奴隷制　152
PL480　241
ヒース，ジョサイア・マーシャル　158, 160,
　161
皮革　208, 209, 257, 260, 261
東アジア　1, 8, 13, 16, 47, 50, 62, 204, 224, 248,
　258
東アフリカ　34, 41, 72, 181, 187, 190, 191
東インド会社　2, 17, 67, 78, 88, 91, 94, 96, 97,
　99, 101, 103-105, 107, 108, 110-115, 117, 119-
　123, 127, 128, 130, 132, 134, 135, 138, 141, 143,
　147, 148, 154, 156-159, 163, 166, 168, 171, 173,
　177, 180, 182, 183, 191, 199, 200, 203, 204, 206,
　212, 213, 215, 220, 271, 272
非協力運動　236
非工業化　194, 195

ピット，トーマス　97
ピディントン，ヘンリー　214
非同盟運動　250
ビハール　26, 27, 64, 67, 78, 120, 131, 133, 138,
　170, 179, 196
非暴力　31, 125
ヒマラヤ　7, 9, 14, 28-30, 40, 47, 48, 56, 65, 164,
　165, 172, 207
ピュー　50
ビルマ　27, 30, 45, 47, 49, 50, 68, 70, 78, 83, 86,
　165, 167, 168, 181, 187-189, 196, 236
ピレンヌ，アンリ　55
ヒンドゥーイズム　25
ヒンドゥスタン・リーヴァー　247, 260
ファーティマ朝　41
ファトゥッラー・シーラーズィー　76
フィーローズ・シャー　61
フィジー　187, 190
フィンレイ，ジェームズ　148, 149
フェデリーチ，チェーザレ　71
フェリシュタ　59
フォート・ウィリアム・カレッジ　212, 214
フォン・バイヤー，アドルフ　138
ブキャナン，フランシス　213
仏教　25, 27, 32, 36, 39, 47, 50, 51, 68, 69, 182
プトレミー　37
プラカーシュ，オム　102
ブラフマニズム　25
フランク，A. G.　15, 194
フランス　1, 35, 95, 96, 101, 105, 106, 111, 113,
　114, 122, 123, 134, 150, 151, 155, 215
プランター　133-138, 144, 145, 152, 153, 155,
　213, 215, 218, 220, 222
プランテーション　18, 120, 131, 135, 141, 143,
　144, 149-151, 168, 175, 179, 189, 190, 206, 214,
　219, 220, 222, 259
ブリティッシュ・インディア汽船会社　181
プリンセップ，ジェームズ　135, 213
ブルース，ロバート　215
ブルボン（モーリシャス）綿花　141
ブルボン種　143
ブロウガム，ヘンリー　152
ヘースティングス，ウォレン　148, 210
ベグリー，ヴィマラ　36
ベンガル・アジア協会　212
ベンガル飢饉　236
ベンガル湾　7, 8, 27, 28, 46-50, 62, 72, 74, 91,

93, 105, 117, 159, 174, 196, 214
ホイットニー，イーライ　140
ホイットニーの綿繰り機　142
紡糸　76, 116, 142, 143, 203, 204
〔水力〕紡績機　140
ポートフォリオ資本家　66
ホール，ケネス　44, 125
保護関税　224, 226
ホブソン，J. A.　193, 194
ボヤジャン，ジェームズ　89
ポルトガル　1, 16, 17, 60, 65, 71, 73-75, 78, 79,
　83-92, 94-96, 102, 108, 113, 124, 125, 132, 134,
　196
ポルトガル領インド　87
ポルトノヴォ　159-161, 163
ポルトノヴォ製鉄会社　160
香港　132, 133, 147, 149, 180, 182, 183
ポンド　228-230
ボンベイ　14, 16, 17, 19, 31, 74, 84, 93, 104, 107,
　108, 110-112, 120, 126-128, 130, 133, 140-143,
　147-150, 153, 155-157, 169, 170, 172, 174-178,
　180-183, 196, 198, 202-204, 208, 216, 222, 224,
　225, 233, 235, 261
ボンベイ工場主協会　225
ボンベイ・マーカンタイル銀行　183
ボンベイ綿花不正法　176

マ・ヤ行

マーピラ　104, 105
マウリヤ　14, 25, 26, 31, 32, 39
マカオ　88, 132
マスター，ストレインシャム　106
マスター，ブーシコー　73
マスターズ，ジョン　215
マスリパトナム　10, 61, 62, 74, 83, 84, 93, 107,
　110, 119, 126, 127
マセソン，ジェームズ　149
マダガスカル　96
マチャド，ペドロ　102
マッキノン，ウィリアム　181
マッキノン・マッケンジー　180-182, 191
マッケンジー，ロバート　181
マドラス　17, 19, 31, 74, 84, 93, 104, 106-108,
　110-112, 114, 120, 126-128, 130, 143, 144, 151,
　153, 160, 169, 170, 173, 174, 184, 196, 198, 208
マドラス・南マラーター鉄道　172
マニク・チャンド　65

索 引　331

マニラ　88, 93, 180
『マハーバーラタ』　25
マハジャナパダ　24, 26
マムルーク　54, 72, 78, 82, 86, 88
マラッカ　82, 83, 86-88, 93
マラバル　10, 26-28, 34, 35, 37, 41-43, 72, 91,
　　104, 141, 157
マラヤ　70, 181, 187, 189, 214, 258
マルクス　51, 194, 195
マルクス主義者　193-195, 197, 221, 235
マルコヴィッツ, クロード　235
マンチェスター　149, 176, 180, 216
マンロー, トーマス　160
緑の革命　244, 249, 263
南アジア地域協力連合（SAARC）　250, 251
南インド　8, 9, 13, 15, 33, 34, 39, 44, 45, 53, 58,
　　62, 63, 76, 89, 98, 112, 113, 172, 181, 184, 188,
　　215, 258, 261, 270
南インド鉄道　172
ミュール紡績機　140, 216
ミル, ジェームズ　33, 211
民間部門　197, 239, 240, 243, 245, 246, 253
民族主義　19, 223, 230, 236, 247
ミンハジ・シラージ　48
ムガル　14, 15, 17, 53, 54, 58, 63-69, 71, 75-79,
　　83, 84, 89, 90, 93, 95, 97, 98, 103, 107, 111, 112,
　　116, 117, 124, 127, 165, 271
ムハンマド・バクティヤル・キルジー　48
ムルシド・クリ・カーン　65, 78
メソポタミア　24, 88
綿花　11, 45, 64, 120, 129, 131, 139-146, 148,
　　167, 168, 170-172, 175-178, 200-203, 208, 225,
　　231, 235, 256
綿布　1, 2, 11, 17, 34, 39, 47, 67, 98-101, 116,
　　129, 139, 167, 204, 206, 224, 225, 233, 234, 247,
　　248, 258, 259
綿布（管理）法　248
モアランド, W.　2

毛沢東主義農民運動　244
モーリシャス　143, 150-153, 186-191, 222
モスリン　37, 82, 139, 140, 143
モンスーン　11, 12, 27, 36, 42, 105, 145, 236, 270
夜警国家　198
ユダヤ（人）　41, 89, 181, 182
輸入代替　45, 122, 210, 216
輸入ライセンス制　243
ヨーロッパ世界経済　123

ラ・ワ行

ラージプート　26, 54, 74, 78, 112
ライヤットワーリー（制）　200
ラリー兄弟商会　179
ランカシャー　150, 176, 204, 222, 224
リード, アンソニー　6, 7
リヴァプール　141, 149, 177, 181, 203
リスボン　88, 89
両大戦間期　223
リング紡錘　216
ルピー　185, 228, 230
ルピー交易　244, 248
レヴァント会社　91, 92
レーニン, V. I.　193, 194, 236
レーン, フレデリック・C.　124
レユニオン　151
連邦制　235
ロータル遺跡　24
ローマ交易　32, 34
ローリー, ウォルター　92
ローリンソン, H. G.　33, 47
ロクスバラ, ウィリアム　141, 143, 213, 214
ロンドン　18, 91, 92, 94, 100, 110, 112, 119, 120,
　　123, 126, 131, 146, 149, 172, 185, 205, 215, 228,
　　229, 233, 250
ワイト, ロバート　144
綿繰り機　140, 142, 144, 176
湾岸戦争　256

《訳者略歴》

水島　司

1952年　富山県に生まれる
1979年　東京大学大学院人文科学研究科修士課程修了
東京外国語大学アジア・アフリカ言語文化研究所教授，東京大学大学院人文社会系
研究科教授などを経て
現　在　東京大学名誉教授，博士（文学）
著　書　『前近代南インドの社会構造と社会空間』（東京大学出版会，2008年）
　　　　『グローバル・ヒストリー入門』（山川出版社，2010年）
　　　　『日本・アジア・グローバリゼーション』（共編，日本経済評論社，2011年）
　　　　『アジア経済史研究入門』（共編，名古屋大学出版会，2015年）他

インド経済史

2019年10月10日　初版第1刷発行

定価はカバーに
表示しています

訳　者　　水　島　　司

発行者　　金　山　弥　平

発行所　一般財団法人　名古屋大学出版会
〒464-0814　名古屋市千種区不老町1名古屋大学構内
電話(052)781-5027 / FAX(052)781-0697

ⒸTsukasa MIZUSHIMA, 2019
印刷・製本　亜細亜印刷㈱
乱丁・落丁はお取替えいたします。

Printed in Japan
ISBN978-4-8158-0964-5

JCOPY〈出版者著作権管理機構　委託出版物〉
本書の全部または一部を無断で複製（コピーを含む）することは，著作権
法上での例外を除き，禁じられています。本書からの複製を希望される場
合は，そのつど事前に出版者著作権管理機構（Tel：03-5244-5088，FAX：
03-5244-5089，e-mail：info@jcopy.or.jp）の許諾を受けてください。

水島司・加藤博・久保亨・島田竜登編
アジア経済史研究入門　　　　　　A5・390 頁
　　　　　　　　　　　　　　　　本体 3,800 円

小川道大著
帝国後のインド　　　　　　　　　A5・448 頁
―近世的発展のなかの植民地化―　本体 6,800 円

神田さやこ著
塩とインド　　　　　　　　　　　A5・384 頁
―市場・商人・イギリス東インド会社―　本体 5,800 円

脇村孝平著
飢饉・疫病・植民地統治　　　　　A5・270 頁
―開発の中の英領インド―　　　　本体 5,000 円

秋田　茂著
帝国から開発援助へ　　　　　　　A5・248 頁
―戦後アジア国際秩序と工業化―　本体 5,400 円

柳澤　悠著
現代インド経済　　　　　　　　　A5・426 頁
―発展の淵源・軌跡・展望―　　　本体 5,500 円

近藤則夫著
現代インド政治　　　　　　　　　A5・608 頁
―多様性の中の民主主義―　　　　本体 7,200 円

家島彦一著
海域から見た歴史　　　　　　　　A5・980 頁
―インド洋と地中海を結ぶ交流史―　本体 9,500 円

S. スブラフマニヤム著　三田昌彦・太田信宏訳
接続された歴史　　　　　　　　　A5・392 頁
―インドとヨーロッパ―　　　　　本体 5,600 円

カピル・ラジ著　水谷智・水井万里子・大澤広晃訳
近代科学のリロケーション　　　　A5・316 頁
―南アジアとヨーロッパにおける知の循環と構築―　本体 5,400 円